W0035841

Reclams Operettenführer

Reclams Operettenführer

Von Anton Würz

23. Auflage
Mit 16 Farbtafeln

Philipp Reclam jun. Stuttgart

Alle Rechte vorbehalten
© 1953, 2002 Philipp Reclam jun. GmbH & Co., Stuttgart
Satz und Druck: Reclam, Ditzingen
Buchbinderische Verarbeitung: Kösel, Kempten
Printed in Germany 2004
RECLAM ist eine eingetragene Marke
der Philipp Reclam jun. GmbH & Co., Stuttgart
ISBN 3-15-010512-9

www.reclam.de

Vorwort zur 21. Auflage

Mehr als vierzig Jahre sind seit dem ersten Erscheinen von *Reclams Operettenführer* vergangen. In diesem langen Zeitraum hat neben der Operette als typischer europäischer Form des unterhaltenden Musiktheaters in wachsendem Maße das in Amerika entwickelte Musical auch im deutschen Sprachraum an Verbreitung und Beliebtheit gewonnen – der Reclam-Verlag hat dem neuen Genre inzwischen bereits einen eigenen Führer gewidmet –, jedoch nicht soviel, daß die älteren, in der Zeit zwischen 1860 und 1950 entstandenen Werke für den großen Kreis ihrer Liebhaber ganz uninteressant geworden wären. Viele dieser – in Wiedergaben auf den Bühnen, im Rundfunk und Fernsehen – immer wieder erfolgreichen Stücke sind dank ihrer musikalischen Reize, aber auch durch ihre Handlungsinhalte für Freunde der Gattung Operette immer noch so fesselnd und lebendig, daß genauere Informationen über die Werke und ihre Autoren zweifellos willkommen sind, was eine Neuauflage des vorliegenden Führers hinreichend rechtfertigt. Mit Ausnahme von einigen sachlichen, dem gegenwärtigen Wissensstand entsprechenden Ergänzungen erscheint er jetzt wieder in der erprobten Textgestalt, bietet also Inhaltserzählungen von 105 Werken, verbunden mit kurzen Würdigungen ihrer musikalischen Eigenart und Nennung der besonders charakteristischen Gesangsstücke sowie Kurzbiographien der behandelten (47) Komponisten. Dem aufmerksamen Leser präsentiert sich damit das Buch als eine besondere Art von Geschichte der sogenannten klassischen und neueren Operette. Eine Erhöhung der Zahl besprochener Werke durch Beispiele zeitgenössischer Produktion war allerdings nicht möglich, da es schon seit Jahrzehnten an Komponisten fehlt, die Eignung und Lust haben, Operetten zu schreiben. So wendet sich unser Führer primär weiterhin an den gewiß nicht kleinen Leserkreis von Bejahern der überkommenen Form der Operette und des Bestands an Werken, von denen nicht wenige noch lange Zeit ihr Ansehen bewahren werden.

Anton Würz

JOSEF LANNER

* 12. April 1801 in Wien
† 14. April 1843 in Oberdöbling

Gut eindreiviertel Jahrhunderte sind seit den Biedermeier-
tagen vergangen, da der Wiener Volksmusikant Josef Lanner,
siebzehn Jahre alt und ein reiner Autodidakt als Geiger wie
als Komponist, ein Quartett gründete und damit in den Vor-
stadtlokalen zum Tanz aufzuspielen begann. Etwas später
konnte er sein winziges Unternehmen, in dem der ältere Johann Strauß die Bratsche spielte, zu einem Orchester erwei-
tern. Sein Musizieren hat das Entzücken der Wiener erregt –
auch Franz Schubert hatte seine Freude dran, wenn er ihn im
Bierhaus »Zum Rebhändel« hören konnte. Unsterblich aber
ist Lanner durch seine Walzer-Kompositionen geworden: in
seinen lieblich-beschwingten und schelmisch-graziösen Tanzweisen wird zum erstenmal ganz reintönig das typisch Wienerische spürbar, das seitdem die Welt bezaubert. Auch hat er
als erster mehrere Einzelwalzer zu stimmungsvollen Tanzfol-
gen zusammengeschlossen und ihnen freie Einleitungen und
zusammenfassende Finali hinzugefügt. So darf man ihn wohl
den Vater des Wiener Walzers nennen, des Tanzes, der in allen echten Wiener Operetten die führende Rolle spielt. Er
selbst hat freilich kein Bühnenwerk geschrieben. Als er, allzu-
früh, seine Geige für immer weglegen mußte, gab es das lustige Genre noch nicht, das man Operette nennt. Doch leben
viele seiner Melodien in einem Stück fort, dessen Musik Emil
Stern 1911 zusammengestellt hat: in *Alt-Wien*.

Alt-Wien

Operette in 3 Akten. Text von Gustav Kadelburg und Julius
Wilhelm. Musik nach Motiven von Josef Lanner für die
Bühne bearbeitet von Emil Stern. Uraufführung am 23. De-
zember 1911 im Carl-Theater, Wien.

PERSONEN: Graf Leopold von Tutzing-Garatshausen – Gräfin Philomene, seine Schwester – Komtesse Felizitas, deren Tochter (Sängerin) – Baron v. Seespitz (Buffo) – Artur, sein Freund – Andreas Johann Nepomuk Stöckl, bürgerlicher Fragner [d. i. Kleinhändler] – Lini Stöckl (Soubr.) – Alois Nußberger (Kom.) – Natter, Wirt vom »Braunen Hirschen« im Prater – Franz Stelzer (Ten.) – Vincenz Prohaska, Polizeikommissär – Schauer, Hausbesitzer – Ignaz Kerndl und andere Verwandte und Nachbarn Stöckls – Frau Grinzinger, Lebkuchenverkäuferin – Dominik, Diener beim Grafen v. Tutzing – Diener. Kellner. Ein Invalide, ein Salami-Mann und andere Nebenfiguren.

ORT UND ZEIT: Wien, 1840.

1. Akt. Im Hof eines kleinen Wiener Vorstadthauses. Stöckl hat in seinem Häusel eine kleine Sonntagswirtschaft eröffnet, die seit einiger Zeit regen Zuspruch findet, nicht zuletzt wegen der echt wienerischen Volksmusik, die es da zu hören gibt, und ganz besonders wegen der Lini, die wie ein Schwalberl singt. Alle haben das frische Mädel gern. Der alte Nachbar Nußberger wacht, daß ihr ja niemand zu nahe tritt; erst letzthin hat er den beinahe zudringlich werdenden Baron v. Seespitz fortgewiesen, und heute geht's dem jungen verliebten Herrn nicht besser. Die Lini legt auch gar keinen Wert auf Verehrer, denn sie ist schon mit dem Stelzer Franz verlobt, der zur Zeit als Soldat dient. Schön ist's, daß er heute Ausgang hat und wieder einmal zu ihr kommen kann. Fröhlich wird das Wiedersehen gefeiert. Doch da taucht der Polizeikommissär Prohaska auf: die Lini soll mit ihm fort. Stöckl muß eingestehen, daß sie gar nicht seine Tochter, sondern ein Findelkind ist, das er fürsorglich wie sein eigenes aufgezogen hat. Jetzt aber will man herausgebracht haben, daß sie das Töchterl des Grafen von Tutzing sei: durch ein Geständnis der Amme, die das Kind einst mit ihrem eigenen vertauscht hatte, wurde das erst jetzt bekannt. So soll also das Mädchen auf einmal nicht mehr die Lini Stöckl, sondern die Komtesse Hortense sein. Überglücklich schließt sie der in der Wirtschaft erscheinende Graf als Vater in seine Arme. Franz Stelzer ist allerdings weniger glücklich, als er seine Lini zum gräfli-

chen Palais fortfahren sieht; sie aber spricht dem Verzagenden Mut zu.

2. Akt. Zimmer im Hause des Grafen. Lini hat sich als Komtesse ihre frische, schlichte Art bewahrt. Der Graf macht sich keine Sorgen wegen ihres noch nicht recht standesgemäßen Redens und Benehmens; um so mehr nimmt allerdings seine Schwester Philomene an ihrem Wesen und eigentlich an ihrer ganzen Existenz Anstoß. Mit deren Tochter Felizitas aber versteht sich die Lini sehr gut. Wenn das strenge Gebot nicht wäre, nie wieder in die Vorstadt zu ihren Bekannten zu gehen, und wenn der Franz zu ihr kommen und sie ihn heiraten dürfte – dann könnte sie sich schon eingewöhnen in der neuen Umgebung! So aber ist's ihr oft recht wehmütig ums Herz. Zu ihrer Freude jedoch heute alle ihre Freunde, um ihr zum Namenstag zu gratulieren, und gegen alle Verbote empfängt sie die lieben vertrauten Leute und ist fröhlich mit ihnen. Der Stöckl-Vater ist da und der alte Nußberger und vor allem auch – der Franz! Die gräfliche Verwandtschaft freilich, die sich zur gleichen Stunde eingefunden hat, um die neue Komtesse kennenzulernen, sieht das muntere Treiben im Palais mit Befremden.

3. Akt. Garten des Wirtshauses »Zum Braunen Hirschen« im Prater. Stöckl spielt jetzt in diesem Gasthof mit seinen Vorstadtmusikanten zum Tanzen und Singen auf. Was für ein Aufstieg für die kleine Kapelle – wie schön wär' es erst, wenn die Lini dabei wäre! Doch der Franz kann nur erzählen, daß er alle Verbindung mit ihr verloren hat. Und nun kommt gar der Graf angefahren und macht ihm klar, daß er sich's aus dem Kopf schlagen müsse, sie jemals heiraten zu können. Gräfin Philomene hat überdies heute befohlen, Lini auf ein Schloß nach Böhmen zu bringen, um sie endgültig von ihren ehemaligen Bekannten zu trennen. Das war dem Mädel zu viel: heimlich ist sie aus der Kutsche gesprungen, mit der sie abreisen sollte, und in die Prater-Wirtschaft gelaufen. Nur dem Franz gibt sie sich einstweilen zu erkennen; vor den hohen Verwandten verbirgt sie sich in den Kleidern einer alten Lebzelterin. Nichts soll sie künftig von ihrem Geliebten trennen, und als der Franz nun voll Seligkeit das Lied an-

stimmt, bei dem sie immer die zweite Stimme gesungen hat, kann sie sich nicht mehr zurückhalten und singt mit wie in alter Zeit. Bestürzt erkennt der Graf seine Tochter; ehe es jedoch zu einer Auseinandersetzung kommt, erhält er durch den Polizeikommissär eine neue Botschaft, die ihn traurig, die Lini und den Franz aber unendlich glücklich stimmt: Man hat den Kammerdiener verhört, der seinerzeit bei der Vertauschung der Kinder beteiligt war, und da hat dieser gestanden, daß er, von Gewissensbissen gepeinigt, die Säuglinge noch am gleichen Tage wieder – zurückvertauscht habe. So ist also Lini doch nicht die Tochter des Grafen und darf künftig wieder unter den Menschen des einfachen Volkes leben, dem sie entstammt.

Die hübsch erdachte Handlung macht das biedermeierliche Wien der Lanner-Zeit in reizvoller Weise lebendig und bietet reiche Möglichkeiten zur Einfügung von Ländlern, Walzerliedern und Märschen. Da man heute kaum mehr nach Lannerschen Weisen tanzt, muß man dankbar sein, daß sie durch dieses immer wieder wirksame Singspiel vor dem Vergessenwerden bewahrt geblieben sind und in ihrer quellfrischen Fröhlichkeit und schlichten altösterreichischen Gemütlichkeit für uns neu lebendig werden können. Von den vielen einprägsamen Melodien des Stücks nennen wir nur das Lied *Schwalberl, mein alles, mein Schatz* und den Marsch *Aufg'schaut ihr Leute, laßt uns vorbei*.

FRANZ VON SUPPÉ

* 18. April 1819 in Split (Spalato; Dalmatien)
† 21. Mai 1895 in Wien

Mit den Werken Franz von Suppés beginnt die Geschichte der Wiener Operette. Er war der erste, den die seit 1858 in Wien bekanntgewordenen und mit Begeisterung aufgenommenen burlesken Singspiele Offenbachs zu eigenen Schöpfungen ähnlicher Art anregten; ihm glückte es auch, über eine bloße Nachahmung Offenbachscher Art zu eigenständigen Kompositionen zu gelangen und dem neuen Genre eine spezifisch wienerische Tönung zu geben. Neben der parodistischen französischen Operette und dem volkstümlichen Wiener Lokalsingspiel mit seinen heiteren und sentimentalen Elementen hat auch die italienische Musik (Donizetti) stark auf die Bildung seines persönlichen, durch Schwung und Grazie ausgezeichneten Stils eingewirkt. Suppé, dessen Name eigentlich Francesco Cavaliere Suppè Demelli lautete, entstammte einer ursprünglich belgischen, später in Dalmatien heimisch gewordenen Familie. Seine Mutter war Wienerin. Schon mit zehn Jahren begann er zu komponieren; als Dreizehnjähriger schrieb er bereits eine aufführbare Messe. Seiner Vollausbildung zum Musiker ging eine Zeit juristischer Studien in Padua voran, doch war er immerhin erst sechzehn Jahre alt, als er sich am Wiener Konservatorium bei Ignaz von Seyfried und Simon Sechter als Schüler anmelden konnte. 1840 wurde er Kapellmeister am Theater in der Josefstadt; 1845–62 wirkte er in gleicher Eigenschaft im Theater an der Wien, 1863–82 am Carltheater in der Leopoldstadt. Als Komponist entfaltete er seit seinem zwanzigsten Lebensjahr eine außerordentliche Produktivität: außer einer Anzahl von Instrumentalwerken ernster Richtung komponierte er eine Fülle von Begleitmusiken zu Possen und Volksstücken (z. B. zu Elmars *Dichter und Bauer*), bis er, 1860, mit seiner ersten einaktigen Operette *Das Pensionat* hervortrat. In den folgenden 15 Jahren glückten ihm viele solche kleinen heiteren Bühnenwerke, die lebhaften Beifall fanden, so *Zehn Mädchen und kein Mann*, *Flotte Bursche*, *Leichte Kavallerie*, *Banditenstreiche* und *Die schöne Galathee*. Dem großen Erfolg seiner ersten abendfüllenden Operette *Fatinitza* (1876) folgte 1879 der noch strahlendere des *Boccaccio*. Später schrieb er noch die beachtlichen, jedoch minder erfolgreichen Operetten *Donna Juanita* (1880), *Gascogner* (1881), *Die Afrikareise* (1883) und *Die Jagd nach dem Glücke* (1888) sowie die Oper *Des Matrosen Heimkehr* (Hamburg 1885). Im

Alter befaßte sich Suppé auch mit Kirchenmusik. Nach seinem Tode erschien noch die von anderer Hand fertiggestellte Operette »Das Modell«, die er selber nicht mehr hatte vollenden können. Einige seiner Bühnenwerke sind nach 1945 in Neubearbeitungen herausgekommen (vgl. die nachstehenden Beschreibungen von *Fatinitza* und *Banditenstreiche*); eine neue, abendfüllende Suppé-Operette, *Dichter und Bauer*, haben 1968 August Peter Waldenmaier und Ludwig Bender in Anlehnung an die Handlung und an die 1846 entstandene, durch ihre Ouvertüre weltbekannt gewordene Musik zum gleichnamigen Lustspiel von Karl Elmar geschaffen.

Die schöne Galathee

Komisch-mythologische Oper in 1 Akt. Text von Poly Henrion (Leopold Kohl von Kohlenegg). Uraufführung am 9. September 1865 im Carl-Theater, Wien.

Personen: Pygmalion, ein junger Bildhauer (Ten.) – Ganymed, sein Diener (Alt) – Mydas, Kunstenthusiast (Kom.) – Galathee, eine Statue (Sängerin).

Ort und Zeit: Cypern, im Atelier Pygmalions. Altertum.

Pygmalion hat eine Statue der Nymphe Galathee vollendet. Während er bei einer Feier im Tempel der Venus weilt, kommt der »Kunstenthusiast« Mydas in sein Atelier und bittet Pygmalions Diener Ganymed, ihm das bisher verborgen gehaltene Werk zu zeigen. Er erfährt, daß der Künstler seine Statue eifersüchtig bewache und sich mit ihr wie mit einem lebendigen Wesen zu unterhalten pflege. Schließlich läßt sich aber Ganymed doch bestechen, dem Mydas die von einem Vorhang Verhüllte zu zeigen. Der begeisterte Kunstsammler will das Werk erwerben, doch der zurückkehrende Pygmalion jagt ihn zornig davon. Der Bildhauer versenkt sich wieder in den Anblick seines Werks und fleht schließlich liebestrunken zu Venus, sie möge dem toten Marmor Leben einhauchen. Seine Bitte wird erhört – Galathee regt sich, lauscht entzückt dem Liebesgestammel Pygmalions und begrüßt beseligt das Leben. Bald aber erwacht in ihr weibliche Eitelkeit und Koketterie: Pygmalion, der ihr willenloser Sklave ist, wird fortgeschickt, um ihre Wünsche – zunächst nach einem guten Mahl – zu befriedigen. Sie selbst geht inzwischen im Garten spazieren, begegnet dem Ganymed und nähert sich ihm in verliebter Weise, denn er gefällt ihr viel besser als Pygmalion. Mydas stört diese zärtliche Begegnung und sucht nun, mit Geschenken, auf seine Art die Gunst Galathees zu gewinnen, erntet aber nur eine Ohrfeige. Bei Pygmalions Rückkehr verstecken sich die beiden Nebenbuhler des Künstlers. Galathee verlangt von ihm, daß Ganymed zum Essen eingeladen wird. Auch Mydas nimmt am Mahl teil, bei dem Galathee ein feuriges Trinklied anstimmt. Bald merkt Pygmalion, daß sie keineswegs die erträumte Idealgestalt ist. Auf seine sanfte Mahnung, nicht zuviel zu trinken, reagiert sie mit einem Wutanfall und läuft davon. Während er sie vergeblich sucht, kommt sie heimlich zu Ganymed zurück. Voll Zorn sieht Pygmalion das sich umarmende Paar. Ängstlich flieht Galathee vor dem Wütenden, der nun aufs neue Venus anruft, sie möge das Mädchen wieder in Stein zurückverwandeln. Unter Donner und Blitz wird ihm sein Wunsch gewährt. Jetzt zögert er nicht mehr, Mydas die Statue zu verkaufen.

Das amüsante kleine Werk, eine der besten Bühnenschöpfungen Suppés, ist noch heute lebendig. In der parodistischen Behandlung antiker Gestalten ist es nicht denkbar ohne das Vorbild Offenbachs, dessen *Schöne Helena* wenige Monate vor der *Schönen Galathee* in Wien zum erstenmal gegeben worden war. Als Melodienerfinder aber zeigt sich Suppé durchaus eigenwüchsig: Das Stückchen ist erstaunlich reich an reizenden Einfällen – man denke an das Trinklied, an das Auftrittslied des Mydas *Meinem Vater Gordias* oder an den köstlichen G-Dur-Walzer in der Ouvertüre.

Banditenstreiche

Komische Oper in 3 Akten. Text von Ludwig Bender nach B. Boutonnier. Musikbearbeitung und Neuinstrumentation von August Peter Waldenmaier (1954). Uraufführung am 27. April 1867 in Wien.

PERSONEN: Babbeo, Bürgermeister (Baßbuffo) – Lidia, seine Tochter (Sopr.) – Stella, ihre Freundin (Soubr.) – Gaetano, Lidias Bräutigam (Bar.) – Doktor Tondolo, Schulmeister (Ten.-Buffo) – Spaccamonti, Gemeindeschreiber (Kom.) – Lelio aus Aversa, ein reicher Freier (Ten.) – Malandrino, Banditenhauptmann (Ten.) – Hochzeitsgäste. Nachbarn. Gesinde. Banditen und Banditenbräute.

ORT: Ein Hafenstädtchen im Golf von Neapel.

1. bis 3. Akt. Lidia und Gaetano erwarten die Stunde ihrer Hochzeit. Aber Lidias Vater, der habgierige Bürgermeister Babbeo, weigert sich noch, den Ehekontrakt zu unterzeichnen. Ihm wäre der reiche Lelio ein weit willkommenerer Schwiegersohn. So unterbleibt die Hochzeit, als ein Brief die Ankunft Lelios ankündigt. Auf den Rat von Lidias Freundin Stella beschließt Gaetano, den Banditenhauptmann Malandrino um Hilfe zu bitten; denn dieser Edelräuber gilt als Beschützer bedrängter Liebespaare. Niemand ahnt, daß er sich in der harmlosen Maske eines alten Dieners bereits in das Städtchen eingeschlichen hat. Er plant hier einen ergiebigen Beutezug. Zufällig trifft er nachts mit Gaetano zusammen, erfährt von dessen Sorgen und verspricht ihm zu helfen. Babbeo hat inzwischen den Schulmeister Tondolo zum Hafen geschickt, um Lelio zu empfangen. Unterwegs wird er von Banditen ausgeplündert. Malandrino kommt hinzu, spielt den Retter in der Not und überredet dann Tondolo, mit ihm »spaßeshalber« den ankommenden Lelio auszurauben. Gesagt, getan: Lelio wird seinen Geldsack los, muß seinen Rock mit dem des Banditen tauschen und wird zuletzt ins Gefängnis abgeführt; denn Malandrino macht dem Gemeindediener Spaccamonti weis, er selbst sei Lelio, der Fremde aber niemand

anders als der Räuber Malandrino. Tondolo muß gute
Miene zu dem bösen Spiel machen. So ist nun der unerwünschte Freier fürs erste beiseite geschafft! Malandrino,
als Lelio auftretend, wird jetzt von Babbeo – dem er auch
die ausgesetzte Kopfprämie für den Fang des Räubers ab-
nimmt – freudig als Schwiegersohn empfangen. Lidia ist
zum Schein mit dem neuen Bräutigam einverstanden,
nachdem ihr Malandrino Hilfe in ihrer Liebesnot zugesagt
hat. In den gefangenen Lelio aber verliebt sich Stella: sie
glaubt, er sei der von ihr angeschwärmte Räuberhauptmann. Am nächsten Morgen führt Malandrino seinen Dop-
pelplan: dem Liebespaar zu helfen und Beute zu machen,
erfolgreich zu Ende. Schon rüstet man zum Hochzeitsfest.
Als der Gemeindeschreiber mit Lelio auftaucht, der nun
endlich sagen kann, wer er ist, gibt sich Malandrino zu erkennen: mit der Pistole zwingt er den eingeschüchterten
Babbeo, der Heirat Lidias und Gaetanos zuzustimmen,
schenkt dem Bräutigam großmütig die von Lelio und Babbeo erbeuteten Dukaten und sorgt auch für die Vereinigung Stellas und Lelios. Seine Kumpane aber nehmen den
Gästen Geld und Schmuck ab.

Das lustige Banditenstück mit seinen Verkleidungs- und Ver-
wechslungsspäßen steht in einer Reihe mit berühmten musikalischen Räuberkomödien wie Offenbachs *Banditen*, Au-
bers *Fra Diavolo* und Millöckers *Gasparone*. Die dreiaktige
Neufassung gibt dem früher durch ein unzulängliches Libretto in der Wirkung behinderten Werk eine neue Erfolgs-
chance. Die heiter beschwingte, von vielen hübschen Einfällen getragene Musik – echter Suppé in Melodik und Rhythmik – verdient es, der Vergessenheit entrissen zu werden. In
den Liedern, Ensemblesätzen, Chören und Tänzen begegnen
und durchdringen sich italienische und wienerische Elemente. Manche der gefälligen Melodien prägen sich rasch
ein, so der Chorwalzer *Laß den Kopf nur nicht hängen* und
die Lieder Malandrinos *Südliche Sonne, blauer Himmel* und
Süß lockt ihr Bild.

Fatinitza

Operette in 3 Akten. Text von Ed. Rogati nach F. Zell (Camillo Walzel) und Richard Genée. Uraufführung am 5. Januar 1876 im Carl-Theater, Wien.

PERSONEN: Graf Timofey Kantschukoff, bulgarischer General – Fürstin Lydia, seine Nichte (Sopr.) – Izzet Pascha, Gouverneur der Festung Ipsala – Wladimir Michailoff, Leutnant (Ten.) – Julian v. Golz, Berichterstatter einer deutschen Zeitung (Buffo) – Manja, Marketenderin (Soubr.) – Offiziere. Soldaten. Haremsfrauen. Tänzerinnen. Volk.

ORT UND ZEIT: Türkei und Bulgarien, 1877.

1. bis 3. Akt. Die Bulgaren belagern die türkische Festung Ipsala. In die Öde ereignisloser Winterwochen bringt der Besuch des Journalisten Julian v. Golz erwünschte Abwechslung. Mit ihm kann Leutnant Wladimir endlich wieder über seine große Liebe sprechen: vor einem Jahr hat er die Fürstin Lydia in Tirnowo kennengelernt. Sie schien seine Neigung zu erwidern, doch machte ihm die Wachsamkeit ihres Onkels, des Generals Kantschukoff, jede Annäherung unmöglich. Auf Julians Rat bewarb er sich damals, als Türkenmädchen Fatinitza verkleidet, um die Stellung einer Gesellschafterin im Hause der Fürstin; der listige Plan scheiterte jedoch, weil sich der General in die vermeintliche Türkin verliebte. Diese amüsante Begebenheit hat Julian inzwischen dramatisiert. Nun schlägt er eine improvisierte Aufführung seiner Komödie vor. Bald ist alles dazu bereit und Wladimir schon als Türkin kostümiert, da kommt Kantschukoff zur Lagerinspektion, erblickt »Fatinitza« und entbrennt von neuem in Liebe. Zum Glück lenkt ihn die unerwartete Ankunft seiner Nichte Lydia ab, noch mehr aber der Überfall eines türkischen Spähtrupps, bei dem Lydia und Fatinitza entführt werden. Der Pascha, dem man die Gefangenen vorführt, findet sogleich Gefallen an Lydia und will sie zu seiner Favoritin machen. Wladimir gibt sich jetzt heimlich der Geliebten zu erkennen. Mit Hilfe der Marketenderin Manja und der eifersüchtigen Haremsdamen glückt es ihm

zu fliehen. Ehe der arglose Pascha die erhoffte zärtliche Dämmerstunde mit Lydia erlebt, dringen die Bulgaren unter Wladimirs Führung in die Festung ein. Der Türke muß kapitulieren. Kantschukoff sucht vergeblich nach seiner Fatinitza. – Einige Monate später kommt Wladimir mit Julian und Manja nach Tirnowo, um Lydia zu besuchen. Sie zu gewinnen scheint ihm auch jetzt versagt; denn der General hat seine Nichte einem alten Kriegskameraden als Frau versprochen. Doch Manja weiß eine List: Ein Brief meldet Kantschukoff die Ankunft Fatinitzas. Wladimir, der sich als Bruder des Türkenmädchens ausgibt, wird nun freudig von ihm empfangen; er verspricht ihm Lydia als Frau, wenn *ihm* Fatinitza die Hand reiche. Nun erscheint Wladimir noch einmal als Fatinitza, reicht dem General die Hand und gibt sich zugleich dem Verblüfften zu erkennen, der nun begreiflicherweise nichts mehr gegen die Wahl seiner Nichte einzuwenden hat.

Auch in ihrer schlichten Urgestalt könnte sich *Fatinitza* heute noch auf der Bühne behaupten. Durch Bearbeitungen, wie die Bruno Uhers (München 1950) oder Otto Schneidereits (Gera 1962), wird aber immer wieder versucht, dem Stück eine neue, zeitnahe Wirkungsmöglichkeit zu geben. Den Erfolg bestimmen jedoch wie einst Suppés originelle Melodien, von denen die Walzerweisen *Wie schade, Silberglöckchen klingt so helle* und *Reich mir die Hand* neben Lydias Auftrittslied und dem Marsch-Duett *Ich bin verrückt nach dir* genannt seien (Gesangstexte in der Fassung von Herbert Witt).

Boccaccio

Operette in 3 Akten. Text von F. Zell (Camillo Walzel) und Richard Genée. Uraufführung am 1. Februar 1879 im Carl-Theater, Wien.

PERSONEN: Giovanni Boccaccio (Alt) – Pietro, Prinz von Palermo (Ten.) – Scalza, Barbier – Beatrice, sein Weib – Lotteringhi, Faßbin-

der (Bar.) – Isabella, sein Weib (Sopr.) – Lambertuccio, Gewürz-
krämer (Bar.) – Peronella, sein Weib (Sopr.) – Fiametta, beider
Ziehtochter (Sopr.) – Ein Unbekannter – Leonetto und andere
Studenten, Freunde Boccaccios. Ein Kolporteur. Figuren der Stegreifkomödie.

ORT UND ZEIT: Florenz, 1331.

1. Akt. Freier Platz vor der Kirche Santa Maria Novella.
Fröhlich feiert das Volk den Johannistag. Ein Kolporteur
bietet die neuesten amüsanten Novellen Boccaccios an, sehr
zum Verdruß der Männer, die an die Treue ihrer Frauen
glauben und dem Verfasser all der beliebten, angeblich wahren Liebesgeschichten gern eine Tracht Prügel verpassen
möchten. Besonders aufgebracht sind Scalza, Lotteringhi
und Lambertuccio. Scalza kommt eben von einer Reise zurück; unterwegs hat er den Prinzen Pietro kennengelernt,
der als Brautwerber um die natürliche Tochter des Herzogs
von Florenz am Hof erwartet wird. Entsetzt sieht Scalzas
Frau Beatrice ihren Gatten vorzeitig heimkommen; sind
doch gerade zwei verliebte junge Leute, Leonetto und –
Boccaccio, bei ihr zu Besuch! Sie hilft sich mit der Lüge aus
der Klemme, daß zwei streitende Studenten ins Haus einge-
drungen seien, und schon flüchtet der arglose Scalza ängstlich vor den nur zum Schein fechtenden und sich beschimp-
fenden Verehrern Beatrices, die er aus seinem Haus stürmen
sieht. Boccaccio, der an derlei Streichen seinen Spaß hat,
liebt in Wahrheit nur ein ihm noch unbekanntes Mädchen.
Eben erblickt er sie wieder, die schöne Fiametta, als sie mit
ihrer Ziehmutter, Frau Peronella Lambertuccio, zur Kirche
geht. Sie ist ihrem Anbeter sehr gut gesinnt und will nichts
von den Heiratsabsichten hören, mit denen sie Peronella bedrängt. Nun taucht auch Prinz Pietro auf, lernt seinen Lieb-
lingsdichter Boccaccio kennen: er soll ihn, ehe er heiratet,
mit den Liebesfreuden des leichtlebigen Florenz vertraut
machen. Unter den vom Kirchgang zurückkehrenden
Frauen schenkt die kokette Isabella Lotteringhi verliebten
Reden des Prinzen willig Gehör. Auch Boccaccio findet, als
Bettler verkleidet, Gelegenheit zu einer kleinen Aussprache

mit Fiametta. Inzwischen haben sich jedoch die Männer gesammelt, um endlich Boccaccio zu greifen, verwechseln ihn aber im Eifer mit dem ganz ähnlich gekleideten Pietro, der schließlich nur durch Scalza, der den Prinzen wiedererkennt, aus seiner peinlichen Lage befreit werden kann. Die enttäuschten Verfolger halten sich nun an den Büchern des Dichters schadlos, stürzen den Karren des Kolporteurs um und drängen den unerkannt bleibenden Boccaccio selbst dazu, seine Werke anzuzünden.

2. Akt. Platz vor den Häusern Lotteringhis und Lambertuccios. Nach durchschwärmter Nacht kommen Boccaccio und Pietro mit Leonetto hierher, um ihr Glück bei den geliebten Frauen zu versuchen. Mit Briefchen, die ihnen Boccaccio heimlich zuwirft, kündigen sie den abenteuerlustigen Schönen ihr Kommen an. Nachdem Lotteringhi und Lambertuccio zur Beschwichtigung ihrer Sorgen in eine Schenke abgezogen sind, gelingt es den jungen Streichmachern, sich den Frauen zu nähern: Boccaccio kommt mit Fiametta, Pietro mit Isabella ins Gespräch, Leonetto aber muß sich, den Freunden zuliebe, mit der schon ältlichen Peronella abgeben. Da kommt Lotteringhi unversehens zurück. Isabella versteckt Pietro in einem Faß und weiß ihn, als ihr Mann ihn dort entdeckt, schlau als Käufer dieses Fasses auszugeben. Während Lotteringhi auf ihr Geheiß dessen Tauglichkeit untersucht, kann sie ungestört ihre zärtliche Unterhaltung fortführen. Dem nun gleichfalls heimkommenden Lambertuccio bietet Boccaccio – als Bauernbursch verkleidet – seine Hilfe beim Olivenpflücken an. Dem Zaubergläubigen macht er dann weis, man sähe von dem Olivenbaum aus alle in der Nähe stehenden Paare sich küssen. Und staunend findet Lambertuccio das bestätigt: aus dem Gezweig schauend, erblickt er Fiametta mit Boccaccio, Isabella mit Pietro und Peronella mit Leonetto in verliebtem Tête-à-tête. Doch der aufgeregt herbeieilende Scalza macht dem »Zauber« jäh ein Ende: er hat in der Schenke die Studenten schon von diesem neuen Streich Boccaccios erzählen hören. Bei der jetzt einsetzenden Jagd der Genasführten auf die dreisten Eindringlinge wird aber wieder ein Unschuldiger das Opfer ihres Zorns – ein Abge-

sandter des Herzogs, der Fiametta in die Residenz bringen soll. Während sie Abschied nimmt, stürmen die Freunde, furchterregende Teufelsmasken vor dem Gesicht, davon.
3. Akt. Im Garten des herzoglichen Palasts. Fiametta hat nun erfahren, daß sie die natürliche Tochter des Herzogs ist und den Prinzen Pietro heiraten soll. Ihr Herz aber gehört dem Studenten, dessen Name ihr bisher unbekannt blieb – Boccaccio! Auch der Prinz ist wenig entzückt von der geplanten Verehelichung, denn er hat reizvollere Pläne mit Isabella. Lambertuccio lebt in großer Angst, seit er gehört hat, daß der übel behandelte Abgesandte, der seine Ziehtochter geholt hat, der Herzog selbst war. Doch wird er gut aufgenommen und weigert sich jetzt, gemeinsame Sache mit den anderen Bürgern zu machen, die beim Herzog Klage gegen Boccaccio erheben wollen. Als sie aber hören, in welchem Ansehen der von Pietro beim Herzog eingeführte Dichter jetzt steht, ziehen sie sich, von diesem selbst beschwichtigt, zurück. Zu seiner Freude erlebt Boccaccio nun seine Berufung an die Hochschule als Dante-Interpret. Durch die für Pietro unmißverständliche Wendung, die er einer – aus Anlaß des festlichen Tages – aufgeführten Stegreifkomödie zu geben weiß, bringt er den Prinzen zum endgültigen Verzicht auf Fiametta.

Als Sechzigjähriger erreichte Suppé hier den Gipfel seines Schaffens. Die heitere italienische Atmosphäre des Librettos, das Episoden aus Boccaccios *Decamerone* zu einer Handlung um den Dichter selbst verbindet, inspirierte ihn zu einer Musik voll Humor und drängender Lebenslust. Die feinen melodischen Qualitäten der Lied- und Tanzweisen, die prächtigen vokalen Ensemblesätze und die wirkungsvoll gefügten Finale zeigen *Boccaccio* weithin dem Rang einer komischen Oper nahegerückt. Einzelnes, wie den Terzett-Walzer *Wonnevolle Kunde*, Fiamettas Lied *Hab ich nur deine Liebe*, das berühmte *Immerzu undici, dodici, tredici* oder das Duett *Mia bella fiorentina* mit Vorrang zu nennen scheint fast ein Unrecht gegenüber anderen lebensvollen Melodien des Werks.

Jacques Offenbach

* 20. Juni 1819 in Köln
† 5. Oktober 1880 in Paris

Wenn es auch schon lange vor Offenbach lustige kleine Opern und Singspiele gegeben hat, die den Namen »Operette« tragen könnten, so kann man doch erst seit der – auf Offenbach zurückgehenden – Vorherrschaft des Drastisch-Witzigen, Satirischen und vor allem auch des Tänzerischen in musikalischen Bühnenwerken von »Operetten« im eigentlichen Sinne als einer eigenen künstlerischen Gattung sprechen. Der 1833 als Cello-Schüler an das Pariser Konservatorium gekommene, dann vom Orchestermitglied an der Opéra-Comique zum Kapellmeister am Théâtre Français aufgestiegene Offenbach besaß eine geniale Sonderbegabung für das Burleske, Komische und Parodistische, wie kein Musiker vor und nach ihm. Sein musikalischer Witz, entfacht an entsprechenden Stoffen und Texten, verschonte nichts, »was andren hehr«, seine Operetten entblößten erbarmungslos Schwächen der gesellschaftlichen Zustände seiner Zeit, der Epoche Napoleons III., gaben unantastbar scheinende Werte und Mächte dem Gelächter preis – und das alles gelang Offenbach mit den scheinbar kleinen Mitteln seiner amüsant-frechen »musiquette«, seiner aggressiv-kecken und zugleich graziösen Chanson-Melodik und seiner elanvoll-pikanten tänzerischen Rhythmik. Doch standen dem frivolen Spötter, wenn er wollte, auch Klänge einer feinen, anmutigen Lyrik zu Gebote. Den Reichtum und die Vielseitigkeit seiner außerordentlichen Begabung erweisen nicht zuletzt viele seiner köstlichen frühen einaktigen Singspiele, mit denen er seit 1855, seit der Eröffnung seines eigenen kleinen Theaters, der »Bouffes-Parisiens«, hervortrat. Diese reizenden, auch bezaubernd instrumentierten Stückchen, von denen hier nur *Le mariage aux lanternes*, 1857 (*Verlobung beim Laternenschein*), *Pépito*, 1858 (*Das Mädchen von Elizondo*), und *La Chanson de Fortunio*, 1861 (*Fortunios Liebeslied*), erwähnt seien, weckten auch in Wien, wo sie seit 1858 bekannt wurden, helle Begeisterung und veranlaßten den ersten Meister der »Wiener« Operette, Franz von Suppé, zu Versuchen in der gleichen Form. Das Jahr 1858 brachte das erste größere Werk Offenbachs in Paris, das zugleich sein stärkster Erfolg wurde: *Orphée aux enfers* (*Orpheus in der Unterwelt*). Hier wie in der 1864 erschienenen *La belle Hélène* (*Die schöne Helena*) war die antike Götter- und Heldenwelt Zielscheibe seines klingenden Spottes. In *Barbe-Bleue*, 1866 (*Blaubart*), wandte er sich auf seine Art einer satirischen Betrachtung des Mittelalters zu, und in *La vie parisienne* (*Pariser Leben*), gleichfalls 1866, nahm er ebenso wie in *La Grande-Duchesse de Gérolstein* (*Die Großherzogin von Gerolstein*) von 1867 deutlich Gestalten und Zustände der eigenen französischen Umwelt aufs Korn. Unter seinen späteren Operetten ragen *La Périchole* (1868), *Les brigands*, 1869 (*Die Banditen*), *La Créole*, 1875 (*Die Kreolin*), und *Madame Favart* (1878) als besonders reizvolle Werke hervor. Höhe- und Schlußpunkt seiner Kompositionen für die Bühne war die große Oper *Les contes d'Hoffmann* (siehe Reclams Opernführer).

Verlobung beim Laternenschein

Le mariage aux lanternes

Komisches Singspiel in 1 Akt. Text von Michel Carré und Léon Battu. Uraufführung am 10. Oktober 1857 in den Bouffes-Parisiens, Paris. Deutschsprachige Erstaufführung am 16. Oktober 1858 im Carl-Theater, Wien.

PERSONEN: Michel, ein junger Bauer (Ten.) – Liese, dessen Mündel (Mezzosopr.) – Hanne (Sopr.) und Katrine (Mezzosopr.), zwei junge Witwen – Arkadius, ein Nachtwächter.

Vor Michels Bauernhof. In der Mitte des Platzes ein großer Nußbaum. Liese lebt als Wirtschafterin bei ihrem Vetter und Vormund Michel. Trotz Fleiß und Sanftmut erntet sie nur barsche Worte von ihm. Hinter seinen rauhen Reden verbirgt sich jedoch nichts als Eifersucht; denn insgeheim ist er

sehr verliebt in Liese. Daß sie jüngst heimlich einen Brief zur
Post gebracht und – nach dem Bericht des Nachtwächters –
letzthin im »Goldenen Ochsen« gleich zwölfmal mit einem
gewissen Franz getanzt hat, erfüllt ihn mit großer Unruhe.
Die beiden Witwen Hanne und Katrine haben zum Kummer
Lieses, die ihrem Vormund von Herzen gut ist, verliebte Absichten auf Michel und geraten deshalb in heftigen Streit. Der
von beiden Begehrte erzählt ihnen, daß er bald heiraten wolle
und aus diesem Grund seinen Onkel Martin brieflich um
Geld angegangen habe. Da kommt Liese mit dem sehnlich erwarteten Antwortschreiben. In Gegenwart der beiden Witwen liest er daraus vor, daß ihm der Onkel einen Schatz zugedacht habe, den er noch heute beim Vesperläuten unter seinem Nußbaum finden werde. Freudig feiert er die gute Nachricht bei einem Becher Wein, und traurig sieht Liese, wie er
dabei Hanne und Katrine küßt. Kaum ist Michel ins Haus gegangen, fangen die eifernden Witwen wieder zu streiten an
und geraten sich diesmal arg in die Haare. Liese aber hat auch
einen Brief von Onkel Martin bekommen: »Ich weiß, was Dir
fehlt, mein Kind«, schreibt er, »Du brauchst einen Mann. Setz
Dich heute abend beim Vesperläuten unter den großen Nußbaum!« Schon beginnt die Glocke zu läuten. Nachdenklich
setzt sie sich auf die Bank vor dem Nußbaum und schläft ein.
Nun kommt Michel, um nach seinem Schatz zu graben. Eifersüchtig greift er nach dem Brief, den er auf dem Schoß der
Schlummernden findet, liest ihn und versteht jetzt, welchen
Schatz ihm der Onkel zugedacht hat; denn da steht ja geschrieben: »Indem ich Euch beide zusammenbringe, meine
lieben Kinder, verhelfe ich jedem zu einem Schatz, wie er keinen besseren finden kann.« Sogleich bittet er die erwachende
Liese, seine Frau zu werden. Die wundert sich zwar über
seine Werbung – denn sie hatte ihren Brief noch nicht zu
Ende gelesen –, willigt aber sogleich freudig ein; nur *eine* Bedingung stellt sie für ihr Jawort: »Respektsperson bin in Zukunft ich!« Der Nachtwächter beleuchtet die eigenartige Ver-
lobungsszene mit seiner Laterne. Hanne und Katrine machen
gute Miene zu der unerwarteten Wendung der Lage und stellen sich als erste Gratulanten ein.

Dieses liebenswürdige kleine Singspiel, hervorgegangen aus Offenbachs kurzem Einakter *Le Trésor à Mathurin* von 1853, verdient als besonders anziehendes Beispiel der halb lyrischen, halb humoristischen kleineren Werke Offenbachs dauernde Beachtung. Seine bis heute unverblaßte Wirkung gründet sich auf den hübschen Zusammenklang der harmlosen, aber recht drolligen Handlung mit einer ebenso anmutigen wie humorvollen Musik. Ihr Höhepunkt: das melodisch bezaubernde, kanonartig angelegte Quartett *Ja, ich hör die Vesper läuten* (*Voici l'angélus qui sonne*). Von köstlicher Drastik ist das Zankduett der Witwen *Ach, die böse, böse Sieben!* (*Ah! La fine, fine mouche*).

Orpheus in der Unterwelt
Orphée aux enfers

Opéra-bouffon in 2 Akten (4 Bildern). Text von Hector Crémieux und Ludovic Halévy. Deutsche Bearbeitung von Ludwig Kalisch. Uraufführung am 21. Oktober 1858 in den Bouffes Parisiens, Paris. Deutschsprachige Erstaufführung am 17. November 1859 im Stadttheater Breslau.

PERSONEN: Aristeus-Pluto (Baß) – Jupiter (Bar.) – Orpheus (Ten.) – Hans Styx (Baß) – Merkur – Bacchus – Mars – Morpheus – Eurydice (Sopr.) – Diana – Juno – Venus – Cupido – Minerva – Hebe – Die Öffentliche Meinung.

ORT: Bei Theben, im Olymp, in der Unterwelt.

1. Akt. 1. Bild. *Der Tod der Eurydice.* Gefilde in der Nähe von Theben. – Eurydice windet eine Girlande, die sie an die Tür des Hauses ihres Geliebten Aristeus hängt. Orpheus, Direktor des Konservatoriums von Theben, hält sie von ferne für die von ihm verehrte Nymphe Chloe und stimmt auf seiner Geige deren Lieblingsweise an. Plötzlich erkennen sich die Gatten. Eurydice gibt Orpheus zu verstehen, daß sie von ihm enttäuscht sei und ganz zu Aristeus gehen wolle. Gemeinsam rufen sie die Götter um Trennung ihrer Ehebande an. Mit Rücksicht auf die Öffentliche Meinung

will Orpheus aber jeden Skandal vermeiden und droht daher Eurydice, er werde jedem ihrer Verehrer die Knochen brechen. Trotz seiner Warnung folgt sie jedoch dem Aristeus ins nahe Getreidefeld, wo dieser sich jäh in seine wahre Gestalt verwandelt und sie nun als Höllengott Pluto mit sich in die Unterwelt hinabzieht. Orpheus freut sich, daß sie »der Teufel geholt« hat, und will sofort zu seiner Chloe eilen. Aber die Öffentliche Meinung verlangt von ihm, im Hinblick auf seine gesellschaftliche Stellung und zur Erbauung der Nachwelt, daß er von Jupiter die verlorene Gattin zurückbitte. Widerwillig folgt er ihr zum Olymp. – 2. Bild. *Der Olymp*. Die Götter liegen im Schlummer. Morpheus bestreut sie mit Mohn. Eine Jagdmusik, die das Kommen Dianas ankündigt, erweckt die Schlafenden. Jupiter, brummig gelaunt, ermahnt alle, künftig besser auf ihr Ansehen bei den Menschen bedacht zu sein. Eine beherzigenswerte, aber wohl vergebliche Mahnung! Denn schon berichtet Juno, daß ein Gott Eurydice von der Erde entführt habe, und sie vermutet sogar, daß Jupiter selbst der Übeltäter sei. Merkur aber bringt die Nachricht, Pluto sei soeben mit einer bildschönen Menschenfrau in der Unterwelt angekommen. Sogleich wird Pluto vorgeladen, der sich indes der Anklage durch Leugnen zu entziehen weiß und, von den anderen Göttern unterstützt, zum Gegenangriff übergeht, indem er Jupiters eigene Liebesaffären anprangert. Zu Jupiters Glück und Plutos Pech wird in diesem Augenblick Orpheus gemeldet, der seine Klage und Bitte vorbringt. Pluto wird verurteilt, Eurydice wieder herauszugeben. Um den Vollzug dieses Befehls zu kontrollieren, machen sich die Olympischen zur Fahrt in die Unterwelt auf.
2. Akt. 3. Bild. *Ein Prinz von Arkadien*. In Plutos Boudoir. Eurydice langweilt sich. Plutos Diener, der in sie verliebte Hans Styx, ist ihr als Gesellschafter herzlich unsympathisch. Als er Pluto mit Jupiter kommen hört, verbirgt er sie in einem Nebenraum. Während Pluto fürchtet, Eurydice könnte entdeckt werden, steckt der herumspürende, nach der schönen Frau schon lüsterne Jupiter seine Visitenkarte in das Schlüsselloch der Tür, hinter der er sie verborgen vermutet. Eurydice findet die Karte und hofft auf ihre Befreiung. Schon

kommt Jupiter in Gestalt einer Fliege wieder, umwirbt sie summend und verspricht ihr, sie zu entführen. Pluto, von Cupido gewarnt, sucht vergebens von dem schwer von Lethe berauschten Hans Styx etwas über Jupiters Anschlag zu erfahren. – 4. Bild. *Die Hölle.* Die Götter sitzen bei der Tafel; unter ihnen, als Bacchantin verkleidet, Eurydice. Jupiter glaubt, sie im Trubel des Festes entführen zu können, aber Pluto tritt ihm entgegen und mahnt ihn an sein Versprechen, sie ihrem Gatten zurückzugeben. Schon erscheint Orpheus, und nun kann Jupiter nur noch die Bedingung stellen, daß Orpheus beim Verlassen der Unterwelt sich nicht nach Eurydice umblicken dürfe, sonst entschwände sie ihm für immer. Orpheus gehorcht, die Öffentliche Meinung freut sich schon ihres Sieges – da versetzt ihm Jupiter mit seinem Blitzstrahl einen Schlag. Orpheus wendet sich unwillkürlich um, verletzt damit das Gebot und muß nun, was ihm nicht unangenehm ist, allein zur Oberwelt zurückkehren. Eurydice aber bleibt auf Jupiters Geheiß zu ihrer Freude als Bacchantin bei den Göttern.

In einer Zeit, da jedermann mit den Gestalten der griechischen Mythologie vertraut war, bereitete das Verstehen einer so frechen Parodie der Antike, wie sie Offenbach hier im Bund mit seinen Textdichtern bietet, keine Mühe. Für das heutige Publikum, das im allgemeinen mit diesem Stoffgebiet nur vage Vorstellungen verbindet, ist der hier gewagte Sprung vom Erhabenen zum Lächerlichen nicht mehr ohne weiteres verständlich und amüsant. Die Form der Aufführungen muß da helfend eingreifen, um den antik maskierten Spott auf zeitlose menschliche Schwächen und Verhältnisse vollwirksam fühlbar zu machen. Was aber heute wie einst jedermann ohne weiteres erfassen und mit Vergnügen erleben kann, ist der Erfindungsreichtum und der Witz der Offenbachschen Musik. Jede der vielen komischen Situationen auf der Bühne, jede Figur des Spiels ist mit glänzenden, originellen Einfällen ausgestattet. Offenbart sich die geniale Begabung des Komponisten auch am stärksten in Stücken wie in der Schlummerszene, im Cancan und im Höl-

lengalopp der aller Würde entkleideten Olympischen, in den
Spottcouplets auf Jupiters Abenteuer oder in dem Lied des
dämlichen Hans Styx *Als ich einst Prinz war von Arkadien*, so
doch nicht minder auch dort, wo der Stoff eine lyrisch-pasto-
rale oder anmutige Tönung der Musik verlangt. Die Ouvertüre allerdings ist nur in den musikalischen Motiven Offenbachs eigenes Werk. Komponiert hat sie der Dirigent der
Wiener Erstaufführung, Karl Binder.

Die schöne Helena
La belle Hélène

Opéra-bouffe in 3 Akten. Text von Henri Meilhac und Ludo-
vic Halévy. Deutsche Bearbeitung von F. Zell und Julius
Hopp. Uraufführung am 17. Dezember 1864 im Théâtre des
Variétés, Paris. Deutschsprachige Erstaufführung 1865 im
Friedrich-Wilhelmstädtischen Theater, Berlin.

PERSONEN: Paris, Sohn des Königs Priamus (Ten.) – Menelaus, Kö-
nig von Sparta (Kom.) – Helena, dessen Gemahlin (Sopr.) – Aga-
memnon, König der Könige – Klytämnestra, dessen Gemahlin –
Orestes, beider Sohn – Pylades, dessen Freund – Achilles – Ajax I.,
König von Salamis – Ajax II., König von Lokris – Kalchas, Groß-
Augur des Jupiter (Baß) – Philocomes, Diener im Tempel des Apoll
– Eutykles, Schlosser – Bacchis, Helenas Vertraute – Gespielinnen
des Orestes und Pylades. Wachen. Sklaven. Dienerinnen. Volk.

ORT UND ZEIT: Sparta und Nauplia. Vor dem Trojanischen Krieg.

1. Akt. *Das Orakel* (*L'oracle*). Man rüstet in Sparta zum Fest
des Adonis. Das Volk kommt mit Opfergaben zum Tempel,
die der Groß-Augur Kalchas allzu bescheiden findet. Helena,
die wenig Freude an ihrer Ehe mit dem alten König Menelaus
hat, erkundigt sich bei Kalchas, ob es wahr sei, daß die Göttin
Venus dem Schäfer Paris zum Dank für sein Urteil beim
Schönheitswettstreit der Göttinnen das schönste Weib auf
Erden versprochen habe. Sie, Helena, sei doch die Schönste,
und darum hoffe sie ... Auch Paris, als Schäfer gekleidet,
kommt zu Kalchas und bringt ihm einen Brief, in dem die

Jacques Offenbach: Die Großherzogin von Gerolstein
Stadttheater Baden bei Wien

Göttin dem Groß-Augur befiehlt, Helena und Paris zusammenzuführen. Kalchas verspricht ihm, diesen Wunsch zu erfüllen, läßt sich aber nun von Paris Näheres über die Einzelheiten beim *Urteil des Paris* berichten. Als Helena und Paris sich von ferne erblicken, sind sie sogleich füreinander entflammt. Schon beginnt das Adonisfest, zu dem sich neben Menelaus und Helena auch Agamemnon und Klytämnestra, Achilles, die beiden Ajax, Orestes und Pylades als Gäste einfinden. Anstelle des schläfrigen Menelaus übernimmt Agamemnon die Leitung des Festakts und ruft die Versammelten zu einem geistigen Wettstreit auf. Er stellt drei Rätselfragen, die alle – zum Staunen und Verdruß der Könige – von dem »Schäfer« Paris gelöst werden, der sich nun als Sohn des Königs Priamus von Troja zu erkennen gibt. Helena bekränzt ihn. Jetzt läßt Kalchas donnern und verkündet, Menelaus müsse sofort – so wolle es die Gottheit – für vier Wochen nach Kreta verreisen. Paris bedankt sich für dieses Orakel bei ihm. Menelaus nimmt Abschied.

2. Akt. *Der Traum* (*Le jeu de l'oie*). Vier Wochen sind vergangen. Helena empfängt Paris in ihrem Gemach. Er beklagt sich, daß sie ihn noch immer nicht erhört habe, und droht mit einer List, um endlich in den Besitz der ihm versprochenen schönsten Frau zu gelangen. Von Kalchas erbittet Helena die Gunst, Paris wenigstens im Traume wiedersehen zu dürfen. Sie legt sich zur Ruhe, da naht sich ihr Paris: es ist ihr, als »träume« sie diese Begegnung nur, und so läßt sie den Geliebten nicht mehr vergebens schmachten. Menelaus, der wider Erwarten gerade von seiner Reise heimgekommen ist, trifft das Paar in unmißverständlicher Situation an, schlägt Lärm und ruft alle Fürsten herbei. Sie trösten ihn, finden aber, er sei auch selbst schuld an seinem Pech. Paris entflieht.

3. Akt. *Die Entführung* (*La galère de Vénus*). Helena hat sich an den Strand von Nauplia zurückgezogen, um vor den Vorwürfen ihres Gatten Ruhe zu haben. Doch Menelaus ist ihr auf den Fersen. Sie verteidigt sich mit der Ausrede, daß alles, was sie erlebt habe, nur ein Traum gewesen sei. Agamemnon

und Kalchas bemühen sich, die Sache einzurenken: Menelaus sollte doch bedenken, daß der Beziehung zwischen Paris und Helena immerhin ein Gebot der Göttin zugrunde liege. Menelaus will aber von dem Vorschlag, seine Frau herzugeben, nichts wissen; er hat den Groß-Augur der Göttin herbestellt, um dessen Rat zu hören. Schon bringt ein Schiff diesen fremden Wahrsager, der nun einen neuen Wunsch der Venus verkündet: Helena müsse nach Kythera, bekanntermaßen die der Liebesgöttin heilige Insel, reisen. Sogleich besteigt Helena das rasch vom Land abstoßende Schiff. Den Zurückbleibenden gibt sich der vermeintliche Groß-Augur der Venus als Paris zu erkennen. Empört beschließen die Fürsten Krieg gegen Troja.

Sechs Jahre nach *Orphée aux enfers* errang Offenbach mit *La belle Hélène* einen zweiten großen Dauererfolg als Parodist eines antiken Themas. Für seine Zeitgenossen war es ein Stück voll durchsichtiger Anspielungen auf spottwürdige Pariser Zustände und Sitten, nicht minder amüsant aber auch durch die Persiflage des hohlen Wesens der damaligen Großen Opern Meyerbeerscher Prägung. Anfangs war das Ganze sogar als Parodie auf Wagners *Tannhäuser* angelegt, dessen Pariser Erstaufführung 1861 in einem Skandal geendet hatte. Die Musik zeigt wieder in jedem Takt Offenbachs unverwechselbare witzige Eigenart in schlagkräftiger Melodik, tänzerischer Lebhaftigkeit und pikanter Rhythmik. Die Erzählung des Paris von seinem Urteil über die Göttinnen mit dem berühmten *Evoe, um zu gefallen*, das Couplet der Könige mit dem ersten Erklingen des Motivs *Bin Menelaus der Gute*, die Liebesszene zwischen Helena und Paris und der Walzer *Die Griechen in Wut* (in der Ouvertüre und im 2. Finale) gehören zu den unvergeßlichen Höhepunkten dieser Operette.

Blaubart

Barbe-Bleue

Opéra-bouffe in 3 Akten (4 Bildern). Text von Henri Meilhac und Ludovic Halévy. Uraufführung am 5. Februar 1866
im Théâtre des Variétés, Paris. Deutschsprachige Erstaufführung am 21. September 1866 im Theater an der Wien,
Wien.

PERSONEN: König Bobèche (Bar.) – Clémentine, seine Gattin
(Sopr.) – Hermia, Tochter des Königspaars (Soubr.) – Prinz Saphir
(Ten.-Buffo) – Ritter Blaubart (Ten.) – Popolani, Alchimist (Baßbuffo) – Graf Oscar, Minister – Alvarez, ein Höfling – Boulotte
und andere Bauernmädchen – Héloise, Eleonore, Isaure, Rosalinde, Blanche: die früheren Frauen Blaubarts – Herren und Damen des Hofes. Pagen. Leibwachen. Ritter. Bauern und Bäuerinnen.

ORT UND ZEIT: Südfrankreich, in einem Dorf und am Hofe des Königs, zur Zeit der Kreuzzüge.

1. bis 3. Akt. Ritter Blaubart hat zum fünften Mal nach kurzer Ehe die angeblich sehr geliebte Gattin verloren – allerdings nicht ohne sein Zutun: der in seinen Diensten stehende Alchimist Popolani muß nämlich jedesmal, wenn der
Herr Ritter seiner Angetrauten überdrüssig ist, durch Gift
für deren Verschwinden sorgen. Popolani bedient jedoch
seinen Herrn nur mit scheinbaren Morden und läßt die unerwünschten Damen an heimlichem Ort vergnügt weiterleben.
Jetzt veranstaltet er, um die geeignete sechste Frau für Blaubart zu finden, einen Wettbewerb unter den jungen Bäuerinnen des Dorfes. Die Wahl fällt auf die robuste Boulotte. Der
Ritter beschließt, seine neue Gattin am Hof des Königs Bobèche einzuführen. So nebenbei interessiert er sich aber
auch für die Schäferin Fleurette, die der königliche Minister
Oscar gerade aus dem Dorf wegführt, weil er herausgebracht hat, daß sie die einst ausgesetzte, verschollene Prinzessin Hermia, die Tochter des Königspaares ist. – Am Hofe
Bobèches rüstet man zur Hochzeit: Prinz Saphir soll mit
Hermia vermählt werden. Da der König voll Eifersucht arg-
wöhnt, einer der Hofherren könnte seiner – keineswegs an-

ziehenden – Gattin Clémentine nachstellen, befiehlt er seinem Minister, den Höfling Alvarez aus dem Weg zu räumen.
Schon vier andere ihm verdächtige Kavaliere hat er so besei-
tigen lassen. Glücklicherweise verfuhr Oscar in diesen Fällen
wie Popolani bei Blaubarts Frauen und vollzog die mörderi-
schen Befehle nur zum Schein. – Das Auftreten Blaubarts mit
seiner neuen Frau verursacht einigen Wirbel: Die bäuerliche
Boulotte blamiert ihren Mann durch wenig höfisches Benehmen und Reden. Blaubart fühlt sich aber nicht nur dadurch in
seiner Neigung für sie irritiert, sondern noch mehr durch den
Anblick der Prinzessin. Ihre Ehe mit Prinz Saphir darf nicht
zustande kommen, plant er; Hermia soll seine siebente Frau
werden! Rasch entschlossen bringt er Boulotte in Popolanis
Laboratorium und läßt sie nach gewohntem Brauch vergif-
ten. Dann kehrt er an den Königshof zurück, beklagt heuch-
lerisch den plötzlichen Tod seines Weibes und fordert dann
von Bobèche sogleich Hermia als Gattin. Da er bei Abwei-
sung seiner Werbung mit Waffengewalt droht, wagt der König keinen Einspruch. Saphir allerdings läßt sich auf einen für
ihn übel endenden Zweikampf mit dem Ritter ein. Nun wird
Blaubart mit Hermia getraut, jedoch, dank Oscars Vorsorge,
von einem falschen Priester. Inzwischen beschließen Popolani und Oscar, dem Wüten Blaubarts und Bobèches ein
Ende zu machen. Zum Entsetzen der beiden führen sie die
angeblich ermordeten Hofherren und früheren Blaubart-
frauen aus ihren Verstecken herbei. Um alles Geschehene
aus der Welt zu schaffen, rät nun Boulotte, die zurückgekehr-
ten Damen und Herren miteinander zu vermählen. So endet
schließlich das Spiel in siebenfacher Harmonie: Boulotte
wird aufs neue die Frau des anscheinend bekehrten Blaubart,
Saphir bekommt seine Hermia, und auch die fünf hinzuge-
kommenen Hochzeitspaare sind glücklich über die gute Wendung der Dinge.

Zwischen der *Schönen Helena* und der Zeitsatire *La vie parisienne* glückte Offenbach mit dem *Blaubart* ein parodisti-
sches Werk, das vor allem in Frankreich mit Bewunderung
aufgenommen wurde. Mit der spaßhaft-spöttischen Behand-

lung des grausigen Märchenstoffes und der damit verbundenen Karikatur der mittelalterlichen höfischen Welt boten
ihm seine Librettisten neue Gelegenheit zu grimmiger Persiflage. Der dämonische Frauenmörder aus Perraults *Contes
du temps passé* wird hier zum lächerlich wirkenden Zerrbild
eines Ritters, der sein mörderisches Verfahren ohne jede
Spur von schlechtem Gewissen als probates Mittel bei seiner
Frauenjägerei anwendet; wohl ergeht er sich in larmoyanten
Gesängen über das traurige Schicksal seiner Opfer, findet
aber aus solchen Stimmungen frivolen Selbstbetrugs blitz-
schnell zu seinem beutelüsternen »Frohsinn« zurück. Es ist
Offenbach in unnachahmlicher Weise gelungen, dieses nahe
Nebeneinander von heuchlerischer Klage und frecher Lebenslust mit dem Witz seiner eigenen musikalischen Sprache
und mit den ironisch gebrauchten Ausdrucksmitteln der romantischen und Großen Oper zu gestalten. Treffend wie die
Titelfigur sind auch die übrigen wichtigeren Personen des
Spiels, vor allem Boulotte, gezeichnet. Eine Besonderheit
des Werks sind die Auftritte im Mordkabinett bei Popolani
(3. Akt) mit den schon dem Bereich »schwarzen Humors«
zugehörigen Szenen der um ihr Leben bangenden Boulotte,
des niederträchtig-übermütig auf ihr Ende wartenden Blaubarts und des entspannend-lustigen Ausgangs der Schauer-
geschichte durch Boulottes Wiedererwachen und die Fröhlichkeit der aus ihrem Versteck befreiten früheren Frauen
des Ritters, die mit dem Gesang *Laß uns aus dem düstern
Grabe aufwärts schweben* ihre Wiederkehr ins Leben feiern.
Blaubart ist mehrfach für die deutsche Bühne bearbeitet
worden; die Fassung Walter Felsensteins und Horst Seegers
(1963) hat dem Werk neue Erfolge gebracht.

Pariser Leben
La vie parisienne

Operette in 5 Akten. Text von Henri Meilhac und Ludovic
Halévy. Deutscher Text von Carl Treumann. Neue deutsche
Bearbeitung von Walter Felsenstein (1945). Uraufführung

Wiener Operettenkomponisten:
Eysler, Oscar Straus, Nedbal, Lehár, Ziehrer, Fall
Karikatur von Rudolf Hermann

am 31. Oktober 1866 im Théâtre du Palais Royal, Paris. Deutschsprachige Erstaufführung am 31. Januar 1867 im Carl-Theater, Wien.

PERSONEN: Baron von Gondremark, ein reicher Gutsherr aus Schweden (Bar.) – Baronin Christine, seine Frau (Sängerin) – Raoul de Gardefeu (Ten.), Bobinet, Gontran: Lebemänner – Metella (Soubr.) – Jean Frick, Schuster (Kom.) – Gabriele, Handschuhmacherin (Soubr.) – Pompa di Matadores, ein Brasilianer (Kom.) – Madame Quimper-Karadec, Witwe und Hausbesitzerin – Madame Folle-Verdure, ihre Nichte – Joseph Partout, Fremdenführer – Urbain, Diener – Pauline, Stubenmädchen bei Mme. Quimper-Karadec – Clara, Leonie, Louise: Nichten des Portiers bei Mme. Quimper-Karadec – Alphonse, Diener bei Gardefeu – Eisenbahnbeamte. Reisende aller Nationen. Träger. Handwerker. Putzmacherinnen. Gäste. Kellner.

ORT UND ZEIT: Paris um 1866/67.

Die *Ouvertüre* ist mit einem von Metella und dem Chor gesungenen Prolog verbunden, der die Theaterbesucher ermuntert, im Sinne des Stücks den Frohsinn als Parole zu wählen.
1. Akt. Vorhalle des Straßburger Bahnhofs in Paris. Gardefeu und Bobinet erwarten die Ankunft Metellas – jeder für sich übrigens, denn sie haben sich vor einiger Zeit wegen eines Mädchens verkracht. Jetzt sind beide in Metella verliebt. Da kommt sie schon, aber am Arm eines Dritten, und tut, als kenne sie die zwei wartenden Verehrer gar nicht. Grund genug für diese, sich wieder zu versöhnen. Alleingeblieben trifft Gardefeu seinen früheren Diener Partout, der jetzt Hotel-Fremdenführer ist und eben den schwedischen Baron von Gondremark und dessen Gattin vom Zug abholt. Gardefeu möchte dieses Paar gerne kennenlernen, und gegen entsprechende Bezahlung überläßt ihm Partout seinen Posten. So empfängt der abenteuerlustige junge Lebemann als »Fremdenführer« das schwedische Paar, das sich schon sehr auf die Sehenswürdigkeiten von Paris freut: der Baron möchte gern allerlei Animierendes erleben, Baronin Christine wünscht sich, Adelina Patti, den berühmtesten Gesangsstar der Zeit,

in der Großen Oper zu hören, und will ihre Bekannten, Madame Folle-Verdure und deren Tante Madame Quimper-Karadec, aufsuchen. Unter den weiteren Ankömmlingen taucht nun auch der Brasilianer Pompa di Matadores auf, ein steinreicher Kerl, der gleich Gold unter die Menge wirft und Paris genießerisch als Königin aller Städte preist.

2. Akt. Bei Gardefeu. Der Diener Alphonse, der seinen Herrn erwartet, empfängt den Schuster Frick und die Handschuhmacherin Gabriele: sie sind gekommen, um Arbeiten abzuliefern. Bald erscheint auch Gardefeu mit den beiden Schweden, die er bei sich einquartiert, indem er ihnen vormacht, die Räume hier dienten dem Grandhotel als Dépendance. Er hat sich auf den ersten Blick in die schöne Baronin verliebt und erhofft sich bald Möglichkeiten zu einer intimeren Annäherung. Der Baron erkundigt sich heimlich nach der hübschen Metella, deren Bekanntschaft ihm ein früherer Freund des Mädchens brieflich empfohlen hat. Zunächst aber fragt er nach der Table d'hôte, und da es natürlich an echten Hotelgästen fehlt, veranlaßt Gardefeu Frick und Gabriele, mit einigen ihrer Freunde zum Mahl zu erscheinen und die feinen Gäste zu spielen. Einen ähnlichen Plan entwickelt der hinzukommende Bobinet für den nächsten Abend: in der Wohnung seiner zur Zeit verreisten Tante Mme. Quimper-Karadec will er mit Unterstützung Fricks und verschiedener Dienstboten ein dem Baron behagendes Fest improvisieren. Nun kommt auch Metella, die bisher hier, als Freundin Gardefeus, das jetzt der Baronin zugedachte Zimmer bewohnte. Eifersüchtig, durchschaut sie sogleich Gardefeus Neigung für die reizvolle Schwedin. Den von ihr entzückten Baron vertröstet sie auf spätere Tage. Dann beginnt die Table d'hôte, bei der sich Frick als Major, Gabriele als Oberstenwitwe und allerlei andere einfache, als »vornehm« aufgetakelte Leutchen einfinden. Bald herrscht eine sehr fröhliche Stimmung – die »trauernde Oberstenwitwe« Gabriele springt schließlich sogar auf den Tisch und singt eine Tyrolienne. Die ahnungslosen Schweden aber glauben, dieser ausgelassene Ton sei eben charakteristisch für die Pariser Gesellschaft.

3. Akt. Im Hause der Madame Quimper-Karadec. Bobinet bereitet, als »Admiral du Lac de Van« auftretend, den geplanten Empfang des Barons vor. Alle Beteiligten sind voll Spannung, wie die lustige Irreführung des Fremden klappen wird, und die Bediensteten freuen sich, heute einmal als »Herrschaften« auftreten zu können. Schon kommt der Schwede und läßt sich wieder weismachen, sein Gastgeber und alle Geladenen seien wirklich feine Leute, Adelige und hohe Würdenträger. Das Stubenmädchen Pauline, das die Gattin des »Admirals« mimt, bedrängt ihn gleich mit einem verführerischen Gespräch, er aber – schläft dabei ein. Doch bald erregt die vermeintlich illustre Gesellschaft mit den vielen hübschen »Damen« immer mehr sein Entzücken, und wenn der »Admiral« auch mit einem am Rücken geplatzten Uniformrock umhergeht, so stimmt ihn das doch nicht besonders bedenklich: er wundert sich nur. Beim großen Trinkgelage, das nun anhebt, genießt er höchst angeregt diesen pariserischen Taumel.

4. Akt. Wieder bei Gardefeu. Die Baronin hat den Abend in der Oper verbracht; voll verliebter Unruhe erwartet Gardefeu ihre Rückkehr. Endlich kommt die Ersehnte, aber gleich darauf läutet es wieder an der Wohnungstür: Besuch für Baronin Christine – Mme. Quimper-Karadec und ihre Nichte! Die beiden Damen, unerwartet früh von ihrer Reise zurückgekehrt, haben zu Hause empört die dort von Bobinet veranstaltete Orgie wahrgenommen und die Polizei alarmiert. Die Baronin wieder weiß den Besucherinnen zu erzählen, man habe ihr in der Oper ein Briefchen in die Hand gedrückt. Ein Liebesbriefchen? O nein – ein Schreiben der eifersüchtigen Metella ist es, das die Schwedin über den »Fremdenführer« Gardefeu und seinen Hotel-Schwindel aufklärt. Mme. Quimper-Karadec will nun dem Streichemacher einen Denkzettel geben: während Gardefeu das Gepäck der aufbrechenden Damen zum Wagen bringt, tauscht sie mit der Baronin die Kleider, um so den Missetäter zu empfangen. Dieser hält endlich den Augenblick für gekommen, sich der Baronin verliebt zu nähern; da sieht er erschreckt die sich plötzlich entschleiernde alte Frau vor sich. Ihre Angriffe aber versteht er schlau

abzuwehren. Mme. Quimper-Karadec zieht sich nun ins
Zimmer der Baronin zurück, wo sie aber kurz darauf von
dem schwer berauscht heimkommenden Baron im Nachtge-
wand überrascht wird. Beiderseitiges Entsetzen!
5. Akt. Im »Café Anglais«. Hier, im Zentrum der Lebewelt,
gibt der reiche Brasilianer ein Fest. Auch der Baron, der
jetzt weiß, welchen Schwindeleien er zum Opfer fiel, erscheint, um Metella zu treffen. Diese aber hat die Baronin
mit ihren beiden Freundinnen herbestellt. Der Baron tritt
den drei maskierten Damen ahnungslos gegenüber, die ihn
mit spöttischen Bemerkungen verwirren. Schließlich bleibt
Mme. Quimper-Karadec allein bei ihm zurück – betroffen
erkennt er in ihr, als sie sich demaskiert, das »Nachtge-
spenst« vom vorigen Abend. Erbost über die Streiche, die
ihm Gardefeu gespielt, will er jetzt mit ihm abrechnen. Ein
Duell droht – da kriegt's der alte Schwede mit der Angst!
Bobinet wendet das Unheil ab und hört sich mit dem Brasilianer die beweglichen Klagen des Barons an, der aber
schließlich einräumen muß, daß ihn das Pariser Leben bisher doch ganz prächtig amüsiert habe.

Dieses ursprünglich bescheiden als *Stück mit Gesang* bezeichnete Opus gehört zu Offenbachs glänzendsten Leistungen – und Erfolgen: es brachte ihm 10 000 Francs für die
Partitur ein. Hatte er in seinen berühmten Parodien antike
oder mittelalterliche Masken benutzt, um seiner Zeit einen
spottenden Zerrspiegel vorzuhalten, so gibt er hier, in eine
komische Sphäre gerückt, die Pariser jener Tage der Welt-
ausstellung von 1867 (zu der das Stück vom Théâtre Royal
in Auftrag gegeben wurde) neben einigen fremdländischen
Besuchern der Seinestadt unverhüllt dem Gelächter preis.
Jahrzehntelang hat sich die Welt Paris so vorgestellt, wie es
hier geschildert ist: als Stadt der Lebewelt und der tollen
Amüsements. Die Musik, sehr reich an köstlichen Einfällen
voll Witz und Laune, ist in ihrer originellen Melodik (Vorliebe für keck wirkende Septimensprünge!) und sprühenden
tänzerischen Rhythmik in jedem Takt echtester Offenbach.
Als Höhepunkt des Werkes darf neben dem Brief-Rondo

der Metella (2. Akt) die musikalische Fassung der *Orgie* im Hause der Madame Quimper-Karadec gelten; die turbulente Rausch-Stimmung, die da mit wechselnden, sich steigernden Tanz-Rhythmen erreicht wird, hat als Muster auf viele spätere Schilderungen ähnlicher Trinkgelage fortgewirkt (z. B. auf das 2. *Fledermaus*-Finale). Daneben aber gibt es hier allerlei vergnügliche Couplets wie das des Barons mit dem im Bolerorhythmus gebrachten *Ich stürz mich in den Strudel 'nein* und Paulines *Frou-frou*-Liedchen, sowie sehr lustige Ensembles wie das opernparodistische Sextett zur Besingung des Lochs, das sich am Rock des »Admirals« zeigt, und das Walzerseptett bei der Vorbereitung des Festes im 3. Akt.

Die Großherzogin von Gerolstein
La Grande-Duchesse de Gérolstein

Opéra-bouffe in 3 Akten (4 Bildern). Text von Henri Meilhac und Ludovic Halévy. Uraufführung am 12. April 1867 im Théâtre des Variétés, Paris. Deutschsprachige Erstaufführung am 13. Mai 1867 im Theater an der Wien, Wien.

PERSONEN: Die Großherzogin von Gerolstein (Sopr.) – Prinz Paul (Ten.) – General Bumm (Baß) – Baron Puck – Baron Grog – Fritz, ein Grenadier (Buffo) – Wanda, ein Bauernmädchen (Soubr.) – Ein Adjutant der Großherzogin – Hofgesellschaft – Soldaten – Bäuerinnen – Pagen – Bediente.

ORT UND ZEIT: Gerolstein (irgendwo in Deutschland), im zweiten Drittel des 19. Jahrhunderts.

1. bis 3. Akt. Die junge Großherzogin zeigt keine Lust, sich den Plänen und Beschlüssen der bisher tonangebenden Herren ihres Hofes zu fügen: sie will weder den ihr zum Gatten bestimmten Prinzen Paul heiraten, noch behagen ihr die kriegslüsternen Machenschaften der von General Bumm provozierend vertretenen Militaristen. Doch hat sie eine große Vorliebe für Soldaten. Bei einer Inspektion der Truppe erweckt der mit dem Bauernmädchen Wanda versprochene Grenadier Fritz ihre Begehrlichkeit. Als nun der tückisch an-

gezettelte Krieg mit dem Nachbarland plötzlich zum Ab-
marsch der winzigen »Armee« drängt, befördert sie ihren
Günstling im Handumdrehen zum Korporal, Leutnant, Major und schließlich gar – anstelle Bumms – zum General.
Wirklich glückt es dem Oberkommandierenden wider Willen, durch den schlauen Einfall, den Gegnern eine Masse
Alkoholika zuzuspielen, ohne Blutvergießen einen Sieg
über die schwer betrunkenen Feinde zu erringen. Nun wird
der erfolgreiche Heimkehrer groß gefeiert, und die Großherzogin hofft, ihren »General« jetzt für sich gewinnen zu
können. Doch Fritz hat kein Ohr für ihre versteckten Lie-
beserklärungen. Er denkt nur an seine Wanda und beeilt
sich, sie zu heiraten. Die Hochzeitsnacht wird ihm aber
gründlich verdorben, denn die mit Bumm verschworenen
Höflinge haben seinen Untergang beschlossen und stören
ihn aus seinem Tête-à-tête mit Wanda grausam auf. Die enttäuschte Großherzogin läßt das nicht ungern geschehen,
Schlimmeres aber wendet sie ab: es genügt ihr, den »General« Fritz so schnell, wie sie ihn beförderte, wieder zum Grenadier zu degradieren. Mag er mit seiner Wanda in Glück
und Frieden leben! Sie ist klüger geworden und reicht dem
so lange vergeblich hoffenden Prinzen Paul ihre Hand.

Mit anderen Werken Offenbachs teilte auch *Die Großherzogin von Gerolstein* lange Zeit das unverdiente Schicksal, in
Vergessenheit zu geraten. Das lag natürlich nicht an der Musik, die sich auf der Höhe der besten Schöpfungen des Komponisten hält, sondern am Libretto: die zeitsatirischen Anspielungen auf politische Situationen jenseits wie diesseits des
Rheins, auf militaristische Manipulationen und auf Figuren
der Zeit des zweiten französischen Kaiserreichs verloren mit
ihren Anlässen bald ihre ursprüngliche witzige Wirkung und
Allgemeinverständlichkeit. Ohne eine belebende Neugestal-
tung des Texts läßt sich das Stück heute kaum für die Bühne
wiedergewinnen. Dem neu erwachten Interesse an Offenbachs Operetten und der Erkenntnis der Notwendigkeit ein-
greifender Textrevision im Fall der *Grande-Duchesse de Gérolstein* sind u. a. die erfolgreichen Bearbeitungen von Karl-

heinz Gutheim (1949), Ernst Poettgen (1967) und Otto Schneidereit (mit Herbert Kawan, 1968) zu verdanken. Unsere Inhaltserzählung beschränkt sich daher, unter Verzicht auf Einzelheiten der Bearbeitungsvarianten, auf eine Darstellung der wesentlichen Handlungszüge. Zu den besonders charakteristischen Stücken der einfallsstarken Partitur zählen neben einigen Couplets und anderen Solonummern der Hauptfiguren, unter denen das berühmt gewordene *Säbellied* der Großherzogin hervorragt, vor allem verschiedene amüsante Ensemblesätze: so die sehr komisch das Pathos der großen Opern parodierende und persiflierende Szene *Ich bin nervös – sie ist nervös* und der damit verbundene Rachegesang der verschworenen Gegner des neuen »Generals« im 1. Finale, so auch das Duett der Großherzogin mit Fritz im 2. Akt und das als scheinfreundlicher Gutenacht-Gruß dem Hochzeitspaar Fritz und Wanda zugesungene *Notturno*. Berühmte Darstellerinnen der Titelrolle waren die große Offenbach-Diva Hortense Schneider und – in Wien – Marie Geistinger.

La Périchole

Opéra-bouffe in 3 Akten. Text von Henri Meilhac und Ludovic Halévy. Deutscher Text von Richard Genée (1869). Neuer deutscher Text von Karl Kraus (1931). Uraufführung der 1. Fassung (in 2 Akten) am 6. Oktober 1868 im Théâtre des Variétés, Paris, erste Aufführung der 2. (dreiaktigen) Fassung 25. April 1874 ebenda. Deutschsprachige Erstaufführung am 9. Januar 1869 im Theater an der Wien, Wien.

Personen: Don Andrès de Ribeira, Vizekönig von Peru (Baßbuffo) – Graf Panatellas, erster Kammerherr – Don Pedro de Hinoyosa, Gouverneur von Lima – Marquis von Tarapote – Ein alter Gefangener – Piquillo, Straßensänger (Ten.-Buffo) – Périchole, Straßensängerin (Soubr.) – Guadalena, Berginella, Mastrilla: drei Cousinen – Zwei Notare – Peruaner, Peruanerinnen, Indianer – Hofherren, Hofdamen, Pagen – Diener. Garden. Ein Schließer. Schreiber. Gäste. Gaukler. Volk.

Ort und Zeit: Lima in Peru, 18. Jahrhundert.

1. bis 3. Akt. Fröhlich feiert man den Namenstag des Vizekönigs Don Andrès, der heute alle Bürger freihält. Um die
Meinung über sein Regime zu erkunden, mischt er sich, als
Arzt verkleidet, unters Volk, doch ehrliche Worte bekommt
er nicht zu hören, weil der Gouverneur Don Pedro und der
Kammerherr Panatellas schlau für verlogene Huldigungen
vorgesorgt haben. Vor der Schenke »Zu den drei Cousinen«
erscheinen auch die wandernden Straßensänger Périchole
und Piquillo. Trotz der guten Stimmung, die hier herrscht,
haben sie mit ihren Vorträgen keinen Erfolg. Es geht ihnen
zum Erbarmen schlecht. Liebe ist kein Heilmittel gegen
Hunger. Piquillo zieht jetzt allein weiter, um doch noch etwas zu verdienen, während sich die erschöpfte Périchole ein
wenig schlafen legt. So entdeckt sie der für Frauenanmut
höchst empfängliche und zu amourösen Abenteuern stets
aufgelegte Don Andrès. Sogleich beschließt er, die kleine
Straßensängerin als »Ehrendame« an seinen Hof zu holen.
Périchole hat nichts gegen eine Verbesserung ihrer Lage;
rasch schreibt sie ihrem Piquillo einen Brief und folgt dann
der fürstlichen Einladung. Den Wünschen des Vizekönigs
steht allerdings nicht nur die ihm unbekannte Liebe des
Mädchens zu Piquillo entgegen, sondern auch die gesetzli-
che Vorschrift, daß er nur eine verheiratete Frau mit ihrem
Mann in den Palast aufnehmen darf. Nun heißt es also,
schleunigst einen Ehepartner für Périchole zu finden. Dem
Kammerherrn scheint der soeben von seinem vergeblichen
Gang durch die Stadt zurückgekehrte Piquillo der rechte
Mann für diese Rolle: es gelingt ihm auch, den über Péricho-
les Abschiedsbrief Verzweifelten, den er bei einem Selbst-
mordversuch antrifft, nach hinreichender Gemütsbeeinflus-
sung durch Wein, zu dieser Eheschließung zu überreden.
Doch nun weigert sich Périchole, auf das ihr zugemutete
Spiel einzugehen – bis sie sieht, daß ja Piquillo der ihr zuge-
dachte Bräutigam ist. Dieser freilich erkennt in seiner Trun-
kenheit die verschleierte Geliebte nicht, willigt aber in die
Verbindung ein, weil er sich eine gute Belohnung für seine
Gefälligkeit erhofft, und schwört bei der Trauung seiner »unbekannten« Braut, er werde stets nur eine andere lieben. –

Am Hof ist man bestürzt und entrüstet, daß der Vizekönig eine Straßensängerin als neue Freundin gewählt hat. Piquillo aber wird verhöhnt, weil er sich zu diesem unsauberen Handel hergegeben hat. Der Gedanke an den ihm winkenden Lohn und eine bessere Zukunft mit Périchole läßt ihn den Spott leicht verschmerzen. Bei der festlichen offiziellen Vorstellung seiner Gattin erkennt er jedoch endlich seine Périchole – voll Erbitterung hält er sie für eine Verräterin und tobt so aufrührerisch, daß man ihn festnimmt und fortschleppt. Im Kerker der »widerspenstigen Gatten«, wo ein anderer Rebell gegen die vizeköniglichen Bräuche schon seit zwölf Jahren eingelocht sitzt, findet sich Piquillo wieder. Doch bald naht Périchole als Retterin. Nachdem es ihr rasch gelungen ist, den Geliebten aufzuklären und zu versöhnen, versucht sie den Schließer zu bestechen, daß er ihnen zur Flucht helfe; dieser Schließer ist aber kein anderer als der verkleidete Don Andrès, der ihr eifersüchtig nachspürt. Voll Zorn läßt er nun beide an Ketten legen. Aber mit Hilfe des alten Gefangenen glückt es ihnen, sich zu befreien und den durch ein Lied Pericholes wieder herbeigelockten Vizekönig selbst zu fesseln. Die Flucht des Paares wird natürlich rasch entdeckt, doch die ungeschickte Polizei hat bei der Verfolgung keinen Erfolg. Schließlich stellen sich die Ausreißer freiwillig. Don Andrès ist darüber gerührt, begreift, daß er sein Spiel verloren geben muß, verzichtet auf die Rückgabe der Périchole schon gemachten kostbaren Geschenke und läßt das beglückte Paar frei.

Das anregende Libretto – nach Mérimées Einakter *Le Carosse du Saint-Sacrement* (1829) – hat mit seiner an originellen dramatischen Situationen reichen Handlung, mit seinen prägnant und witzig gezeichneten Figuren und seiner ironischen Beleuchtung höfischer Zustände den Komponisten zu einer besonders reizvollen Musik inspiriert. »La Périchole« ist eine historische Figur, die Schauspielerin Micaela Villegas, deren abweisender Stolz den um sie werbenden Vizekönig von Peru zu der unflätigen Beschimpfung »Perra chola!« (Du Hündin von einer Eingeborenen) hinriß. Ihr Publikum machte daraus den Ehrennamen La Pericola. Zum Amüsantesten der einfallsreichen Partitur gehört die komische Trauungsszene im 1. Akt (mit den bezechten Notaren usw.), zum musikalisch Anziehendsten die innige *Liebesbrief-Arie* der Périchole. Andere Glanzstücke des köstlichen Werks sind die verschiedenen Ensemblesätze, z. B. die Terzette des Kerkerakts und der Walzer *Für Männer, die dagegen sind*, daneben aber auch die Lieder Piquillos und Pericholes Walzerweise *Und trotzdem lieb ich doch dich, du Lump*. Die Neufassung von Karl Kraus (1931) galt gleicherweise einer dramaturgischen Verbesserung des überlieferten französischen Librettos und einer musikalisch sinngemäßen Anpassung deutscher Verse an die Musik; wie diese »kunsttechnische« Arbeit glückte dem Bearbeiter auch eine Textprägung von stilistischer Eigenart, voll Witz und dramatischer Lebendigkeit.

Die Banditen
Les brigands

Opéra-bouffe in 3 Akten. Text von Henri Meilhac und Ludovic Halévy. Deutscher Text von Ernst Dohn. Neufassung von Gustaf Gründgens. Uraufführung am 10. Dezember 1869 im Théâtre des Variétés, Paris.

PERSONEN: Falsacappa, Räuberhauptmann (Bar.) – Fiorella, seine Tochter (Soubr.) – Fragoletto, ein junger Pächter (Ten.-Buffo) – Pietro, Falsacappas Unterhauptmann und Vertrauter – Der Fürst von Braganza (Ten.) – Baron von Campotasso, Oberstallmeister des Fürsten – Antonio, Schatzmeister des Fürsten (Kom.) – Bramarbasso, Hauptmann der fürstlichen Polizei – Die Prinzessin von Granada (Sängerin) – Graf von Gloria-Cassis, Kammerherr der Prinzessin – Adolf von Valladolid, erster Page der Prinzessin – Pipo, Gastwirt – Pipa, seine Frau – Ein Kurier – Räuber. Polizisten. Bäuerinnen. Köche. Kavaliere. Hofdamen. Pagen.

ORT UND ZEIT: Portugal (ursprünglich: die Lombardei bei Mantua), im 18. Jahrhundert.

1. Akt. Wilde, felsige Gebirgsgegend. Falsacappa, der mit seiner Bande in einer Höhle haust, ist der Schrecken der

Gegend. Soeben führt er seinen Kumpanen einige junge Bäuerinnen zu, die er, als Eremit verkleidet, hierher gelockt hat. Er beherrscht seine Bande überlegen. Bisher waren auch alle mit seinen Unternehmungen zufrieden. Heute aber murren sie, denn das Geschäft geht schlecht. Der letzte Raubzug wurde gegen den Pächter Fragoletto geführt; dabei hat sich Falsacappas Tochter Fiorella in das Opfer verliebt und Gegenliebe gefunden. Sie ist eine würdige Tochter ihres Vaters – mit gestohlenen Brillanten hat sie einen Künstler bezahlt, der ihr Porträt gemalt hat, das sie nun zum Geburtstag ihrem Vater schenkt. Während der Beratung, wie die bevorstehende Hochzeit des Fürsten von Braganza mit der Prinzessin von Granada für einen neuen Beutezug ausgenützt werden könnte, wird Fragoletto als Gefangener gebracht; er war aber bereits freiwillig auf dem Weg zu Falsacappa, um bei ihm um die Hand seiner Tochter anzuhalten. Er will dafür selbst unter die Räuber gehen und wird auf Probe angenommen. Zufällig kommt der Fürst von Braganza, der sich verirrt hat, in die Gegend. Fiorella, die an ihm Gefallen findet, gibt ihm Gelegenheit zu entfliehen. Inzwischen hat sich Fragoletto schon bewährt und einen Kurier gefangen, dessen Gepäck für den fürstlichen Hof bestimmt ist; es enthält außer einem Bildnis der Prinzessin die Mitteilung, daß der Fürst den Hofbeamten, welche die Prinzessin auf ihrer Reise zur Hochzeit begleiten werden, drei Millionen Staatsschulden auszahlen lassen muß. Sofort faßt Falsacappa einen Plan, um in den Besitz dieses Geldes zu gelangen: Er vertauscht das Bildnis der Prinzessin mit dem seiner Tochter und läßt den Kurier laufen. Freudig wird das neue Vorhaben gefeiert, bei dem Fiorella die Rolle der Prinzessin zugedacht ist.

2. Akt. Ländliche Gegend mit Gasthaus. Hier wird die (echte) Prinzessin mit ihrem Gefolge erwartet. Statt der erhofften Gäste muß der Wirt Pipo jedoch das Erscheinen der Banditen in Kauf nehmen. Falsacappa läßt ihn und sein ganzes Personal in den Keller sperren. Die Räuber aber verkleiden sich recht und schlecht als Küchenpersonal und empfangen so die von dem dümmlichen Baron Campo-

tasso und dem Polizeihauptmann Bramarbasso geführte Gesandtschaft des Fürsten von Braganza. Trotz ihrem Mißtrauen gegen das eigentümliche Gasthauspersonal lassen sie
sich, als die Räuber die Ankunft der Prinzessin sichten,
»zum Frühstück« ins Haus drängen. Dort nehmen ihnen die
Räuber ihre Kleider ab und empfangen nun, als Abgeord-
nete des Fürsten angetan, die in Begleitung des Pagen Adolf
und des Kammerherrn Gloria-Cassis ankommende spanische Prinzessin. Sie staunt sehr über die »Herren«, die sie da
empfangen, läßt sich aber doch bewegen, mit ihren Leuten
in das Gasthaus einzutreten. Während Falsacappa den Seinen erklärt, wie er mit Fiorella und einigen bewährten Kumpanen nun in den Gewändern der Spanier an den Hof des
Fürsten ziehen will, um dort die Millionen zu erbeuten, befreien sich die im Haus Eingeschlossenen wieder. Aber Falsacappa, der sich drohend zu erkennen gibt, hält sie in
Schach, und da die fürstlichen Soldaten inzwischen schon
zuviel getrunken haben, hat er leichtes Spiel.
3. Akt. Saal im Palast des Fürsten von Braganza. Während
der Fürst in Erwartung seiner Braut betrübt von den ihm
bisher zugetanen Hofdamen Abschied nimmt, überdenkt
der Schatzmeister Antonio seine bedenkliche Lage: er hat
nämlich die Millionen gar nicht, die der spanischen Abord-
nung ausgeliefert werden sollen. Das ganze Geld ist längst
vertan. Schon kommen die vermeintlichen Spanier, voran
Falsacappa und Fiorella als »Prinzessin«. So nah dem Ziel,
muß der Räuberhauptmann nun erfahren, daß Antonio
nichts zu bieten hat als 1000 Gulden! Er wütet gegen den
Schatzmeister, aber da nun die echten Spanier eintreffen, ist
ohnehin alles verloren. Fiorella rettet ihren Vater, indem sie
den Fürsten daran erinnert, wie sie ihn im Gebirge vor den
Räubern bewahrt habe. Nun wird Falsacappa nicht nur am-
nestiert, sondern sogar zum Polizeihauptmann ernannt. Fragoletto entsagt dem Räuberleben, da er Fiorella jetzt auch
ohne diesen Liebesbeweis erringen kann.

Erst die sehr geschickt modernisierende Neufassung des Librettos durch Gustaf Gründgens – sie wurde am 31. Mai

1932 in der Städtischen Oper Berlin erstaufgeführt – hat das
zu Unrecht vergessene Werk auf der deutschen Bühne wieder
erfolgreich werden lassen. Die Handlung amüsiert nicht nur
durch ihre spaßhafte Darstellung des Gangsterunwesens,
sondern auch durch ihre zeitlos aktuellen spaßhaften Aus-
fälle gegen Betrüger- und Schiebertum im öffentlichen Leben. Der 50jährige Offenbach hat in dieser von charmanten
Melodien und federnden Rhythmen blitzenden Partitur namentlich in den meisterlich aufgebauten, groß entwickelten,
von dramatischem Leben erfüllten Finale einen neuen Höhepunkt seiner heiteren Kunst erreicht. Von seinen vielen köstlichen Einfällen seien nur der Bettler-Kanon der Banditen
vor Pipos Gasthaus und der sehr komische *Stiefelmarsch* im
ersten Finale besonders erwähnt.

Die Kreolin
La Créole

Operette (Opéra-comique) in 3 Akten. Text von Albert Millaud. Deutsche Textfassung von Ika Schafheitlein und Hel-
mut Gauer. Musikalische Neueinrichtung von Hans Schind-
ler. Uraufführung am 3. November 1875 im Théâtre des
Bouffes-Parisiens, Paris. Deutschsprachige Erstaufführung
am 8. Januar 1876 im Theater an der Wien, Wien.

PERSONEN: Kapitän Immortelle (Baßbuffo) – René, sein Neffe
(Ten.-Buffo) – Antoinette, seine Pflegetochter (Sopr.) – Aristide,
Advokat (Ten.) – Cocua (Soubr.) – Chamas, Bootsmann – Mathieu,
Steuermann – Der Admiral – Zwei Notare – Zwei Matrosen –
Hochzeitsgäste. Matrosen.

ORT: 1. und 2. Akt in und bei La Rochelle, 3. Akt auf hoher See.

1. bis 3. Akt. Kapitän Immortelle will seine Pflegetochter
Antoinette mit seinem Neffen René verheiraten. Daß das
Mädchen den Advokaten Aristide liebt, kümmert ihn wenig,
und dem Neffen, der diesem Eheplan gleichfalls abgeneigt
ist, droht er wütend mit Enterbung. So erklärt sich René, um
den alten Narren zu beschwichtigen, zum Schein doch be-

reit, seinem Wunsche zu willfahren. Er spricht sich mit Antoinette und Aristide aus und sinnt nach, wie er den beiden
zu ihrem Glück helfen könnte. Er selbst denkt noch nicht
ans Heiraten; »frei« aber ist er eigentlich nicht mehr, weil er
vor nicht langer Zeit bei einem Aufenthalt in Guadeloupe
einer Kreolin die Ehe versprochen hat. Als der Kapitän nun
plötzlich auf sein Kriegsschiff beordert wird, veranlaßt René
während seiner Abwesenheit die Trauung Antoinettes mit
Aristide. Dann reisen die drei jungen Leute zum Landsitz
Lamirande. Dort wird aber das Behagen der Neuvermählten
jäh durch die unerwartete Rückkunft des Kapitäns gestört.
Nun heißt's Komödie spielen und so tun, als seien doch
René und Antoinette miteinander verheiratet. Ablenkend
wirkt glücklicherweise ein junges Mädchen, das der Onkel
aus Guadeloupe mitgebracht und adoptiert hat: die temperamentvolle Cocua, Tochter einer Kreolin und eines französischen Seemanns, der sich einst vor der Geburt dieses Kin-
des der Liebe aus dem Staub gemacht hat. Der stets zum
Ehestiften aufgelegte Kapitän will jetzt die Mitgebrachte mit
Aristide vermählen. Er ahnt nicht, daß ihr Herz seinem Neffen gehört, denn *sie* ist ja die Kreolin, der René Treue
schwur. Nun muß Cocua freilich glauben, er habe sie treulos
vergessen. Doch bald klärt sie René über die wirkliche Lage
der Dinge auf. Immortelle aber hat beobachtet, wie sich Antoinette und Aristide küßten, und dringt nun, Schlimmes be-
fürchtend, auf die rasche Verehelichung Cocuas mit Aristide. In dieser bedrohlichen Situation hilft die Findigkeit
Cocuas weiter: Sie bringt einen für den Kapitän bestimmten
Aufbruchsbefehl an sich und fälscht darin das Datum so,
daß sich Immortelle zu sofortiger Abfahrt genötigt sieht.
Trotzdem verfolgt er seinen privaten Plan trotzig weiter: die
jungen Leute müssen samt einem Notar mit auf sein Schiff;
auf hoher See soll die Trauung noch heute vollzogen werden. Ehe es jedoch dazu kommt, bewahrt ein unvorhergese-
henes Geschehnis die Bedrängten vor neuen Peinlichkeiten.
Das Schiff kollidiert mit der Fregatte des Admirals, und nun
muß sich Immortelle von seinem Vorgesetzten sagen lassen,
er sei einen Tag zu früh losgefahren und habe daher die Ha-

varie verschuldet. Jetzt wird die Terminfälschung Cocuas
ruchbar, bald darauf aber auch, daß der Herr Admiral ihr ver-
schollener Vater ist. Die Fortführung des von René inszenier-
ten, von Immortelles Eigensinn verursachten Eheschwindels
ist endlich nicht mehr nötig, der Vereinigung der richtigen
Paare steht nichts mehr im Weg. Nach gehörigen Seemanns-
flüchen muß sich der alte Seebär dreinfinden, daß die Jugend
am Ziel ihrer Wünsche ist.

Die gewichtlos spaßhafte Handlung gewinnt erst durch die
Musik die rechte Wirkung. Offenbach hat den Schwank
zwar eilig und – da er gleichzeitig noch an zwei anderen
Werken arbeitete – mit etwas flüchtigem Interesse vertont,
keineswegs aber ohne musikantische Laune und buffones-
ken Humor. So gibt es auch hier genug amüsante Liedchen,
köstliche Ensemblesätze und beschwingte Tänze neben feinen lyrischen Passagen von der Art des A-Dur-Duettinos
Aristides und Antoinettes. Sehr hübsch und prägnant werden einzelne Figuren – Immortelle, René, Cocua – schon in
ihren Auftrittsliedern charakterisiert. Als besonders leben-
dige Stücke prägen sich auch ein: das Duett *Die Liebe ohne
Übergang* (Cocua / Aristide), das Walzerterzett *Hört auf
jetzt mit den Schmeicheleien* und Cocuas *Heißes Kreolenblut
brennt wie Feuer.*

Madame Favart

Opéra-comique in 3 Akten. Text von Alfred Duru und Henri
Chivot. Textliche und dramaturgische Neufassung von Hein-
rich Voigt, musikalische Einrichtung von Conny Odd (1955).
Uraufführung am 28. Dezember 1878 im Théâtre des Folies
Dramatiques, Paris. Deutschsprachige Erstaufführung am
7. Februar 1879 im Theater an der Wien, Wien.

PERSONEN: Charles-Simon Favart, Dichter und Komponist (Baß) –
Justine Favart, seine Frau (Sopr.) – Major Cotignac (Baß) – Suzanne, seine Tochter (Sopr.) – Gaston Prédault (Ten.) – Der Marquis v. Pontsablé (Ten.-Buffo) – Biscotin, Gastwirt – Ein Sergeant

– Ein Offizier – Reisende. Mägde. Offiziere und Soldaten. Marketenderinnen. Schauspieler und Schauspielerinnen. Volk.

Ort: 1. Akt in Arras, 2. Akt in Douai, 3. Akt im Feldlager des Marschalls von Sachsen. Zeit: Etwa 1750.

1. bis 3. Akt. Das Schauspieler-Ehepaar Charles-Simon und Justine Favart hat sich den Unwillen des Marschalls von Sachsen zugezogen: Frau Justine hat ihn abblitzen lassen, und er rächte sich, indem er sie in ein Kloster sperren ließ; ihr Gatte mußte flüchten. Jetzt hält sich Charles Favart im Keller eines Gasthofs in Arras versteckt. Unter den Gästen, die soeben hier angekommen sind, befindet sich der Major Cotignac mit seiner Tochter Suzanne; er will beim Gouverneur, dem Marquis v. Pontsablé, für seinen Neffen, den Suzanne heiraten soll, um einen Posten als Polizeileutnant nachsuchen. Seine Tochter interessiert sich allerdings für einen anderen Bewerber, für Gaston Prédault, der zum Ärger des Majors gleichfalls nach Arras gereist ist, um sich für die Leutnantsstelle zu melden. Während man in gespannter Stimmung bei Tische sitzt, kommt eine junge Straßensängerin in die Stube: in dieser Verkleidung verbirgt sich die aus dem Kloster entwichene Justine Favart. Bald findet sie heimliche Gelegenheit zu einem Wiedersehen mit ihrem Gatten. An gemeinsame Flucht ist indes nicht zu denken. Schon ist man ihnen auf der Spur. Doch hilft ein Zufall weiter: Gaston erkennt die bekannte Schauspielerin Favart in der Straßensängerin und möchte ihr gerne gefällig sein. Leider hatte seine Bewerbung beim Gouverneur keinen Erfolg. Im Vorzimmer des Herrn v. Pontsablé aber hatte man ihm gesagt, er könne den erstrebten Posten leicht bekommen, wenn er seine Frau schicke, denn der Gouverneur sei sehr empfänglich für weibliche Reize. Dieser Bericht bringt Justine auf einen guten Gedanken: in Suzannes Mantel und Haube geht sie heimlich als angebliche Madame Prédault zu Pontsablé, und im Nu erreicht sie von rasch für sie Entflammten die Ernennung »ihres Gatten« zum Polizeileutnant. Vor dem Anstellungsdekret, das der über die Wendung der Situation höchst erstaunte Gaston nun vorweisen kann, kapituliert natürlich Suzannes Vater und verweigert dem Liebespaar seinen Segen nicht mehr. Mit den Favarts – als »Koch« und »Stubenmädchen« – reisen die glücklichen Brautleute nach Douai ab. – Bei einem Empfang, den sie bald darauf in ihrem Haus geben, erscheint überraschend auch Herr v. Pontsablé. Er hat den Auftrag, nach den Favarts zu forschen, deren Fluchtweg hierher zu weisen scheint. Selbstverständlich hält er auch jetzt Justine für Gastons Frau, so muß die Täuschung notgedrungen fortgesetzt werden. Das führt zu allerlei komischen Verwicklungen, zumal die neue Situation den vorübergehend ausgebooteten Ehepartnern Suzanne und Monsieur Favart vermeintliche Anlässe zur Eifersucht gibt. Schließlich kann Favart nicht länger verbergen, wer er ist, und folgerichtig hält Pontsablé nun Suzanne für Mme. Favart. Sogleich ordnet er die Abreise der Inkriminierten ins Feldlager des Marschalls von Sachsen an. Dort soll Favarts Schauspielertruppe eine Aufführung veranstalten; sogar der König hat sich zum Besuch der Vorstellung angesagt. Vergeblich bemüht sich Suzanne, Herrn v. Pontsablé aufzuklären, daß sie nicht Frau Favart sei. Justine aber, die inzwischen mit Gaston gleichfalls hier eingetroffen ist, erbittet sich jetzt eine Audienz beim König, erzählt ihm ihr unverschuldetes Mißgeschick und gewinnt rasch seine Gunst. Favart befindet sich indes in größter Verlegenheit: wie soll er ohne seine Frau eine gute Aufführung zustande bringen? Doch in letzter Minute erscheint sie als rettender Engel und betritt sogleich die Bühne. Entzückt genießt der König das Schauspiel und beruft das Künstlerpaar nach Paris. Der blamierte Pontsablé wird pensioniert.

Dieses Spätwerk Offenbachs wurde noch einmal ein Höhepunkt unter seinen Opéras-comiques. Das Libretto, mit historischen Ereignissen um den Dichterkomponisten Favart (1710–92) und seine Frau, die berühmte, geniale Sängerschauspielerin (1727–72), als Hintergrund, ist von großem Reiz durch seine Fülle wirkungsstarker heiterer Szenen mit allem Schabernack von lächerlichen Täuschungen und Verwechslungen, amüsant auch durch die Verspottung korrupten

Beamtentums. Für die Darstellerin der Titelrolle bietet das Stück besonders glänzende Entfaltungsmöglichkeiten; auch musikalisch ist die Partie sehr reizvoll ausgestattet. Französischer Volksliedton wird in dem Lied *Ich bin das kleine Leiermädchen* und im Weinberg-Chanson *Die Mutter sagte mir* spürbar. In ihrer Einfallsfrische, in der Feinheit der Figurenzeichnung, in der graziösen Rhythmik, in präzis geformten Couplets und interessant geprägten Rezitativen offenbart jede Szene die Eigenart und die Gestaltungskraft des Komponisten. – Mangels einer originalen Partitur mußte der musikalische Bearbeiter das Werk neu instrumentieren; es geschah mit Einfühlung in einer dem Klangstil Offenbachs gemäßen Form; auch die in der deutschen Neufassung gespielte Ouvertüre wurde von Conny Odd aus Melodien der Operette geformt.

RICHARD GENÉE

* 7. Februar 1823 in Danzig
† 15. Juni 1895 in Baden bei Wien

Der einzige norddeutsche Musiker im Bereich der älteren Wiener Operette ist vor allem als Librettist für andere Komponisten mit der Geschichte ihrer goldenen Ära verbunden. Vielfach in Gemeinschaft mit F. Zell (d. i. Camillo Walzel aus Magdeburg) hat er nicht nur für Suppé, Johann Strauß und Millöcker Textbücher geschrieben und damit verdienten Anteil am weltweiten Erfolg von Hauptwerken wie *Die Fledermaus*, *Boccaccio*, *Der Bettelstudent*, *Gasparone* u. a., sondern auch für C. M. Ziehrer, R. Dellinger, L. Roth, J. Hellmesberger, A. Czibulka, A. Müller und weitere damals mit Operetten hervortretende Komponisten. Auch trug er als Übersetzer zur Einbürgerung verschiedener Werke von Offenbach, Hervé, Lecocq, Audran und Sullivan bei. Doch hat Genée auch selbst Operetten komponiert und damit manchen ansehnlichen Erfolg errungen. Seit 1857 (*Der Geiger aus Tirol*) trat er mit Bühnenwerken hervor und erzielte später seine stärksten, dauerhaftesten Wirkungen mit *Der Seekadett* (1876) und *Nanon* (1877). Genée war der Sohn eines Sängers, der auch viele Jahre als Theaterdirektor in Danzig amtierte, studierte zuerst Medizin, dann – in Berlin – Musik und trat mit vierundzwanzig Jahren in seiner Heimatstadt die Kapellmeisterlaufbahn an, die ihn in den beiden folgenden Jahrzehnten nach Reval, Riga, Köln, Düsseldorf, Mainz, Schwerin, Amsterdam und Prag führte. Von Prag ging er schließlich 1868 nach Wien, wo er bis 1878 am Theater an der Wien wirkte; dann ließ er sich als Freischaffender in Preßbaum bei Wien nieder.

Nanon

(Die Wirtin zum »Goldenen Lamm«)

Operette in 3 Akten. Text von F. Zell (Camillo Walzel) und Richard Genée nach einem Lustspiel von Marie-Emmanuel-Guillaume Théaulon und Armand Dartois. Textliche und musikalische Bearbeitung von A. Treumann-Mette (1936). Uraufführung am 10. März 1877 im Theater an der Wien, Wien.

PERSONEN: König Ludwig XIV. – Frau von Maintenon – Marquis d'Aubigné, ihr Neffe (Ten.) – Ninon de Lenclos (Alt) – Frau v. Frontenac – Gräfin Houlières – Marquis de Marsillac, Intendant des Kgl. Theaters (Ten.-Buffo) – Héctor, sein Neffe (Ten.-Buffo) – Nanon Patin, Wirtin zum »Goldenen Lamm« (Sopr.) – Abbé la Platre (Baß) – Fräulein v. Fulbert – Fräulein v. Armenoville – Gaston, Ninons Page – Mombardini, Tambourmajor – Pierre, ein Verwandter Nanons – Ein Kommissar – Ein Kutscher – Festgäste. Bediente. Soldaten.

ORT: In und bei Paris. 1. Akt: In Nanons Gasthof; 2. Akt: Bei Ninon de Lenclos; 3. Akt: Bei Frau v. Maintenon. ZEIT: 1685.

1. bis 3. Akt. Die ländliche Gastwirtschaft der hübschen Nanon ist wegen des guten Weins, den man dort ausschenkt,

noch mehr aber durch den Charme der fröhlich-resoluten, tugendhaften jungen Wirtin berühmt. Heute, an ihrem Namenstag, finden sich viele Gäste ein, um sie zu feiern. Unter ihnen ist auch der Marquis de Marsillac mit seinem Neffen Héctor; der unerfahrene junge Mann soll sich hier ein wenig im Werben um Frauengunst üben. Natürlich benimmt sich Nanon abweisend, wie es ihre Art ist, auch fühlt sie sich ja gebunden: ihre Liebe gehört dem Tambour Grignon. Sie ahnt nicht, daß der in schlichter Tamboursuniform auftretende Mann in Wirklichkeit der Marquis d'Aubigné ist, ein mehr zu Liebeleien als zur Verschwendung tieferer Gefühle geneigter Herr. Halb entschlossen, die Verbindung mit Nanon, die ihm für sein leichtsinniges Trugspiel wohl doch zu schade ist, abzubrechen, erscheint d'Aubigné im Gasthof und bringt ihr mit einem selbsterdachten Minnelied ein besonders hübsches Ständchen. Die Freude darüber stärkt ihre Hoffnung, sich heute mit ihrem Erkorenen verloben zu können. D'Aubigné aber hält sich jetzt verborgen, denn er möchte von gewissen Leuten nicht erkannt werden – z. B. von Herrn v. Marsillac. Jetzt kommt gar noch eine ihm sehr bekannte und vertraute Dame: Ninon de Lenclos; sie will hier – inkognito – einmal mit dem Mädchen sprechen, das ihr den Freund d'Aubigné entfremdet hat. Ihr Gespräch mit Nanon endet für sie irreführend tröstlich, weil ihr die Wirtin von ihrer heute geplanten Verlobung mit einem Tambour erzählt. Zum Dank für diese Mitteilung verspricht sie Nanon Hilfe, falls sie einmal in Not sei. Nun wird das Verlobungsfest vorbereitet, und da kann sich der bedrängte d'Aubigné der unerwünschten Situation nur entziehen, indem er sich – nach heimlicher Verständigung mit einem ihm befreundeten Oberst – wegen angeblicher Übertretung des königlichen Duellverbots verhaften läßt. Die bestürzte Nanon beschließt, Ninon aufzusuchen und um Fürsprache für den »Tambour Grignon« zu bitten. – Am folgenden Abend zeigt sich d'Aubigné nach langem Fernsein wieder einmal bei einem festlichen Empfang im Salon Ninons. Auch ihr trägt er sein ursprünglich für Nanon bestimmtes Minnelied vor. Bald gerät er auch hier in eine unerwartet heikle Lage, denn plötzlich sieht er sich Nanon gegenüber, die inzwischen von Ninon das Versprechen erhielt, sich bei Frau v. Maintenon für den »Tambour« zu verwenden: die frappante Ähnlichkeit des höfischen Kavaliers mit ihrem »Verlobten« fällt ihr natürlich auf, doch d'Aubigné gibt sich nicht zu erkennen. Später provoziert er einen bedrohlichen Zusammenstoß mit Héctor de Marsillac, der sich, wie schon gestern im Gastof, seiner immer noch geliebten Nanon wieder verliebt genähert hat. Es kommt zu einem Duell, Héctor wird leicht verwundet; die herbeieilende Wache führt beide Kontrahenten ab. – Im Hause der frommen Frau v. Maintenon finden die Verwicklungen am nächsten Morgen ihre heiter-befriedigende Lösung. Zunächst streiten sich noch – ein komisches Intermezzo – die Herren d'Aubigné, Abbé La Platre und de Marsillac senior um die »Autorenrechte« an jenem Minnelied, das gestern schon der Marquis vor Ninon, heute der Abbé vor Frau v. Maintenon als eigenes Geistesprodukt hören ließ und ausgab. Bald erscheint Ninon mit Nanon, um wegen der Duellanten vorzusprechen. Alleingeblieben begegnet Nanon zuerst dem König, der ihr Gnade für ihren »Grignon« zusagt, dann dem Schwerenöter d'Aubigné, dessen Identität mit dem »Tambour« sie nun klar erkennt. So muß er Farbe bekennen und kann sich nur in kümmerliche Ausreden flüchten. Aber er denkt jetzt nicht mehr daran, die Geliebte aufzugeben: er will Nanon heiraten. Am Hof wird man schon dafür sorgen, daß sie Marquise und damit eine standesgemäße Braut wird.

Steht Genée als Komponist auch im Schatten bedeutenderer Operettenmeister seiner Zeit, so ist ihm mit *Nanon* doch ein Werk geglückt, das ihn als anziehend-begabten und fachkundigen Musiker ausweist. Den melodischen Hauptgedanken der auch sonst einfallsfrischen Operette um eine bezaubernde Landhofwirtin und, im Gegensatz zu ihr, zwei berühmte Maitressen der Zeit Ludwigs XIV. bildet das einst sehr populäre Minnelied *Anna, zu dir ist mein liebster Gang*, das auf charmante Art in verschiedenen Situationen humorvoll zur Geltung gebracht wird. Bemerkenswert ist der – nicht nur in den Finales des 1. und 2. Akts zutage tretende – Reichtum an vokalen Ensembles. Zu den besonders gelungenen Stücken gehören das Duett Nanon / Ninon im 1. Akt mit seinem Wechsel von Parlando und melodischem ausgeformtem Gesang, das anmutige Couplet Ninons *Treu blieb ich stets meiner Gewohnheit* und das kapriziöse Sextett in der Gesellschaftsszene des 2. Akts, *Überraschung zu verstecken, muß der Fächer alles decken.*

HERVÉ (FLORIMOND RONGER)

* 30. Juni 1825 in Houdain bei Arras
† 3. November 1892 in Paris

Die Frühgeschichte der Operette ist aufs engste mit den Namen Offenbach und Hervé verbunden. Strenggenommen gebührt Hervé sogar vor dem genialen Offenbach der Titel des Begründers dieser witzigen, unterhaltlichen Kunstform, denn er begann als erster mit der Komposition kecker parodistischer Stückchen und ausgelassener Persiflagen der Effekte und inneren Schwächen des herrschenden Meyerbeerschen Opernstils. Hervé war zuerst Organist an der Kirche St-Eustache in Paris, wechselte aber früh zum Theater, anfangs als Sänger, dann auch als Kapellmeister, trat 1848 mit dem Intermezzo *Don Quichotte et Sancho Pansa* als Bühnenkomponist hervor und leitete 1854–56 ein eigenes Theaterchen am Boulevard du Temple, dem er den Namen »Les Folies Concertantes« (später »Les Folies Nouvelles«) gab. In den folgenden Jahren gastierte er u. a. in Marseille, Montpellier und Kairo. 1870/71 übernahm er Kapellmeisterposten an Londoner Theatern. Von seinen mehr als 80 burlesken Werken waren einst *Le petit Faust* (eine Parodie auf Gounods *Margarete*), *L'œil crevé*, *Le nouvel Aladin* und *König Chilperich* neben der aus seiner letzten Zeit stammenden *Mam'zelle Nitouche* berühmt und beliebt. Ende der 1880er Jahre schrieb er auch drei Ballette.

Mam'zelle Nitouche

Comédie-Opérette mit Gesang in 3 Akten. Text von Henri Meilhac und Albert Millaud. Deutscher Text von Richard Genée. Uraufführung am 26. Januar 1883 im Théâtre des Variétés, Paris. Deutschsprachige Erstaufführung am 19. April 1890 im Theater an der Wien, Wien.

PERSONEN: Major Graf v. Chateau-Gibus (Bar.) – Célestin (Buffo) – Fernand de Champlatreux (Ten.) – Loriot, Gustav, Robert, Offiziere – Denise de Flavigny (Soubr.) – Corinne – Die Oberin – Der Direktor – Schauspielerinnen. Soldaten. Pförtnerinnen. Regisseur.

ORT UND ZEIT: Eine französische Provinzstadt, Mitte des 19. Jahrhunderts.

1. Akt. Zimmer im »Schwalbenkloster«. Der junge Organist Célestin, Musiklehrer in diesem Institut für junge Mädchen, hat heimlich eine Operette geschrieben, die unter seinem Pseudonym Floridor heute abend zum ersten Male aufgeführt werden soll. Er hat auch eine heimliche Geliebte, die Sängerin Corinne. Wenn das alles die Frau Oberin wüßte! Erst gestern ist er bei Corinne mit knapper Not dem Zusammentreffen mit einem von deren Verehrern, dem Major Chateau-Gibus, einem Bruder der Oberin, ausgewichen. Ah, da kommt er gerade – er wird ihn doch nicht erkannt haben? Nein, er fragt ihn nur ahnungslos nach – Floridor. Im übrigen will er seine Schwester sprechen: Er berichtet ihr, daß ein Offizier seines Regiments, Fernand de Champlatreux, sich mit einem der ihr anvertrauten Mädchen, Denise de Flavigny, verheiraten soll. Die Oberin gibt die allerbeste Auskunft über diese Bravste und Frömmste unter den Zöglingen und entspricht auch der Bitte des Majors, den jungen Leuten eine Unterredung zu gewähren. Freilich nur unter einer Bedingung: sie dürfen sich dabei nicht sehen, und der künftige Bräutigam muß den Schein erwecken, ein alter Herr zu sein. Denise ist wirklich ein reizendes Geschöpf, aber ihre fromme Sanftmut ist nur Schein. Célestin erfährt während einer Musikstunde von ihr, daß sie von seiner Operette weiß, ja daß sie aus den heimlich entwendeten Partiturblättern bereits alle

Melodien der Hauptrolle auswendig gelernt hat. Zu gerne
möchte sie bei der Uraufführung dabei sein. Ein Zufall
kommt zu Hilfe. Nach der vereinbarten Unterredung zwischen Denise und Fernand erhält die Oberin einen Brief, in
dem sie um die sofortige Heimsendung Denises ersucht
wird. Scheinbar traurig nimmt sie Abschied. Célestin erhält
den Auftrag, sie bei der Heimreise zu betreuen. Er hat
Sorge, dadurch seine Premiere zu versäumen. Denise aber,
die kleine *Nitouche* (d. i. Scheinheilige), freut sich, gerade
heute dem Institut zu entkommen.

2. Akt. Im Foyer des Theaters. Soeben ist der 1. Akt von Céle-
stin-Floridors Operette erfolgreich verklungen. Corinne, die
Hauptdarstellerin, ist erregt über die Nachricht, man habe ihren Floridor mit einer jungen Dame in der Stadt gesehen. Célestin will sie besänftigen, da sieht ihn der Major voll Zorn zu
ihren Füßen und läßt sich nur mühsam von Corinne beschwichtigen. Denise erscheint natürlich auch im Theater und
begegnet hier Fernand, der von ihr entzückt ist und nicht ahnt,
daß das Mädchen, das sich ihm als Mam'zelle Nitouche vorstellt, die ihm als Braut zugedachte Denise ist. Corinnes Eifersucht erwacht aufs neue, als sie, lauschend, hört, daß die junge
Dame sich eine Schülerin Floridors nennt; nun weigert sie sich,
ihre Rolle weiterzuspielen. Der verzweifelte Theaterdirektor
folgt in der Not Fernands Rat, die Partie Mam'zelle Nitouche
anzuvertrauen, und wirklich gelingt es ihr glänzend, die Aufführung zu retten. Nach der Vorstellung aber will sie eiligst mit
Célestin die Heimreise antreten.

3. Akt. 1. Bild. In der Kaserne. Célestin und Denise, die das
Theater fluchtartig durch ein Fenster verlassen haben, sind
von einer Wache aufgegriffen und hierhergebracht worden.
Von den Offizieren, die im Theater waren, erkannt, werden
sie jedoch gleich zu einem festlichen Gelage eingeladen.
Auch Fernand, der sich sterblich in Denise verliebt hat,
kommt dazu, schließlich aber auch der Major, der wütend
über die mißglückte Verfolgung Floridors ist. Um unerkannt
zu bleiben, ziehen die beiden Flüchtigen Uniformen an. So
glückt es ihnen, den Major irrezuführen, bis sie endlich aus
der Kaserne verschwinden können. – 2. Bild. Wieder im

Schwalbenkloster. Denise ist mit Célestin zurückgekehrt. Durch geschickte Ausreden gelingt es ihr, die gutgläubige Oberin über den wahren Grund ihrer Rückkehr zu täuschen. Wieder taucht der Major auf, diesmal mit der Nachricht, daß Fernand von der Ehe mit Denise zurücktreten wolle, da er sich in eine Schauspielerin verliebt habe. Darauf bittet Denise, die nun begreift, wer der ihr bestimmte Bräutigam ist, um eine Unterredung mit Fernand, angeblich, um seine an eine Schauspielerin verlorene Seele zu retten. Wieder steht die spanische Wand zwischen ihr und dem Geliebten, dem sie sich jetzt durch die Beichte ihrer nächtlichen Streiche zu erkennen gibt. Gerührt, wie immer, sieht die Oberin das sich umarmende Paar. Auch Célestin und der Major, der schließlich alles durchschaut, lernen sich vertragen.

Von sehr guten Sänger-Schauspielern aufgeführt, vermag dieses amüsante Vaudeville auch heute noch zu bezaubern. Hervé verstand es, mit den einfachen, aber fein gebrauchten Kunstmitteln seiner immer graziösen, oft pikanten *Musiquette* die Figuren des Spiels treffend zu charakterisieren und die vielen lustigen Situationen wirksam zu steigern. Wie köstlich ist z. B. der Gegensatz zwischen Denises geheuchelter Frömmigkeit und ihrer wirklichen übermütigen Lebensstimmung musikalisch herausgearbeitet! Als besonders hübsche Nummern seien genannt: Denises *Alleluja*, ihr erstes Duett mit Célestin und ihr *Fanfaren-Liedchen*.

Johann Strauss

* 25. Oktober 1825 in Wien
† 3. Juni 1899 in Wien

An musikalischem Einfallsreichtum überragt der »Walzerkönig« zweifellos alle anderen Komponisten der Operettengeschichte. Mit seinen von blitzender Laune, hinreißendem

Temperament und liebenswürdigstem Charme erfüllten Tanzweisen hat dieser geniale Musiker dem durch Lanner volkstümlich gewordenen und von seinem Vater, Johann Strauß sen., schon erfolgreich über die Grenzen Österreichs hinausgetragenen Wiener Walzer Weltgeltung erobert. Als Operettenkomponist aber hat er in seinen vorzüglichsten Bühnenschöpfungen die wienerische Eigenform dieses Genres zum Siege geführt. Johann Strauß ist erst spät, nahe seinem 50. Lebensjahr, mit dem Theater in Berührung gekommen. Die ersten Jahrzehnte seines künstlerischen Wirkens gehörten, nachdem er sich gegen den Willen seines Vaters den Musikerberuf erkämpft und beim Wiener Domkapellmeister und Theaterkomponisten Joseph Drechsler Kompositionsunterricht genommen hatte, ausschließlich der reinen Tanzmusik. Am 13. Oktober 1844 erschien er zum ersten Male mit einer eigenen Kapelle vor dem Wiener Publikum. Fünf Jahre später übernahm er nach dem frühen Tod seines Vaters dessen berühmtes Ensemble, und in der nun folgenden Zeit machte er, überall stürmisch begrüßt, mit seinen Musikern viele ausgedehnte Konzertreisen, die ihn u. a. nach Berlin, Paris, Petersburg, London und auch in die Vereinigten Staaten führten. Trotz dieser anstrengenden Tätigkeit fand er Zeit zu reichstem eigenem Schaffen. Nahezu 500 Walzer, Polkas, Mazurken, Galopps und Quadrillen wies das Verzeichnis seiner Werke am Ende seines Lebens auf. 1871 begann er mit der Komposition von Operetten, fast widerwillig zuerst, aber angespornt von den Erfolgen Offenbachs und ermuntert von diesem selbst, von seiner Gattin, der Sängerin Jetty Treffz, und einigen Theaterleuten, die seine noch schlummernde Begabung für dieses Fach spürten. *Indigo und die vierzig Räuber* wurde der Erstling unter seinen Bühnenwerken. Daß dem hervorragend inspirierten Werk zu Strauß' Lebzeiten der Dauererfolg versagt blieb, lag einzig an dem unzulänglichen Libretto. Erst in der textlichen Neufassung von Stein und Lindau (1906) setzte sich die Operette unter dem Titel *1001 Nacht* durch. Das Jahr 1873 brachte als zweites Werk den *Karneval in Rom*. Absoluter Höhepunkt seines Schaffens für die Bühne wurde 1874 die

Fledermaus. Ihr folgten 1875 *Cagliostro in Wien*, 1877 *Prinz Methusalem* und 1878 *Blindekuh*. In den 1880er Jahren schrieb Strauß zunächst *Das Spitzentuch der Königin*, *Der lustige Krieg* und *Eine Nacht in Venedig*; dann erreichte er 1885 mit dem *Zigeunerbaron* den zweiten Gipfel seiner dramatischen Arbeiten. Die Operetten seiner letzten Lebensjahre waren *Simplicius* (1887), *Fürstin Ninetta* (1893), *Jabuka* (1894), *Waldmeister* (1895) und *Die Göttin der Vernunft* (1897). Mit geringerem Glück versuchte Strauß in jener Zeit, wie Offenbach am Ende seines Lebens, mit *Ritter Pazman* (1892) eine Oper zu schaffen. Sein letztes, nicht mehr von ihm selbst vollendetes Werk war *Wiener Blut*, das 1899 in Wien, wo alle seine Operetten uraufgeführt worden waren, herauskam. Von fremder Hand sind nach seinem Tod einige Operetten mit Strauß-Musik zusammengestellt worden, darunter *Casanova* (1928), *Die Tänzerin Fanny Elßler* (1934) und *Cleopatra* (1964).

Die Fledermaus

Operette in 3 Akten. Text von Carl Haffner und Richard Genée nach dem Vaudeville *Le Réveillon* von Henri Meilhac und Ludovic Halévy (1872), das auf die Komödie *Das Gefängnis* von Roderich Benedix (Berlin 1851) zurückgeht. Uraufführung am 5. April 1874 im Theater an der Wien, Wien.

PERSONEN: Gabriel v. Eisenstein, Rentier (Ten.) – Rosalinde, seine Frau (Sopr.) – Frank, Gefängnisdirektor (Bar.) – Prinz Orlofsky (Mezzosopr.) – Alfred, Gesangslehrer (Ten.) – Dr. Falke, Notar (Bar.) – Dr. Blind, Advokat (Baß) – Adele, Kammermädchen Rosalindes (Sopr.) – Ida, ihre Schwester – Frosch, Gerichtsdiener (Kom.) – Gäste des Prinzen. Herren und Damen. Masken. Bediente.

ORT UND ZEIT: Ein Badeort in der Nähe einer großen Stadt, letztes Drittel des 19. Jahrhunderts.

1. Akt. Zimmer im Hause Eisensteins. Vom Garten her hört man ein Liebeslied singen. Rosalinde erkennt den verführerischen Tenor ihres einstigen Gesangslehrers und Verehrers Alfred. Ihre Zofe Adele bittet um Ausgang, um eine kranke

Tante besuchen zu können – in Wirklichkeit will sie an einem Fest des Prinzen Orlofsky teilnehmen, zu dem sie von ihrer Schwester Ida brieflich eingeladen wurde. Rosalinde schlägt ihr aber die Bitte ab, denn sie will nicht allein bleiben; muß doch ihr Gatte heute eine Arreststrafe wegen Beleidigung einer Amtsperson antreten. Auch fürchtet sie für ihre Tugend, seit sie Alfred in der Nähe weiß. Da erscheint dieser schon selbst und nötigt ihr das Versprechen ab, ihn zu empfangen, sobald ihr Mann »brummt«. Wenige Minuten später kommt Eisenstein nach Hause, in zornigem Gespräch mit seinem Advokaten Blind, durch dessen Ungeschick die Strafe noch erhöht worden ist. Besser als Rosalinde gelingt es jetzt Eisensteins Freund Dr. Falke, den Verärgerten wieder aufzuheitern: er schlägt ihm heimlich vor, sich heute nacht noch mit ihm bei Orlofsky zu amüsieren und seine Strafe erst morgen früh anzutreten. Vergnügt erinnert sich Eisenstein eines anderen Ballfestes, bei dem er dem als Fledermaus maskierten Falke einen Streich gespielt hat, den dieser freilich nicht vergessen hat ... Mit Verwunderung sieht Rosalinde, wie sich ihr plötzlich heiter gestimmter Mann nun in Frack und Zylinder zu seinem Gang ins Gefängnis aufmacht. Mit heuchlerischer Rührung nehmen die Gatten voneinander Abschied. Adele hat inzwischen aus begreiflichen Gründen doch frei bekommen. Rosalinde empfängt nun den verliebten Alfred, der sich's sogleich in Eisensteins Schlafrock gemütlich macht und ihre Bedenken mit Wein und Gesang zerstreut. Mit der frohen Laune aber ist's vorbei, als plötzlich Gefängnisdirektor Frank erscheint, um Eisenstein persönlich abzuholen. Um Rosalindes Ehre zu retten, muß Alfred nun ganz anders, als er sich's gedacht, die Rolle ihres Gatten übernehmen und mit Frank ins Gefängnis abziehen.

2. Akt. Gartensalon beim Prinzen Orlofsky. Dr. Falke verspricht dem blutjungen, aber schon recht blasierten Prinzen, daß er ihm heute noch viel Gelegenheit zum Lachen geben werde: *Rache einer Fledermaus* heiße das lustige Spiel, das er vorbereitet habe. Der »Held« dieses Scherzes ist Eisenstein, der hier als Marquis Renard auftritt. Die zweite

Hauptfigur ist Adele, die in einer Robe ihrer Gnädigen erscheint; sie ahnt nicht, daß sie Dr. Falke, nicht ihre Schwester Ida, herbestellt hat. Nun wird sie dem Prinzen als junge Künstlerin vorgestellt, und mit kecker Überlegenheit weist sie Eisensteins begründete Vermutung, sie sei ein Stubenmädchen, zurück. Als dritte Person in Falkes Rachespiel tritt Frank unter dem Namen Chevalier Chagrin in die Gesellschaft ein und freundet sich rasch mit dem vermeintlichen Marquis Renard an. Dr. Falke hat inzwischen Rosalinde wissen lassen, wo sich ihr angeblich im Gefängnis schmachtender Gatte in Wirklichkeit aufhält; nun kommt sie schon, mit einer Maske vor den Augen, und erregt bald die Aufmerksamkeit des abenteuerlustigen Eisenstein. In schlauer Weise versteht sie es, seine Taschenuhr, deren hübsches Läutwerk ihr Interesse zu wecken scheint, als Corpus delicti an sich zu bringen. Vor der Gesellschaft, die ungern ihre Maske respektiert, weist sie sich durch den Vortrag eines Csárdás als »ungarische Gräfin« aus. Als das allgemeine Gespräch auf das Thema *Fledermaus* kommt, erzählt Eisenstein, wie er damals den betrunkenen Dr. Falke in seinem Fledermauskostüm am Aschermittwochmorgen in einem Gehölz abgesetzt habe, so daß er unterm Gespött der Gassenjungen maskiert den Heimweg habe antreten müssen und seitdem überall als Dr. Fledermaus gehänselt worden sei. Über die Rache, die ihm Falke dafür androht, lacht er nur, nicht ahnend, daß er schon ihr Opfer ist. In seliger Champagnerstimmung verfliegen die Stunden des Festes, bis der Glockenschlag 6 Frank und Eisenstein zu eiligem Aufbruch mahnt.

3. Akt. Kanzlei des Gefängnisdirektors. Schwer bezecht landet Frank in seinem Amt, wo ihn der sliwowitzfrohe Gerichtsdiener Frosch empfängt. Er möchte gerne ein wenig ausruhen, aber schon melden sich Besuche: zuerst Adele, die ihm gesteht, wer sie wirklich ist, ihn bittet, sie für die Bühne ausbilden zu lassen, und sogleich Proben ihres Talents ablegt; dann Eisenstein, der zu seinem Staunen erfahren muß, daß der vermeintliche Chevalier Chagrin hier Gefängnisdirektor ist. Er möchte nun seinerseits beweisen, daß er nicht Marquis Renard, sondern Eisenstein sei, muß aber erfahren, daß

Frank selbst Herrn v. Eisenstein gestern hierhergebracht
hat. Ein furchtbarer Verdacht regt sich in ihm. Um sich Ge-
wißheit zu verschaffen, hüllt er sich in die Robe des inzwischen von Alfred herbestellten Advokaten Blind und beginnt seine gleichfalls hier eingetroffene Frau und Alfred zu
verhören. In seiner Wut verrät sie freilich bald, wird jedoch rasch kleinlaut, als ihm Rosalinde die Uhr vorweist, die
sie ihm bei Orlofsky weggenommen hat. Er hat ihr also
nichts vorzuwerfen. Immerhin möchte er gern, daß Alfred
weiterhin an seiner Stelle die Arreststrafe absitzen soll, doch
das geht natürlich nicht. Als sich schließlich die ganze
Abendgesellschaft mit Orlofsky und Dr. Falke einfindet,
lernt er endlich begreifen, daß er der *Rache der Fledermaus*
zum Opfer fiel. Der Prinz, der sich köstlich amüsiert hat,
verspricht Adele, sich als Kunstmäzen ihrer anzunehmen.

Gipfelpunkt der klassischen Operette; geniale Zusammen-
fassung aller bis dahin dieser Form dienstbar gemachten
Ausdrucksmittel; sehr wienerisch, aber auch etwas pariserisch, vor allem bei Johann Straußich vom ersten bis zum
letzten Takt; verführerischer Ausgangs- und Anknüpfungs-
punkt für viele spätere Versuche, ein Ähnliches an Stimmungskraft und fröhlicher musikalisch-dramatischer Wirkung zu erreichen; ein Kunstwerk von hohen Graden dank
der glänzenden, bruchlos gleichmäßigen Hochqualität der
Erfindung und Gestaltung, aber auch im besten Sinne ein
Unterhaltungsstück für jedermann: das alles ist *Die Fledermaus!* Schon die sprühende, schwungvolle Ouvertüre führt
glücklichst in die von keiner Sentimentalität getrübte heitere
Atmosphäre des ganzen Werks ein. Man müßte, um gerecht
zu sein, eigentlich alle Stücke der Partitur hier anführen.
Von Alfreds Lied *Täubchen, das entflattert ist* und Orlofskys
Couplet mit dem Refrain *'s ist mal bei mir so Sitte*, von Rosalindes Csárdás und Adeles Ariette *Spiel ich die Unschuld
vom Lande*, von dem komisch-ironischen Abschiedsterzett
im ersten Akt (*O je, o je, wie rührt mich dies!*) und der köstlichen *Tik-Tak*-Schnellpolka des Duetts zwischen Rosalinde
und Eisenstein (2. Akt), vom spöttisch-kecken Liedchen

Adeles *Mein Herr Marquis* und Alfreds Trinklied *Trinke, Liebchen, trinke schnell* mit dem Abgesang *Glücklich ist, wer vergißt* bis zu den hinreißenden Klängen des von Lebenslust überschäumenden 2. Akt-Finales mit dem Galopp *Im Feuerstrom der Reben*, mit dem feurigen großen Walzer und der *Brüderlein-und-Schwesterlein*-Weise – welche Fülle von köstlichen musikalischen Einfällen! Diese »wienerischste aller Wiener Operetten« fiel übrigens bei der von Strauß dirigierten Uraufführung im Theater an der Wien – mit der Prinzipalin des Hauses, Marie Geistinger, als Rosalinde – durch, und erst nach den Erfolgen des Stücks im »preußischen« Deutschland, in Berlin 1874, gewann es »zu Hause« die volle Gunst des Publikums.

Cagliostro in Wien

Operette in 3 Akten. Text von F. Zell (Camillo Walzel) und Richard Genée. Neue Textfassung von Gustav Quedenfeldt und musikalische Bearbeitung von Karl Tutein (1941). Uraufführung am 27. Februar 1875 in Wien.

PERSONEN: Kaiserin Maria Theresia – Marie Luise, Infantin von Spanien – Baron Sebastian Schnucki, kaiserlicher Sittenkommissar – Graf Cagliostro – Lorenza, eine italienische Straßensängerin – Feri v. Lieven, Leutnant – Frau Adami – Annemarie, ihre Nichte – Teiglein, Konditor, Annemaries Vormund – Blasoni, Gehilfe des Grafen Cagliostro – Severin, Schaubudenbesitzer – Der Wirt der »Türkenschanze« – Der Hofmarschall – Beppo und Barberino, Gehilfen des Grafen Cagliostro – Hofherren und Hofdamen. Volk. Soldaten. Polizei.

ORT UND ZEIT: Wien, 1765.

1. bis 3. Akt. Das Gastspiel des Schwarzkünstlers Cagliostro in Wien erregt die Neugier aller Kreise. Vor seiner Schaubude beim Wirtshaus »Türkenschanze«, wo er allerlei »Wundertaten« sehen läßt, trifft man z. B. den kaiserlichen Sittenkommissar Baron Schnucki, der Cagliostros Auftreten mißtrauisch beobachtet, aber auch Bürgersleute wie Frau Adami und ihre Nichte Annemarie. Diese beiden sind aller-

dings vor allem mit ihren Eheplänen beschäftigt: die Tante
will die Einlösung eines ihr vor Jahren von Baron Schnucki
gegebenen Heiratsversprechens erreichen, die Nichte
möchte bald die Frau des Leutnants Feri v. Lieven werden;
doch diesem Liebesbund steht die Weigerung der Tante
entgegen, für den jungen Offizier die erforderliche Kaution
zu stellen. Während sich die Frauen mit Annemaries Vormund, dem Konditor Teiglein, besprechen, bemüht sich
Cagliostro mit Hilfe seiner Geliebten Lorenza, den Baron
Schnucki für sich zu stimmen. Schließlich glückt es ihm
auch, sich durch ihn eine Audienz bei der Kaiserin zu erwirken. Dem Abenteurer ist es wichtig, sich bei Hof Eingang zu verschaffen, denn er hat den üblen geheimdiplo-
matischen Auftrag übernommen, im Interesse Frankreichs
die bevorstehende Verlobung des Erzherzogs Leopold mit
der spanischen Infantin Marie Luise zu hintertreiben.
Wirklich gelingt es ihm, bei seinem Besuch im Schloß
Schönbrunn, die Infantin zu sprechen und durch Hypnose
so zu beeinflussen, daß sie an Maria Theresia schreibt, sie
wolle von der geplanten Verlobung zurücktreten. Dieser
Brief gelangt aber zunächst nicht zur Kaiserin, sondern in
die Hände des Barons Schnucki und des Leutnants Feri,
der sogleich eine Machenschaft Cagliostros wittert und den
Übeltäter verhaften lassen will. Dem schlauen Grafen ist es
jedoch inzwischen gelungen, die Kaiserin für sich zu interessieren. Er behauptet, den Stein der Weisen gefunden zu
haben, kraft dessen er Gold in beliebiger Menge produzie-
ren könne, und veranlaßt sie, ihn in seinem »Laboratorium« aufzusuchen. Dort erweist sich gerade eine seiner
Schwindeleien, ein Verjüngungstrank, als besonders lukra-
tiv: Frau Adami zum Beispiel läßt sich da ihre erhoffte Ent-
runzelung 500 Golddukaten kosten. Dieses bare Geld ermöglicht es Cagliostro, die Kaiserin bei der Vorführung seines Experiments tatsächlich blankes Gold sehen zu lassen.
Maria Theresia ist daraufhin so für ihn eingenommen, daß
sie dem Leutnant Feri, der sie aufklären will, keinen Glauben schenkt und auch von der Vermutung, Cagliostro habe
etwas mit dem Absagebrief der Infantin zu tun, nichts

dem Herzog und erfahren, daß dieser die eben frei gewordene Stelle eines Verwalters seiner Güter dem geben werde, der sich seine Gunst zu gewinnen verstehe. Delacqua, dem dieser Posten sehr begehrenswert erscheint, beschließt, dem Herzog beim Maskenball seine Zofe Ciboletta an Stelle seiner Gattin vorzustellen. Im Glauben, seine Barbara in Sicherheit zu bringen, führt er dann selbst die verkleidete Annina zu der von Caramello gelenkten Gondel. Barbara aber entwischt dem Ahnungslosen am Arme Enricos.

2. Akt. Gemach im Palazzo Urbino. Zu spät erkennt Caramello, daß er statt Barbara seine Freundin Annina dem Herzog zugeführt hat. Nun muß sie ihre Rolle als Senatorsfrau schon weiterspielen! Sie tut es mit Geschick und weidet sich an der Eifersucht Caramellos, der sich immer wieder bemüht, ein Alleinsein des Paares zu verhindern. Delacqua stellt Ciboletta als seine Gattin vor. Von Annina aber erfährt der Herzog bald, daß dieses sich unmöglich benehmende Wesen nur Delacquas Zofe ist. Leider erfüllt Ciboletta Delacquas Hoffnungen in keiner Weise: statt den Herzog um den Verwalterposten zu bitten, ersucht sie ihn um eine Leibkoch-Stelle für ihren Pappacoda. Jetzt will Delacqua doch lieber seine wirkliche Frau aus Murano holen. Der Herzog soupiert nun mit Annina und Ciboletta. Caramello und Pappacoda servieren, um die Mädchen nicht aus den Augen zu verlieren. Enttäuscht, mit der vermeintlichen Barbara nicht allein sein zu können, bricht der Herzog schließlich mit der ganzen Festgesellschaft zum nächtlichen Karnevalstreiben am Markusplatz auf.

3. Akt. Auf dem Markusplatz. Argwöhnisch verfolgt Caramello den mit Annina lustwandelnden Herzog, hat aber doch auch Augen für die vielen schönen Frauen, die hier zu sehen sind. Jammernd drängt sich Delacqua durch das Gewühl auf der Suche nach Barbara. Diese, mit Enrico unterwegs, tauscht aus Angst vor Entdeckung mit Ciboletta den Domino und möchte nun, da sie erfährt, daß Annina sie gar nicht vertreten hat, doch selbst noch nach Murano fahren. Dann aber genügt ihr eine kecke Ausrede, um ihren Mann zu beruhigen: der Gondoliere habe sie falsch geführt und Enrico habe sie gerettet. Der Herzog, der inzwischen von Ciboletta und Pappacoda

darüber aufgeklärt worden ist, daß ihn Annina als Barbara getäuscht hat, erkennt, daß er diesmal Pech bei seinem erhofften Abenteuer gehabt hat. Da ihm jedoch Annina sehr gut gefällt, verzeiht er dem Schlingel Caramello und verleiht ihm sogar den Verwalterposten: denn so wird auch die hübsche Annina in seiner Nähe bleiben.

Das Libretto, als handlungsschwach und zu flach im Witz von jeher (aber allzuviel!) bemängelt, hat Strauß zu einer seiner einfallsreichsten Partituren inspiriert. Zweifellos wirkte das Atmosphärische des Buchs, die Vorstellungen: Italien, Sonne, Meer, venezianisches Volksleben usw., stark anregend auf seine Phantasie. Wenn auch Überarbeitungen des Buches (C. Hagemann 1918, E. W. Korngold 1931, G. Quedenfeldt und K. Tutein 1935, W. Felsenstein 1954) in verschiedener Weise die Lebensfähigkeit des Werks zu fördern trachteten, so hat es doch auch in seiner Originalgestalt genug erfolgssichere Eigenschaften – eben durch die unbeschwerte Heiterkeit seiner Grundstimmung und durch die damit in vollem Einklang stehende Musik, die in vielen Einzelheiten wahrhaft bezwingend ist und in den großen Ensemblesätzen (Verkäufertreiben im 1. Akt; Finale!) Opernform und -höhe erreicht. Zwei Melodien vor allem fallen den Musikfreunden ein, wenn sie an *Eine Nacht in Venedig* denken: das betörende, sehnsüchtige Lied Caramellos *Komm in die Gondel, mein Liebchen!* und der entzückende Lagunen-Walzer *Ach, wie so herrlich zu schaun sind all die reizenden Fraun.* Aber auch Stücke wie das Pappacoda-Couplet, das Walzerlied des Herzogs *Kommt, kommt, Ihr holden Frauen* oder die Quartette *Alle maskiert* und *Ninana, Ninana* gehören zu den Glanzpunkten des Werkes.

Der Zigeunerbaron

Operette in 3 Akten. Text von Ignaz Schnitzer nach der Erzählung *Saffi* von Mór Jókai. Uraufführung am 24. Oktober 1885 im Theater an der Wien, Wien.

PERSONEN: Graf Peter Homonay (Bar.) – Conte Carnero, königlicher Kommissär – Sándor Barinkay, ein junger Emigrant (Ten.) – Kálmán Zsupán, ein reicher Schweinezüchter im Banat (Kom.) – Arsena, seine Tochter (Soubr.) – Mirabella, Erzieherin im Hause Zsupáns – Ottokar, ihr Sohn (Ten.-Buffo) – Czipra, Zigeunerin (Alt) – Saffi, Zigeunermädchen (Sopr.) – Der Bürgermeister von Wien – Zigeuner. Schiffsknechte. Soldaten. Pagen. Hofherren und Hofdamen. Ratsherren. Volk.

ORT UND ZEIT: Im Temeser Banat und in Wien, Mitte des 18. Jahrhunderts.

1. Akt. Moorige Flußlandschaft mit dem Wohnhaus Zsupáns und einer Zigeunerhütte. Im Hintergrund ein verfallenes Schloß. Hier, wo einst der alte Barinkay ein blühendes Besitztum hatte, hausen nun Zigeuner, und als Herr des Gebiets fühlt sich der reiche Schweinezüchter Zsupán. Nach dem letzten Türkenkrieg mußte der rechtmäßige Eigentümer wegen seines ihm nachgesagten Einverständnisses mit dem damals hier herrschenden Pascha ins Exil gehen. Heute aber wird dem Sohn des Verbannten, Sándor Barinkay, vom kgl. Kommissär Carnero im Zuge einer allgemeinen Amnestie sein ererbtes Eigentum zurückgegeben. Als Zeugen seiner Wiedereinsetzung zum Gutsherrn werden Zsupán und Czipra, eine alte Zigeunerin, die in ihm den Sohn des einstigen Gutsherrn erkennt, herbeigerufen. Zsupán ist wenig erfreut über die Neuigkeit, da er das Land ringsum schon als sein Eigentum empfand, beruhigt sich aber, als Barinkay ihn um die Hand seiner Tochter Arsena bittet: so können vielleicht alle Streitigkeiten vermieden werden. Arsena aber, die heimlich den Sohn ihrer Erzieherin Mirabella, Ottokar, liebt, weicht der raschen Werbung aus und verlangt hochmütig, ihr künftiger Gatte müsse mindestens Baron sein. Inzwischen hat Carnero in Mirabella seine seit der Schlacht von Belgrad im Jahre 1717 verschollene Gattin und in Ottokar den gemeinsamen Sohn erkannt. Barinkay weiß nicht recht, wo er sich nun aufhalten soll, und will in die Schloßruine gehen. Da hört er die schöne Saffi, die Ziehtochter der Czipra, ein Lied singen, das ihm noch von seiner Mutter her in Erinnerung ist. Saffi soll auf Czipras Geheiß Barinkay den Weg zeigen. Als sie

eben gehen wollen, wird er Zeuge eines abendlichen Stelldicheins zwischen Arsena und Ottokar. Zornig hört er, wie sie sich über ihn lustig machen. Da kommen gerade die Zigeuner vom Wochenmarkt zurück und huldigen ihm als ihrem Woiwoden. Barinkay klopft Zsupán und seine Leute noch einmal heraus, stellt sich ihnen als Baron der Zigeuner und Saffi als seine Braut vor und reizt mit dieser Verhöhnung alle zu großem Zorn.

2. Akt. Im Dorf der Zigeuner neben der Schloßruine. Barinkay hat hier die Nacht verbracht. Er versichert Saffi seiner herzlichen Liebe – es war ihm ernst, als er sie vor den Leuten gestern seine Braut nannte. Czipra mahnt ihn, nach dem alten Kriegsschatz zu suchen, der einst beim Heranrücken des Prinzen Eugen im Gemäuer versteckt worden sei. Von ihr und Saffi unterrichtet, findet er wirklich den Schatz, den sie nun entzückt bestaunen. Zsupán, der eine Wagenpanne gehabt hat, kommt mit Ottokar, Arsena und Carnero dazu; sie beneiden den glücklichen Finder. Carnero aber erinnert sich seines Amts als Sittenkommissär und macht Barinkay Vorhalte wegen seines Zusammenseins mit Saffi. Schelmisch bezeichnen die Liebenden Dompfaff, Nachtigall und Störche als ihre Trauungsbehörde. Neue Unruhe entsteht, als Graf Homonay erscheint und als Werber für den Kriegsdienst in Spanien an den Patriotismus der Männer appelliert. Wider Willen werden Zsupán und Ottokar durch versehentliches Trinken des Werbeweins verpflichtet. Barinkay opfert seinen gefundenen Schatz dem Vaterland. Als Saffi nochmals von Carnero wegen ihres Verstoßes gegen die Moral beschimpft wird, enthüllt Czipra durch ein Dokument das Geheimnis, daß Saffi kein Zigeunerkind ist, sondern die Tochter des letzten türkischen Paschas. Bestürzt glaubt Barinkay, er könne um dieses Fürstenkind nicht werben, und schließt sich trotz Saffis Klagen gleichfalls den Soldaten an.

3. Akt. Vor dem Kärntnertor in Wien. Der spanische Krieg ist glücklich beendet. Begeistert werden die heimkehrenden Truppen empfangen. Barinkay hat sich im Felde ausgezeichnet und empfängt als Lohn den Adelsbrief. Auch der Schatz

wird ihm zurückerstattet. Als köstlichste Gabe aber führt ihm
Graf Homonay Saffi als Braut zu. Zsupán hat sich, so gut es
gehen wollte, als Soldat vor allen gefährlichen Situationen gedrückt. Auf Barinkay, der ihm einmal das Leben rettete, ist er
jetzt sehr gut zu sprechen. Darum willigt er auch ein, als dieser für Ottokar um die Hand Arsenas bittet. Unter so vielen
Glücklichen bleibt nur der bisherige Sittenkommissär Carnero traurig: denn er wird pensioniert.

In zweijähriger Arbeit schuf der fast 60jährige Komponist das
Werk, das nächst der *Fledermaus* sein größter Bühnenerfolg
wurde. Seine heimliche Hoffnung, mit dem *Zigeunerbaron*
den Weg zur Opernbühne zu finden, erfüllte sich nicht; erst
1910 öffneten die Operntheater in Dresden und Wien dem
Stück ihre Pforten, das ja in der Tat den Charakter einer
Spieloper trägt. Im übrigen hat es viele Bearbeitungen erfahren, zum Teil von Strauß selbst noch. Manche Peinlichkeit in
der Glorifizierung habsburgisch-österreichischer Kriegssiege
und einige allzu sentimentale »Drücker« oder musikdramatische Ungeschicklichkeiten wurden so ausgeschieden. Eine
Neufassung von Otto Schneidereit (1952) versetzt das Geschehen in das 17. Jahrhundert, in die Zeit unmittelbar nach
der Belagerung Wiens durch die Türken. Von der *nur* lustigen
und witzigen Operette scheiden den *Zigeunerbaron* die stark
gemütbetonten lyrischen Züge und die weithin romantisch-
stimmungshafte Tönung der Musik. Dazu kommt eine eindrucksvolle, durch das Milieu der Handlung bedingte Betonung ungarischer Volksmusik-Elemente. Mit seinem ernsten,
romantischen Einschlag, mit dem Motiv der *tragischen* Trennung des Liebespaares am Ende des 2. Akts vor allem, hat
das Werk später stark auf manche – zur Sentimentalisierung
des ganzen Genres neigende – Komponisten als Vorbild
nachgewirkt. Daß es dem *Zigeunerbaron* übrigens keineswegs an jener erfrischenden Heiterkeit fehlt, die das Urele-
ment Straußschen Wesens ist, davon zeugen Köstlichkeiten
wie der Schatzwalzer *Ha, seht, es blinkt, es winkt, es klingt!*,
das *Hochzeitskuchen-Tanzlied*, Barinkays Auftrittslied mit
dem Walzerrefrain *Ja, das alles auf Ehr'* oder Zsupáns Cou-

plet vom *Borstenvieh und Schweinespeck*. Von den lyrischen
Stücken ist die schmelzende Weise *Wer uns getraut?* am bekanntesten geworden.

Wiener Blut

Operette in 3 Akten. Text von Victor Léon (Victor Hirschfeld) und Leo Stein (Leo Rosenstein). Nach den persönlichen Angaben von Johann Strauß für die Bühne bearbeitet
von Adolf Müller jun. Uraufführung am 26. Oktober 1899
im Carl-Theater, Wien.

PERSONEN: Fürst Ypsheim-Gindelbach, Premierminister von Reuß-
Schleiz-Greiz (Bar.) – Balduin, Graf Zedlau, Gesandter von Reuß-
Schleiz-Greiz in Wien (Ten.) – Gabriele, seine Frau (Sopr.) – Graf
Bitowski – Demoiselle Franziska Cagliari, Tänzerin am Kärntner-
tortheater (Soubr.) – Kagler, ihr Vater (Kom.) – Pepi Pleininger,
Probiermamsell (Soubr.) – Josef, Kammerdiener des Grafen Zed-
lau (Buffo) – Ein Wirt. Ein Fiakerkutscher. Musikanten. Bediente.
Wäschermädel. Soldaten.

ORT UND ZEIT: Wien, 1815.

1. Akt. Zimmer in der Villa des Grafen Zedlau. Der Graf
hat seinen Sommersitz in Döbling seiner Geliebten, der
Tänzerin Franziska Cagliari, eingeräumt. Obwohl jung verheiratet, lebt er von seiner Frau getrennt; bald nach der
Hochzeit ist sie zu ihren Eltern zurückgekehrt; der flotten
Wienerin behagte es wenig an der Seite ihres provinziell-
steifen Gatten. Inzwischen ist aber aus dem Kleinstädter ein
richtiger Lebemann geworden, der sich erst heute wieder in
eine bildhübsche Probiermamsell verliebt hat. Seinem Kammerdiener Josef diktiert er ein Brieferl an die neue Flamme
mit einer Einladung nach Hietzing. Josef ahnt nicht, daß es
sich da um *seine* Braut Pepi handelt. Übrigens ist der Graf
heute etwas in Unruhe: seine Frau ist nämlich wieder einmal
in Wien, und er hatte schon die größte Mühe, sie von einem
Besuch in der Villa abzuhalten. Nachdem er Franziska begrüßt und wegen seines Verweilens in der Stadt beruhigt hat,

eilt er gleich wieder fort. Pepi bringt ein neues Kostüm für die
berühmte Tänzerin, die eigentlich gut bürgerlich Franzi Kagler heißt, und verabredet dann mit ihrem Josef ein Treffen in
Hietzing. Überraschend erscheint jetzt Fürst Ypsheim, der
Vorgesetzte des Grafen. Er begegnet zunächst Franzis Vater,
dem Karussellbesitzer und Klarinettenbläser Kagler, der sich
in der Meinung, der Graf werde seine Tochter heiraten, als
Schwiegervater aufspielt und dem Fürsten durch seine Wiener Mundart manches Rätsel aufgibt. Franzi kommt hinzu;
der Fürst glaubt, die Gräfin vor sich zu sehen, und macht sogleich unpassende Anspielungen auf das ihm bekannt gewordene Verhältnis des Grafen mit der Tänzerin. Empört verläßt
Franzi das Zimmer. Jetzt erscheint die wirkliche Gräfin Zedlau: *sie* hält der Fürst nun für die Tänzerin und macht ihr Vorwürfe, daß sie es als Geliebte des Grafen wage, hierherzu-
kommen. In diesem Augenblick kehrt der Graf zurück und
findet sich in einer heillosen Situation. Heimlich bittet er den
Fürsten, Franzi als seine eigene Gattin vorzustellen, worauf
dieser, mißverstehend, sogleich die Gräfin als seine Frau ausgibt.

2. Akt. Festsaal im Palais des Grafen Bitowski. Aus den
Wirrnissen am Morgen entstehen am Abend beim Ball des
Grafen Bitowski neue Verwicklungen. Graf Zedlau versucht mit allerlei Ausreden, die beiden mißtrauischen
Frauen zu besänftigen. Die Gräfin beginnt jetzt um ihren
Gatten zu kämpfen, und auch Franzi möchte den Grafen
nicht an eine neue Geliebte – denn dafür hält sie die Gräfin
– verlieren. Er aber denkt nur an sein Rendezvous mit
Pepi, die hier als Tänzerin im Ballett mitwirkt. Leider bittet
ihn jedoch seine Frau und dann auch Franzi, sie nach Hietzing mitzunehmen. Mit Mühe entzieht er sich diesen Wünschen. Pepi zerkriegt sich mit ihrem Josef und beschließt
aus Trotz, der Einladung des Grafen Folge zu leisten. Fürst
Ypsheim trägt wieder sein Teil zu den Irrungen und Wir-
rungen des Abends bei: er hält Franzi weiterhin für die
Gräfin und redet den alten Kagler auf, als »Schwiegervater« ein ernstes Wort mit der Geliebten des Grafen zu reden, worauf dieser der Gräfin grobe Vorhalte macht. Erst

von Pepi erfährt diese endlich, wer die Tänzerin Cagliari ist, und durch den Gastgeber hören nun die anderen, wer die echte Gräfin Zedlau ist.

3. Akt. Kasinogarten in Hietzing. Hier hofft der Graf auf ein verliebtes Zusammensein mit Pepi und führt sie in eine Laube. Aber aus der geplanten Liebelei wird nichts; bald erscheinen die von ihm »versetzten« Frauen: die Gräfin in Begleitung des Fürsten, Franzi mit Josef. Dieser möchte seinen Herrn warnen, findet aber seine Pepi in der Laube des Grafen! Großer Krach mit der vermeintlich Ungetreuen. Franzi hat den Grafen Zedlau innerlich schon aufgegeben und hilft jetzt der Gräfin, den ungetreuen Gatten wiederzugewinnen. Sie setzt sich in die Laube zu dem inzwischen eingeschlafenen Fürsten, während die Gräfin geschickt die Eifersucht ihres Gatten zu wecken weiß, der sehr erregt darüber ist, seine Frau hier, womöglich in Begleitung eines anderen Mannes, zu finden. Beschämt schwört er ihr, künftig treu zu sein. Auch Josef ist mit Pepi wieder gut, als ihm der Graf versichert, daß in der Laube nichts passiert sei. Den wieder erwachten Fürsten sehen sie vor Franzi knien, ihre Hände küssend. Und was war nun schuld an allem, was geschehen ist? – Das Wiener Blut!

Wenn auch kein Originalwerk mehr, so ist *Wiener Blut* doch, dank des geschickten Theaterpraktikers und Kapellmeisters Adolf Müller sehr glücklicher Bearbeiterhand, eine noch vollgültige, von fröhlichsten Wiener Tanzgeistern beschwingte Strauß-Operette. Die lustige Komödie der Irrungen, aus der besonders lebendig die Volkstypen Pepi, Josef und der alte Kagler hervortreten, erfreut bei jeder Aufführung aufs neue durch ihren Reichtum an herzhafter, zündender Musik. Wie köstlich die fesche Schnellpolka *Draust in Hietzing gibt's an Remasuri*, wie glänzend das 2. Finale mit seiner achtgliedrigen Walzerkette, wie bezaubernd all die anderen Dreivierteltakter *Du süßes Zuckertäuberl mein*, *Grüß dich Gott, du liebes Nesterl*, *Stoß an, stoß an, du Liebchen mein* und natürlich auch der Walzer *Wiener Blut, eigner Saft, voller Kraft, voller Glut*.

Die Tänzerin Fanny Elßler

Operette in 3 Akten. Text von Hans Adler. Musikalische Einrichtung von Bernard Grun und Oskar Stalla. Uraufführung am 22. Dezember 1934 in Berlin.

PERSONEN: Fürst Esterházy – Fanny Elßler (Sopr.) – Johann Elßler, ihr Vater – Baron Franz Fournier (Ten.) – Friedrich v. Gentz – Minna (Soubr.) – Dominik (Buffo) – Desirée – Der Herzog von Reichstadt – Aranka – Haushofmeister – Gäste und Diener bei Esterházy. Adelige Damen und Herren in Schönbrunn. Eine Zofe bei Fanny Elßler. Offiziere. Soldaten. Volk.

ORT UND ZEIT: Eisenstadt und Wien, Ende April und Mai 1831.

1. Akt. Halle im Schloß des Fürsten Esterházy. Zu Ehren der berühmten Tänzerin Fanny Elßler veranstaltet der Fürst ein glänzendes Fest. Vater Elßler, einst Josef Haydns treues Faktotum, kümmert sich hier um die Ordnung bei den auftretenden Musikern. Der junge Baron Fournier, ein Attaché des – gleichfalls anwesenden – Staatsmannes Friedrich v. Gentz, unterhält sich mit Elßler über Fanny: Er verehrt sie seit einer zufälligen kurzen Begegnung in der Kinderzeit. Von dem Kanzlisten Dominik, der mit Minna, der Berliner Zofe der Tänzerin, anbändelt, erfährt man einiges über die vielen Liebesabenteuer seines Chefs, des Herrn v. Gentz, der aus Berlin stammt. Endlich erscheint Fanny selbst, von allen umschwärmt. Auch der alte Fürst ist ganz entzückt von ihr und möchte ihr gerne helfen, Primaballerina in Wien zu werden. Das lockt sie sehr, doch sagt sie ihm auch, daß sie sich nie etwas vergeben würde, um vorwärtszukommen. Auch Gentz verspricht ihr, etwas für ihren Aufstieg zu tun – sollte er das aber ganz uneigennützig wollen? Fournier jedenfalls, dessen Annäherung sie mit besonderer Sympathie aufnimmt, warnt sie vor Gentz, der alle Menschen sich und seinen politischen Zielen dienstbar zu machen pflegt. Plötzlich verabschiedet sich Gentz von der Gesellschaft: Fanny verheißt er die baldige Ernennung zur Primaballerina, den alten Elßler ernennt er überraschenderweise zum Kaiserlichen Kammervirtuosen, den Baron Fournier zu Fannys Ehrenkavalier. Später kommt

Fournier noch einmal in ein vertrautes Gespräch mit Fanny:
ihre Neigung füreinander wächst, ein Kuß besiegelt die
Freundschaft.

2. Akt. Mittelhof des Schlosses Schönbrunn mit Durchblick
auf den Park. Fanny fühlt sich überglücklich in Wien; Gentz
hat ihr alle Wege geebnet, ein glänzender Vertrag bindet sie
an die Hofoper. Fournier aber äußert neue Zweifel, daß
man ihr ohne geheime Absichten so viel Gunst erweise. Da
kommt Gentz selbst und erteilt Fournier den Auftrag,
Fanny in unauffälliger Weise mit dem hier im Schlosse lebenden Sohn Napoleons, dem Herzog von Reichstadt, be-
kanntzumachen; denn dieser soll von seinen herrscherlichen
Zukunftsträumen abgelenkt werden, und wer vermöchte das
wohl besser als eine schöne junge Frau? Fournier ist bestürzt über die ihm zugedachte Aufgabe, veranlaßt aber
Fanny doch zu einem Spaziergang in den Park, der die Begegnung mit dem Herzog herbeiführen soll. Ehe sie gehen,
meldet sich aber die französische Patriotin Desirée bei
Fanny, klärt sie auf, welche Rolle ihr – mit Fourniers Hilfe
– beim Herzog zugedacht sei, und bittet sie, sich im Interesse
Frankreichs nicht dazu herzugeben. Fanny glaubt sich von
Fournier verraten und macht ihm erbitterte Vorwürfe. Erregt wendet sie sich an den hinzukommenden Gentz, der sie
beruhigt, zugleich aber auch ihre Neugier auf den Sohn Napoleons zu reizen versteht. Bei dem nun beginnenden volkstümlichen Ballfest vor dem Schloß läßt sie sich dem Herzog
vorstellen und fordert ihn freimütig zu einem Walzer mit ihr
auf.

3. Akt. Kleiner Salon bei Fanny Elßler in Meidling bei
Wien. Der Herzog hat Fanny einen Brief und Blumen geschickt. Vater Elßler ist die neue »Eroberung« seiner Tochter zu Kopf gestiegen: er schwelgt in unsinnigen Zukunftsträumen. Gentz meldet sich als Besucher. Fanny fühlt sich
um eine Lebenserfahrung reicher: nun sieht sie ihr großes
Ziel als Tänzerin wieder klar vor sich; an keinen Menschen
will sie sich binden, der ganzen Welt will sie mit ihrer Kunst
gehören! Im Gespräch mit ihr merkt Gentz bald, daß er als
Diplomat diesmal verspielt hat; denn Fanny erzählt ihm, daß

sie den Herzog vor der gegen ihn gesponnenen Intrige gewarnt und ihm geraten habe, seinen höheren Zielen treu zu bleiben und sinnlose Liebesabenteuer zu meiden. Mit feinem fraulichem Ahnungsvermögen durchschaut sie jetzt das falsche Spiel des Herrn v. Gentz. Dieser verbirgt seine Enttäuschung, so gut es ihm gelingt; er sagt ihr nur noch, daß Fournier schon morgen als Attaché nach Petersburg abreisen werde. Fanny erbittet für den Geliebten, dessen Schuldlosigkeit sie erkennt, ein schöneres Reiseziel: Paris! Denn dahin wird sie selbst ja bald einmal kommen. Heute aber wird sie mit ihm in Sievering, beim Heurigen, Abschied feiern.

Die reizvollen Melodien des singspielhaft gestalteten Werks entstammen dem Nachlaß von Johann Strauß. Oskar Stalla hat sie im Auftrag der Familie des Komponisten geschickt und mit Geschmack dem wirkungsvollen Stück von Hans Adler eingeordnet und so der Nachwelt vertraut gemacht. Weltberühmt wurde aus der *Fanny-Elßler*-Musik das echt wienerische Walzerlied *Draußen in Sievering blüht schon der Flieder*. Aber auch Stücke wie der Duett-Walzer *Ja, mit der Liebe ist nicht zu spaßen* oder das – textstimmungsmäßig dem Hobellied in Raimunds *Verschwender* nahe – Couplet des alten Elßler *Ich spiel mein Stückel* gehören zu den besonders einprägsamen Nummern der Operette.

JOSEF STRAUSS

* 22. August 1827 in Wien
† 22. Juli 1870 in Wien

Josef Strauß hat selbst keine Operette komponiert. Daß es trotzdem Josef-Strauß-Operetten gibt, von denen sich allerdings nur *Frühlingsluft* behaupten konnte, ist das Werk von Bearbeitern, die mit diesen Arbeiten zweifellos berechtigte Publikumswünsche erfüllten. Was wir von Josef Strauß, der

seinem Bruder Johann an ursprünglicher Begabung kaum
nachstand, an eigenen Schöpfungen besitzen, sind 300 Tanz-
kompositionen, die er im Lauf von nur siebzehn Schaffens-
jahren schrieb. Er befaßte sich in der ersten Hälfte seines
kurzen Lebens trotz seiner starken universellen künstlerischen Anlagen nur wenig mit Musik, wurde aus Neigung
Techniker, wirkte erfolgreich als Chefingenieur einer Ma-
schinenfabrik, als Baumeister und Architekturzeichner; nur
widerwillig und notgedrungen fand er sich schließlich bereit,
1853 seinen Beruf zu wechseln, um seinen Bruder Johann als
Dirigent der Straußschen Kapelle zu vertreten und zu unterstützen. Auch zum Komponieren entschloß er sich so
schwer, daß er seine erst nach Überwindung großer Hemmungen komponierten ersten Walzer ironisch »Die Ersten
und die Letzten« nannte. Dann aber begann mit einem Male
der Quell der schöpferischen Phantasie zu strömen, und es
entstanden neben köstlichen, oft auch »schubertisch schwer-
mütigen« Mazurken und bezaubernden Polkas so hinrei-
ßende Walzerreihen wie *Dorfschwalben aus Österreich,*
Sphärenklänge, Delirienwalzer und *Mein Lebenslauf ist Lieb*
und Lust. In einem merkwürdigen Gegensatz zu der Heiterkeit und Weltfreudigkeit dieser Weisen stand das persönliche, verträumte und scheue Wesen ihres Schöpfers. Er war
von zarter Gesundheit, und die übergroßen Anstrengungen,
die das Leben als Konzertdirigent namentlich auf Reisen
von ihm forderte, führten schließlich nach bedenklichen
Krankheitsanfällen zu seinem überraschend frühen Tod.

Frühlingsluft

Operette in 3 Akten. Text von Karl Lindau und Julius Wil-
helm. Textliche Neubearbeitung von Bruno Hardt-Warden.
Musik nach Motiven von Josef Strauß zusammengestellt von
Ernst Reiterer. Musikalische Neubearbeitung von August
Pepöck (1942). Uraufführung am 9. Mai 1903 im Sommer-
theater »Venedig in Wien« im Prater, Wien.

PERSONEN: Dr. Gustav Landtmann (Ten.) – Emilie, seine Frau (Sängerin) – Vinzenz Knickebein, deren Vater (Kom.) – Apollonia, seine Frau (Alt) – Felix, Gymnasiast, Knickebeins Neffe – Berta, Backfisch, Apollonias Nichte – Baron v. Fallersee – Ida, seine Gattin (Soubr.) – Hanni, Dienstmädchen (Soubr.) – Fritz Hildebrandt (Buffo), Maier und Max, Schreiber bei Dr. Landtmann – Manuela Negrelli, Directrice einer Tanzgruppe – Dannhauser, der Wirt zum »Wilden Mann« – Wastl, Kellner.

ORT UND ZEIT: Wien, 1905.

1. Akt. In Dr. Landtmanns Kanzlei. Der elegante Wiener Anwalt Dr. Landtmann, Spezialist für Scheidungsfälle, hat seine besondere Freude am Heilen zerbrechender Ehen. Um dieses Ziel zu erreichen, spielt er oft bei seinen Klientinnen den Verliebten, um deren Männer eifersüchtig zu machen und so die Versöhnung der Gatten anzubahnen. Derlei kleine Liebeleien machen ihm Spaß, doch seiner hübschen Frau ist er treu. Heute muß er sich um den Fall des alten Barons v. Fallersee und seiner blutjungen Gattin Ida annehmen: Beide wünschen ihn als Rechtsbeistand. Landtmanns Frau, Emilie, die durch das etwas wechselvolle, bald kühle, bald zärtliche Benehmen ihres Mannes beunruhigt ist, hat ihre Eltern, Vinzenz und Apollonia Knickebein, nach Wien kommen lassen, um sich mit ihrer Mutter zu besprechen. Mama Apollonia verspricht ihr radikale Hilfe: hat sie doch auch schon ihrem eigenen Mann (so glaubt sie wenigstens!) durch ein besonderes Elixier alle Flausen vertrieben. Mit den Eltern, die ihre ineinander verliebten jungen Verwandten Berta und Felix mitgebracht haben, ist auch ein neues Dienstmädchen angekommen, die Hanni. Dieses muntere Geschöpf hofft in der Stadt sein Glück zu machen und probiert gleich heimlich Frau Landtmanns Pelzmantel und Hut, um sich auch einmal als richtige Dame zu fühlen. In dieser Verkleidung hält sie der Kanzleischreiber Hildebrandt für eine Klientin, die Gräfin Harbach, und sie läßt sich belustigt seine schmeichelnden Reden gefallen. Als sie aber später wieder als Dienstmädchen erscheint, zeigt er sich ebenso verliebt.

2. Akt. Salonartiger Gartenpavillon bei Landtmanns. Über Nacht ist es Frühling geworden. Kein Wunder, daß die milde

Lenzesluft die Männerherzen berauscht und verwirrt. Hildebrandt ist ganz vernarrt in Hanni, möchte aber auch gern
seine Beziehung zu der vermeintlichen Gräfin Harbach wei-
terspinnen. Hanni, die ihm einen Denkzettel geben will, hat
ihm als »Gräfin« eine Einladung zum Prater geschickt, und
er läßt sich durch die orthographischen Fehler dieses Schrei-
bens nicht in der Meinung beirren, er sei der Günstling
dieser Dame. Frau Apollonia aber sammelt eifrig Verdachts-
momente gegen ihren Schwiegersohn: sehr bedenklich erscheint ihr seine allzu herzliche Besprechung mit der Baronin Ida Fallersee, die mit ihm ein Rendezvous vereinbart.
Dr. Landtmann will aber nur wieder einmal in gewohnter
Weise Liebe und Beruf verbinden! Nicht minder verdächtig
dünkt der Schwiegermutter der Besuch der Tänzerin
Manuela, die aber durch Landtmann nur eine Auftrittser-
laubnis im Theater erwirken möchte. Am merkwürdigsten
jedoch ist es, daß Landtmann seine Frau mit ihrer Mutter
zur Erholung aufs Land schicken will! Hanni, von allen
Männern umschwärmt, lernt das keineswegs erstorbene le-
bemännische Wesen des duckmäuserischen alten Knickebein kennen; sogar Manuela nähert er sich und versteht es,
sie für einen Ausflug in den Prater zu gewinnen. Hildebrandt kommt durch seine Eifersucht und Hannis Fragen
nach der »Gräfin« in arge Nöte.
3. Akt. Garten beim »Wilden Mann« im Prater. Hier treffen
alle Beteiligten zusammen. Auch Baron Fallersee, schon eifersüchtig auf Landtmann, ist gekommen, um seine Frau zu
beobachten. Hanni erscheint jetzt vor Hildebrandt wieder
als Gräfin, belehrt ihn aber bald, indem sie sich zu erkennen
gibt, handgreiflich über das Kapitel Treue. Apollonia hofft,
Landtmann zu ertappen und ihm endlich ihr »nervenberuhi-
gendes« Elixier eingeben zu können. Da wird sie durch den
Anblick ihres um Manuela bemühten Mannes gründlich abgelenkt. Sogleich stellt sie die »Verführerin« zur Rede, die
ihr jedoch ihre Unschuld beweist, indem sie Apollonia heimlich *ihren* Platz in der Laube neben Knickebein einnehmen
läßt. Als Emilie ihren Gatten mit der Baronin tanzen sieht,
sinkt sie ohnmächtig dem Baron in die Arme, und auch die

entsetzte Apollonia stürzt sich auf den alten Herrn. Diese Situation benützen Landtmann und Knickebein, um ihren Frauen Standpredigten zu halten und den Baron zu beschimpfen. Schließlich aber versöhnen sich alle, und Landtmann hat nun auch sein Berufsziel, die Versöhnung des Barons mit seiner Frau, erreicht.

Man sollte diese gelungene Nach-Josef-Strauß-Operette wegen ihrer Fülle reizvoller Tanz- und Gesangsweisen von eigenem Ton und Charakter immer wieder hervorholen, auch, um das Andenken an einen der ganz großen Meister der Wiener Musik wachzuhalten. Wir nennen als den vielleicht schönsten Melodiegedanken den prachtvoll weiträumigen, in einem Bogen von 16 Takten sich entfaltenden und aufschwingenden Walzer *Der Lenz ist nun erwacht.*

CHARLES LECOCQ

* 3. Juni 1832 in Paris
† 24. Oktober 1918 in Paris

Alexandre Charles Lecocq, neben Offenbach, Hervé, Audran und André Messager der erfolgreichste französische Operettenkomponist, hat trotz großer Begabung, bedeutendem Können und außerordentlichem Fleiß lange auf den verdienten Erfolg warten müssen. Nach seiner Studienzeit am Conservatoire, wo er Preise für Orgelspiel und Fugenkomposition gewann, mußte er jahrelang als Klavierlehrer ein bescheidenes Dasein fristen. 1857 wurde er als Komponist durch die Operette *Le docteur Miracle,* die ihm einen von Offenbach gestifteten Preis (den zum andern Teil sein Mitschüler Georges Bizet gewann) eintrug, etwas bekannt. Den großen Erfolg errang er jedoch erst 1868 mit *La fleur de thé.* Von den fast 100 Operetten, die er geschrieben hat, gewannen weiterhin besonders *La fille de Madame Angot* (1872), *Gi-*

roflé-Girofla (1874), *Le petit duc* (1878), *Camargo* (1879) und *Le grand Casimir* (1879) die Gunst des Publikums. Lecocq war als Lehrer am Pariser Konservatorium tätig, besorgte u. a. die Neuausgabe von Rameaus Oper *Castor und Pollux* und bekannte stolz: »Auf meinem Klavier findet man stets Bach, Mendelssohn, Schumann und Wagner.«

Giroflé-Girofla

Operette in 3 Akten. Text von Albert Vanloo und Eugène Leterrier. Deutsche Neufassung von Erich Bormann. Uraufführung am 21. März 1874 im Théâtre Fantaisies-Parisiennes, Brüssel. Deutschsprachige Erstaufführung am 2. Januar 1875 im Carl-Theater, Wien.

PERSONEN: Don Boléro Alcarazas, Gouverneur einer kleinen französischen Kolonie – Aurora, seine Gattin – Giroflé und Girofla, ihre Töchter (gespielt und gesungen von *einer* Darstellerin) – Pedro und Paquita, in Boléros Diensten – Marasquin (Ten.) – Mourzouk (Ten.) – Ein Piratenhäuptling – Zwei Cousins der Familie Boléro – Admiral Matamoros – Dienerschaft. Hochzeitsgäste. Piraten. Araber im Gefolge Mourzouks.

ORT UND ZEIT: In einer kleinen französischen Kolonie in Afrika, Ende des 18. Jahrhunderts.

1. Akt. Offene Halle beim Gouverneur. Im Hause Don Boléros soll heute Doppelhochzeit gefeiert werden: der Gouverneur will seine Töchter, die einander täuschend ähnlichen Zwillingsschwestern Giroflé und Girofla, verehelichen. Marasquin, dem Sohn eines Bankiers, ist Giroflé zugedacht, Girofla aber soll den Araberhäuptling Mourzouk, der die Kolonie oft durch seine Einfälle bedroht, heiraten. Alles ist bereit – Boléro gibt seinen Töchtern nur noch, ungeschickt genug, gute Ratschläge für die Ehe. Schon erscheint Marasquin und fordert sofortigen Vollzug der Eheschließung, obwohl der zweite Bräutigam, Mourzouk, noch nicht da ist, ja voraussichtlich erst morgen kommen wird. Während nun Marasquin und Giroflé mit den Eltern zur Trauung

weggehen, schleicht sich eine Gruppe von Piraten ins Haus: diese unheimlichen Burschen rauben Girofla und den Diener Pedro, als die beiden eben der in die Kapelle vorausgegangenen Hochzeitsgesellschaft folgen wollen. Inzwischen ist Giroflé mit Marasquin vermählt worden. Entsetzt hören die zurückkommenden Eltern, was während ihrer Abwesenheit geschah. Don Boléro wendet sich sogleich an den Admiral Matamoros: er soll die Piraten verfolgen, bis Mourzouk eintrifft, wird Girofla hoffentlich wieder dasein! Aber nun kommt Mourzouk doch eher, als man ihn erwartet hat. Man verheimlicht ihm das Vorgefallene, sucht ihn zu vertrösten, doch der wilde Kerl läßt sich nicht beschwichtigen, sondern will augenblicklich Girofla heiraten. In der Not nutzt Mama Aurora die Ähnlichkeit ihrer Töchter: Giroflé bekommt statt ihrer eigenen blauen Kleidschleife die für Girofla bestimmte rosafarbene angeheftet und muß als Girofla dem Araber zur Trauung folgen.

2. Akt. Saal bei Boléro. Nur mit Mühe gelingt es beim Hochzeitsmahl, die vergeblich auf ihre Gattinnen wartenden jungen Ehemänner zu beruhigen. Um peinliche Situationen zu vermeiden, halten die Eltern Giroflé eingeschlossen. Bald muß ja Girofla befreit zurückkehren! Einstweilen erscheint aber nur Pedro wieder: er konnte den Seeräubern entfliehen, bringt jedoch die befremdliche Botschaft, daß Matamoros *vor* Aufnahme des Kampfes gegen die Piraten die hohe Belohnung haben wolle, die Don Boléro ihm für die Rettung Giroflas zugesagt hat. Was bleibt übrig, als dem geschäftstüchtigen Admiral nachzugeben! Giroflé wird es endlich zu dumm, ihren Hochzeitstag einsam in einer Kammer zu vertrauern. Sie wagt sich heimlich hervor, wird jedoch von zwei mutwilligen Vettern überrascht, die sich einen Spaß daraus machen, sie mit Wein zu berauschen. Angeheitert vergißt sie alle Vorsicht und steht schließlich Marasquin *und* Mourzouk gegenüber. Marasquin sieht in ihr mit Recht Giroflé, aber Mourzouk hält sie für seine Girofla. Noch einmal glückt es, die Entdeckung des Betrugs zu vermeiden. Die beiden Bräutigame gehen, in freudiger Erwartung ihrer Frauen, in ihre Zimmer. Giroflé folgt bald ihrem richtigen Gatten Marasquin, wäh-

rend Don Boléro den wilden Mourzouk in sein Gemach einschließt. Die Hoffnung auf eine Rückkehr Giroflas muß vorläufig begraben werden, denn der Admiral ist von den Piraten besiegt worden.

3. Akt. Offene Halle. Am nächsten Morgen. Mourzouk ist nachts natürlich aus seinem Zimmer ausgebrochen und hat das Haus zornig verlassen. Nun klären Boléro und Aurora den Schwiegersohn Marasquin über Giroflas Geschick auf und bitten ihn einzuwilligen, daß Giroflé noch einmal die Rolle ihrer Schwester spielt – es sei ja ganz unbedenklich, da Mourzouk noch diesen Morgen abreisen müsse. Ungern willigt das junge Paar ein, das Täuschungsspiel fortzusetzen. Schon taucht der gefürchtete Araber wieder auf. Er läßt sich einreden, daß seine Braut durch eine Unpäßlichkeit verhindert gewesen sei, am Hochzeitsabend zu ihm zu kommen, und ist gänzlich besänftigt, als ihm »Girofla« entgegentritt. Die Eile, mit der man ihn zur Abreise drängt, kommt ihm aber äußerst verdächtig vor. Er erzwingt sich ein Alleinsein mit »seiner Frau«. Marasquin bemüht sich, das Tête-à-tête zu stören, und Giroflé flüchtet vorübergehend in eine »Ohnmacht«. Schließlich hilft aber doch nur das Eingeständnis des wahren Sachverhalts, um Marasquins Ehe zu schützen. Der wütende Mourzouk gibt sich indes keineswegs zufrieden. Da erscheint im kritischsten Augenblick der nun doch noch siegreiche Admiral und mit ihm die befreite Girofla, die jetzt endlich ihrem Bräutigam vorgestellt werden kann.

Die gleichsam improvisatorische Leichtigkeit, mit der die feingliedrige, melodisch und rhythmisch charmante Musik gefügt ist, ist bezeichnend für die gefällige, echt französische Kunst Lecocqs. Im einzelnen liegt der Reiz des Werks in den vielen, abwechslungsreich erfundenen Couplets, z. B. Boléros *In mir sieht man den Vater* (*Pour un tendre père*) oder Giroflés *Banger als je naht Giroflé* (*Petit papa, c'est Girofla*), in Stücken wie dem spaßhaft-dramatischen Piratenchor und der Seeräuber-Ballade Paquitas, in den frischen, drängenden Ensembles (Trinklied!) und wirksam gebauten Finales des 1. und 2. Akts, in den graziösen Lyrismen der Duette zwischen Marasquin und Giroflé, nicht zuletzt aber auch in der prägnanten und amüsanten Charakterzeichnung der Hauptfiguren (Giroflé, Mourzouk).

EDMOND AUDRAN

* 12. April 1840 in Lyon
† 16. August 1901 in Bazincourt-sur-Epte (Eure)

Von den etwa vierzig Bühnenwerken Audrans ist heute nicht einmal mehr die zwei Jahre vor seinem Tod entstandene, reizvolle und deswegen früher vielgespielte Operette *La poupée* (*Die Puppe*) bekannt. Audran, der als Walzerkomponist für Paris das war, was Johann Strauß für Wien bedeutete, war der Sohn eines angesehenen Sängers und Gesangspädagogen, genoß seine Ausbildung an Louis Niedermeyers Kirchenmusik-Institut in Paris als Schüler von Camille Saint-Saëns und wirkte in seinen jüngeren Jahren als Kapellmeister und Organist an der Josephskirche in Marseille. Seine Laufbahn als Bühnenkomponist begann er 1877 mit *Le grand Mogol*. Von seinen späteren Schöpfungen errang er namentlich mit *La mascotte* (1880), *Gillette de Narbonne* (1882) und *Miss Helyett* (1890) starke, auch über die Grenzen Frankreichs hinausdringende Erfolge, die jedoch schließlich alle von dem seiner *Puppe* überstrahlt wurden. Außer Operetten komponierte Audran auch zwei komische Opern sowie – in seiner Frühzeit – verschiedene kirchliche Werke.

Die Puppe
La poupée

Operette in 3 Akten und einem Vorspiel. Text von Maurice Ordonneau und Albin Valabrègue. Deutsche Textfassung von Alfred Maria Willner (1899). Uraufführung am 21. Ok-

tober 1896 im Théâtre de la Gaîté, Paris. Deutschsprachige Erstaufführung am 7. Januar 1895 im Central-Thea-
ter, Berlin.

PERSONEN: Maximius, Vorsteher eines Konvents (Baß) – Lancelot
(Buffo), Aguelet, Balthasar, Benoist und Basilius, Mitglieder des
Konvents – Baron Chanterelle – Loremois, sein Freund – Hilarius,
Puppenfabrikant – Frau Hilarius, dessen Gattin – Alesia, beider
Tochter (Soubr.) – Guduline, Gesellschafterin – Heinrich, Lehrling
– Pierre und Jacques, Diener bei Chanterelle – Marie, Stubenmäd-
chen.

ORT UND ZEIT: Eine französische Kleinstadt, 19. Jahrhundert.

Vorspiel. Hof eines alten, verfallenen Gebäudes. Die Klo-
sterbrüder, die hier hausen, sind in arger wirtschaftlicher Bedrängnis: Die milden Gaben, die sie empfangen, reichen
kaum mehr für ihren eigenen Unterhalt, geschweige denn
für die Armen, die an die Pforte kommen. Bei den Konventualen lebt auch der junge, schüchterne Lancelot, ein Neffe
des Barons Chanterelle. Er steht noch vor der Aufnahme in
die klösterliche Gemeinschaft: Sein Onkel wird ihn ent-
erben, wenn er ihr beitritt, will ihm aber 100 000 Francs
schenken, falls er heiratet. In einer Zeitung, die als Einwik-
kelpapier für ein Almosen diente, findet einer der Brüder
nun folgendes Inserat des Puppenfabrikanten Hilarius:
»Glänzendes Anerbieten für Junggesellen, Witwer und Wei-
berfeinde. Weibliche Automaten, täuschend lebensähnlich,
je nach Bestellung braun, blond oder schwarz, garantiert
ohne Launen, jedes Alter vorrätig.« Diese Anzeige bringt
den Vorsteher Maximius auf einen rettenden Gedanken:
Lancelot soll eine solche Puppe erwerben, sie seinem Onkel
als Braut vorstellen und heiraten. So wird er, ohne doch
wirklich verheiratet zu sein, das Geld des Onkels bekommen
und damit dem Konvent helfen können. Sogleich macht sich
Lancelot in weltlicher Kleidung auf den Weg.

1. Akt. Im Atelier des Hilarius. Der genialische Puppenfabrikant hat soeben sein Meisterstück vollendet: eine Puppe,
die seiner eigenen Tochter Alesia täuschend gleicht und,
»aufgezogen«, wie ein lebendiges Mädchen sprechen, singen

und tanzen kann. Diesem Werk gilt die ganze Liebe des Hilarius, während er sich um seine wirkliche Tochter kaum mehr kümmert. Darüber ist Alesia so zornig, daß sie ihrer leblosen Doppelgängerin einen Arm ausreißt. Ehe der Vater den Schaden bemerkt, soll der kundige Lehrling Heinrich die Puppe reparieren. Nun erscheint Lancelot bei Hilarius, trägt seinen Wunsch vor, und bald wird es klar, daß für seine Absichten nur die Puppe »Alesia« in Frage kommen kann. Schon bringt sie der Lehrling. Weder der naive, ohnehin schon ganz verwirrte Lancelot noch Hilarius, dem man vorsichtshalber die Augengläser weggeräumt hat, merkt, daß es die wirkliche Alesia ist, die nun anstelle des defekten Automaten die Puppe vorstellt. Sie spielt ihre Rolle ausgezeichnet. Lancelot bedauert im stillen, daß das schöne Wesen, das da vor ihm tanzt und von Liebe singt, nicht lebendig ist. Nun läßt er sich die vermeintliche Puppe einpacken, um gleich damit vor seinem Onkel zu erscheinen. Frau Hilarius, die in das seltsame Betrugsspiel eingeweiht ist, läßt sich's nicht nehmen, als »Schwiegermutter« mitzugehen.

2. Akt. Salon in der Villa des Barons Chanterelle. Schon sind die Gäste zur Hochzeit versammelt. Auch Hilarius ist gekommen, um die täuschende Wirkung seiner »Puppe« mitzuerleben. Alesia aber, die in Gegenwart Lancelots und ihres Vaters treulich die Rolle der Puppe weiterspielt, weiß sich, als sie mit dem Baron und dessen Freund Loremois allein ist, rasch die Gunst der alten Herren zu erringen. Sie freut sich schon, Lancelot als Mann zu gewinnen, wenn sie auch besorgt darüber nachdenkt, wie er wohl die Nachricht über die »Puppe« aufnehmen wird. Bei der Trauung wundern sich alle, wie steif und geziert sich die eben noch so natürlich erscheinende Braut benimmt. Lancelot ahnt nicht, daß er nun tatsächlich verheiratet ist, und freut sich über das glücklich erlangte feudale Hochzeitsgeschenk seines Onkels. Der vor Erfinderstolz blinde und närrische Hilarius aber erfährt jetzt endlich von seiner Frau, daß er seine Tochter für eine Puppe gehalten hat.

3. Akt. Korridor im Haus des Konvents mit Blick in Lancelots Zimmer. Besorgt erwarten die Brüder Lancelots Rückkehr. Da kommt der schon verloren Geglaubte endlich heim

und übergibt dem Vorsteher das durch seine Verheiratung ge-
wonnene Geld. Er hat aber auch die »Puppe« mitgebracht. Es
glückt Alesia, auch die Konventualen über ihre wahre Natur
zu täuschen, und trotz einiger Bedenken gestattet man Lancelot, die »Puppe« in seinem Zimmer aufzubewahren. Lancelot
legt sich schlafen. Dem Eingeschlummerten gibt Alesia einen
Kuß; dann setzt sie sich an den Tisch, um ihn durch einen Brief
endlich aufzuklären. Da erwacht er und erkennt beglückt, daß
seine Puppenfrau ein lebendiges Wesen ist. Der Vorsteher des
Konvents muß sich jetzt allerdings damit abfinden, daß Lancelot für den Konvent verloren ist.

Anmut, liebenswürdige Gefälligkeit, drolliger Humor und
ein wenig weiche Empfindsamkeit kennzeichnen das von einigen reizenden melodischen Gedanken getragene singspielhafte Werk. Der berühmte, einschmeichelnde Gesangswalzer
in F-Dur *Ihm, nur ihm öffnet heiß sich die Seele* bildet den musikalischen Höhepunkt des 2. Akts. Kaum minder hübsch
aber ist die tänzerische Musik zur ersten Puppenszene der
Alesia: *Ich kann tanzen, singen, plaudern* – ein von anderen
Tanzformen unterbrochener Walzer, dessen stockende, nur
zögernd in laufende Bewegung kommende Melodie das auto-
matenhafte Spiel der Puppe verdeutlicht. Ein beliebtes Stück
aus dieser Operette ist auch das Lied des Maximius *Ja Zufrie-
denheit, fromme Heiterkeit sind die goldnen Sterne der Le-
benszeit.*

Karl Millöcker

* 29. April 1842 in Wien
† 31. Dezember 1899 in Baden bei Wien

Karl Millöcker, der jüngste der drei Großmeister der klassischen Wiener Operette, sollte ursprünglich das von seinem
Vater betriebene Goldschmiedehandwerk erlernen. In ihm

regte sich aber schon in früher Jugendzeit eine starke musikalische Begabung. So bildete er sich am Wiener Konservatorium zunächst als Flötist aus, betrieb auch theoretische Studien und erlangte bereits als Sechzehnjähriger eine Stelle im Orchester des Theaters in der Josefstadt. Sein Talent erregte die Aufmerksamkeit Franz von Suppés; er nahm sich Millökkers an und vermittelte ihm 1864 seinen ersten Kapellmeisterposten am Grazer Landestheater. Damals schrieb Millökker bereits kleine eigene Kompositionen für die Bühne. Zwei Jahre später kam er an das Wiener »Harmonietheater«, wo er die Bekanntschaft des dort als Schauspieler wirkenden Dichters Ludwig Anzengruber machte und zu einigen von dessen volkstümlichen Stücken die Musik verfaßte. Auch entstand damals seine erste einaktige Operette *Die keusche Diana*. Wie hier folgte er auch in seinem nächsten Stück *Die Fraueninsel*, das 1868 am deutschen Theater in Budapest herauskam, wo er kurze Zeit Dirigent war, den Spuren Offenbachs. Von 1869 bis 1883 war Millöcker Kapellmeister des Theaters an der Wien. In diesem Zeitraum vollzog sich sein Aufstieg vom geschickten Verfasser liebenswürdiger Begleitmusiken für Volksstücke und Lokalpossen zum Meister der großen Operette. War er auch schon 1871 durch seine Musik zu dem Lebensbild *Drei Paar Schuhe* über die Grenzen seiner engeren Heimat hinaus bekannt geworden, so begann doch die Glanzzeit seines Schaffens und Ansehens erst 1878 mit dem *Verwunschenen Schloß*. Geringer war der Erfolg der drei nächsten Werke *Die Dubarry* (1879), *Apajune, der Wassermann* (1880) und *Die Jungfrau von Belleville*. Den Gipfel seines gesamten Lebenswerkes erreichte der Vierzigjährige 1882 mit der Meisteroperette *Der Bettelstudent*. In seinen beiden nächsten Werken, *Gasparone* und *Der Feldprediger* – sie erschienen 1884 –, wußte Millöcker die Höhe der gewonnenen Meisterschaft zu halten, dann aber machte sich allmählich ein Nachlassen der schöpferischen Kräfte bemerkbar. Außer den genannten schrieb er noch die Operetten *Der Vizeadmiral* (1886), *Die sieben Schwaben* (1887), *Der arme Jonathan* (1890), *Das Sonntagskind* (1892), *Der Probekuß* (1894) und *Das Nordlicht* (1896).

Das verwunschene Schloß

Operette in 5 Bildern. Text von Alois Berla. Uraufführung
am 23. März 1878 im Theater an der Wien, Wien.

PERSONEN: Graf v. Geiersburg – Coralie (Sopr.) – Großlechner, ein
reicher Bauer – Mirzl, seine Tochter (Sopr.) – Simon, Kreuzwirt –
Seppl (Ten.) – Andredl (Buffo) – Die alte Traudel – Regerl, ihre
Mahm [Enkelin] – Lamotte, Haushofmeister des Grafen – Freunde
des Grafen. Freundinnen Coraliens. Bauern. Jäger.

ORT UND ZEIT: Tirol, Ende des 18. Jahrhunderts.

1. bis 5. Bild. Graf v. Geiersburg, vor vielen Jahren wegen
eines Duells aus dem Land verwiesen, ist heimlich auf sein
Schloß in Tirol zurückgekehrt und lebt dort mit seinen
Freunden in Saus und Braus. Die Bauern des nahe gelegenen Dorfes aber meinen, es spuke in der Geiersburg, wenn
sie hinter den beleuchteten Fenstern des Schlosses allerlei
Gestalten sich bewegen sehen. Nur einer glaubt nicht an Gespenster: der Sepp, der beim Großlechner als Senne im
Dienst steht und mit dessen Tochter Mirzl verlobt ist. Den
Freunden des Grafen aber ist der Aberglaube der Bauern
ganz recht, und der Haushofmeister Lamotte redet darum –
aber auch, als abgeblitzter Verehrer der Mirzl, aus Eifersucht – den Großlechner gegen den »Freigeist« Sepp so auf,
daß der Bauer den treuen Knecht aus dem Dienst jagt. Trau-
rig-trotzig verläßt der Sepp das Dorf. Nur sein Geißbub, der
Andredl, folgt ihm. – Mit ihrer Enkelin, dem Regerl, haust
die alte Traudel im tiefen Wald. Sie gilt als Hexe, weil sie allerlei Wundertränke zu bereiten versteht. Heute muß sie
noch zur Nachtzeit fort, und Regerl soll das Haus hüten.
Kaum ist das Mädel allein, klopfen der Sepp und der Andredl an und bitten um Nachtquartier. Das Regerl aber weist
die beiden fort und rät ihnen, auf dem Schloß zu übernachten. Da kriegt der Andredl gewaltig Angst, denn eben
sieht man dort droben wieder tanzende Figuren hinter den
Scheiben, und der Wind trägt Klänge einer »Geistermusik«
zu ihnen her. Doch der Sepp entschließt sich beherzt zum
Aufstieg auf den Geierstein, und da geht der Andredl halt

mit. – Droben feiert der Graf wieder einmal fröhlich mit sei-
nen Gästen; ein Bacchanale soll den Abend krönen. Nur *ein*
Wermutstropfen ist in seinem Freudenbecher: der dringliche
Wunsch seiner Freundin, der Sängerin Coralie, von ihm ge-
heiratet zu werden; denn er will frei bleiben. Während die
Gesellschaft zum Souper geht, steigen Sepp und Andredl
durch ein Fenster ins Schloß ein. Der erste Mensch, der den
Staunenden begegnet, ist Coralie. Andredl hält sie für ein
Gespenst; der Sepp aber verliebt sich gleich in die reizende
junge Dame. Coralie findet es sehr amüsant, für einen Geist
zu gelten, und erzählt den Burschen die Geschichte ihrer
»Verwünschung«; nur durch Küsse könnten die Frauen im
Schlosse erlöst werden! Jetzt faßt auch der Andredl Mut und
küßt alle in den Saal zurückkommenden Damen, um sie zu
»erlösen«. Nur durch Coraliens Dazwischentreten läßt sich
der Graf abhalten, die unerwünschten bäuerlichen Gäste hin-
auszuwerfen. Bald beginnt das Bacchusfest, zu dem auch
Sepp und Andredl mit einem Heimatlied eindrucksvoll bei-
tragen. Um noch einen besonderen Spaß mit den beiden zu
haben, läßt der Graf plötzlich die Lichter löschen. Das jähe
Dunkel versetzt die schon vom Anblick und Gejohle der als
Satyrn und Bacchantinnen verkleideten Festteilnehmer ver-
wirrten Burschen in argen Schrecken. – Während der Sepp
noch im Schlosse zurückgehalten wird, liegt Andredl, den
man noch in der Nacht ohnmächtig zu Tal gebracht hat, jetzt
am Morgen auf der Ofenbank in der Hütte der alten Traudel.
Als er erwacht, sagt ihm Regerl, daß alles, was er erlebt habe,
nur ein Traum gewesen sei. Zu dieser Lüge hat der Haushofmeister Lamotte angestiftet, der auch die alte Traudel
dazu bestimmt, der Mirzl weiszumachen, ihr Sepp habe sich
im Schlosse dem Teufel verschrieben. Mit Andredls Gespen-
sterfurcht aber ist es jetzt bald vorbei: er belauscht das Gespräch der Traudel mit Lamotte und eine Unterhaltung des
vorüberkommenden Grafen mit seinen Freunden. Nun
durchschaut er den Schwindel mit dem »verwunschenen
Schloß« und will der um den Sepp besorgten Mirzl gerne helfen, den Geliebten zu finden. – Über die Mauer des Schlosses steigt er mit ihr in den Garten ein und macht sich auf die

Suche. Vorläufig haben sie dabei kein Glück: Schon kommt Lamotte und will sie gewaltsam entfernen lassen – da stürmen die Bauern des Dorfes das Tor: sie wollen unter der Führung des Großlechner die Gespenster austreiben und die verschwundene Mirzl befreien. Der Graf, der sich ihnen jetzt zu erkennen gibt, sucht sie zu beschwichtigen, kommt aber plötzlich selbst in eine peinliche Lage: die Obrigkeit ist seiner unerlaubten Anwesenheit auf die Spur gekommen und droht mit Verhaftung. Davor rettet ihn nur die Bereitschaft zur Ehe mit Coralie, die seine Begnadigung erwirken kann. Mirzl schließt den wiedergefundenen Sepp beglückt in ihre Arme. Das Regerl wird Andredls Liebste.

Die Bindung Millöckers an das österreichische Volksstück wird in diesem Werk besonders deutlich. Für die lustig gezeichneten Tiroler Bauern hat er den bezeichnenden, bald drastisch-fröhlichen, bald gemütbetonten Stimmungsklang gefunden; besonders typisch dafür ist das einst populäre Lied Sepps und Andredls *O du himmelblauer See*. Geschickt kontrastiert der Komponist zu diesem ländlichen Volkston die städtische musikalische Sphäre der Schloßgesellschaft. Hübsch, wie im Finale des 2. Akts diese Gesellschaft sich auch musikalisch vom urwüchsigen, naiven Wesen der unverhofften bäuerlichen Gäste anstecken läßt. Gut ist Millöcker auch die Zeichnung des Geisterhaften gelungen, z. B. in Mirzls Ballade vom verwunschenen Schloß, wo wirksam einige bewährte harmonische und instrumentale Ausdrucksmittel der romantischen Oper leicht parodistisch genutzt erscheinen. Zum Reizvollsten des gehaltreichen Werks, dessen sich die Bühnen doch manchmal erinnern sollten, gehört Andredls Traumszene im 3. Akt mit ihren dramatisch begründeten musikalischen Reminiszenzen aus der Musik der ersten Aufzüge sowie die Szene, in der sich Mirzl, der es bei der Ankunft auf dem Schloß so unheimlich zumute wird, durch das Erklingen des fernen Vesperglöckchens im Heimattal getröstet fühlt. Millöcker hat die Operette seinem ersten Darsteller des »dalkatn Buam« Andredl, Alexander Girardi, gewidmet.

Die Dubarry
(Die Gräfin Dubarry / Madame Dubarry)

Operette in 9 Bildern. Text von F. Zell (Camillo Walzel) und Richard Genée. Textliche Neufassung von Hans Martin Cremer nach P. Knepler und J. M. Welleminsky, musikalische Bearbeitung von Theo Mackeben (1938). Uraufführung am 31. Oktober 1879 im Theater an der Wien, Wien.

PERSONEN: König Ludwig XV. – Herzog v. Choiseul, Ministerpräsident – Prinz v. Soubise – Herzog v. Lauzun – Radix v. Saint Foix – Baron Chamard – Marquis de Brissac (Buffo) – Die Marschallin von Luxembourg – Graf Dubarry – Marie Jeanne Beçu (Sängerin) – Margot (Soubr.) und Lucille, ihre Freundinnen – René Lavallery, Maler (Ten.) – Pierre, sein Freund – Die Schwestern Verrières – Madame Labille, Inhaberin eines Putzmachersalons – Lebell, Leibdiener des Königs – Damen und Herren. Zofen und Diener. Putzmacherinnen. Pariser Volk.

ORT UND ZEIT: Paris, unter der Regierung Ludwigs XV.

1. Bild. Im Putzmachersalon der Madame Labille. Marquis de Brissac erscheint als Kunde und findet Gefallen an der kleinen Margot, die er mit ihren Freundinnen zum Ausgehen einlädt. Marie Jeanne Beçu, die hier gleichfalls tätig ist, kommt sehr verspätet von einem geschäftlichen Ausgang zurück: sie hat unterwegs den Maler René Lavallery kennengelernt und sich bei dieser Begegnung die ihr anvertrauten neuen Hüte stehlen lassen. Nun soll sie nach Feierabend noch weiterarbeiten. Als aber alle fort sind, springt sie durchs Fenster davon.

2. Bild. Ein Vergnügungsplatz vor Paris. Unter den Spaziergängern tritt Graf Dubarry hervor, der dem Herzog v. Lauzun klarmacht, daß aus politischen Gründen nicht die Schwester des Ministerpräsidenten Choiseul, sondern eine andere Frau die Nachfolge der gealterten Pompadour als Maitresse des Königs antreten müsse. Jeanne findet hier René Lavallery wieder – stürmisch bekennen sie einander ihre Liebe. Dubarry erblickt Jeanne von ferne und ist von ihrer Anmut gefesselt.

3. Bild. Im Atelier Renés. René ist glücklich in seiner Liebe zu Jeanne und glaubt an die ewige Dauer seines Bundes mit ihr. Durch Jeannes Putzsucht sind die beiden aber in Geldverlegenheit geraten. Margot kommt zu Besuch; ihr geht es besser – sie ist jetzt die Geliebte des reichen Brissac. Während René eine Besorgung macht, erscheint Graf Dubarry im Atelier. Er will das eben vollendete Bildnis Jeannes kaufen und reizt raffiniert und unverfroren mit Geld die Genußsucht des Mädchens. Sie weist ihn zwar ab, verheimlicht jedoch René den Besuch des Fremden. Durch das Gefrage einer Nachbarin erfährt er aber davon, und als er die von Dubarry heimlich zurückgelassene Börse findet, weist er Jeanne entrüstet aus dem Haus.

4. Bild. Beim Grafen Dubarry erzählt Brissac den anwesenden Herren von der bezaubernden neuen Sängerin und Tänzerin Manon Rançon, die jetzt im Etablissement der reizenden Schwestern Verrières auftritt. Sogleich beschließen alle den Besuch einer Vorstellung.

5. Bild. Bei den Schwestern Verrières. Hier hat Jeanne unter dem Namen Manon Rançon eine Betätigung als aufreizend tanzende Stimmungssängerin gefunden. Dubarry erkennt sie sofort wieder. Sie wird viel umworben, bleibt aber kalt gegen alle. Das Glück, das sie sucht, kann ihr keiner schenken. Beim Glücksspiel, zu dem sie die Herren einladen, hat sie Pech: sie verspielt das Vermögen eines ihrer Anbeter, und dieser beschimpft sie, als sie ihn auslacht. Da kommt Dubarry für die Spielschuld auf und führt sie, Liebe heuchelnd, mit sich fort.

6. Bild. Zimmer bei Dubarry. Der Graf, der mit Jeanne seine politischen Ziele verfolgt, läßt Jeanne, die er pro forma mit seinem Bruder verheiratet hat, in seinem Hause zu einer wirklichen Dame erziehen. Sie verhöhnt ihn mit seinen ehrgeizigen Plänen. Eine Einladung bei der Marschallin von Luxembourg soll über ihr weiteres Schicksal entscheiden.

7. Bild. Prunksalon bei der Marschallin von Luxembourg. Der Herzog v. Choiseul, der hier zu einem Gesellschaftsabend geladen ist, glaubt fest, daß seine Schwester Nachfol-

gerin der Pompadour werden wird, obwohl er von dem Versuch seiner Gegner weiß, den König für Jeanne zu interessieren. Als er wahrnimmt, daß seine Schwester nicht eingeladen wurde, verläßt er verstimmt die Gesellschaft. Von der Marschallin, die als Gegnerin Choiseuls die gleichen Ziele wie Dubarry verfolgt, erfährt Jeanne, daß sie noch heute zu einem Souper nach Versailles abgeholt werde. Bewegt erkennt sie, daß sie das Opfer eines politischen Intrigenspiels werden soll. In diesem dunklen Augenblick begegnet sie René, der gleichfalls als Gast geladen ist: Noch lebt ihre Liebe zueinander, und gerne möchte sie mit ihm entfliehen. Als sie jedoch hört, daß der König im Besitz ihres Bildnisses sei, glaubt sie, René selbst habe ihm dies Bild ausgeliefert. Da erstirbt ihre Liebe, und sie folgt der Einladung des Königs.

8. Bild. Salon in Versailles. Der Leibdiener Lebell bereitet Jeanne auf die erste Begegnung mit Ludwig XV. vor. Im Gespräch mit dem König gewinnt sie vollkommen dessen Gunst. Von Choiseul läßt er sie nach ihrem neuen Wohnsitz, Schloß Trianon, führen.

9. Bild. Park des Schlosses Trianon. Als Gräfin Dubarry beherrscht Jeanne nun das Herz des Königs. Choiseul aber versucht, sie ihm zu entfremden: er erzählt ihm von den angeblichen geheimen Liebesbeziehungen Jeannes zu René, und als Ludwig Beweise fordert, läßt er ihn beim Gartenfest heimlich Zeuge einer Zusammenkunft der beiden sein. Jeanne hat René wirklich hergerufen, doch nur, um ihm abzubitten und ihm für immer Lebewohl zu sagen, denn ihre ganze Neigung gehört jetzt dem König. Ludwig, von diesem erlauschten Bekenntnis entzückt, verbannt Choiseul vom Hofe. Jeanne weiß sich auch des lästig werdenden Grafen Dubarry zu entledigen. Alle huldigen ihr, als der König bekennt: »Fortan ist *sie* unserm Thron die Nächste!«

Lange galt *Die Dubarry* als »schwacher« Millöcker. Jeder Erfolg blieb dem Werk um eine Mätresse Ludwigs XV. (die mit 52 Jahren 1793 unter der Guillotine starb) versagt, bis ihm die durchgreifende Bearbeitung von Theo Mackeben, auch von den neuen Textautoren, einen glänzenden neuen Start und

Dauererfolg brachte. Mackeben (1897–1953), in Liedern, Tanz-, Schlager- und vielen Film-Musiken (*Bel ami*, 1939) selbst ein erfolgreicher Komponist, der auch mit eigenen Operetten reüssierte, hat so das Melodiengut des alten Stücks gerettet und das Ganze auch durch harmonische, tanzrhythmische und instrumentale Modernisierungen seinerzeit dem Publikum nahegebracht. Was wir nun besitzen, ist ein in knappen, eindrucksvollen Szenen entwickeltes Spiel voll lebendiger Musik. Besonders bekannt wurde das Lied der Jeanne *Ich schenk mein Herz nur dem allein, dem ich das Höchste könnte sein*; nicht minder leicht aber haften im Ohr Stücke wie die Walzer *Es lockt die Nacht, die Liebe wacht* und *Ob man gefällt oder nicht gefällt, das ist die große Frage* oder Jeannes Chanson *Ja, so ist sie, die Dubarry* und das (als Leitmotiv die Operette durchziehende) Lied Renés *Wie schön ist alles, seit ich dich gefunden.*

Der Bettelstudent

Operette in 3 Akten. Text von F. Zell (Camillo Walzel) und Richard Genée. Uraufführung am 6. Dezember 1882 im Theater an der Wien, Wien.

PERSONEN: Palmatica Gräfin Nowalska – Laura (Sängerin) und Bronislawa (Soubr.), ihre Töchter – Oberst Ollendorf, Gouverneur von Krakau (Kom.) – Graf Bogumil Malachowski, Palmaticas Vetter – Eva, dessen Gattin – Jan Janicki (Ten.) und Symon Rymanowicz (Ten.), Studenten der jagellonischen Universität in Krakau – Enterich, sächsischer Invalide und Kerkermeister (Kom.) – Edelleute. Bürger. Offiziere. Soldaten. Bauern. Gefangene.

ORT UND ZEIT: Krakau 1704, unter der Regierung Augusts des Starken, Königs von Polen und Kurfürsten von Sachsen.

1. Akt. 1. Bild. Düsterer Gefängnishof. Der spaßige Kerkermeister Enterich gestattet einer Schar von polnischen Frauen eine Begegnung mit ihren Männern, die wegen ihres Widerstands gegen die sächsische Herrschaft inhaftiert wurden. Das Erscheinen des Gouverneurs, Oberst Ollendorfs,

Johann Strauß: Wiener Blut
Stadttheater Baden bei Wien

Karl Millöcker: Der Bettelstudent
Stadttheater Baden bei Wien

und seiner Offiziere macht diesem Wiedersehen ein jähes
Ende. Ollendorf, ein gewaltiger Maulheld, kocht vor Wut:
Die schöne, von ihm umworbene Laura hat ihn abblitzen lassen und sein Wagnis eines Kusses auf ihre Schulter mit einem
Fächerschlag quittiert. Ihre adelsstolze Mutter, Gräfin Palmatica, will ihr Kind nur einem Fürsten zur Frau geben! Nun
brütet er Rache: Laura soll einen Fürsten durch ihn kennenlernen, aber einen falschen! Aus den Gefangenen wählt er
den jungen Symon Rymanowicz, der sich selbst einen »Bettelstudenten« nennt, für seinen Plan aus und verspricht ihm
für seine Mitwirkung die Freiheit. Als Fürst Wybicki soll er
der Gräfin und ihrer Tochter vorgestellt werden. Symon geht
auf das Spiel ein, sein Kamerad Jan Janicki wird ihm als »Sekretär« beigegeben.

2. Bild. Auf dem Ringplatz in Krakau. Im Trubel der Früh-
jahrsmesse begegnet Ollendorf mit seinen Offizieren der
Gräfin und ihren Töchtern. Sehr interessiert vernehmen die
Damen die Erzählung von dem steinreichen, auf Brautschau
nach Krakau gekommenen Fürsten Wybicki. Der verarmten
Gräfin wäre ein solcher Schwiegersohn sehr erwünscht. Als
nun Symon elegant und charmant werbend vor ihnen erscheint, erringt er auf den ersten Blick Lauras Gunst. Jubelnd
wird sogleich Verlobung gefeiert. Lauras bescheidenere
Schwester Bronislawa aber findet Gefallen am »fürstlichen
Sekretär« Jan.

2. Akt. Salon im Palais der Gräfin. Laura freut sich auf ihre
Hochzeit, durch die sie reich und mächtig zu werden hofft.
Bronislawa und Jan finden sich in Liebe. Bei einer Aussprache mit Symon gibt sich Jan seinem Kameraden als Offizier
des verdrängten polnischen Königs Stanislaus Leszcynski zu
erkennen und ermuntert ihn, ebenfalls der Sache des Vater-
lands zu dienen. Symon möchte Laura, die er wirklich liebt,
gerne die Wahrheit über sich sagen, findet aber nicht recht
den Mut dazu und will sie durch einen Brief aufklären. Dieser
aufrichtige Brief gelangt jedoch nicht in Lauras Hände. Ollendorf, der das Gelingen seines Plans schon gefährdet sieht,
als ihm Symon erklärt, er wolle die Komödie nicht weiterspielen, hat inzwischen erfahren, wer Jan ist, und Ordre bekom-

men, durch ihn den Aufenthaltsort des Herzogs Kasimir, der
einen Aufstand gegen die Sachsen vorbereitet, zu erkunden.
Nun sucht er Jan durch ein großes Geldangebot zum Verrat
zu bewegen; Jan geht zum Schein darauf ein. Als die Hoch-
zeitsfeierlichkeit beginnt, folgt Symon beglückt Laura zum
Altar – im Glauben, sie wisse durch seinen Brief alles und
liebe ihn dennoch. Da erscheinen, von Ollendorf gerufen,
von Enterich angeführt, seine Mitgefangenen als Gratulanten im Saal. Der Betrug wird offenbar. Ollendorf genießt
schadenfroh die für Laura und die Gräfin so blamable Situation.

3. Akt. Ein Garten neben dem Palais der Gräfin. Symon,
den man empört aus dem Hause gewiesen, verbirgt sich hier,
bestürzt über das Geschehene. Jan, einzig dem Plan der Befreiung Polens hingegeben, erzählt ihm von Ollendorfs Angebot und bittet ihn, sich zum Schein für den Herzog Kasimir auszugeben und ausliefern zu lassen. Ollendorf fällt auf
diese Täuschung herein, gibt Jan das versprochene Geld und
verhaftet Symon. Laura hat inzwischen erkannt, wie sehr sie
Symon trotz alles Vorangegangenen liebt, und fleht für ihn
um Gnade. Da ertönt Kanonendonner – ein Zeichen, daß
die Burg in den Händen der Polen ist, und schon kommt mit
dem jubelnd herbeiströmenden Volk die Nachricht, daß der
echte Herzog Kasimir die siegreiche aufständische Truppe
befehligt. Ollendorf und seine Offiziere werden entwaffnet.
Symon erhält für seine opferbereite Beihilfe zur Befreiung
die Grafenwürde. Nach allen Wirren vereinigen sich nun
Laura und Bronislawa mit ihren Erkorenen.

Der Bettelstudent gehört zu den klassischen Meisterwerken
der Wiener Operette – wenn anders man eine Bühnenschöp-
fung ein Meisterwerk nennen darf, in der sich eine wirkungsvoll und gut durchgeführte Handlung mit einer in allen Teilen hervorragend inspirierten Musik nahtlos zu einem künstlerischen Ganzen verbindet. Der Historiker der Operette,
Otto Keller, konnte in einer seiner statistischen Tabellen den
Bettelstudenten nicht nur an erster Stelle der Millöckerschen
Erfolge (4940 deutschsprachige Aufführungen zwischen 1896

und 1921!), sondern auch als viertstärkstes Erfolgswerk der deutschen Operettenbühnen überhaupt – nächst *Fledermaus*, *Geisha* und *Zigeunerbaron* – innerhalb jener 25 Jahre verbuchen. Daran hat sich grundsätzlich bis heute wenig geändert. Wohl spielt die Operette – neben der Oper und dem Musical – nicht mehr die gleiche Rolle wie vor und zwischen den beiden Weltkriegen, aber noch in der Saison 1990/91 war *Der Bettelstudent* mit 12 Inszenierungen und schätzungsweise 180 000 Besuchern eines der meistgespielten Operettenwerke in Deutschland, Österreich und der Schweiz. Die ungemein wohllautende und heiter-beschwingte, manchmal auch von einem noblen Sentiment beherrschte Musik entzückt vor allem durch eine Fülle reizender melodischer Gedanken. Sehr glücklich ist Millöcker auch in der burlesken Zeichnung der einzelnen Figuren und des Milieus mit dem Gegensatz zwischen Sachsen und Polen. Viele Melodien aus diesem Werk sind volkstümlich geworden: Ollendorfs *Ach ich hab sie ja nur auf die Schulter geküßt!* und das Couplet *Schwamm drüber* ebenso wie Symons *Ich knüpfte manche zarte Bande*, die Hochzeitsmazurka, die *Ich setz den Fall*-Stellen des Duetts Symon / Laura und der aufstampfende Walzer der Offiziere *Bravo! Es geht ganz famos*. Aber auch weniger populäre Stücke wie die Terzette der adeligen Damen *Einkäufe machen sollten wir eigentlich* und *Einen Mann hab ich gefunden* zählen zu den Feinheiten des Werks.

Gasparone

Operette in 3 Akten. Text von F. Zell (Camillo Walzel) und Richard Genée. Bearbeitungen der Musik und des Textes von Ernst Steffan und Paul Knepler (1931) sowie von Paul Burkhard und Eduard Rogati (1938). Uraufführung am 26. Januar 1884 im Theater an der Wien, Wien.

PERSONEN: Carlotta, verwitwete Gräfin von Santa Croce (Sopr.) – Nasoni, Podestà von Syrakus (Baßbuffo) – Sindulfo, sein Sohn – Conte Erminio (Ten.) – Luigi, sein Freund – Benozzo, Wirt (Ten.-Buffo) – Sora, seine Frau (Soubr.) – Zenobia, Carlottas Freundin

– Marietta, Kammerzofe – Massaccio, Schmuggler, Benozzos Onkel – Ein Leutnant der Carabinieri.

ORT UND ZEIT: Bei Syrakus auf Sizilien, zweite Hälfte des 19. Jahrhunderts.

1. bis 3. Akt. Um die Polizei von ihrem Treiben abzulenken, haben die von dem Wirt Benozzo unterstützten Schmuggler ausgestreut, der berüchtigte Räuber Gasparone treibe in der Gegend um Syrakus sein Unwesen. Jeder Anlaß, der die Existenz dieses Banditen glaubhaft machen kann, ist ihnen willkommen. So lassen sie sich heute gerne von dem zu Studienzwecken in Sizilien weilenden Conte Erminio für einen scheinbaren räuberischen Überfall auf die schöne Gräfin Carlotta dingen. Dieser alsbald durchgeführte Streich soll aber nur eine Trennung der Gräfin von ihrer Begleitung bewirken, denn der verliebte Erminio möchte sie einmal unter vier Augen sprechen. Das glückt auch, nachdem er die erschreckte Carlotta als kühner »Retter« aus der fingierten bedrohlichen Lage befreit hat. Doch auch der Podestà (Bürgermeister) Nasoni, der mit seinen Polizisten auf der Jagd nach Gasparone den Pinienwald durchstreift, kommt hinzu. Ihm scheint Erminio äußerst verdächtig – sollte das nicht der gesuchte Räuber sein? Vor allem aber paßt es ihm nicht, daß Carlotta für ihren »Retter« weit mehr Sympathien zeigt als für seinen Sohn Sindulfo; denn die Gräfin wäre ihm als Schwiegertochter sehr willkommen – ist sie doch durch den günstigen Ausgang eines Prozesses über ihr Vermögen Besitzerin eines Schlosses und einer Million Zechinen geworden. Von diesem Gerichtsurteil aber verrät er ihr noch nichts, vielmehr macht er ihr weis, daß nur er eine gute Entscheidung herbeiführen könne. Carlotta fühlt sich ihm daher sehr verpflichtet und erklärt sich – freilich ohne jede innere Neigung – zur Verlobung mit Sindulfo bereit. Erminio beschließt, ihr die Augen über die Machenschaften Nasonis zu öffnen. Er besucht sie auf ihrem Schlosse und warnt sie. Seine Gegenwart verwirrt sie – wem soll sie glauben, wie soll sie sich entscheiden? Da kommt der Podestà mit der Nachricht, daß Sindulfo von Gasparone gefangen worden sei und

nur gegen ein Lösegeld von 10 000 Zechinen wieder freigelassen werde. Sogleich stellt die Gräfin die geforderte Summe zur Verfügung. Noch einmal versucht Erminio vergeblich, sie aufzuklären. So muß er zu einem drastischeren Belehrungsmittel greifen. Am Abend dringt er heimlich durchs Fenster ins Schloß ein, läßt sich von Carlotta am Geldschrank manipulierend überraschen, nennt sich selbst einen Banditen und fordert die Herausgabe der Million. So wäre es also wahr, daß Erminio der gefürchtete Gasparone ist! Es bleibt ihr nichts übrig, als ihm den Schrankschlüssel und damit ihr Vermögen auszuliefern. Inzwischen hat Nasoni die 10 000 Zechinen an den schlauen Schmuggler Massaccio verloren, der sich ihm gegenüber als Beauftragter Gasparones ausgab. Enttäuscht meldet er sich wieder bei Carlotta, erfährt hier vom Raub der Million und hetzt nun seine Polizei auf die Spuren des Banditen. Bald werden allerlei Verdächtige verhaftet – doch Gasparone ist nicht dabei; vielmehr entpuppen sich die arretierten vermummten Gestalten als Benozzo, Massaccio und – Sindulfo, der zu aller Staunen plötzlich wieder frei ist. Niemand ahnt, daß Erminio sich die Schmuggler wieder dienstbar gemacht und zur Festnahme Sindulfos veranlaßt hat, um die geplante Verlobung zu verzögern. Schließlich erscheint aber auch der vermeintliche echte Gasparone – Erminio – im Schloß, doch jetzt verhindert Carlotta seine Verhaftung. Nasoni kann nur die Schmuggler Benozzo und Massaccio wegen des offensichtlichen Betrugs mit dem Lösegeld festnehmen lassen. Bald aber muß er sie freigeben, da ihm Benozzos Frau Sora deutlich zu verstehen gibt, sie wisse wohl, daß der jüngst ihrem Mann als Schmuggel-Strafe abgenommene Betrag nicht in die Amtskasse, sondern in die Tasche des Podestà geflossen sei. Dieses Gespräch belauscht Erminio und findet so seine Zweifel an der Ehrenhaftigkeit Nasonis endgültig bestätigt. Als der Podestà nun – in der Hoffnung, den Räuber der Million doch noch ausfindig zu machen – eine Zeugenvernehmung anordnet, tritt ihm plötzlich, ehe die Verhandlung beginnt, Erminio gegenüber, den er ja für Gasparone hält. Seine Hoffnung, den vermeintlichen Banditen endlich dingfest machen zu können, weicht aber bald einer argen Enttäuschung, denn nun stellt sich ihm Erminio als Conte Saluzzo vor: er ist also der Sohn des Ministerpräsidenten! Jetzt heißt es klein beigeben. Erminio aber macht ihm keine Schwierigkeiten; er verlangt von Nasoni nur, vorläufig seinen Namen nicht zu verraten und ihm bei einer Prüfung der wahren Gesinnung Carlottas behilflich zu sein. So wird die Gräfin nun bei der Zeugenvernehmung dem scheinbar Verhafteten gegenübergestellt, und dabei verrät sie ihre Neigung für den »Räuber«; denn auf Befragen gibt sie eine Beschreibung des Millionendiebes, die in keiner Weise zur Erscheinung Erminios paßt. Jetzt gibt er sich endlich zu erkennen und kann die beglückte, von allen Zweifeln befreite Carlotta in seine Arme schließen. Sein Freund Luigi überbringt ihr die vorsorglich »entwendete« Million. Die Schmuggler aber werden sich künftig nicht mehr auf die Umtriebe Gasparones berufen können: Erminio verliest nämlich einen angeblichen Brief des großen Banditen, in dem er mitteilt, daß er sich für immer vom Räuberhandwerk zurückgezogen habe.

Mit *Gasparone* errang Millöcker nach dem *Bettelstudenten* einen seiner stärksten Erfolge. Seine Erfinderkraft steht wie sein Können auch hier auf voller Höhe; das dankbare Libretto regte ihn zu einer Musik an, deren tänzerischer Schwung und deren Humor – in Ensembles und Couplets – bis heute frischester Wirkung sicher ist. Die neuen Textfassungen haben die heitere dramatische Entwicklung noch plausibler und unterhaltender gemacht. Von den bezaubernden Melodien des Werks nennen wir neben dem Walzer *Er soll dein Herr sein! Wie stolz das klingt!* die Romanze *O daß ich doch der Räuber wäre!*, die Tarantella *Anzoletto sang: Komm, mia bella!* und das Duett *Stockfinster war die Nacht*. Den Walzer *Dunkelrote Rosen bring ich, schöne Frau* haben Steffan und Knepler ihrer Bearbeitung eingefügt; die Melodie stammt aus Millöckers *Vizeadmiral*, der Text wurde neu geschrieben.

Der arme Jonathan

Operette in 3 Akten. Text von Hugo Wittmann und Julius Bauer. Neufassung von Walter Felsenstein (1959). Uraufführung am 4. Januar 1890 im Theater an der Wien, Wien.

PERSONEN: Jonathan Tripp (Ten.-Buffo) – Molly, seine Braut (Soubr.) – Vandergold, ein Millionär (Ten.) – Harriet, eine Sängerin (Sopr.) – Prof. Dryander, ihr Onkel – Quickly, Impresario (Kom.) – Cataluci, Big, Flirt, Brostolone: Sänger und Sängerinnen in Quicklys Truppe – Billy, Chefkoch bei Vandergold – Graf Nowalsky, ein Schmarotzer – Arabella, seine Schwester – Dr. Holmes, Vandergolds Rechtsanwalt – Direktor Hunt, Bürochef Vandergolds in New York – Granger, Band: Bürovorsteher – Der Sheriff – Garderobiere – Ein Polizist – Angestellte. Diener. Damen und Herren. Croupiers. Artisten. Tänzerinnen. Arbeiter und Arbeiterinnen.

ORT: Boston, New York, Monaco.

1. bis 3. Akt. Mit der Sänger- und Artistentruppe des Impresarios Quickly, der ein Programm für die Geburtstagsfeier des ihm befreundeten Millionärs Vandergold vorbereitet, ist auch der arme, zu nichts recht taugliche Jonathan Tripp im Hafen von Boston angekommen. Er hat schon wieder Pech, denn Quickly entläßt ihn zornig wegen seines Ungeschicks. Zu seinem Glück aber trifft er Molly, seine Freundin aus früher Jugendzeit, der er vor zehn Jahren die Ehe versprochen hat. Sie dient jetzt im Hause Vandergold, und es gelingt ihr, den schwarzen Chefkoch Billy zu überreden, Jonathan in der Küche zu beschäftigen. Schon beginnt die Geburtstagsfeier; alles huldigt dem Millionär – doch dieser reiche Mann verachtet seine Schätze, aber auch die Menschen, die er keiner uneigennützigen Freundschaft für fähig hält. Wohl sagt man ihm, daß ein großes Liebesgefühl ihn von seinem Lebensüberdruß heilen könne, er aber trägt sich mit dem Gedanken, sein großes Vermögen zu verschenken. Unter seinen Gästen sieht er auch die junge Sängerin Harriet, die ihm ihre Ausbildung verdankt. Die einstige Freundschaft zwischen ihnen blüht für einen Augenblick wieder auf, doch wendet sich Harriet deprimiert, ja empört von ihm ab, als sie seine pessimisti-

schen, ja zynischen Ansichten über die Menschen kennenlernt. Auch von ihr glaubt er ja, es gehe ihr beim Singen nur
um Geldgewinn. Die enttäuschende Begegnung mit Vandergold veranlaßt sie zu dem jähen Entschluß, ein Kontraktan-
gebot Quicklys für eine Operntournee durch Europa anzunehmen. Inzwischen hat Jonathan mit der Herstellung einer
ungenießbaren Eisbombe bewiesen, daß er auch im Küchen-
dienst versagt. Vandergold selbst jagt ihn fort. In seiner Verzweiflung will er Selbstmord begehen. Den gleichen Plan
aber faßt zur gleichen Stunde der Millionär, dem sein Leben unerträglich erscheint. Im Garten, wo sie beide ihre
schlimme Absicht verwirklichen wollen, stoßen sie aufeinander. Es kommt zu einem Gespräch, durch das Vandergold
vom ständigen Mißgeschick Jonathans erfährt und auch
hört, daß er seine Molly heiraten würde, wenn er Geld hätte.
Nun beschließt er, diesem armen Kerl sein Vermögen zu
schenken, und unterzeichnet sogleich einen Vertrag, der Jonathan zum Millionär, ihn selbst aber arm macht. Doch eine
seltsame Bedingung ist an die Schenkung geknüpft: wenn einer von ihnen beiden das neue Leben im Reichtum bzw. in
Armut nicht mehr ertragen kann, soll er dem anderen mit
dem Anstimmen des Liedes, das Harriet beim Fest gesungen
hat, ein Zeichen geben – einen Hinweis, der sie beide verpflichtet, freiwillig aus dem Leben zu scheiden. – Über
Nacht reich geworden, gibt sich Jonathan mit Molly nun einem untätigen Wohlleben hin. In Monaco frönt er in wach-
sender Gewinnsucht seiner Spielleidenschaft. Als wohlha-
bender Mann hat er jetzt auch Chancen bei den Frauen,
doch bleibt er seiner Molly ziemlich treu, wenngleich die
einstige Liebesherzlichkeit zwischen ihnen einer bösen
Zanksucht gewichen ist. Nur eine Angst quält Jonathan in
seinem albernen Glückstaumel: daß Vandergold erscheinen
und jenes Lied singen könne! Auch Harriet befindet sich gerade zu einem Gastspiel in Monaco, und ihretwegen auch
Vandergold, denn seit jenem unglücklichen Abend in seinem Hause reist er ständig hinter ihr her; einer neuen Begegnung sind sie allerdings ausgewichen, doch ist es bekannt, daß sie nur auftritt, wenn sie weiß, daß Vandergold

im Theater ist. Heute aber kommt es endlich zu einer Unterredung zwischen ihnen, die jedoch wieder in Zwist endet, denn Vandergold äußert die beleidigende Vermutung, sie sei wohl geneigt, den Werbungen des reichen Jonathan Gehör zu schenken. Nun fordert Vandergold von Jonathan die Erfüllung des in Amerika gemachten Vertrags – den gemeinsamen Tod. Glücklicherweise fällt ihm aber gerade jetzt die vereinbarte Melodie nicht ein. Als er hört, daß Harriet plötzlich abreist, folgt er ihr aufs Schiff; so darf sich Jonathan noch einmal sicher fühlen. Ihm drohen aber bald andere Gefahren: Bei seiner Rückkehr nach Amerika erfährt er, daß das vormals Vandergoldsche Unternehmen, das er rücksichtslos ausgebeutet hat, vor dem Zusammenbruch steht. Er sieht sich von Schulden, Forderungen, ja einem Haftbefehl bedrängt und wird sogar verdächtigt, sich das Vermögen des verschwundenen Millionärs zu Unrecht angeeignet zu haben. Wär' ich nur wieder der *arme* Jonathan! denkt er bei seiner Flucht vor der Polizei. Zum Glück ist auch Vandergold in die Heimat zurückgekehrt: er hat längst eingesehen, wie falsch er gehandelt hat, und fühlt, daß sein Leben wieder einen Sinn haben kann, wenn er Harriet für immer gewinnt. Ihre Anwesenheit zu einem Gastspiel in New York ermöglicht ihm die erhoffte entscheidende, klärende Aussprache mit ihr, doch sie weist ihn noch immer zurück. Er gibt aber seine Hoffnung nicht auf – doch da begegnet ihm der verzweifelte Jonathan und singt das Lied, das für sie beide den Tod bedeutet. Schon krachen die selbstmörderischen Schüsse – *da erwachen sie;* denn alle Erlebnisse waren nur Träume – Träume, durch die sie gründlich belehrt wurden! Veränderten Sinns kehren sie ins Haus zurück, wo man noch immer Vandergolds Geburtstag feiert. Jonathan will kein geschenktes Geld, sondern arbeiten. Vandergold zerreißt die schon vorbereitete törichte Schenkungsurkunde. Harriet ist wieder versöhnt und wird nicht mit Quickly nach Europa reisen.

Einem Erfolg dieser späten Millöckerschen Operette stand jahrzehntelang die unzulängliche Form des Textes im Wege. Erst durch Neufassungen, die dem fesselnden Stoff eine wirkungsvollere dramatische Gestalt gaben, wurde das musikalisch so reizvolle Stück für die Bühne lebendig – so namentlich in der (hier zugrunde gelegten) Bearbeitung von Felsenstein. Ohne die klassische Höhe des *Bettelstudenten* zu erreichen, nimmt das Werk doch durch den echt Millöckerschen Tonfall der Musik gefangen, vor allem in der schlichten Volkstümlichkeit der Melodik, in Lied- und Walzerprägungen bester Wiener Tradition. Zu den besonders einprägsamen Weisen zählen neben dem Leitlied *Ich bin der arme Jonathan* und der das ganze Stück durchziehenden Melodie *Willst du mein Liebster sein* Einfälle wie Harriets Walzer *Ach, wir armen Primadonnen* und Quicklys Auftrittslied *Ja nur ein Impresario wird immer seines Lebens froh* sowie die Zwiegesänge Mollys mit Jonathan und Vandergolds mit Harriet. In ihrer musikalischen Originalform kommt die Musik Millöckers zweifellos am schönsten zur Geltung, doch steht für Aufführungen der Felsensteinschen Fassung auch eine harmonisch und klangfarblich modernisierende musikalische Bearbeitung von Willy Mattes (1959) zur Verfügung.

Arthur Sullivan

* 13. Mai 1842 in London
† 22. November 1900 in London

Mit dem *Mikado* hat Sullivan ein kleines Meisterwerk geschaffen, das sich ebenbürtig neben den Leistungen der klassischen deutschen und französischen Operette behauptet. Sullivan war übrigens keineswegs ausschließlich Operettenkomponist, obwohl er, seit 1867, insgesamt 22 Werke dieser Gattung schrieb; das zwölfte wurde, 1885, *The Mikado*. Auch als Komponist von Oratorien (*The golden Legend*), Kammer- und Orchestermusik, Balletten und Bühnenmusiken zu mehreren Dramen Shakespeares leistete er Bedeutendes. Er entstammte der Ehe eines irischen Klarinettisten und einer Italienerin, wurde mit zwölf Jahren als Chorknabe in die Royal Chapel aufgenommen, besuchte dann die Königliche Musikakademie in London und ging zur weiteren Ausbildung für drei Jahre, 1858–61, an das Leipziger Konservatorium. 1866 berief man ihn als Professor für Kompositionslehre an die Royal Academy in London. Von 1876 bis 1881 war er Direktor der National Training School for Music. 1876 verlieh man ihm in Cambridge, 1879 in Oxford den Doktortitel ehrenhalber, 1883 wurde der vor allem durch seine geistlichen Chorwerke berühmt gewordene Komponist in den Adelsstand erhoben. Wesentlichen Anteil am Erfolg seiner Operetten hatte der Schriftsteller William Schwenck Gilbert (1836–1911). Mit ihm zusammen kreierte Sullivan den Typus der regelmäßig herauskommenden »Gilbert and Sullivan Comedy Operas«, die nach dem Londoner Uraufführungstheater auch »Savoy-Operas« hießen. Davon wurden u. a. *The Pirates of Penzance* (1880), *Patience* (1881), *The Yeomen of the Guard* (1888), *The Gondoliers* (1889), *The Chieftain* (1894) und *The Grand Duke* (1896) auch in den deutschsprachigen Ländern bekannt.

Der Mikado

oder Ein Tag in Titipu
The Mikado
or The Town of Titipu

Burleske Operette in 2 Akten. Text von William Schwenck Gilbert. Deutsch von F. Zell (Camillo Walzel) und Richard Genée. Uraufführung am 14. März 1885 im Savoy Theatre, London. Deutschsprachige Erstaufführung am 2. März 1888 im Theater an der Wien, Wien.

PERSONEN: Der Mikado von Japan – Nanki-Puh, sein Sohn, als wandernder Sänger verkleidet (Ten.) – Ko-Ko, Oberhofhenkersknecht von Titipu (Kom.) – Puh-Bah, Kollektivministerportefeuilletonist – Pish-Tush, ein Großer des Hofes – Yum-Yum (Sängerin), Pitti-

Sing und Piep-Bo, Schwestern, Mündel Ko-Kos – Katisha, eine Hofdame – Edle. Wachen. Pensionärinnen. Volk.

ORT UND ZEIT: Die Stadt Titipu in Japan, 15. Jahrhundert.

1. Akt. Prachthof im Palaste Ko-Kos. Auf der Suche nach seiner Liebsten Yum-Yum kommt Nanki-Puh, der Sohn des Mikado, als fahrender Musikant verkleidet, nach Titipu. Er weiß zwar, daß das Mädchen mit seinem Vormund, dem ehemaligen Schneider Ko-Ko, verlobt war, hat aber auch erfahren, daß dieser inzwischen zum Tode verurteilt wurde. Nun hört er, daß Ko-Ko begnadigt und zum Oberhenker von Titipu ernannt worden ist. In dieser Stellung soll er alle köpfen, die gegen das neue harte Sittengesetz des Mikado verstoßen, schon ein Flirt soll mit dem Tod bestraft werden. Bisher aber hat Ko-Ko die Ausübung seines Amtes umgangen. Nanki-Puh gelingt es, sein Mädchen zu sprechen. Er ist vom Hofe seines Vaters geflohen, weil man ihn zwingen wollte, die ältliche Hofdame Katisha zu heiraten. Wie aber soll er Yum-Yum gewinnen? Inzwischen hat Ko-Ko vom Mikado eine strenge Aufforderung erhalten, endlich in Titipu eine Hinrichtung zu vollziehen, sonst werde ihm das Amt des Oberhofhenkersknechts entzogen. Sorgenvoll berät sich Ko-Ko mit Puh-Bah und Pish-Tush, aber auch die wissen keinen Rat. Da kommt ihm ein rettender Einfall: er hört, daß Nanki-Puh sich aus Liebeskummer das Leben nehmen will, und schlägt ihm nun vor, auf seine Kosten noch vier Wochen gut zu leben und sich dann hinrichten zu lassen. Unter der Bedingung, während dieses Monats mit Yum-Yum verheiratet sein zu dürfen, geht Nanki-Puh darauf ein, und der bedrängte Ko-Ko genehmigt seinen Wunsch. Sogleich bereitet man die Hochzeit vor. Da erscheint die eifersüchtige Katisha und bemüht sich – allerdings vergeblich –, Nanki-Puhs Inkognito aufzudecken.

2. Akt. Im Garten Ko-Kos. Freudig schmückt sich Yum-Yum zur Hochzeit. Der zärtliche Nanki-Puh weiß ihre Sorgen um das zu erwartende düstere Ende des kurzen Liebesglücks zu verscheuchen. Da erscheint unerwartet der Mi-

kado selbst, in Begleitung Katishas, um den Vollzug seiner Befehle zu kontrollieren. Ko-Ko hilft sich mit einer Lüge und behauptet, die Hinrichtung sei bereits vollzogen! Nun will der Fürst aber seinen Sohn sehen, dessen Anwesenheit in der Stadt ihm Katisha verraten hat. Die Entdeckung, daß sein Sohn das Opfer des Henkers geworden sei, regt ihn wenig auf; Ko-Ko wird eben zur Strafe für die Ermordung des Thronfolgers in Öl oder Blei gesotten werden! Doch Nanki-Puh lebt ja glücklicherweise noch, gibt sich jedoch noch nicht zu erkennen, sondern rät Ko-Ko heimlich, sich durch seine Vermählung mit Katisha das Leben zu retten. Diesem Rat folgt Ko-Ko. Katisha widersteht seiner zärtlichen Werbung nicht lange und läßt sich sofort mit ihm trauen. Jetzt kann sich Nanki-Puh, seiner Verpflichtung gegen Katisha ledig, wieder sehen lassen und dem Mikado Yum-Yum als seine Frau vorstellen.

Von dem außerordentlichen Erfolg des *Mikado* kann man sich eine Vorstellung machen, wenn man hört, daß das Werk schon nahezu 9000mal in aller Welt gespielt worden war, als es, nur zwei Jahre nach der Londoner Uraufführung, 1888 in Wien erstmals erschien. Siebzehn reisende Operettengesellschaften waren in jenen Jahren mit dem *Mikado* unterwegs. – Unabhängig von Wiener Vorbildern, im Parodistischen aber Offenbach nahestehend, repräsentiert das grotesk mit dem Horror spielende Stück in besonderer Weise die eigene Art der englischen Operette. Der Reiz des sehr fein gearbeiteten Werks liegt gleicherweise in der leicht exotisierenden Zeichnung des launig gesehenen japanischen Milieus, in der oft bezaubernden Grazie der Musik und in ihrem Humor, dessen schalkhafte, englisch-trockene Eigenart sich in den verschiedenen Songs und Ensembles offenbart. Sehr charakteristisch-eigenartig ist auch die z. T. die Wirkung der Synkope nutzende Rhythmik in den überwiegend geradtaktig gehaltenen Stücken. Gelegentlich knüpft Sullivan auch an altenglische Schiffertänze an. Berühmt wurden aus dem Werk u. a. Ko-Kos Lied vom Bachstelzchen, die anmutige Weise der Yum-Yum *Die Sonne lacht in Strahlenpracht* und vor allem auch die

Melodie des Mikado *Ich kehre den Humor auf jeden Fall hervor; es sorgt die Hand der Gerechtigkeit für dauernde Heiterkeit.* Unter den mehrstimmigen Sätzen des sehr ensemblefreudigen Stücks ragt als Beispiel nobler Satzkunst das Hochzeitsmadrigal hervor.

CARL ZELLER

* 19. Juni 1842 in St. Peter in der Au (Niederösterreich)
† 17. August 1898 in Baden bei Wien

Mit zwei Werken, dem *Vogelhändler* und dem *Obersteiger*, steht Zeller in einer Reihe neben den drei Großmeistern der klassischen Wiener Operette, Suppé, Millöcker und Johann Strauß. Er hat eigentlich nur nebenbei, aus Liebhaberei, komponiert, denn er war im Hauptberuf Staatsbeamter, seit 1873 Kunstreferent im österreichischen Unterrichtsministerium. Nach der Sängerknabenzeit in der kaiserlichen Hofkapelle war aber eine intensive musikalische Ausbildung neben seinem juristischen Studium verlaufen. Als Komponist ließ er sich zuerst mit Männerchören vernehmen, dann schrieb er die abendfüllende komische Oper *Joconde*, die 1876 erfolgreich uraufgeführt wurde. Erst spät befaßte er sich mit der Operette. Den Auftakt seines Schaffens auf diesem Gebiet bildeten die Stücke *Die Carbonari* (1880) und *Der Vagabund* (1886). In den Jahren 1891 und 1894 erschienen die beiden genannten Hauptwerke. Nach diesen Schöpfungen, die Welterfolge geworden sind, arbeitete Zeller noch an einer weiteren Operette, *Der Kellermeister*, die er indes nicht mehr vollenden konnte. Sie gelangte nach seinem Tode, von Johann Brandl fertiggestellt, im Jahre 1901 zur Aufführung, geriet aber bald wieder in Vergessenheit.

Der Vogelhändler

Operette in 3 Akten. Text von Moritz West (Moritz Nitzelberger) und Ludwig Held. Uraufführung am 10. Januar 1891
im Theater an der Wien, Wien.

PERSONEN: Kurfürstin Marie (Sängerin) – Adelaide, Hofdame – Baron Weps, kurfürstlicher Wald- und Wildmeister – Graf Stanislaus,
sein Neffe (Ten.) – v. Scharrnagel, Kammerherr – Süffle und Würmchen, Professoren – Adam, Vogelhändler aus Tirol (Ten.-Buffo) –
Die Briefchristel (Soubr.) – Schneck, Dorfschulze – Emmerenz,
seine Tochter – Frau Nebel, Wirtin – Jette, Kellnerin – Quendel,
Hoflakai – Zwei Tiroler.
ORT UND ZEIT: Rheinpfalz, Anfang des 18. Jahrhunderts.

1. Akt. Platz mit Waldschenke und Pavillon vor dem Eingang
in das kurfürstliche Jagdrevier. Die Bauern rüsten sich gerade
zu einer heimlichen Jagd im fürstlichen Wildpark, da hören
sie vom Schulzen, daß sich der Kurfürst plötzlich zur Wild-
schweinjagd angesagt habe; schon kommt der Wildmeister
Baron v. Weps und schimpft sie mörderisch wegen ihrer ständigen Wilddiebereien. Bald aber ist er versöhnlicher gestimmt und bereit, gegen entsprechende Bezahlung ein Auge
zuzudrücken. Auch auf die Ehrenjungfrau zum Empfang des
Kurfürsten kann gegen eine an ihn zu zahlende Kaution verzichtet werden: denn Weps braucht Geld, um die Schulden
seines Neffen Stanislaus zu tilgen, der sich zu seinem Ärger
nicht mit der ältlichen, aber reichen Hofdame Adelaide verheiraten will. Während er den Dorfschulzen wegen des Geldes aufsucht, erscheint der Vogelhändler Adam, der wieder
einmal aus seiner Heimat Tirol hergekommen ist und sich auf
seine Braut, die Briefchristel, freut. Leider kann er sie noch
nicht heiraten, weil er keine einträgliche Stellung hat. Nun erfährt Weps, daß der Kurfürst nicht kommt und die Jagd abge-
blasen sei. Damit ist seine Hoffnung auf das Geld aus der Ge-
meindekasse dahin, aber Stanislaus schlägt ihm vor, *er* wolle
die Rolle des Kurfürsten, den hier kein Mensch kenne, spielen, um das Geld zu retten. Während sie den Schwindel besprechen, kommt – in Begleitung Adelaides – die Kurfürstin,

als Pfälzer Bauernmädchen gekleidet, um hier ihren gerne abenteuernden Gatten zu überraschen. Adam, der sie für ein einfaches Mädchen hält, macht ihr den Hof. Zum Glück erscheint jetzt die Briefchristel. Sie hat für ihren Adam gute Botschaft: Der Kurfürst sucht einen Menageriedirektor, und da möchte sie ihn selbst für Adam um diesen Posten bitten. Aber der will nichts davon wissen, daß sie sich in die für Mädchen so gefährliche Nähe des Kurfürsten wagen will. Sie geht aber doch in den Jagdpavillon, wo sich angeblich der Kurfürst – in Wirklichkeit Stanislaus – aufhält. Adam gerät darüber in Wut, wird verspottet und stößt Christel von sich, als sie, glücklich über den guten Bescheid, den Stanislaus leicht geben konnte, von der »Audienz« aus dem Pavillon zurückkommt. Entsetzt bemerkt Weps die Anwesenheit der Kurfürstin und weiß nicht aus noch ein. Glücklicherweise ist Stanislaus gleich nach der »Audienz« geflohen. Die Kurfürstin aber, die ihren Gatten im Pavillon vermutet, lenkt, als sie den Ärger Adams und der Bauern über den vermeintlichen Kurfürsten bemerkt, die Aufmerksamkeit auf sich ab, indem sie dem Adam eine Rose schenkt. Dieser sieht darin ein verheißungsvolles Zeichen ihrer Zuneigung.

2. Akt. Saal in der kurfürstlichen Sommerresidenz. Von der Kurfürstin protegiert, soll Adam nun Menageriedirektor werden. Bei der Prüfung, die seiner schon beschlossenen Ernennung vorausgeht, gibt er aber den Herren der Kommission – Weps, Süffle und Würmchen – absichtlich dumme Antworten, denn er will vom Kurfürsten, den er für den Verführer seiner Christel hält, kein Amt haben. Seine Absicht, durchzufallen, glückt ihm freilich nicht. Als er später der Kurfürstin begegnet, hält er sie immer noch für das einfache Mädchen, das er in der Waldschenke kennenlernte, bis ihm ein Zufall die Augen über seinen Irrtum öffnet. Die Kurfürstin muß nach Christels Bericht über das Erlebnis im Pavillon annehmen, daß wirklich ihr Gatte das Mädchen zu küssen versuchte. Bald aber wird es klar: Der echte Kurfürst, der ja verreist ist, war das nicht! Um der Sache ganz auf den Grund zu kommen und den Schwindler zu entlarven, vereinbart die Kurfürstin mit ihr, daß sie mit einem Glöckchen läuten soll, sobald der Betrüger bei der Hofge-

sellschaft vor ihr erscheint. Beim abendlichen Fest singt und musiziert Adam mit zwei Tiroler Landsleuten vor der Kurfürstin. Durch das Glockenzeichen Christels wird schließlich Stanislaus entdeckt. Adam darf ihm seine Strafe diktieren, und die heißt: Kassation als Offizier oder Ehe mit Christel! Zum Schrecken Adelaides, die sich schon als seine Braut fühlte, wählt Stanislaus das letztere.

3. Akt. Im kurfürstlichen Schloßpark. Schon bereitet man die Hochzeit vor. Christel will natürlich von einer Verbindung mit Stanislaus nichts wissen. Sie trauert wegen ihres Zerwürfnisses mit Adam und glaubt, er habe sie vielleicht wegen des Mädchens, das ihm die Rose schenkte, verlassen. Noch weiß sie ja nicht, daß jenes »Bauernmädchen« die Kurfürstin war. Weps sieht schon das Ende seiner Laufbahn kommen; jetzt macht er selbst der von Stanislaus versetzten Adelaide mit Erfolg einen Heiratsantrag. Adam will fort, um seine Blamage mit der Kurfürstin und seine keineswegs erloschene Liebe zu Christel in der Heimat zu vergessen. Endlich aber sieht er ein, daß er Christel Unrecht getan hat. Sie versöhnen sich und ziehen gemeinsam nach Tirol.

Was den *Vogelhändler* immer wieder hörens- und liebenswert macht, ist vor allem die Natürlichkeit und volkstümliche Frische der Zellerschen Musik, aber auch die Klangpracht der vokalen Ensembles und die besonders wirkungsvolle, von besten Einfällen getragene Durchformung der Finali. Reizvoll auch die Gegenüberstellung von pfälzischer Lebenslust und Tiroler Treuherzigkeit. Von den Melodien des Werks sind manche weltberühmt geworden, voran die Lieder des Adam *Schenkt man sich Rosen in Tirol* und *Wie mein Ahn'l zwanzig Jahr* (mit dem Kehrreim *No amal, no amal, no amal sing nur, sing, Nachtigall!*). Aber auch die Walzer *Fröhlich Pfalz, Gott erhalt's* und *Schau mir nur recht ins Gesicht,* Adams Auftrittsstrophe *Grüaß enk Gott, alle miteinander,* das lustige Lied *Ich bin die Christel von der Post,* der Chorsatz *Jekus, jekus, das ist schwer, wo nimmt man gleich Wildschwein' her?* und der flotte Marsch *Kämpfe nie mit Fraun!* gehören zum Schatz der unvergessenen *Vogelhändler*-Weisen.

Der Obersteiger

Operette in 3 Akten. Text von Moritz West (Moritz Nitzelberger) und Ludwig Held. Uraufführung am 5. Januar 1894
im Theater an der Wien, Wien.

PERSONEN: Fürst Roderich, Majoratsherr (Ten.) – Komtesse Fich-
tenau (Sängerin) – Bergdirektor Zwack (Kom.) – Elfriede, seine
Frau – Tschida, Salinenadjunkt – Dusel, Materialienverwalter –
Martin, Obersteiger (Buffo) – Nelly, Spitzenklöpplerin (Soubr.) –
Strobl, Wirt – Bergknappen. Bergeleven. Bürger. Festgäste. Spit-
zenklöpplerinnen.

ORT UND ZEIT: Österreich, erste Hälfte des 19. Jahrhunderts.

1. Akt. Platz in einem Bergstädtchen mit dem Eingang zur
»Marienzeche«, einem Gasthof und dem Wohnhaus der
Spitzenklöpplerin Nelly. Der Bergwerksbetrieb hier rentiert
sich nicht recht. Darum ist der Bergdirektor Zwack zur Inspektion hergereist. Inkognito bleibend, läßt er sich einiges
über die hiesigen Verhältnisse erzählen, hört von dem tüchtigen, aber kecken Obersteiger Martin, der allen Mädchen
die Köpfe verdreht, und erfährt auch von der Anwesenheit
eines neuen, reichen und splendiden Volontärs. Dann macht
er die Bekanntschaft Nellys, der Braut des Martin, und verliebt sich gleich in sie. Er erinnert sich auch seiner Jugendgeliebten, der Julie Fahnenschwinger, die er einst in dieser
Gegend kennenlernte, und muß erfahren, daß sie schon vor
vielen Jahren mit ihrer – und seiner? – kleinen Tochter fortgezogen ist. Martin, unternehmungslustig wie immer, fordert
seine Arbeitskameraden zu einem Streik auf, um das Bergamt zu höheren Löhnen zu zwingen – der neue Volontär
wird ihnen die Streiktage schon bezahlen! Aber der denkt
gar nicht daran, denn er ist in Wirklichkeit der Majoratsherr
Fürst Roderich, der hier unerkannt nach dem Rechten sehen will. Inzwischen ist die Komtesse Fichtenau zu einem
Besuch bei Nelly, mit der sie seit ihren Kindertagen befreun-
det ist, angekommen: sie ist ihren Eltern davongelaufen,
weil man ihr einen unerwünschten Freier aufdrängen wollte.
Bei Nelly sucht sie nun Unterschlupf und gibt sich für deren

Kusine, Julie Fahnenschwinger, aus. Zum Ärger Nellys versucht Martin sogleich, mit der neuen Kusine anzubandeln. Überrascht erkennt jetzt Zwack in dem angeblichen Volontär seinen Fürsten, der ihn sogleich auffordert, in die verlotterten Verhältnisse einzugreifen. Aber Zwack kommt bei Martin übel an, denn der mahnt ihn an die Prämie, die er für die Entdeckung eines Silbergangs vom Bergamt zu erhalten wünscht. Als er gar zu frech wird, muß ihn der schon eingeschüchterte Zwack auf Roderichs Drängen entlassen. Bestürzt über diese Wendung, beschließt Martin, mit den Bergknappen eine Musikkapelle zu gründen und mit Nellys Kusine fortzuziehen. Vorher soll Roderich für ihn bei ihr vorfühlen, ob sie ihm gut sei. Roderich geht darauf ein, verliebt sich aber selbst in die Komtesse, die diese seltsame Werbung als eine ihr selbst geltende Liebeserklärung Roderichs auffaßt. Verärgert will ihn Martin nun von ihr fernhalten und läutet daher zu einer Einfahrt ins Bergwerk. Roderich kann sich dieser Besichtigungsfahrt nicht entziehen, veranlaßt aber auch Martin, mitzufahren, damit er den neuen Silbergang zeige, für den er ihm die gewünschte Prämie ausbezahlt.

2. Akt. Vorplatz vor der Festhalle in der Hauptstadt. Heute ist ein Festball zur Vorfeier des Berg- und Hüttenmännertags. Ein neuer Präsident soll gewählt werden, und die Bergbeamten Tschida und Dusel fürchten, der Ignorant Zwack könnte den Posten erhalten. Sie wollen daher verhindern, daß er die Festrede hält, und finden in Martin einen Bundesgenossen, der ihnen hilft, Zwack das Manuskript der Rede zu entwenden. Martin möchte mit seiner Knappenkapelle gerne bei dem Fest musizieren, die Genehmigung zum Auftreten der Musikanten kann aber nur die Festveranstalterin, Frau Elfriede Zwack, erteilen. Tschida und Dusel machen ihn daher mit ihr bekannt, und als er sich in die ältliche Dame verliebt stellt, erreicht er leicht sein Ziel. In Nellys Begleitung erscheint auch die Komtesse hier, die inzwischen erfahren hat, wer jener »Volontär« wirklich war. Auch Roderich kommt dahinter, wer Nellys »Kusine Julie« in Wahrheit ist, und gibt daher der nichtsahnenden Frau Zwack Anweisung, das fremde Fräulein mit besonderer Auszeichnung zu behandeln.

Diese fügt sich, wenn auch entrüstet, weil sie glaubt, die Fremde sei eine Geliebte des Fürsten. Beim Ball halten die Gäste jedoch Nelly für die vermeintliche Favoritin Roderichs. Der verdutzte Martin ist über Nelly empört, noch mehr aber über die Komtesse, die er für eine ausgemachte Schwindlerin hält. Mit einem vorwurfsvoll-beziehungsreichen Lied tritt er ihr gegenüber und sagt dann Zwack, daß diese angebliche Komtesse niemand anderes sei als die Julie Fahnenschwinger. Nun glaubt Zwack, in ihr seine natürliche Tochter entdeckt zu haben.

3. Akt. Park im Schloß der Komtesse. Roderich und die Komtesse haben sich gefunden und stehen vor der Hochzeit. Doch Zwacks Ehe ist am Zerbrechen, und in Urlaub hat man ihn auch geschickt. Martin zieht, seit er seine Kapelle wieder auflösen mußte, mit einer Drehorgel herum. Frau Zwack erinnert sich seines verliebten Benehmens und hofft, in ihm einen neuen Gatten zu finden. Zwack selbst aber umwirbt wieder Nelly. Darüber ärgert sich Martin sehr und bemüht sich jetzt erfolgreich, sein Mädchen wiederzugewinnen. Daß die Komtesse eine echte Gräfin ist, muß er nun doch glauben. Roderich sorgt dafür, daß Zwack sein Amt behält und das alte Ehepaar auf Trennung verzichtet. Martin aber wird bald wieder als Obersteiger tätig sein.

Strömt der Quell origineller Erfindung hier auch nicht *so* reich wie im *Vogelhändler*, so bezwingt das Werk doch von Anfang bis Ende durch viel Humor, blühende Gesanglichkeit, köstliche Ensembles und viele hübsche Walzer (z. B. *Trauet nie dem bloßen Schein!*) – dies ungeachtet eines krausen Librettos, mit dem seine Verfasser an den Erfolg des *Vogelhändler* unbedingt anzuknüpfen versuchten. Ein Meisterstück ist das sehr lebendig entwickelte und gesteigerte 1. Finale, das durch – dramatisch begründete – Wiederholungen des Bergwerks-Marsches und anderer Melodien auch formal reizvoll angelegt ist. Das bekannteste Stück aus dem *Obersteiger* wurde Martins Lied *Wo sie war, die Müllerin, zog es auch den Fischer hin* mit dem Refrain *Sei nicht bös, es kann nicht sein*.

Carl Michael Ziehrer

* 2. Mai 1843 in Wien
† 14. November 1922 in Wien

Ziehrer war der letzte namhafte Repräsentant der Wiener Tanzmusik im klassischen Zeitalter des Walzers. Der Sohn eines Hutmachers genoß eine gediegene musiktheoretische Ausbildung nach der Lehrmethode Simon Sechters. Von 1885 bis 1893 Kapellmeister des Hoch- und Deutschmeister-Regiments, gründete er dann ein eigenes Orchester, mit dem er viele Jahre hindurch erfolgreiche Konzertreisen bis nach Nord- und Südamerika veranstaltete, und wurde schließlich 1908 k. u. k. Hofballmusikdirektor. Als letzter Träger dieses Amts und Titels erlebte er das Ende des Ersten Weltkriegs und den Untergang der habsburgischen Monarchie. Die späten Lebensjahre des einst ungewöhnlich beliebten Künstlers waren von Armut verdüstert. Ziehrer hat ungefähr 600 Tänze (*Wiener Bürger*, *Weaner Madeln*, *Unsere Edelknaben* u. a.) und 22 Operetten komponiert. Sein erstes Bühnenwerk, *König Jerôme*, entstand 1878, sein bestes, *Die Landstreicher*, 1899; es war zugleich das einzige, mit dem er einen fortdauernden Erfolg erringen konnte. Vorübergehend fanden jedoch auch andere seiner Arbeiten, wie *Die drei Wünsche* (1901), *Der Liebeswalzer* (1908), *Ein tolles Mädel* (1908), *Ball bei Hof* (1910) und *Das dumme Herz* (1914), freundlichen Anklang.

Die Landstreicher

Operette in einem Vorspiel und 2 Akten. Text von Leopold Krenn und Karl Lindau. Uraufführung am 26. Juli 1899 im Sommertheater »Venedig in Wien« im Prater, Wien.

Personen: Fürst Adolar Gilka (Kom.) – Mucki v. Rodenstein, Premierleutnant – Rudi v. Muggenhein, Secondeleutnant – Mimi, Tänzerin (Sängerin) – Adi, Lori, Nicki und Fini, Tänzerinnen – August

Fliederbusch (Buffo) – Bertha, seine Frau (Soubr.) – Lajos v. Ge-
letneky, Maler – Gratwohl, Wirt – Anna, seine Tochter – Resi, Stu-
benmädchen – Roland, Assessor (Ten.) – Kampel, Gerichtsdiener
– Leitgeb, Hotelier – Stöber, Dirigent des Männergesangvereins –
Ein Kellner – Badegäste. Prozeßzuhörer.
ZEIT: Süddeutschland (Bayern), um 1900.

Vorspiel. Zwei durch eine Wand getrennte Räume eines
Gerichts: rechts der Verhandlungsraum, links die Arrest-
stube. Dem Assessor Roland werden die Landstreicher August und Bertha Fliederbusch vorgeführt, die sich im Gasthaus durch einen 1000-Mark-Schein verdächtig machten, der
schlecht zu ihrer abgerissenen Kleidung paßte. Er nimmt
das Geld bis zur Klärung des Falls an sich und läßt das Paar
ins Arrestlokal abführen. Nachdem er den Amtsraum verlassen hat, gelingt es den beiden, durch eine zweite Türe in
das Verhandlungszimmer zurückzukehren. Hier durchwühlt
Fliederbusch, ehe sie die Flucht fortsetzen, den Kleider-
schrank und annektiert dabei u. a. den Amtsrock des Assessors, in dem er zu seiner Freude die 1000-Mark-Note wieder-
findet. Er hat sie übrigens nicht gestohlen, sondern zusammen mit einem wertvollen Halsband auf der Landstraße gefunden. Nun eiligst fort! Doch da tritt Fürst Gilka in Begleitung der Tänzerin Mimi ins Zimmer. Er hält Fliederbusch für
den Amtsrichter und will ihm sein Anliegen, den Verlust eines ihm anvertrauten kostbaren Schmuckstücks, vortragen.
Der gerissene Bursche mimt auch sogleich die gewünschte
Amtsperson und führt die beiden Besucher »zum Warten« in
die Arrestkammer. Dann geht's mit Bertha auf und davon,
aber nicht ohne Mitnahme der Mäntel und Hüte des Fürsten
und der Tänzerin. Zu spät entdeckt der zurückkehrende Assessor, was sich während seiner Abwesenheit hier zugetragen.
1. Akt. An einem oberbayerischen See vor dem Hotel
»Zum schwarzen Adler«. Fliederbuschs, die sich elegant
ausstaffiert haben, wollen beim Bürgermeister den gefundenen Schmuck abgeben und den dafür ausgesetzten hohen
Finderlohn kassieren. Halb zufällig fand das Landstreicher-

paar Gelegenheit zu einer neuen Hochstapelei: Um ein Zimmer im Hotel zu bekommen, hat sich Fliederbusch für den hier erwarteten Fürsten Gilka ausgegeben, und das wurde ihm auch prompt geglaubt. Allerdings bringt diese Rolle bald einige Unannehmlichkeiten mit sich: Zunächst muß er sich den aufgeregten Maler Lajos v. Geletneky vom Leib halten, der seine Braut Mimi sucht und den Fürsten als deren Verführer erschießen will. Dann erscheint der wirkliche Fürst Gilka, allerdings inkognito, und sagt ihm unter vier Augen, daß er ein Schwindler sei. Aber Fliederbusch entwindet sich, keck wie immer, auch dieser peinlichen Situation, bringt die Rede auf den Schmuck – und nun glaubt der Fürst, er sei der Juwelier, bei dem er eine billige Kopie des Halsbands als Geschenk für Mimi bestellte. Fliederbusch überreicht den Schmuck, den er gefunden, der Tänzerin. Erst als er seinen Finderlohn fordert, erkennt der bestürzte Fürst seinen Irrtum: jetzt hat also Mimi das echte, kostbare Halsband erhalten! Nun dünkt es den Fliederbuschs an der Zeit, zu verschwinden, um so mehr, als die plötzliche bedrohliche Anwesenheit des Assessors Roland leicht zu einer Verhaftung führen könnte. Aber der Gerichtsdiener Kampel, der mit der Arretierung beauftragt ist, läßt sich von ihnen leicht auf eine andere Spur leiten, so daß schließlich beinahe der Fürst selbst als Hochstapler verhaftet wird. Das dreiste Paar aber reitet auf und davon.

2. Akt. In einem romantisch-festlich beleuchteten Park. Fürst Gilka hofft, durch Fliederbuschs Schlauheit wieder in den Besitz des echten Schmucks zu gelangen. Das heutige Künstler-Maskenfest scheint Fliederbusch gerade recht für seinen Plan, Mimi das Halsband abzunehmen. Bertha muß als marokkanische Zauberkünstlerin auftreten, und bei der Vorführung einiger Taschenspielerstückchen gelingt es ihr auch, den Schmuck Mimis an sich zu bringen und verschwinden zu lassen. Durch »Zauberei« aber erhält die verblüffte Mimi in einem versiegelten Brief das Halsband zurück – allerdings nicht mehr das Original, sondern eine getreue Nachahmung. Fliederbuschs werden für diese Leistung vom Fürsten in Dienst genommen, auch sorgt er bei Assessor Roland

für die Niederschlagung des Gerichtsverfahrens gegen die beiden.

Hält die Musik Ziehrers auch, vor allem im Hinblick auf die Qualität der Melodik, einen Vergleich mit Werken der klassischen Operettenmeister nur episodisch aus, so zeigt sie doch die liebenswürdigen Züge echten Wiener Musikantentums. Was ihm an Einfällen beschieden war, wußte Ziehrer gewandt und wirkungsvoll auszuwerten. Den vielen lustigen Situationen des Buches entspricht seine launige Musik durchaus. Besonders hübsch die Zauberszene der Bertha Fliederbusch und vor allem das Finale des 1. Aktes mit der einprägsamsten Walzerweise des Stücks, *Sei gepriesen, du lauschige Nacht.*

RICHARD HEUBERGER

* 18. Juni 1850 in Graz
† 28. Oktober 1914 in Wien

Der Komponist des »Opernball« war Ingenieur, ehe er sich ganz der Musik zuwandte. Daß er mit diesem Berufswechsel einer wirklichen inneren Berufung folgte, zeigt die Reihe der angesehenen Positionen, die er seit seinem 26. Lebensjahr im Wiener Musikleben einnehmen konnte. Er begann als Leiter des Wiener akademischen Gesangsvereins, wurde 1878 Dirigent der Wiener Singakademie, trat 1896 als bereits versierter und anerkannter Journalist die Nachfolge Eduard Hanslicks als Musikkritiker der Neuen Freien Presse an, übernahm 1902 ein Lehramt am Konservatorium und wirkte von 1902 bis 1909 als Chormeister des Wiener Männergesangvereins. Als Komponist trat der mit Brahms befreundete Künstler zunächst mit zahlreichen seriösen Schöpfungen hervor, so mit vier Opern, zwei Balletten, mit Liedern und Chormusik, mit Orchestersuiten, Orchestervariationen über ein Thema von Schubert und einer Sinfonischen Rhapsodie aus Rückerts *Liebesfrühling*. Als Schriftsteller legte er u. a. eine Schubert-Biographie, als Kompositionslehrer eine Neuausgabe von Cherubinis »Theorie des Kontrapunkts und der Fuge« vor. Heuberger war fast fünfzig Jahre alt, als er sich auch der Operette zuwandte. *Der Opernball* (1898) war seine erste und zugleich erfolgreichste Arbeit auf diesem Gebiet. Keine seiner fünf weiteren Operetten konnte sich längere Zeit auf der Bühne behaupten; nur die zweite, *Ihre Exzellenz* (1899), erreichte noch über 100 Aufführungen.

Der Opernball

Operette in 3 Akten. Text von Victor Léon (Victor Hirschfeld) und Heinrich v. Waldberg nach dem Lustspiel *Les Dominos roses* von Alfred Delacour und Alfred Hennequin (1876). Uraufführung am 5. Januar 1898 im Theater an der Wien, Wien.

PERSONEN: Beaubuisson, Rentier (Kom.) – Palmyra, seine Frau (Alt) – Henri, sein Neffe, Marinekadett (Mezzosopr.) – Paul Aubier (Ten.) – Angèle, seine Frau, Madame Beaubuissons Nichte (Sängerin) – Georges Duménil (Ten.-Buffo) – Marguérite, seine Frau (Sängerin) – Hortense, Stubenmädchen bei Duménil (Soubr.) – Féodora, Chansonette – Philipp, Oberkellner – Germain, Diener – Drei Kellner.

ORT UND ZEIT: Paris um 1900, an zwei Karnevalstagen.

1. Akt. Salon bei Duménil. Paul Aubier aus Orléans ist mit seiner Frau Angèle zu Besuch bei Georges und Marguérite Duménil. Er möchte das Pariser Leben in vollen Zügen genießen und ist daher seinem erfahrenen Pariser Freund Georges für gute Ratschläge dankbar. Um ihre Nichte Angèle zu begrüßen, kommt auch Madame Beaubuisson mit ihrem Mann auf einen Sprung zu Duménils. Die prüde alte Dame ist wenig erbaut, auch ihren Neffen Henri hier zu sehen, der sich dem Stubenmädchen Hortense zu nähern versucht. In diesem Hause scheint es ihr etwas zu locker zuzugehen. Marguérite Duménil, die sich über ihren Georges keinen Illusionen hin-

gibt, findet Angèles rückhaltloses Vertrauen zu Paul sehr naiv und überredet sie, die Ehemänner doch einmal auf die Probe zu stellen, und zwar noch heute, auf dem Opernball. Hortense wird ins Vertrauen gezogen: Auf Briefpapier mit adeligem Wappen muß sie nach Marguérites Diktat zwei gleichlautende Briefe schreiben, durch die Georges und Paul zu einem Stelldichein mit einer anonym bleibenden Dame von Adel in die Oper eingeladen werden. Kennzeichen: ein *rosa Domino-Kostüm*. Hortense, die auch auf den Ball möchte, schreibt heimlich noch einen dritten Brief gleichen Inhalts und beschließt, einen abgelegten rosa Domino ihrer Gnädigen anzuziehen. Dann stellt sie die drei Briefe Georges, Paul und Henri zu. Scheinbar betrübt, läßt Paul daraufhin seine Angèle wissen, er müsse auf Grund eines Geschäftstelegramms nach Orléans zurück. Auch der alte Beaubuisson hat allerlei Pläne für heute abend.

2. Akt. Foyer der Pariser Oper. Im festlichen Maskengedränge des Opernballs tauchen bald alle beteiligten Gestalten auf: Beaubuisson am Arm der Chansonette Féodora, dann Henri, der in Hortense seinen rosa Domino gefunden hat, und Georges, der in Angèle die adelige Briefschreiberin zu erkennen glaubt, endlich auch Paul, der am Platz des Stelldicheins Marguérite begegnet. Angèle und Marguérite, die vereinbarungsgemäß ihre Männer getauscht haben, um sie zu beobachten, geben vor dem Eintritt in die bestellten Séparées dem Ober Weisung, bei dreimaligem Klingeln ihre Begleiter herauszubitten: denn sie wollen die vermutlich zu Zärtlichkeiten geneigten Männer rechtzeitig in Schranken halten. Beaubuisson, den seine fesche Begleiterin bald im Stich läßt, schreibt seiner Frau einen Brief, daß er die Nacht bei einem kranken Freunde wachen wolle. Ein Schreiben mit derselben faulen Ausrede schickt aber auch Henri seiner Tante Beaubuisson, um sein Fernbleiben von zu Hause zu begründen. Bald ertönen in den Séparées Klingelzeichen; Paul und Georges werden herausgerufen und wundern sich sehr, hier einander zu treffen. Auch Henri und Beaubuisson sehen sich von ferne und wollen sich nun Masken besorgen, um voreinander unerkannt zu bleiben. Inzwi-

schen entfernen sich die drei Rosa-Domino-Trägerinnen von ihren Begleitern, und in der Folge kommt es jetzt durch die Gleichheit ihrer Masken zu tollen Verwechslungen: Georges hält Hortense für seine Dame, küßt sie und verbrennt dabei mit der Zigarette ihren Domino. Marguérite sieht es und glaubt, Angèle lasse sich von *ihrem* Mann küssen; auch Paul verwechselt Hortense mit seiner bisherigen Begleiterin und zerreißt ihr in verliebtem Übereifer den Mantel: Angèle, die diese Begegnung beobachtet, denkt, daß es Marguérite sei, die sich mit ihrem Paul zärtlich abgebe. Denn von Hortenses Anwesenheit wissen ja beide Ehefrauen nichts. Schließlich stoßen in all dem Trubel plötzlich die vier Herren aufeinander. Die rosa Dominos aber sind entwischt.

3. Akt. Wieder im Salon bei Duménil. Hortense erinnert sich vergnügt ihrer Ballerlebnisse. Beaubuisson und Henri ängstigen sich vor der Wiederbegegnung mit Madame Beaubuisson, die aber gar keinen Verdacht hegt, denn sie hat die Lügenbriefe der beiden Ausreißer noch nicht erhalten. Georges findet zufällig einen leeren Bogen jenes Briefpapiers mit dem Adelswappen und durchschaut nun die List der Frauen. Paul, von ihm darüber aufgeklärt, macht nun der erstaunten Angèle Vorwürfe über ihren Ballbesuch, ehe er selbst von ihr zur Rechenschaft gezogen werden kann. Im Hin und Her der Debatten über die gestrigen Vorfälle geraten Paul und Georges so in Hitze, daß sie sich duellieren wollen. Die Frauen können allerdings durch ihre unversehrten Dominos beweisen, daß keine von ihnen die Dame war, deren Maske bei jenen zärtlichen Begegnungen im Ballsaal angebrannt und zerrissen wurde. Also muß noch eine dritte Rosa-Domino-Trägerin im Spiel sein! Und diese wird schließlich auch, als durch Henri das Geheimnis des dritten Einladungsbriefes bekannt wird, in der Person Hortenses entdeckt.

Der Opernball ist wohl das vornehmste und liebenswürdigste Werk der ausklingenden ersten Blütezeit der Wiener Operette. Heubergers Musik, mit meisterlichem Können und noblem Geschmack gestaltet, vermag auch den heutigen Hörer durch ihren graziösen Charme, ihr feines Sentiment, ihre geschmeidige Melodik und ihr anziehendes klangliches Kolorit zu entzücken. Ein prächtiges Stück ist schon die Ouvertüre, Höhepunkt der zärtlich-kantable Walzer *Komm mit mir ins Chambre séparée!*, den große Gesangsdiven, wie Elisabeth Schwarzkopf, geschätzt und mit höchster, adäquater Künstlerschaft interpretiert haben.

RUDOLF DELLINGER

* 8. Juli 1857 in Graslitz (Kraslice; Böhmen)
† 24. September 1910 in Dresden

Mit einem einzigen Werk nur, dem melodienreichen *Don Cesar*, ist Dellinger in die Geschichte der Operette eingegangen. Nach Studienjahren in seiner Heimat und in Prag wurde der Sohn eines Blasinstrumentenmachers zuerst Klarinettist, dann, 1880, Kapellmeister des Brünner Stadtorchesters. Von 1883 bis 1893 wirkte er als Kapellmeister am Carl-Schultze-Theater in Hamburg, dann in gleicher Eigenschaft am Residenztheater in Dresden. Nach seinem ersten Bühnenwerk, dem *Don Cesar*, schrieb Dellinger noch sechs Operetten, denen aber – mit Ausnahme von *Jadwiga* (1901) – dauerhafter Erfolg versagt blieb.

Don Cesar

Operette in 3 Akten. Text von Oscar Walther (Oscar Kunel) nach dem Schauspiel *Don César de Bazano* von Philippe Dumanoir. Uraufführung am 28. März 1885 im Carl-Schultze-Theater, Hamburg.

PERSONEN: Der König (Ten.) – Don Fernandez de Mirabillas, Minister – Don Ranudo Onofrio de Calibrados, Archivar – Donna Uraca, seine Gemahlin – Don Cesar (Ten.) – Pueblo Escudero, Page der Königin (Soubr.) – Maritana (Sängerin) – Hauptmann Marti-

nez – Ein Alkalde – Bürger und Bürgerinnen. Landleute. Soldaten.
Mönche. Fischer. Pagen. Jagdgefolge. Dienerschaft.
ORT: In und bei Madrid.

1. bis 3. Akt. Bei einem Volksfest in Madrid findet der aben-
teuernd herumstreichende, durch eine Maske unkenntliche
König Gefallen an der hübschen Zigeunerin Maritana. Sein
Archivar Don Ranudo vermittelt die Begegnung des Mädchens mit dem unbekannten Edelmann, dessen Liebesbeteuerungen sie sich gerne anhört, dem sie aber auch sagt, daß
der Weg zu ihrem Herzen nur über den Traualtar führe. Der
Minister Fernandez, willfähriger Helfer seines stets beden-
kenlos zur Verführung von Frauen geneigten königlichen
Herrn, rät ihm nun, die Kleine mit irgendeinem Edelmann
trauen zu lassen und sie dabei über die Person des Gatten zu
täuschen – dann stehe seinen Wünschen nichts mehr entgegen. Für die Rolle des Pro-forma-Bräutigams scheint ihm niemand besser geeignet als der leichtsinnige Don Cesar, Graf
von Irun, der soeben bettelarm von einer Reise durch die
weite Welt zurückgekommen ist. Mit geheuchelter Freund-
lichkeit lädt der Minister den über solche Bevorzugung
höchst Erstaunten zu sich ein. Während Don Cesar noch über
die unerwartete Liebenswürdigkeit nachsinnt, begegnet ihm
der junge Pueblo, der gerade mit seinen Freunden der reizenden Nichte des Archivars ein Ständchen (»Komm herab, o
Madonna Teresa«) bringen will. Don Cesar schließt sich der
Gruppe an, doch das Vergnügen nimmt jäh ein böses Ende:
soeben hat die Stille Woche begonnen, in der alles Lärmen
streng bestraft wird; es kommt zu einem Gefecht mit den
Wachsoldaten – Don Cesar und Pueblo werden verhaftet.
Der Minister, der die Szene beobachtet hat, freut sich, den
Grafen auf diese Weise ohne Mühe in seine Gewalt bekommen zu haben. Er besucht den Eingekerkerten, den man kur-
zerhand, weil er einen Hauptmann verwundete, zum Tode
verurteilt hat, und stellt ihm einen königlichen Gnadenakt in
Aussicht: wenn er sich vor seiner Hinrichtung verheirate,
werde er nicht gehenkt, sondern wie ein Edelmann – erschos-
sen. Gleichgültig gegen alles, willigt Don Cesar ein. Man bin-

det ihm eine Maske vors Gesicht, und schon erscheint Maritana, tief verschleiert, zur Trauung. Trotz der höchst merkwürdigen Umstände glaubt sie, den Mann vor sich zu haben, der ihr gestern seine Liebe erklärte. Nach der Eheschließung wird sie auf ein Schloß bei Madrid gebracht, während man den Verurteilten zur Richtstätte führt. Glücklicherweise konnte der treue Pueblo die todbringenden Kugeln aus den Gewehren entfernen, so daß Don Cesar nur eine Schein-Hinrichtung erdulden muß und fliehen kann. Auf seiner Flucht gelangt er mit Pueblo in das Schloß, in dem sich Maritana jetzt aufhält. Die Freude über ihren Aufstieg zur Gräfin von Irun ist einer großen Beunruhigung gewichen, denn für den König, der ihr hier als ihr angeblicher Gatte gegenübertritt, empfindet sie keine Neigung; kalt weist sie ihn fort. Don Cesar trifft mit dem Minister zusammen, erzählt ihm arglos von seiner Befreiung und verlangt, daß man ihn mit seiner Frau wirklich bekanntmache. Fernandez versucht ihn zuerst zu täuschen, indem er die häßliche Gattin des Archivars als seine Braut ausgibt, dann bietet er ihm Geld, wenn er das Land sofort verlasse – schließlich aber will er ihn aufs neue verhaften lassen, denn eine Aussprache Don Cesars mit Maritana möchte er unter allen Umständen vereiteln. So muß der Unglückliche wieder flüchten. Pueblo klärt Maritana jetzt über das schändliche Intrigenspiel auf. Don Cesar, der heimlich nochmals ins Schloß zurückkehrt, um sie zu suchen, begegnet plötzlich dem König, der, zur Rede gestellt, seine schmählichen Absichten nicht länger verbergen kann und, zur Besinnung kommend, zum Guten einlenkt. Er selbst vereinigt nun das Paar und ernennt Don Cesar zum Gouverneur von Valencia.

Unter den Werken, die im Anschluß an große Vorbilder der klassischen Wiener Operette geschaffen wurden, verdient *Don Cesar* als eines der erfolgreichsten besondere Erwähnung (1350 Aufführungen in den ersten 25 Jahren nach seiner Entstehung!). Dellingers Musik ist in ihren besten Teilen von einer erfrischend unbeschwerten Munterkeit. Das Geschick, mit dem er große Ensemblesätze und dramatische

Szenen gestaltet, verrät einen gediegenen Könner. Das Ganze ist reich an eingängigen Melodien, geniale Einfälle darf man freilich in diesem epigonalen Stück nicht erwarten. Im Lyrischen neigt die Sprache des Komponisten zu einer gewissen sentimentalen Weichheit. Sehr bekannt wurde das Ständchen *Komm herab, o Madonna Teresa.*

HEINRICH BERTÉ

* 8. Mai 1857 in Galgócz (Ungarn)
† 24. August 1924 in Perchtoldsdorf

Der Name des Komponisten Berté lebt durch ein Werk fort, das keine Melodie von ihm selbst enthält. Sein Leben lang hat er mit Operetten und Balletten vergeblich den großen Erfolg gesucht, bis er ihn, mit fast sechzig Jahren, endlich errang, als er *Das Dreimäderlhaus* herausbrachte, für das er Schubertsche Musik benutzte – oder, besser gesagt, auf ausdrücklichen Wunsch der Theaterdirektion verwenden mußte. So wurde Bertés Erfolg eigentlich zu einem späten, volkstümlichen Sieg Franz Schuberts, denn vielen ist dieser große Meister der Wiener Romantik damals erst durch *Das Dreimäderlhaus* wirklich bekannt und vertraut geworden. Für die Beliebtheit des Stücks zeugt die Tatsache, daß es schon in den ersten fünf Jahren nach seinem Erscheinen auf deutschen Bühnen 7788 Aufführungen erlebte. Es war der stärkste Operettenerfolg seit Lehárs *Lustiger Witwe.* – Die dem *Dreimäderlhaus* widerfahrene Publikumsgunst reizte in der Folge auch andere Musiker zu einer weiteren Auswertung Schubertscher Werke in der Fortsetzung des einmal bewährten Verfahrens (*Hannerl* von Lafite, 1917; *Annemarie* von Egger, 1917; *Der Musikus von Lichtenthal* von Heinrich Bertés Neffen Emil Berté), ganz zu schweigen von den gleichzeitigen Versuchen, auch die Musik anderer Meister (Mozart, Beethoven, Schumann, Liszt) für Operetten auszuwerten.

Das Dreimäderlhaus

Operette in 3 Akten. Text von Alfred Maria Willner und
Heinz Reichert nach dem Roman *Schwammerl* von Rudolf
Hans Bartsch (1912). Uraufführung am 15. Januar 1916 in
Wien.

PERSONEN: Franz Schubert (Ten.) – Baron Schober, Dichter (Ten.)
– Moritz v. Schwind, Maler – Kupelwieser, Zeichner – Joh. Mich.
Vogl, Hofopernsänger – Graf Scharntorff, dänischer Gesandter –
Christian Tschöll, Hofglasermeister (Baß) – Maria Tschöll, seine
Frau – Hederl, Haiderl und Hannerl, ihre Töchter (Sängerinnen) –
Giuditta Grisi, Hoftheatersängerin (Soubr.) – Andreas Bruneder,
Sattlermeister – Ferdinand Binder, Posthalter – Nowotny, ein Ver-
trauter – Frau Brametzberger, Hausbesorgerin – Ein Kellner –
Schany, Piccolo – Rosl, Stubenmädchen der Grisi – Musikanten.
Kinder. Mägde. Damen und Herren. Gendarmen.

ORT UND ZEIT: Wien, 1826.

1. Akt. Hof in Schuberts Wohnhaus. Schubert empfängt seine
Freunde Vogl, Schwind, Kupelwieser und Schober zu einem
lustigen Zechen und Schmausen. Dabei kommt die Rede auf
die berühmte Sängerin Grisi, die eine Beziehung zu dem däni-
schen Gesandten Scharntorff unterhält, aber auch mit Baron
Schober, dem heiteren Lebemann des Schubertschen Freun-
deskreises, zärtlich verbunden ist. Während man noch plaudernd beisammensitzt, kommt Hannerl Tschöll mit ihren
Schwestern Haiderl und Hederl, die sich hier, unter Hannerls
Aufsicht, mit ihren heimlichen Verlobten Bruneder und Binder treffen. Aber Vater Tschöll ist ihnen schon auf der Spur,
und in der Angst, entdeckt zu werden, wendet sich Hannerl an
Schober um einen guten Rat. Er rät ihr, dem Vater zu sagen, sie
hätte mit ihren Schwestern den Meister Schubert aufgesucht,
um Gesangsstunden mit ihm zu vereinbaren. Hannerl bespricht sich daraufhin ganz ernsthaft mit Schubert wegen des
Unterrichts. Tschöll glaubt auch, was man ihm erzählt. Schober spricht nun mit ihm so geschickt über die Heiratsaussich-
ten seiner Töchter, daß er schließlich nicht mehr nein sagt, als
ihm Haiderl und Hederl ihre Verlobten vorstellen. Beim Ab-

Carl Zeller: Der Vogelhändler
Staatstheater am Gärtnerplatz, München

Oscar Straus: Ein Walzertraum
Stadttheater Baden bei Wien

schied von Hannerl fühlt Schubert, daß ihre innige Herzlichkeit wohl mehr seiner Musik als ihm selbst galt.

2. Akt. Bei Tschöll. Vogl trägt bei der Doppelhochzeitsfeier Haiderls und Hederls mit großem Erfolg Schuberts *Erlkönig* vor. Den Beifall lenkt er bescheiden auf den Komponisten, der von seinem Leben und Schaffen erzählt. Hannerl hat seit drei Monaten bei ihm Unterricht und ist ihm aufrichtig zugetan. Schubert aber ist zu schüchtern, um ihr von seinen Gefühlen zu sprechen. Unter den Gästen taucht plötzlich die Grisi auf, die eifersüchtig vermutet, daß Franz v. Schober dem Hannerl den Hof mache. Hinter ihr erscheint der Spitzel Nowotny, der im Auftrag des mißtrauischen Grafen Scharntorff die Grisi beobachten soll. Intrigant warnt diese nun das Hannerl vor dem Schwerenöter Franz. Damit meint sie natürlich Schober, doch das ahnungslose Mädchen mißversteht sie und glaubt, die Sängerin spreche von Franz Schubert; enttäuscht wendet sie sich daher innerlich von ihm ab. Später, als die Gäste und die jungen Paare das Haus verlassen haben und Schubert mit Schober den alleingebliebenen Eltern Gesellschaft leisten wollen, bittet Schubert seinen Freund, dem Hannerl das für sie komponierte Liebeslied *Ich schnitt es gern in alle Rinden ein* vorzusingen. Schober geht darauf ein, aber Hannerl faßt den Gesang als eine Liebeserklärung Schobers auf und erwidert die vermeintliche Werbung mit einem stürmischen Bekenntnis ihrer Neigung für den Sänger. Während Schubert trauernd verzichtet, freut sich Schober der unerwarteten Gunst des reizenden Mädchens.

3. Akt. In Hietzing. Schober und Hannerl haben sich verlobt. Schubert soll der Grisi beibringen, daß zwischen ihr und Schober alles zu Ende sein muß. Dem Hannerl zulieb will er es gerne tun. Er leidet unter der Enttäuschung; aber er hat ja seine geliebte Musik! Zu spät erfährt er von Hannerl selbst, daß eigentlich das Gerede der Grisi an allem schuld war.

Aus dem großen Schatz an wahrhaft volkstümlichen Melodien, der in Schuberts Liedern, Orchesterwerken, Klavierstücken, Tänzen und Märschen geborgen ist, hat Berté das musikalische Material für sein Singspiel genommen. Man darf ihm zubilligen, daß er dabei mit Geschick verfahren ist; auch haben die Textautoren die biedermeierliche Umwelt des Meisters treffend zu charakterisieren versucht. Dennoch bleibt es wenig erfreulich, den Menschen Schubert in sentimentaler Verkleinerung und einen kostbaren Teil seiner Musik, oft aus dem ursprünglichen Zusammenhang gerissen, für billige Theaterwirkungen verwendet zu sehen. Übrigens hat schon lange vor Berté, 1864, Franz von Suppé ein komisches Liederspiel *Franz Schubert* verfaßt, für das er gleichfalls Originalmelodien verwendete.

SIDNEY JONES

* 17. Juni 1861 in London
† 29. Januar 1946 in London

Sidney Jones begann seine Laufbahn als Militärkapellmeister, betätigte sich später als Dirigent einer reisenden Singspiel-Gesellschaft, die mit Sullivans »Mikado« überall in Europa Erfolge feierte, und wurde 1905 Leiter des Empire-Theaters in London. Die Folge seiner zehn Operetten eröffnete er 1893 mit *A Gaiety Girl*. Sein drittes Werk, *The Geisha*, wurde sein berühmtestes und war um die Jahrhundertwende einer der größten damaligen Operettenerfolge. Allein in Berlin wurde das hübsche Stück im Verlauf von knapp acht Jahren tausendmal gegeben. Alle anderen seiner Werke blieben wenig beachtet, selbst der Name des Komponisten ist lange vor seinem Tode in Vergessenheit geraten.

Die Geisha
The Geisha

Eine japanische Teehausgeschichte in 2 Akten von Owen Hall und Harry Greenbank. Deutsch von Curt Max Roehr und Julius Freund. Uraufführung im April 1896 in Daly's Theatre, London. Deutsche Erstaufführung am 1. Mai 1897 im Lessing-Theater, Berlin.

PERSONEN: O Mimosa San, Geisha, Sängerin im Teehaus (Sopr.) – Juliette, eine Französin, als Teemädchen im Teehaus angestellt (Soubr.) – Constance Wynne, eine englische Lady, die in ihrer Jacht die Welt bereist (Sopr.) – Miß Molly Seamore und andere Freundinnen der Lady – Reginald Fairfax (Ten.), Dick Cunningham, Arthur Cuddy und George Grimston, Offiziere des Schiffs »Schildkröte« – Tommy Stanley, Seekadett – Leutnant Katana von der kaiserlich japanischen Artillerie (Ten.) – Marquis Imari, Polizeipräfekt und Gouverneur einer Provinz – Wun-Hi, ein Chinese, Eigentümer des Teehauses »Zu den 10 000 Freuden« (Kom.) – Geishas. Dienerinnen. Kulis. Wachen. Eine japanische Brautjungfer.

ORT UND ZEIT: Japan, einige Jahre vor 1900.

1. Akt. Platz vor dem Teehaus. Wun-Hi, der Besitzer des beliebten Teehauses, freut sich seines Engagements der attraktiven Geisha O Mimosa San, deren süße Stimme alle bezaubert. Es wäre ihm peinlich, wenn er sie wieder verlieren müßte, aber der Polizeipräfekt Imari hat sich's in den Kopf gesetzt, sie zu heiraten. Lieber als ihn sieht Wun-Hi die freigebigen englischen Seeoffiziere, die gerade ankommen. Leutnant Fairfax hat seinen Kameraden von diesem Teehaus vorgeschwärmt und freut sich, Mimosa wiederzusehen. Sie widmet ihm alle Aufmerksamkeit, wie es ihr Beruf als Geisha verlangt, ihr Herz aber gehört dem japanischen Leutnant Katana. Zu seinem Ärger sieht sich Fairfax bei seinem Flirt mit Mimosa plötzlich von Lady Wynne gestört, die ihn entrüstet an seine Verlobung mit Molly Seamore erinnert. Unangenehmer wirkt sich das Erscheinen Imaris aus: erbittert über das Zusammensein Mimosas mit dem englischen Leutnant fordert er von Wun-Hi die sofortige Trennung des Paars, und als dieser Befehl nichts fruchtet, verfügt er die Schließung des Teehauses und die öffentliche Versteigerung des Geishas. Bei dieser Auktion hofft er Mimosa durch Kauf für sich zu gewinnen. Dazu kommt es jedoch nicht, denn Juliette, eine charmante Französin, die im Tee-

haus als Dolmetscherin beschäftigt ist, möchte selbst die
Gunst Imaris erringen und rät daher Lady Wynne, Mimosa
für sich zu erwerben. Auch Molly Seamore hat sich eingefunden. Von Fairfax wird sie zwar herzlich wie immer begrüßt, aber sie ist doch beunruhigt über seine Beziehung zu
der kleinen Japanerin. Sie kommt mit Mimosa selbst ins Gespräch, und diese sagt ihr tröstlich, wie harmlos im Grunde
die Flirts im Teehaus seien: sie könne sich selbst davon überzeugen, wenn sie sich ein paar Stunden, als Geisha verkleidet, dort aufhalte. Schon beginnt die Versteigerung. Es
glückt Lady Wynne, die verängstigte Mimosa vor dem Zu-
griff des Polizeipräfekten zu bewahren. Juliette freut sich,
weil sie nun den Weg zu Imari für sich frei sieht. Aber da
entschließt dieser sich doch noch zum Kauf einer Geisha –
allerdings einer falschen: der verkleideten Molly! Mimosa
muß jetzt Lady Wynne folgen, traurig nimmt sie noch von
ihrem Liebsten, Katana, Abschied.

2. Akt. Vor Imaris Palast. Imari hat die Absicht, die erstei-
gerte »Geisha« zu heiraten. Bestürzt erkennt Molly, in welche Lage sie ihr Abenteuer gebracht hat. Fairfax und Lady
Wynne, die zum Chrysanthemenfest eingeladen sind, erfahren erst jetzt, was Molly droht. Da es für die Landfremden
unmöglich ist, etwas für die Befreiung der im Palast verborg-
gen Gehaltenen zu tun, nehmen sie gerne Juliettes und
Wun-His Unterstützung an. Auch Mimosa zeigt sich hilfsbe-
reit. Als Wahrsagerin verkleidet, beredet sie den über ihre
unglücklichen Prophezeiungen erschreckten Imari, ihr den
Eintritt in die Gemächer seiner Braut zu gestatten: sie will
ihr durch einen Zaubertrank jene wahre Liebe einflößen,
die Imari vor dunkler Zukunft bewahren kann. So gelangt
sie in den Palast zu Molly, die nun von Wun-Hi europäische
Kleider bekommt, während Juliette in das Brautgewand
schlüpft. Erst nach der Trauung, als sich die Braut entschlei-
ert, wird Imari gewahr, daß er getäuscht wurde, ist jetzt aber
auch mit der hübschen Französin zufrieden. Mollys Flucht
ist geglückt, und entzückt schließt Fairfax sie wieder in seine
Arme. Mimosa erhält von Lady Wynne die Freiheit und
kann nun ihrem treuen Katana ganz angehören.

Wie Sullivans *Mikado* spielt auch diese englische Operette im Fernen Osten, und auch Sidney Jones hat es auf seine Weise gut verstanden, mit den Mitteln einer burlesken und graziösen Musik das japanische Milieu, wie es der Europäer um 1900 sah und empfand, zu schildern. Das Werk fügt sich aus einer großen Zahl von kleinen Liedern, Ensemble- und Chorsätzen von durchweg frischer, gefälliger Erfindung zu einem wirklich lustigen, stilistisch und stimmungsmäßig einheitlichen Ganzen zusammen. Bemerkenswert und auf die moderne Entwicklung der Operette und Tanzmusik vorausweisend ist die häufige Verwendung der Synkope als eines belebenden rhythmischen Elements, die Bevorzugung geradtaktiger Rhythmen vor dem – allerdings nicht ganz verschmähten – Dreivierteltakt des Walzers und die Vorliebe für tänzerische Nachspiele zu einzelnen Stücken. Von den Melodien der *Geisha* waren einst der Walzer der Mimosa *O tanz, du kleine Geisha du* und Wun-His Song *Chin-Chin-Chinamann* sehr populär, bekannt aber auch das Kußduett (Mimosa / Fairfax) *Wenn im ganzen Inselreiche*, der schlagkräftige Marsch, der den 2. Akt einleitet, Mollys *Lied vom Kletteraffen* (das allerdings eine Komposition von Lionel Monckton ist) und ihr *Lied vom boshaften Papagei*.

PAUL LINCKE

* 7. November 1866 in Berlin
† 3. September 1946 in Clausthal-Zellerfeld (Harz)

Paul Lincke, »der Berlinerischste unter den Berliner Komponisten«, war der Sohn eines Magistratsbeamten. Seine musikalische Ausbildung erhielt er an der Musikschule in Wittenberge, wo er vor allem Violine und Fagott spielen lernte. Schon als 18jähriger begann er in Berlin seine Kapellmeisterlaufbahn, die ihn schließlich 1893 an das Apollo-Theater führte. Als Komponist errang er – nach einer Reihe von Einaktern und Possen – mit der Ausstattungs-Operette *Venus auf Erden* 1897 seinen ersten durchschlagenden Erfolg. Dann ging Lincke für zwei Jahre als Kapellmeister an das Varieté »Folies-Bergère« nach Paris, kehrte aber nach dieser Episode 1899 für immer nach Berlin zurück. Hier entstanden nun in rascher Folge seine beliebtesten Werke: 1899 *Frau Luna*, 1900 *Fräulein Loreley*, 1902 *Lysistrata* (mit dem *Glühwürmchen-Idyll* als Hauptschlager), im gleichen Jahr *Nakiris Hochzeit* (mit der *Siamesischen Wachtparade*), 1905 *Prinzessin Rosine*, 1908 die Revue *Donnerwetter – tadellos!*, 1909 *Hallo! die große Revue!*, 1911 *Grigri* und 1913 *Casanova*. Linckes letzte Operette *Ein Liebestraum* erschien 1940 im Hamburger »Theater an der Reeperbahn«. Sie bedeutete, nach einer Wiederbelebung seiner Werke während der Dreißiger Jahre und Jahrzehnten des Schweigens als Operettenkomponist, einen endgültigen Abschied Linckes von diesem Genre und eigentlich das Ende der Operette überhaupt. Nach wie vor beliebt sind seine zu Schlagern gewordenen, als »typisch berlinerisch« empfundenen Einzelnummern, wie *Das ist die Berliner Luft* und das *Glühwürmchen*.

Frau Luna

Operette in 2 Akten (11 Bildern) von Heinrich Bolten-Baeckers. Uraufführung am 1. Mai 1899 im Apollo-Theater, Berlin.

Personen: Fritz Steppke (Ten.-Buffo) – Lämmermeier, Schneider – Pannecke, Rentier – Frau Pusebach – Marie, ihre Nichte (Soubr.) – Frau Luna (Sängerin) – Mars – Venus – Prinz Sternschnuppe – Stella, Lunas Zofe – Theophil – Mondgroom – Sterne. Mondschutzmänner.

Zeit: Um 1900.

1. Akt. 1. Bild. In Steppkes Mansardenzimmer. Seit der Mechaniker Fritz Steppke zu etwas Geld gekommen ist, befaßt er sich mit der Konstruktion eines Ballons, der für eine Fahrt zum Mond taugt. In dem Schneider Lämmermeier und dem Ren-

tier Pannecke hat er begeisterte Freunde seines Unternehmens gefunden. Aber seine Hauswirtin Frau Pusebach will nichts von solchen Hirngespinsten wissen, ärgert sich, daß ihr Bräutigam Pannecke sich auf diese Sache einläßt, will auch ihre Nichte Marie dem Steppke nicht mehr zur Frau geben und kündigt ihm. Auch Marie selbst machen Steppkes Träumereien Sorge. Ihre mahnenden Worte stimmen ihn nachdenklich. Er legt sich schlafen. Ist es ein Traum, was er nun erlebt? ... Zur Mondfahrt gerüstet, kommen seine beiden Kameraden ins Zimmer. Steppke ermuntert sich und macht sich mit ihnen auf. – 2. Bild. Entsetzt sieht die Pusebach die drei Männer über die Dächer davonklettern und eilt ihnen mit Marie nach. – 3. Bild. Im Flughafen besteigen die »Astronauten« den schon startbereiten Ballon. Vergebens will Frau Pusebach Pannecke aufhalten. Schon schwebt der Ballon hoch; sie kann sich gerade noch an der Gondel anklammern und fliegt mit. – 4. Bild. Zur Melodie des Walzers *Ach Frühling, wie bist du so schön* sieht man den Ballon durch die Wolken dem Mond zufliegen. – 5. Bild. Vorhof zum Mond. Mondelfen putzen das blinkende Felsgestein. Theophil, der hier als Ordnungsmann für das Auf- und Untergehen des Monds zu sorgen hat, erinnert sich eines kleinen Abenteuers, das er kürzlich während einer Mondfinsternis bei einem Ausflug auf die Erde im Berliner Tiergarten hatte. Hier oben aber gehört seine Neigung Stella, der Zofe Frau Lunas. Eben kommen die Mondfahrer an. Theophil empfängt sie nicht sehr freundlich:»In alles stecken die Berliner ihre Nasen!« Als er gar in Frau Pusebach seine Bekanntschaft vom Tiergarten wiedererkennt, bemüht er sich, aus Angst vor Stella, die Gesellschaft schleunigst loszuwerden, und läßt sie von Mondschutzmännern verhaften. Die Pusebach aber droht ihm mit einem Krach, falls er nicht dafür sorge, daß sie und Pannecke gleich wieder zur Erde zurückgebracht werden. Er verspricht Hilfe durch den Prinzen Sternschnuppe, der gerade in seinem Sphärenauto ankommt, um wieder einmal um die ihm bisher versagte Gunst Frau Lunas zu werben. Die Mondbesucher werden indes einem Verhör unterzogen und erinnern sich in dieser noch ungastlichen Gegend vergnügt ihrer »Berliner Luft«.

2. Akt. 6. Bild. Prunksaal Frau Lunas. Die Mondbeherr-
scherin, bei der gerade Venus und Mars zu Gast sind, freut
sich sehr über die Besucher aus Berlin, die jetzt die Pracht
ihres Hofes bestaunen und sich wundern, statt dem erwarteten »Mann im Mond« Frau Luna zu sehen. Diese faßt gleich
eine besondere Zuneigung zu Steppke, zieht sich ihr schön-
stes Kleid an und führt ihn mit sich fort. – 7. Bild. Der wieder einmal abgeblitzte, verärgerte Prinz Sternschnuppe bespricht sich mit Theophil, wie er sich doch noch einmal Frau
Luna nähern könnte. – 8. Bild. In Lunas Boudoir. Mit verführerischer Koketterie sucht Luna Steppke zu betören, er
aber verliert sich in sehnsüchtigen Gedanken an seine Heimat und sein Mariechen. Mit geheimnisvoller Macht nötigt
sie ihn jedoch, ihr in den Sterngarten zu folgen, (9. Bild)
wo ihm die Tänze der Rosenelfen und des Luftballetts alle
Sinne verwirren. – 10. Bild. Prinz Sternschnuppe erkennt,
daß seine Bemühungen umsonst sind, und will abfahren. Da
rät ihm Theophil, Mariechen heraufzubringen. Frau Pusebach sieht entrüstet ihren Pannecke mit einem Sternmädel
herumspazieren. Auch Theophil bangt um die Treue seiner
Stella, der sich Lämmermeier zu nähern versucht. Beinahe
kommt es zum Krach, aber: »Dazu ist immer noch Zeit,
wenn die Welt mal untergeht!« ruft Pannecke. – 11. Bild.
Luna hat Steppke zu einem festlichen Sektgelage eingeladen. Schon glaubt sie ihn gewonnen zu haben, da kommt,
gerade als er sie küssen will, Sternschnuppe mit Mariechen
an, und Steppke eilt beglückt in ihre Arme. Frau Luna muß
sich damit abfinden und erhört jetzt endlich den Prinzen.
Die Berliner kehren zur Erde zurück, und zwar in Stern-
schnuppes Sphärenauto: denn der Ballon ist geplatzt.

Mit *Frau Luna* beginnt die Geschichte der eigenständigen
Berliner Operette, deren Entwicklung in den folgenden
Jahrzehnten vor allem mit den Namen Paul Lincke, Victor
Holländer, Rudolf Nelson, Jean Gilbert, Walter Kollo, Leon
Jessel, Walter Goetze, Hugo Hirsch und Robert Gilbert ver-
knüpft erscheint. In seinem von Schwank- und Possenele-
menten durchsetzten Singspiel hat Lincke erstmals jenen im

Lustigen wie im Sentimentalen so bezeichnenden Berliner Ton kräftig angeschlagen, der seitdem als charakteristische Nuance lange zum Wesen deutscher »Schlager«-Musik gehörte. Erschienen im Todesjahr von Johann Strauß und damit zugleich nicht nur am Ende der von den Wiener Meistern bestimmten sogenannten klassischen Epoche der Operette, sondern auch in einem Zeitpunkt des Versiegens der ehedem unerschöpflich scheinenden Wiener Produktionsquelle, stand 1899 für ein Stück mit so ansprechender Musik wie *Frau Luna* der Weg zum großen Erfolg in jeder Hinsicht offen. Der Wert des Werkes liegt nicht in einer künstlerischen Form von bemerkenswertem Rang, sondern primär in den sehr einprägsamen, jedermann bekannten Melodien, von denen man sich nur die populärsten in Erinnerung zu rufen braucht, um eine Vorstellung von der Art dieses Singspiels und von der treffsicheren Erfindungsweise Paul Linckes zu bekommen – man denke an die Walzer *Schlösser, die im Monde liegen, O Theophil, o Theophil* und *Lose, muntre Lieder singt man voller Lust* oder an Stücke wie *Schenk mir doch ein kleines bißchen Liebe, Liebe, Laß den Kopf nicht hängen* und *Das macht die Berliner Luft.*

GEORG JARNO

* 3. Juni 1868 in Ofen (Budapest)
† 20. Mai 1920 in Breslau

Georg Jarnos stärkste Erfolge waren seinerzeit *Die Förster-Christl* (1907) und *Das Musikantenmädel* (1910). Eine sehr freundliche Aufnahme fanden aber auch seine Operetten *Das Farmermädchen* (1913) und *Jungfer Sonnenschein* (1918), während die Stücke *Die Marine-Gustl* (1912), *Mein Annerl* (1916), *Der Goldfisch* (1909) und die im Jahr vor seinem Tode erschienene *Csikosbaroneß* nur vorübergehend

Interesse erregten. Viel zum Erfolg seiner Werke trug die
ausgezeichnete Darstellung der Titelpartien durch seine
Schwägerin, die berühmte Wiener Soubrette Hansi Niese,
bei. Jarno liebte es, in seinen Operetten bekannte historische Persönlichkeiten handelnd einzuführen, so in der *Förster-Christl* Kaiser Joseph II., in *Jungfer Sonnenschein* den
Prinzen Eugen, im *Musikantenmädel* Joseph Haydn. Seinem
Schaffen im leichteren Genre ging die Komposition von drei
Opern voraus, mit denen er sich allerdings nicht durchsetzen
konnte (*Die schwarze Kaschka* [1895], *Der Richter von Zala-
mea*, nach Calderón [1899], und *Der zerbrochene Krug*, nach
Kleist, [1903]). Sein Lebensweg führte ihn, ehe er sich in
Wien als Freischaffender niederließ, nach Budapester Stu-
dienjahren als Theaterkapellmeister nach Bremen, Gera,
Halle, Metz, Liegnitz, Chemnitz und Magdeburg sowie als
Opernregisseur nach Bad Kissingen.

Die Förster-Christl

Operette in 3 Akten. Text von Bernhard Buchbinder. Uraufführung am 17. Dezember 1907 im Theater in der Josefstadt,
Wien.

PERSONEN: Kaiser Joseph II. – Graf Kolonitzky, Generaladjutant –
Graf Gottfried v. Leoben, Obersthofmeister – v. Reutern, Kam-
merherr – Baronesse Agathe v. Othegraven, Hofdame – Graf
Sternfeld, Hauptmann – Komtesse Josefine, seine Schwester (Sän-
gerin) – Franz Földesy, Gutsverwalter bei Sternfeld (Ten.) – Hans
Lange, Förster – Christine, seine Tochter (Soubr.) – Peter Walperl
(Buffo) – Minka, Zigeunerin – Damen und Herren des Hofes.
Gendarmen. Gardisten. Lakaien. Bürger und Bauern. Zigeuner-
musikanten.

ORT UND ZEIT: An der ungarischen Grenze und in Wien, 1764.

1. Akt. Waldlichtung vor dem Forsthaus. Der Förster Hans
Lange feiert seinen 70. Geburtstag. Da finden sich viele Gäste ein. Graf Sternfeld begegnet auf dem Weg zur Försterei
der Zigeunerin Minka, die ihm erzählt, daß die Försters-

tochter Christl seinen Gutsverwalter Földesy gern bei sich
sähe, der sei aber wohl nicht mehr frei, da er sich der Gunst
Komtesse Josefines, der Schwester des Grafen, erfreue. Empört über diese Mitteilung eilt der Graf fort. Auch der komische Schneidergesell Peter Walperl taucht heute hier auf: er
möchte gern die Christl als Frau gewinnen und erzählt dem
Förster aufschneiderisch von seinen Beziehungen zum kaiserlichen Hof in Wien. Die Christl, ein resolutes, aber zart-
fühlendes Mädchen, trifft beim Heimkommen einen fremden
Jäger, der unbefugt im Revier geschossen hat. Sie ahnt nicht,
daß es der junge Kaiser Joseph ist, schimpft ihn aus, nimmt
seine Uhr als Pfand für eine fällige Strafe und sagt ihm frei
ihre Meinung über den Kaiser und den Hof in Wien. Ihm gefällt das muntere, energische Mädchen. Von der koketten
Komtesse Josefine verfolgt, kommt auch Földesy zum Forsthaus. Graf Sternfeld tritt erregt zwischen die beiden, und mit
Mühe kann Christl Tätlichkeiten verhindern. Földesys Liebe
gehört nur der Christl, die ihm jedoch bisher kein Gehör ge-
schenkt hat. Als er aber jetzt beim Förster um ihre Hand an-
hält, will sie ihm doch ihr Jawort geben. Da stürzt der betrun-
kene, vor Eifersucht verwirrte Walperl herbei und schilt Földesy einen Deserteur. Und dieser muß gestehen, daß er vor
Jahren einen Leutnant, den Verführer seiner Schwester, ge-
schlagen habe und darum fahnenflüchtig wurde. Der Graf
läßt ihn verhaften. Die erschütterte Christl will sofort zum
Kaiser nach Wien, um Gnade für ihn zu erflehen. Walperl,
der sein unbedachtes Schwätzen schon bereut, muß mit, denn
sie glaubt, er könne ihr bei Hofe die Wege ebnen.
2. Akt. Saal in der Wiener Burg. Christl sucht ängstlich eine
Möglichkeit, den Kaiser zu sprechen. Zufällig begegnet er ihr,
läßt ihr den Glauben, er sei der Jäger, mit dem sie im Wald
den Zusammenstoß hatte, und verspricht ihr, eine Audienz zu
vermitteln. Die lauernden Hofschranzen meinen, sie sei eine
Geliebte des Kaisers, behandeln sie daher sehr zuvorkom-
mend und weihen sie in das Hofzeremoniell ein. Dann wird
sie zur Audienz geführt und erkennt mit Schrecken, daß jener
Jäger der Kaiser war. Er besiegt aber ihre Scheu und gewährt
ihre Bitte um Gnade für Földesy, denn er hat eine Neigung

zu ihr gefaßt und will sie glücklich sehen. Als sie dann aber
Földesy wieder gegenübersteht, verhält sie sich abweisend:
sie hat ihr Herz an den Kaiser verloren und ist selig, als dieser sie beim Hofball zum Tanz auffordert.

3. Akt. Zimmer im Forsthaus. Ganz verzaubert von ihren
Erlebnissen in Wien ist Christl nach Hause zurückgekehrt.
Mehr denn je sträubt sie sich gegen die Ehe mit Földesy.
Da kommt der Kaiser selbst noch einmal zu ihr. Seiner
Neigung darf er ja nicht folgen, und den Tratsch, zu dem
sein harmloses Herzens-Einverständnis mit Christl führte,
muß er aus der Welt schaffen. Er rät ihr, Földesy, den er
zum Oberförster ernannt hat, zu heiraten, und schenkt ihr
zum Abschied einen Ring. Tapfer verwindet sie ihren
Schmerz, nimmt ihr Erlebnis als einen schönen Traum in
die Zukunft mit und reicht endlich Földesy die Hand fürs
Leben.

Mit dem *Walzertraum* von Oscar Straus und den ersten Werken von Leo Fall – dem *Fidelen Bauern* und der *Dollarprinzessin* – gehört *Die Förster-Christl* zu den Erfolgsoperetten
des Jahres 1907. Wie Edmund Eysler und Leo Ascher fühlt
sich auch Jarno der Tradition der älteren Wiener Operette
verbunden; in der Erfindung neigt er besonders zu der volkstümlichen Art Carl Zellers. Bemerkenswert gut ist ihm im
2. Akt die Charakterisierung der höfischen Gesellschaft und
ihres Gegensatzes zum Wesen des frischen Volkskinds
Christl gelungen. Das Marschlied *Herr Kaiser, Herr Kaiser,
du liebe Majestät*, der Csárdás *Steht ein Mädel auf der Puszta*
und vor allem die einprägsamen Walzer *Ich tu nur bös, bin
sonst fidel*, *Will ich einen Liebsten haben*, *Ein Mädel ohne jeden Fehl* und *Gebt mir die Geigen der ganzen Welt* sind tanz-
melodische Stimmungshöhepunkte des Werkes.

Oscar Straus

* 6. März 1870 in Wien
† 11. Januar 1954 in Bad Ischl

Im gleichen Jahr wie Franz Lehár geboren, hat sich Oscar Straus früh zu einem der feinsten und originellsten Meister seiner Generation entwickelt. Wie viele andere Operettenkomponisten, widmete auch er sich, ehe er zum leichten Genre überging, der ernsten Musik. Er machte seine Studien bei Adolf Prosniz und Hermann Graedener in Wien, dann – wie Künneke – bei Max Bruch in Berlin und schrieb vor der Jahrhundertwende u. a. eine Ouvertüre zu Grillparzers *Der Traum ein Leben*, eine Serenade für Streichorchester und eine Violinsonate. Zwischen 1895 und 1900 war er auch Theaterkapellmeister in Brünn, Teplitz, Mainz und Berlin. Dann aber wurde er 1901 musikalischer Leiter von Ernst v. Wolzogens »Überbrettl«, und hier offenbarte sich seine große Sonderbegabung in humorvollen Kabarettstücken wie *Der lustige Ehemann*, *Die Haselnuß* und, auf einen Text Detlev von Liliencrons, *Die Musik kommt*. 1927 ging er zurück nach Wien, 1938 nach Paris und emigrierte schließlich in die USA. 1948 ist er nach Europa zurückgekommen. Als Operettenkomponist führte er sich mit zwei Werken ein, in denen Offenbachs satirisch-parodistische Art in neuer Form auflebte, mit den *Lustigen Nibelungen* (1904) und *Hugdietrichs Brautfahrt* (1906). 1907 errang er den wohl größten Erfolg seines Lebens mit *Ein Walzertraum*. Aus der großen Zahl seiner späteren Werke, in denen zum Teil der ursprünglich bei ihm vorherrschende Walzerrhythmus von modernen Tanzformen verdrängt wurde, seien erwähnt *Der tapfere Soldat* (1908, nach George Bernard Shaws *Helden*; in Amerika unter dem Titel *The Chocolate Soldier* beliebt geworden), *Der letzte Walzer* (1920), *Teresina* (1925), *Eine Frau, die weiß, was sie will* (1932), *Drei Walzer* (1935), *Ihr erster Walzer* (1950) und *Bozena* (1952). Geschätzt und gerühmt wurde zuletzt seine Musik zu dem Film *Der Reigen* von Max Ophüls nach Arthur Schnitzler (1950).

Ein Walzertraum

Operette in 3 Akten. Text von Felix Dörmann und Leopold Jacobson nach der Novelle *Nur der Prinzgemahl* in Hans Müllers *Buch der Abenteuer* (1905). Uraufführung am 2. März 1907 im Carl-Theater, Wien. Erstaufführung der Neufassung am 29. Juni 1951 in der Bayerischen Staatsoperette, München.

PERSONEN: Joachim XIII., regierender Fürst von Flausenthurn – Prinzessin Helene, seine Tochter (Sängerin) – Graf Lothar, Vetter des Fürsten (Buffo) – Leutnant Niki (Ten.) – Leutnant Montschi – Friederike v. Insterburg, Oberkammerfrau – Wendolin, Hausminister – Siegismund, Leiblakai – Franzi Steingruber, Dirigentin einer Damenkapelle (Soubr.) – Die Tschinellenfifi und die Geigerin Annerl, Mitglieder der Damenkapelle – Ein Kammerdiener – Hofstaat. Hofgesinde. Ehrenjungfrauen. Österreichische Offiziere. Volk. Mitglieder einer Damenkapelle.

ORT UND ZEIT: Das imaginäre Fürstentum Flausenthurn, kurz nach 1900.

1. Akt. Prunksaal im Schlosse des Fürsten. Prinzessin Helene hat sich in Wien in den feschen Leutnant Niki verliebt, und unversehens ist aus beiden ein Hochzeitspaar geworden. Heute war im Schloß Flausenthurn die Trauung, und Fürst Joachim gibt seiner Hoffnung Ausdruck, daß ihm seine Tochter bald einen Thronfolger schenken werde. Aber Niki ist nicht begeistert von dieser Ehe: An dem ihm zugefallenen Reichtum und an der Würde eines Prinzgemahls liegt ihm gar nichts, und seine junge Frau hat er, wie er seinem Freund und Regimentskameraden Montschi bekennt, eigentlich noch nicht richtig kennengelert. Helene liebt ihn weit mehr als er sie, aber sie weiß auch, daß es schwer sein wird, aus einem solchen flotten, von den Frauen verwöhnten Offizier einen guten Ehemann zu machen. Bestürzt vernimmt der Fürst Nikis Bitte um ein separates Schlafzimmer und seine Erklärung, zur Ehe ungeeignet zu sein. Niki macht sich wenig aus den Meinungen des Hofs: er denkt an sein liebes Wien, und als er von einem nahen Restaurationsgarten Wiener Walzer spielen hört, beschließt er, heimlich den

Abend dort zu verbringen, wo die vertrauten Weisen erklangen. Als alles still im Schloß ist, schleicht er mit Montschi davon. Aber Graf Lothar, sein eifersüchtiger Gegner am Hofe, hat ihn belauscht und wird nicht schweigen.

2. Akt. Restaurationspark mit Musikpavillon. Das Spiel einer Wiener Damenkapelle war's also, das Niki so mächtig anlockte. Auf den ersten Blick verliebt er sich in die reizende Dirigentin Franzi – und die wäre kein echtes Wiener Mädel, wenn ihr der junge Offizier nicht gefiele. Aber dem Ausreißer sind jetzt der Fürst und Graf Lothar, bald auch Helene mit ihrer Oberkammerfrau Friederike v. Insterburg, auf der Spur. In den beiden Herren regen sich freilich bald eigene verliebte Wünsche angesichts der hübschen Musikantinnen: während der Fürst an der Tschinellenfifi Gefallen findet, bemüht sich Lothar, allerdings mit negativem Erfolg, um Franzi. Helene kommt gleichfalls mit Franzi ins Gespräch und sucht von ihr zu erfahren, was es denn mit dem gewissen »Wienerischen« auf sich habe, auf das die Männer so fliegen. Natürlich treffen die getrennt vom Schloß hierher Gekommenen plötzlich zusammen, und zu den Klängen der Walzertraum-Weise tanzt Niki nun mit Helene. Voll Schmerz muß die verliebte Franzi, die »ihren« Offizier der vermeintlichen Nebenbuhlerin streitig machen möchte, erfahren, wer das tanzende Paar ist; denn die Gäste haben die Fürstlichkeiten erkannt und huldigen ihnen.

3. Akt. Saal im Schloß. Helene weiß jetzt wohl, was Niki fehlt, um an ihrer Seite glücklich zu werden. Nun übernimmt es Fräulein v. Insterburg, mit Franzis selbstloser Hilfe dem Leben in Flausenthurn jenen Wiener Charme zu geben, den der widerspenstige Prinzgemahl so vermißte: das Mobiliar, die Kleidung, die Küche – alles bekommt nun eine wienerische Note, und auch ein neu engagierter, mit Wiener Gepflogenheiten vertrauter Kammerdiener soll helfen, Niki das Leben am Hofe anziehend zu machen. Die Veränderungen üben bald eine wohltätige Wirkung auf Niki aus, und schon naht die Stunde, da er, mit Helene bei einer gemütlichen Wiener Jause sitzend, ganz den Weg zu seiner reizenden Gattin findet. Wohl hängt sein Herz noch an der feschen Wiener Musi-

kantin – doch Franzi ist klug und versteht es, lächelnd zu entsagen. *Ihr* wird jetzt ein anderer Traum in Erfüllung gehen: kein Liebestraum, kein Walzertraum, aber ein längst gehegter Wunsch ihres Musikantenherzens – mit ihrer Damenkapelle ist sie zu einem Gastspiel in den »Roten Igel« nach Wien verpflichtet worden.

Nicht nur im Gesamtschaffen von Oscar Straus, auch in der Geschichte der neueren Wiener Operette wird dem *Walzertraum* stets ein Ehrenplatz gebühren. Originalität der Erfindung, Stimmungskraft und feine Gesanglichkeit der Melodik, reizvolle harmonische Wendungen, frischer, oft parodistischer Humor, treffende Zeichnung der Figuren und einprägsame Auswertung des motivischen Materials in den dramatischen Szenen: das sind die besonderen Vorzüge dieser Meisteroperette. Dem Wiener Walzer älterer Prägung hat Straus durch einen sehr bezeichnenden Beiklang süßen, sinnlich-verlockenden Sentiments eine eigene neue Stimmungsnote hinzugefügt. Unverwelkt ist der Zauber des Hauptwalzers *Da draußen im duftigen Garten* mit der – zu leitmelodischer Bedeutung gelangenden – Wendung *Leise, ganz leise klingt's durch den Raum, liebliche Weise, Walzertraum.* Fast noch bezwingender klingt die zärtlich-süße Walzermelodie zu Nikis Werbung um Franzi, *O du lieber, o du g'scheiter, o du ganz gehauter Fratz.* Nicht minder berühmt war einst Helenes Lied *Ich hab einen Mann, einen eigenen Mann* und das lustige Duett *Piccolo, Piccolo, tsintsin-tsin.*

Der tapfere Soldat

Operette in 3 Akten. Text von Rudolf Bernauer und Leopold Jacobson nach Motiven aus George Bernard Shaws *Helden*. Uraufführung am 14. November 1908 im Theater an der Wien, Wien.

Personen: Oberst Kasimir Popoff – Aurelia, seine Frau – Nadina, beider Tochter – Mascha, eine Verwandte im Hause Popoffs – Major

Alexius Spiridoff – Bumerli – Hauptmann Massakroff – Stephan,
ein Diener – Soldaten. Volk.

ORT UND ZEIT: Bulgarien, um 1885.

1. Akt. Im Hause des Obersten Popoff. Nadinas Schlafgemach. Ein ganzes Jahr schon ist Oberst Popoff fort, im Krieg
gegen die Serben – mit ihm auch Alexius Spiridoff, sein
Schwiegersohn in spe. Das Leben ist für seine Frau Aurelia
und seine Tochter Nadina inhaltsarm geworden. Wieder geht
ein eintöniger Tag zur Neige. Nadina will gerade schlafen gehen, da sieht sie einen Mann in feindlicher Uniform über den
Balkon in ihr Zimmer einsteigen. Ein flüchtiger Kriegsgefan-
gener? Ja und nein! Es ist der junge Schweizer Bumerli, der
bei seinen Bemühungen um Kriegslieferungen unversehens
in eine serbische Uniform geriet, gefangengenommen wurde
und nun auf der Flucht ist. Er bittet die erschreckte Nadina,
ihn zu verstecken. Bald weckt er ihr Mitleid; zur Stärkung
gibt sie ihm ein paar Pralinés. Etwas aufgebracht über sein
ganz und gar unsoldatisches Benehmen, verweist sie ihn stolz
auf den Heldenmut, den ihr Bräutigam im Felde zeige. Bumerli ernüchtert sie allerdings mit einem Bericht über den
wahren Verlauf der jüngsten angeblichen Heldentat Spiri-
doffs: die Geschütze, welche dieser »so kühn« eroberte, waren gar nicht geladen! Nun fordert Nadina den Eindringling
energisch auf, sich zu entfernen, aber da muß sie ihn plötzlich
verstecken, denn eben kommt ihre Mutter mit der seit einiger
Zeit im Hause Popoff dienenden jungen Verwandten Mascha
aufgeregt ins Zimmer: Soldaten wollen das Haus durch-
suchen! Schon rücken sie an, geführt von dem lächerlichen
Hauptmann Massakroff, können aber den Verfolgten nicht
finden. Mascha und Aurelia ahnen indessen etwas, erscheinen nach dem Abzug der Soldaten wieder bei Nadina, be-
trachten sich den Fremdling, bringen ihm zu essen und wollen
ihm sogar mit Zivilkleidung aus dem Schrank des Obersten
weiterhelfen. Sie genießen das romantische Erlebnis mit
Freude, und Nadina gibt dem vor Müdigkeit eingeschlummerten Bumerli sogar einen Kuß, ehe sie sich zur Ruhe zu-
rückzieht.

2. Akt. Im Garten zwischen den Villen Popoffs und Spiri-
doffs. Der Krieg ist aus, die »Helden« kehren heim. Popoff
erwähnt gesprächsweise seine im Feld gemachte Bekanntschaft mit einem netten Schweizer Geschäftsmann, der ihm
von seiner abenteuerlichen Fluchtgeschichte erzählt habe; er
ahnt nicht, wie gut die Frauen in seinem eigenen Hause
diese Geschichte kennen! Zur Freude Popoffs und zum
Schrecken der Damen taucht gleich darauf Bumerli selbst
hier auf: er will Nadina wiedersehen und auch den Hausrock
Popoffs zurückbringen, den sie ihm bei seiner Flucht gegeben. Er hat gar nicht bemerkt, daß sie und Mascha ihm zum
Andenken ihre Fotos in die Rocktasche steckten. Nun, als
der ahnungslose Oberst seinen Rock schon wieder trägt, haben beide Mädchen viel List nötig, um wieder in den Besitz
ihrer Bilder zu gelangen. In der Aufregung nimmt Nadina
Maschas Foto an sich, von dessen Vorhandensein in der
Rocktasche sie nichts wußte. Bumerli kommt mit ihr ins Gespräch, sie verhehlt ihre Sympathie für ihn nicht und will
ihm ihr Bild wiederschenken – da merkt sie, daß sie Maschas
Bild in Händen hat. Also, folgert sie eifersüchtig, hat er damals auch Mascha schöne Augen gemacht und darum von
ihr ein Bild bekommen. Erbittert läßt sie ihn stehen. Mascha
freilich hat sich inzwischen in Alexius verliebt und bemüht
sich, ihn Nadina abspenstig zu machen. In ihre Hände ist das
Bild Nadinas mit der Widmung »Dem süßen Pralinésolda-
ten« gekommen, und nun zeigt sie es bei der Verlobungsfeier dem Alexius, gerade, als Bumerli von dem als Gast er-
scheinenden Hauptmann Massakroff wiedererkannt wird,
dem er seinerzeit entflohen war. Jetzt geraten Popoff und
Spiridoff in Wut; Nadina wirft ihrem Bräutigam den Verlo-
bungsring vor die Füße.
3. Akt. Wohnzimmer bei Popoff. Bumerli kann sich nicht
von Nadina losreißen. Wie damals steigt er wieder über den
Balkon ins Zimmer ein, um ihr zu sagen, wie unbegründet
ihre Eifersucht auf Mascha sei. Ehe er sich aber ganz mit ihr
aussprechen kann, überbringt ihm Massakroff eine Pistolen-
forderung des Alexius, die er zum Schrecken Nadinas an-
nimmt. Sie will ja nicht, daß er sich ihretwegen in solche Ge-

fahr begibt. Aber Alexius denkt gar nicht ernstlich an ein Duell, er sitzt längst bei Mascha und zittert, als er hört, daß der »Feigling« Bumerli sich ihm stellen will. Vater Popoff aber will alles in Güte regeln. Er bittet Bumerli nur, die Konsequenzen aus der Kompromittierung Nadinas zu ziehen – und was täte Bumerli lieber! Nadina ist ihm ja von Herzen zugetan. Und ihre Eltern freuen sich zu hören, daß der Schwiegersohn ein steinreicher Schweizer Hoteliersohn ist.

Der Griff nach den Figuren und Handlungsmotiven von Shaws satirischer Komödie *Helden* (*Arms and the Man*) erschloß Oscar Straus neue Möglichkeiten zur Bewährung seiner Sonderbegabung für das Humoristische und Parodistische: Graziöse Leichtigkeit, witzige Charakterisierungskunst, frische, federnde Rhythmik, apart nuancierte Harmonik und reizvolle instrumentale Farben sind für die Musik ebenso kennzeichnend wie die einschmeichelnde, sehr persönliche, von wienerischem Sentiment überhauchte Gesangsmelodik. Stoffbedingt geben Marschrhythmen und stellenweise leicht slawische Tönungen dem Werk charakteristische Züge. Als ein amüsantes Effektstück von offenbachschem Wuchs prägt sich das Ensemble *Denn Barbaren, ja Barbaren sind im Kriege die Bulgaren* (1. Akt) besonders ein. Die Nähe der süßen Walzertraum-Melodik spürt man besonders in dem bei der Terzett-Romanze *Drei Frauen saßen am Feuerherd* erstmals aufklingenden Walzer *Tiralala, tiralala, verstehst du*. Die Note persönlicher Erfindung und Gestaltung trägt aber nicht minder das berühmte Walzerlied der Nadina *Komm, komm, Held meiner Träume*. Reizvoll und einprägsam u. a. auch das Duett *Weil's Leben süß und herzlich ist* und die Walzerweise *Pardon, pardon, pardon*. Ein netter Einfall ist das Kuhreigen-Motiv, mit dem sich Bumerli musikalisch als Schweizer ausweist.

Drei Walzer

Operette in 3 Teilen (12 Bildern). Text von Paul Knepler und Armin Robinson. Uraufführung am 5. Oktober 1935 in Zürich.

Personen des 1. Teils: Fanny Pichler, Tänzerin am Kärntnertortheater (Sängerin) – Beltramini, Ballettmeister – Kaliwoda, Bühneninspizient – Josef Brunner, Theateragent – Johann Brunner, sein Sohn – Die von Schwarzenegg: Gräfin Katharina Anastasia, Feldmarschalleutnant Graf Franz, Oberst Graf Felix, Major Graf Herbert, Graf Leopold und Oberleutnant Graf Rudolf (Ten.) – Frau Zörngruber – Difflinger, Maler – Sebastian, Diener – Ein Klavierspieler – Ballettmädchen.

Ort und Zeit: Wien, 1865.
Musik nach Johann Strauß Vater.

1. bis 3. Bild. Die auffallend begabte junge Tänzerin Fanny Pichler, die schon ein Engagement nach Paris in Aussicht hat, ist heute nicht pünktlich zur Probe erschienen. Sie hat wohl wieder ein Rendezvous mit dem Oberleutnant Rudi v. Schwarzenegg. Als sie dann doch noch, spät genug, erscheint, besiegt sie mit ihrer sonnigen Laune schnell den Zorn des Ballettmeisters. Von dem Plan, nach Paris zu gehen, will sie aber nichts mehr hören, obwohl der Theateragent Brunner und sein Sohn Johann zum Abschluß des Vertrags drängen. Sie fühlt sich als Rudis Braut und hat andere Zukunftspläne. – Die Verwandten Rudis wollen natürlich von seiner Verbindung mit der Bürgerlichen Fanny Pichler nichts wissen. Die Familie setzt ihm mit Vorwürfen zu, doch Rudi weist sie lächelnd zurück, spricht vom Liebesrecht der Jugend und entwindet sich rasch dem Verhör der erbosten Alten. – Auch Fanny hat Bedenken von Wohlmeinenden abzuwehren: ihre Hauswirtin warnt sie vor der Freundschaft mit dem adeligen Offizier, aber das verliebte Mädchen hört darauf so wenig wie auf Brunners neue Mahnung, den Pariser Vertrag zu unterzeichnen. Für Rudis Liebe will sie gerne ihre Karriere aufgeben. Alle Vorbehalte sind vergessen, als er zu ihr ins Zimmer tritt und sie umarmt. Auch die mit Güte vorgebrachten Einwände von Rudis

Tante Katharina scheinen das glückliche Paar nicht zu berühren. Bedeutet's denn so viel, wenn Rudi künftig seine Apanage verlieren wird und den bunten Rock ablegen muß? Ist es so schlimm, wenn dann Fanny mit ihrem Tanzen das nötige Geld verdienen muß? Als aber plötzlich unten auf der Straße Rudis Ulanenregiment vorbeizieht und Fanny sieht, wie er seine Kameraden mit der Begeisterung eines Mannes, der mit Leib und Seele Soldat ist, beobachtet – da erkennt sie, daß die Preisgabe der Offizierslaufbahn ein unerträgliches Opfer für ihn sein würde. Nun unterschreibt sie, ohne ihm etwas davon zu sagen, den Vertrag für Paris. Rudi ahnt nichts von ihrem stillen Verzicht, weiß nicht, daß der heutige innige Abschied ein Lebewohl für immer war.

PERSONEN DES 2. TEILS: Charlotte Pichler, Operettensängerin (Sängerin) – Alexander Jensen, Schauspieler – Steffi Castelli, Soubrette – Johann Brunner (jetzt etwa 50jährig), Impresario – Otto Graf von Schwarzenegg (Ten.) – Fritz von Bodenheim, sein Freund – Baron Liebinger – Helene, seine Frau – Franz, Oberkellner – Der Theaterdirektor, der Regisseur, ein Journalist.

ORT UND ZEIT: Wien, 1900.
Musik nach Johann Strauß Sohn.

4. bis 9. Bild. Premiere im Theater an der Wien. Hinter der Bühne versammeln sich die Bewunderer der gefeierten Operetten-Diva Charlotte Pichler. Mehr als andere Huldigungen bedeuten ihr freilich die anerkennenden Worte ihres Kollegen Jensen und des Impresario Johann Brunner, der ihr sagt, sie singe so schön, wie ihre Mutter Fanny einst getanzt habe. Noch wichtiger aber wird ihr die Begegnung mit Otto v. Schwarzenegg: wie eigenartig, den Sohn jenes Rudi v. Schwarzenegg kennenzulernen, von dem ihr die Mutter so viel erzählte! Um mehr mit ihm sprechen zu können, nimmt sie die Einladung des Barons Liebinger zu einer kleinen Nachfeier der Premiere in seinem Hause an; denn schon ist sie von Otto so angetan, wie er von ihr fasziniert ist. Auf dem Weg zu Liebinger erzählt Otto einem Freund, daß er demnächst auf Wunsch seiner Familie heiraten werde und deshalb seine bisherige Liaison mit der Baronin Liebinger abge-

brochen habe. Während des festlichen Abends kommt es zu
einer erregten Auseinandersetzung zwischen ihm und der Baronin, die unter der bevorstehenden Trennung leidet. Eifersüchtig sieht sie den stets leicht Entflammten die schöne Operettensängerin umschwärmen, und plötzlich ist er mit ihr,
ohne Abschied zu nehmen, aus der Gesellschaft verschwunden. Trotz anfänglichem Widerstreben hat Charlotte ein-
gewilligt, mit dem sie Bestürmenden den Abend allein bei
Sacher zu beschließen. Dort ist Otto Stammgast und dem
Oberkellner Franz seit langem als verliebter Abenteurer
wohlbekannt. Heute kommt er also wieder mit einer neuen
Eroberung! Eine Viertelstunde lang glückt es Charlotte noch,
die Überlegene zu spielen, dann aber erliegt sie Ottos Leidenschaft. Glücklicherweise klopft nach dem ersten Kuß »Onkel« Brunner an der Tür des Séparées, um sie zur Heimfahrt
abzuholen. Otto fühlt sich als Sieger. – Am nächsten Morgen
ist Charlotte trotz ihrer Verliebtheit etwas ratlos – ist's nur ein
Rausch, der über sie gekommen ist? Da erscheint die eifersüchtige Baronin Liebinger in ihrer Bühnengarderobe und
schildert ihr Otto als bedenkenlosen Frauenverführer, der jeder sagt, sie sei »die Einzige«! Otto selbst unterbricht dieses
peinliche Gespräch. Wohl merkt er, wovon da die Rede war,
gibt jedoch sein Werben um Charlotte nicht auf. Aufrichtig
gesteht er ihr seine Schwächen und Abenteuer – sie aber sei
nun wirklich jene Einzige, von der er immer geträumt habe.
Diese Phrase – war es aber diesmal wirklich nicht mehr? – ernüchtert Charlotte. Kühl verabschiedet sie ihn und stellt ihm
den Kollegen Jensen als ihren Bräutigam vor. Ihre Kälte war
indes nur Maske: während der Abendvorstellung wird sie
beim Singen der Strophe *Denn du bist das Leben, denn du bist
die Liebe* ohnmächtig. Das unerfüllte Erlebnis wirkte zu tief
in ihr nach. Zum zweitenmal endet so die Begegnung zwischen einer Pichler und einem v. Schwarzenegg mit schmerzli-
chem Verzicht.

Personen des 3. Teils: Franzi Jensen-Pichler (Sängerin) – Ferdinand Graf Schwarzenegg (Ten.) – Johann Brunner (nun ein hoher
80er) – Direktor Lindtheim von der Vienna-Film AG – Der Regis-

seur – Der Reklamechef – Ein Hilfsregisseur – Der Kapellmeister –
Eine Sekretärin – Waldner, ein Schauspieler – Der Wirt zum »Grü-
nen Hirschen« – Ein Kellner – Schauspieler. Girls. Operateure. Be-
leuchter. Arbeiter.

ORT UND ZEIT: Wien, 1935.
Musik von Oscar Straus.

10. bis 12. Bild. Als Liebesromanze aus längst verklungener
Zeit ist Fanny Pichlers Erlebnis mit Rudi v. Schwarzenegg
filmreif geworden. Der noch immer tätige Agent Johann
Brunner hat als letzter Zeuge jener fernen Tage selbst die
Handlung entworfen. Soeben probt man eine Szene des
neuen Films, für den man Fannys Enkelin Franzi, die Tochter
Charlottes und Jensens, als Hauptdarstellerin verpflichtet
hat. Durch die Absage des Schauspielers, der den Rudi spielen sollte, ist man aber in arge Verlegenheit geraten. Da meldet sich Graf Ferdinand v. Schwarzenegg bei Direktor Lindtheim, um als letzter Sproß seiner verarmten Familie gegen
die Nennung des Namens v. Schwarzenegg in dem Film zu
protestieren. Die von einem unverkennbaren schauspieleri-
schen Talent zeugende Art seines Auftretens bringt jedoch
den Direktor auf den Gedanken, ihn für die Rolle des Rudi
zu engagieren. Nach begreiflichem Zögern willigt Ferdinand
ein, als er seine Partnerin Franzi kennenlernt, die sogleich tiefen Eindruck auf ihn macht. Sie erschrickt zwar, als sie sich einem Nachkommen der Männer gegenübersieht, durch die
ihre Mutter und Großmutter so enttäuscht wurden – bald
aber verstehen sich die beiden sehr gut, und schon die erste
Probe verläuft überaus harmonisch. Als der alte Brunner von
Ferdinands Engagement erfährt, ist er sehr bestürzt – soll er
sich nicht Sorgen um Franzi machen, wenn sie mit einem v.
Schwarzenegg zu tun hat? Aber als er den jungen Mann sieht,
muß er einräumen, daß er schon wegen seiner Ähnlichkeit
mit Rudi für die ihm zugedachte Rolle sehr geeignet ist. – Ein
paar Wochen später, als er die Aufnahmen der letzten Szenen
des Films als Zuschauer miterlebt, beunruhigt ihn etwas ganz
anderes: die willkürlich vorgenommenen Änderungen seiner
wahrheitsgetreuen Vorlage für die Handlung. Aber die Wirk-

lichkeit schaut ja auch anders aus als das Geschehen vor 70 Jahren: staunend und freudig sieht er, wie sich nach der Schlußaufnahme Franzi und Ferdinand als glücklich Liebende umarmen. Endlich meint es das Schicksal gut mit zwei jungen Menschen der Familien Pichler und Schwarzenegg.

Der Reiz dieses Spätwerks liegt nicht zuletzt in dem hübsch erdachten und wirksam gestalteten Libretto, dem sich die Musik singspielartig einfügt. Mit feiner Einfühlung in den Stil der älteren Meister hat der Komponist in den beiden ersten Teilen den Tonfall von Vater und Sohn Johann Strauß angeschlagen und so den Bildern aus dem Spätbiedermeier und aus der Jahrhundertwende eine zwingende musikalische Atmosphäre gegeben. Dem Titel entsprechend bilden drei Walzer die melodischen Höhepunkte: der schwärmerische *Wien ist ein Liebeslied* (für Fanny und Rudi), der geschmeidig-intensive *Ich liebe das Leben* (für Charlotte und Otto) und der von zärtlichem Sentiment erfüllte *Man sagt sich beim Abschied Adieu* (für Franzi und Ferdinand).

Bozena

Operette in 3 Akten (4 Bildern). Text von Julius Brammer und Alfred Grünwald. Uraufführung am 16. Mai 1952 in München.

PERSONEN: Bozena (Sängerin) – Karel (Ten.) – Koudjela, ein reicher Bauer (Kom.) – Nepomuk und Svatopluk, seine Söhne (Buffi) – Der Fremde – Klopotka, der Wirt – Cilka, seine Tochter (Sängerin) – Jan Burian, gräflicher Forstbeamter – Hladky, Bürgermeister – Dobromila, seine Frau – Liduschka, Magd bei Bozena (Soubr.) – Vaclav Plewny, der Hochzeitslader – Pavel Kralik, Dorfpolizist – Bauern. Burschen und Mädel. Mägde und Knechte. Budenbesitzer. Musikanten.

ORT UND ZEIT: In einem slowakischen Dorf, in den achtziger Jahren des 19. Jahrhunderts.

1. Akt. Dorfplatz. Die Bauern feiern Kirchweih. Vor der Schenke rufen die Burschen nach Cilka, der hübschen, ko-

ketten Wirtstochter. Ärgerlich sieht Jan Burian das Mädchen,
das er als seine Braut betrachtet, mit ihnen tanzen. Neue Gäste finden sich ein: der reiche Koudjela kommt mit seinen
Söhnen Nepomuk und Svatopluk. Er war gerade bei Bozena,
um sie für einen der beiden als Braut zu gewinnen, aber das
schöne, stolze Mädel hat davon nichts wissen wollen. Nun
brütet der Alte Rache. Zur Freude aller läßt sich jetzt der
Foltyn Karel auf dem Dorfplatz sehen, der drei Jahre bei den
Dragonern gedient hat und nun in die Heimat zurückgekehrt
ist. Alle begrüßen den strammen Burschen herzlich, der sich
bald zu Cilka wendet: ihr hat er, ehe er fortzog, versprochen,
sie zur Frau zu nehmen, und diesen Plan will er nun bald verwirklichen. Koudjela hat inzwischen die Leute gegen Bozena
aufgebracht und für seinen Racheplan gewonnen: einer der
Burschen solle sie recht verliebt machen und dann – sitzenlas-
sen. Wer aber könnte dazu besser taugen als der schneidige
Karel! Und der ist wirklich zu dem »Spaß« bereit. Da erscheint Bozena auch schon, begleitet von ihrer netten Magd
Liduschka. Sie wundert sich über die auffallend freundliche
Begrüßung der Leute, denn sie kennt ihre feindliche Gesinnung: sie ist ihnen zu stolz, zu tüchtig, zu schön, zu schlagfer-
tig. Karel geht sogleich auf sein Ziel los. Sie tanzt mit ihm,
wehrt aber seine Schmeicheleien trotzig ab. Während des
Kirchgangs verstummt der Festtrubel. Karel kommt mit Bozena allein ins Gespräch. Angetan von dem edlen Wesen des
schönen Mädchens, vergißt er seine üble Absicht und wirbt
mit echter Leidenschaft um sie. Sie aber durchschaut die Bü-
berei und wendet sich voll Verachtung von ihm ab.
2. Akt. 1. Teil. Stube in Bozenas Haus. Nach dem Gutenacht-Gruß der Dienstleute unterhält sich Bozena mit Liduschka über ihren Bruder Stojan, der vor fünfzehn Jahren
vom Militär desertiert und seitdem verschwunden ist. Später,
als sie eben ihr Nachtgebet spricht, tritt ein Fremder zur Tür
herein, und bald erkennt sie in ihm den für immer verloren
Geglaubten. Er erzählt ihr, wie es zu seiner Fahnenflucht gekommen ist: Ein Leutnant hatte ihm sein Mädel verführen
wollen, und da hat er ihn niedergeschlagen. Vor der unvermeidlichen schweren Strafe floh er ins Ausland. Jetzt will er

nur kurz sein Elternhaus wiedersehen. Während sie noch reden, dringt von draußen Lärm und lustige Musik herein. Karel ist da mit einigen Burschen, um ihr ein Ständchen zu bringen und sie um Verzeihung zu bitten. Keck springt er durchs Fenster in die Stube, sieht den Fremden, und da ihn Bozena über die Person ihres immer noch vom Gesetz bedrohten Bruders nicht aufklären kann, glaubt er, der fremde Mensch sei ihr heimlicher Geliebter. Voll eifersüchtiger Wut gibt er Bozena dem Gespött der Bauern preis.

2. Teil. Garten vor Bozenas Haus. Schon spürt Bozena die Folgen des Dorfklatsches. Kinder, denen sie sonst Obst und Süßigkeiten schenkte, dürfen nichts mehr von ihr annehmen. Bald taucht auch der Bürgermeister mit dem hämischen Koudjela auf, um ihr Vorhalte wegen des Fremden in ihrem Haus zu machen. Und schließlich kommt gar das »Dorfgericht« über sie: einem wüsten Brauch zufolge will man ihr das Hausdach abdecken, damit die Eltern im Himmel ihre Schande sehen können. Da aber tritt Karel energisch dazwischen. Bozena ist ihm herzlich dankbar dafür. Als er sie aber jetzt aufs neue bittet, ihm den Namen des Fremden zu sagen, schweigt sie wieder und grämt sich, daß er ihrer Versicherung, sie habe ein reines Gewissen, so wenig Glauben schenkt. Schmerzlich bewegt muß sie erleben, daß er sich von ihr abkehrt und trotzig mit Cilka den Hochzeitstag verabredet.

3. Akt. Dorfplatz (wie im 1. Akt). Drei Wochen später. Heute soll Karel mit Cilka Hochzeit feiern. Den Brautleuten ist aber gar nicht froh zumute. Karel weilt in Gedanken immer bei Bozena, Cilka hat Gewissensbisse wegen Jan Burian, der sich aus Liebeskummer ihretwegen an einen andern Ort versetzen lassen will. Schon bereitet sich die Hochzeitsgesellschaft zum Kirchgang, da kommt Bozena in Stojans Begleitung angefahren. Sie wird übel aufgenommen, und der Bürgermeister droht sogar, daß alle fortgehen würden, wenn sie mit ihrem »Schatz« länger hierbliebe. Jetzt endlich greift Stojan ein, bekennt, wer er ist, und kann auch sagen, daß er wieder einen ehrlichen Namen habe: denn der Kaiser hat ihn begnadigt. Karel ist glücklich über diese

Nachricht, doch Bozena wäre ihm dennoch verloren, wenn nicht Cilka eine gute Wendung herbeiführen würde: sie gibt ihn frei und bekennt sich zu Jan Burian.

Das letzte Bühnenwerk von Oscar Straus trägt weithin die Züge einer Volksoper. Jedenfalls weist schon der Stoff, mehr aber noch die Art und Qualität der musikalischen Gestaltung über die Operette hinaus. Die lebensvolle Musik zeigt eine große, einheitliche Linie in Form und Ausdruck, ist reich an prächtigen Ensemble- und Chorsätzen, interessant in der wirkungsstarken leitmotivischen Auswertung besonders einprägsamer melodischer Gedanken und fesselt vor allem auch – im Heiteren wie im Lyrisch-Ernsten – durch ihr slawisches Kolorit. Die Hauptgestalten Bozena, Karel und Cilka sind in ihrer Eigenart eindringlich charakterisiert. Von den das Werk tragenden Melodien prägen sich besonders Bozenas Walzer *Will nicht mein Leben verträumen*, Karels Lied *Hast mich verzaubert schier*, Jan Burians Weise *Du hast mir am St. Anustag* und der keck aufspringende Chorländler *Kirmes ist heute* ein. Für die lustigen und komischen Szenen bevorzugt der Komponist vielfach den Polka-Rhythmus.

Franz Lehár

* 30. April 1870 in Komorn (Ungarn),
heute Komárno (Tschechien)
† 24. Oktober 1948 in Bad Ischl

Die besten Werke von Suppé, Johann Strauß, Millöcker, Zeller und Heuberger zeugen für das »goldene Zeitalter« der Wiener Operette. Dieser glänzenden Ära folgten magere Jahre, die einen Niedergang der Gattung erkennen, ja ihren gänzlichen Verfall befürchten ließen. Nach der Jahrhundertwende aber traten wieder neue starke Begabungen hervor, deren Leistungen solche Bedenken zerstreuten und der Operette neue Impulse gaben. Die reichste und zwingendste Persönlichkeit unter den Komponisten der nach 1900 beginnenden Epoche wurde Lehár. Reichtum und Ursprünglichkeit der melodischen Erfindung, sinnliche Temperamentfülle und dramatischer Elan, rhythmische Pikanterie, lyrischer Schmelz und mannigfache Reize des klanglichen und folkloristischen Kolorits sind die auszeichnenden Eigenschaften seiner besten, mit beachtlichem Können gestalteten Bühnenwerke, die mit Recht weltweiten Anklang gefunden haben. Lehár, der ungarische, deutsche und französische Vorfahren hatte, war der Sohn eines Militärkapellmeisters aus Mähren. Hochbegabt, kam er schon als Zwölfjähriger als Violinschüler an das Prager Konservatorium. Nach sechsjährigem Musikstudium nahm er einen Posten als Orchestermusiker in Barmen-Elberfeld an. 1890 entschloß er sich, Militärkapellmeister zu werden, und in dieser Stellung kam er in den folgenden Jahren nach Losoncz, Pola, Triest, Budapest und 1899 nach Wien. 1896 errang er mit der Aufführung seiner Oper *Kukuschka* in Leipzig den ersten Bühnenerfolg. Erst 1902 fand er den Weg zur Operette. *Wiener Frauen* und *Der Rastelbinder* wurden seine frühesten Beiträge zum Spielplan der Wiener Operettentheater. 1904 folgten *Der Göttergatte* und *Die Juxheirat*, und ein Jahr später brachte er das Werk heraus, das seinen Namen rasch berühmt machen sollte: *Die lustige Witwe*. Die nächsten Stationen seines Schaffens bildeten der Einakter *Mitislaw der Moderne* (1907), *Der Mann mit den drei Frauen* (1908), *Das Fürstenkind* (1909), *Der Graf von Luxemburg* (1909), *Zigeunerliebe* (1910), *Eva* (1911), *Die ideale Gattin* (1913), *Endlich allein* (1914), *Der Sterngucker* (1916), *Wo die Lerche singt* (1918), *Der blaue Mazur* (1920), *Die Tangokönigin* (1921), *Frasquita* (1922), *Libellentanz* (1922), *Die gelbe Jacke* (1923), aus der 1929 *Das Land des Lächelns* wurde, und *Cloclo* (1924). Nach einer so großen Zahl von Werken wäre ein Erlahmen der Schaffenskraft des inzwischen 55 Jahre alt gewordenen (und zu beträchtlichem Reichtum gelangten) Komponisten nicht verwunderlich gewesen. Lehár aber erlebte eine zweite schöpferische Jugend und schuf bis zu seinem 73. Lebensjahr noch eine Folge von stark inspirierten Werken neuer Art. Singspiel- und opernhafte Elemente bestimmen das Wesen dieser erfolgreichen, heute oft unterschätzten Spätwerke ebenso wie die – damit im Zusammenhang stehende – musikdramatische Intensivierung der behandelten Stoffe, eine schärfere Charakterisierung der Hauptgestalten, eine Neigung zu ernsten, in resignierter Stimmung verklingenden Handlungen und eine verfeinerte, an Puccini und Richard Strauss anknüpfende Harmonik und Orchestration. *Paganini* eröffnete im Oktober 1925 die Reihe dieser seiner letzten Operetten; 1927 folgte *Der Zarewitsch*, 1928 *Friederike*, 1929 *Das Land des Lächelns*, 1931 *Schön ist die Welt*. Den Ausklang seines Lebenswerks bildete die 1934 an der Wiener Staatsoper uraufgeführte musikalische Komödie *Giuditta*.

Die lustige Witwe

Operette in 3 Akten. Text von Victor Léon (Victor Hirschfeld) und Leo Stein (Leo Rosenstein) nach Henri Meilhacs Lustspiel *L'attaché d'ambassade* (1861). Uraufführung am 30. Dezember 1905 im Theater an der Wien, Wien.

Personen: Baron Mirko Zeta, pontevedrinischer Gesandter in Paris (Bar.) – Valencienne, seine Frau (Soubr.) – Graf Danilo Danilowitsch, Gesandtschaftssekretär, Kavallerieleutnant i. R. (Ten.) – Hanna Glawari (Sängerin) – Camille de Rosillon (Buffo) – Vicomte Cascada – Raoul de St. Brioche – Bogdanowitsch, pontevedrinischer Konsul – Sylviane, seine Frau – Kromow, pontevedrinischer Gesandtschaftsrat – Olga, seine Frau – Pritschitsch, pontevedrinischer Oberst in Pension und Militärattaché – Praskowia, seine Frau – Njegus, Kanzlist bei der pontevedrinischen Gesandtschaft (Kom.) – Lolo, Dodo, Jou-Jou, Frou-Frou, Clo-Clo und Margot: Grisetten – Damen und Herren der Gesellschaft. Musikanten. Dienerschaft.

Ort und Zeit: Paris, 1905.

1. Akt. Salon im pontevedrinischen Gesandtschaftspalais. Fröhlich feiern die Herren der Gesandtschaft mit ihren Frauen und Pariser Freunden den Geburtstag ihres Fürsten. Doch Baron Zeta hat Sorgen. Er erwartet eine junge Lands-

männin, die schöne Hanna Glawari, die nach kurzer Ehe
Witwe und auf diese Weise steinreich geworden ist. Wenn
sie nun einen Pariser heiratet, ist ihr ganzes Geld für den fi-
nanzschwachen pontevedrinischen Staat verloren. Um das
zu verhüten, will er seinen Attaché, den Grafen Danilo, veranlassen, die lustige Witwe zu heiraten. Aber wo steckt dieser lockere Vogel wieder? Natürlich im »Maxim« bei den
reizenden Grisetten! Schon betritt Hanna Glawari den Saal.
Wie doppelt reizvoll erscheint sie den anwesenden Junggesellen, seit sie so reich ist. Aber sie ist auf ihrer Hut und will
nicht wegen ihrer Millionen geheiratet werden. Endlich
taucht auch Danilo auf, todmüde vom Bummeln. Er kennt
Hanna schon aus seiner Heimat, hätte sie vor Jahren gerne
geheiratet, aber seine Familie war gegen die Ehe mit dem
damals armen Mädel aus dem Volk. Noch liebt er sie, aber
sie soll ja nicht glauben, daß ihn ihr Reichtum locke. Darum
läßt er sich von ihr nicht ins Herz schauen und verhält sich
auch ablehnend gegen Zetas Heiratsplan. Er verspricht nur,
alle ausländischen Bewerber fernzuhalten, und das glückt
ihm auch. Inzwischen ist Zetas junge Frau, Valencienne, in
eine unangenehme Lage geraten. Sie hat ihren Fächer verloren, auf den ihr Rosillon, der sie umschwärmt, eine Liebeserklärung geschrieben hatte. Peinlicherweise gerät das kom-
promittierende Fundstück sogar in die Hände ihres Gatten
– aber sie hat Glück: Zeta bleibt ahnungslos, daß der Fächer
ihr gehört. Danilo aber gelingt es nun, Hannas Anbeter zu
vertreiben. Er veranlaßt vor dem nächsten Tanz eine Da-
menwahl; Hanna wählt *ihn* als Tänzer, doch lehnt er ab und
bietet den Walzer mit ihr für 10 000 Francs den anderen Herren feil – worauf sich alle zurückziehen. Dann jedoch, allein
mit Hanna, nötigt er die Erstaunte und noch Widerstre-
bende zu einem Tanz, der zum wortlosen Bekenntnis seiner
Empfindung wird.
2. Akt. Garten mit Pavillon im Palais Hannas. Bei einem
Fest, das die Gäste mit pontevedrinischen Liedern und Tänzen im Geist in die Heimat versetzt, singt Hanna selbst das
Lied von Vilja, dem »Waldmägdelein«. In ihr ist die alte Neigung für Danilo längst wieder erwacht. Sie bemüht sich wer-

bend um ihn – aber er weicht ihr aus, spottet nur und reizt sie, statt sich zu erklären. Augenblicklich ist er übrigens beschäftigt, im Auftrag Zetas die Besitzerin jenes Fächers ausfindig zu machen – doch bald legt er das Fundstück achtlos beiseite. So gelangt der Fächer schließlich durch einen glücklichen Zufall doch wieder in den Besitz Valenciennes, die ihren Verehrer Rosillon nun bittet, um Hanna zu werben; denn sie selbst will »eine anständige Frau« bleiben. Rosillon ist bereit, ihr zu gehorchen, zieht sie jedoch zu einem Abschiedskuß mit sich fort »in den kleinen Pavillon«. Zeta hat das Paar beobachtet und läßt den Pavillon öffnen, aber heraus tritt Rosillon mit Hanna, die rasch Valenciennes Platz eingenommen hat, um ihr zu helfen. Jetzt erwacht Danilos Eifersucht, und als Hanna gar noch, das Spiel weitertreibend, ihre Verlobung mit Rosillon bekanntgibt, spürt sie aus seinem Benehmen, aus seinem Lied von den »zwei Königskindern« und aus seiner Absicht, wieder ins »Maxim« zu gehen, wie sehr er sie noch liebt.

3. Akt. Im Palais Hannas. Hier wartet auf die Gäste noch eine reizende Überraschung: Hanna hat mit Hilfe des Kanzlisten Njegus einen Saal in das Kabarett »Maxim« verwandeln lassen, und alle genießen die anregende Atmosphäre dieses berühmten Nachtlokals. Danilo erfährt, daß sie das alles seinetwegen arrangiert hat. Zeta ist voll Sorge um ihre Millionen – der Staatsbankrott droht, wenn sie Rosillon wirklich heiratet. Durch Danilo appelliert er an Hannas Patriotismus, und als gute Pontevedrinerin sieht sie den Grund ein. Doch sie denkt ja ohnehin nicht daran, den Franzosen zum Mann zu nehmen, und klärt Danilo auch über das Abenteuer im Pavillon auf. Zu einem Bekenntnis seiner Liebe kann er sich freilich immer noch nicht entschließen. Trotzig schweigend, verraten beide einander nur im Tanz, was sie empfinden. Für Valencienne wird aufs neue die leidige Fächergeschichte peinlich: Zeta ahnt alles, will sich scheiden lassen und macht nun selbst Hanna einen Heiratsantrag. Sie erklärt ihm aber, daß sie, laut Testament, im Falle ihrer Wiederverehelichung ihr ganzes Vermögen verliert. Jetzt endlich offenbart ihr Danilo seine Liebe – denn

wenn sie arm ist, kann sie ja nicht mehr argwöhnen, daß es ihr Reichtum ist, der ihn zu ihr zieht. Beglückt finden sie sich. Die Millionen sind aber doch nicht verloren: Hanna hatte nur verschwiegen, daß das ererbte Vermögen ihrem neuen Gatten zufallen müsse. Auch Zeta beruhigt sich wieder. Auf dem Fächer entdeckt er nämlich unter Rosillons »Ich liebe dich« Valenciennes eigenhändige Antwort: »Ich bin eine anständige Frau.«

Mit der *Lustigen Witwe* glückte dem 35jährigen Lehár der große Wurf – vielleicht der größte seines Lebens. Fragt man heute nach den Ursachen des in vieltausend Aufführungen immer wieder neu bestätigten Welterfolgs des Stücks und nach den künstlerischen Werten, welche dieses Urteil des Publikums rechtfertigen, so wird man vor allem die erstaunliche, blendende Fülle glänzender musikalischer Einfälle nennen müssen, die dem Werk Leben gibt. Jede Nummer der Partitur zeugt von diesem Einfallsreichtum des Komponisten, dessen Kraft sich aber keineswegs im Melodienerfinden erschöpft: denn nicht minder rühmenswert ist seine Kunst prägnanter Charakterisierung der Hauptgestalten, seine Gabe, den flotten und pikanten Pariser Lebewelt-Ton ebenso sicher zu treffen wie den romantischen slawischen Stimmungsklang der Heimat Hannas und Danilos, seine ganz neue Art, dem Tanz eine beredte innerdramatische Ausdrucksbedeutung zu geben (1. Finale!), und nicht zuletzt seine Fähigkeit, mit den Mitteln einer farbenreichen Instrumentation und einer – gegenüber allem Hergebrachten – reizvoll modernen Tönung der Harmonik die Wirkung seiner Melodien zu intensivieren. Von den vielen musikalischen Motiven, die in jedem aufklingen, wenn man *Die lustige Witwe* nennt, seien hier nur die berühmtesten genannt: die Walzer *Ballsirenen* und *Lippen schweigen*, Danilos *Da geh ich zu Maxim* und Valenciennes *Ich bin eine anständige Frau*, Hannas *Vilja-Lied* und ihre pikante Mazurka *Hab in Paris mich noch nicht ganz akklimatisiert*, Rosillons Romanze mit dem Höhepunkt *Komm in den kleinen Pavillon* und das Marsch-Septett der Männer

Franz Lehár: Die lustige Witwe
Staatstheater am Gärtnerplatz, München

Franz Lehár: Die lustige Witwe
Oper Leipzig

mit dem Trio *Ja, das Studium der Weiber ist schwer!*, die Lieder vom dummen Reiter und von den zwei Königskindern, schließlich das Chanson der Grisetten »von Pariser Kabaretten«.

Der Graf von Luxemburg

Operette in 3 Akten. Text von Alfred Maria Willner und Robert Bodanzky. Uraufführung am 12. November 1909 im Theater an der Wien, Wien.

Personen: René, Graf von Luxemburg (Ten.) – Fürst Basil Basilowitsch (Kom.) – Gräfin Stasa Kokozeff (Alt) – Armand Brissard, Maler (Buffo) – Angèle Didier, Sängerin an der Großen Oper (Sängerin) – Juliette Vermont (Soubr.) – Mentschikoff, Notar – v. Pawlowitsch, russischer Botschaftsrat – Pélégrin, Munizipalbeamter – Der Manager des Grand Hotel – Jules, Oberkellner – Maler. Modelle. Diener.

Ort und Zeit: Paris, 1909.

1. Akt. Atelier des Malers Brissard. In vertrautem Gespräch mit seiner Freundin Juliette erinnert sich Brissard der Zeit, da ihm der Vater seines Freundes, des leichtlebigen, verschwenderischen Grafen René von Luxemburg, das Kunststudium ermöglichte. Voll froher Faschingslaune stürmen auf einmal andere Maler mit ihren Modellen in den Raum. Die Unterhaltung kommt bald auf die berühmte Sängerin Angèle Didier, für deren Ausbildung Fürst Basil Basilowitsch uneigennützig gesorgt hat. Nun munkelt man aber, er wolle sie heiraten. Während man so ein wenig klatscht, kommt, in glänzender Laune wie immer, René. Sein Vermögen besteht heute nur aus zwei Sous – doch das bringt ihn nicht aus der Stimmung. Interessant ist der Vorschlag aber schon, den ihm der unvermutet hier erscheinende Fürst Basil macht: Basil will also wirklich Angèle heiraten; ein bürgerliches Mädchen kann er jedoch nicht nehmen, darum soll sie vorher eine Scheinehe mit einem Adeligen schließen, und diesen Ehe-Strohmann soll René spielen. Ein paar Bedingungen sind dabei: René darf die Dame, die er heiraten soll, nicht sehen, er soll sich drei Monate lang nicht unter seinem Namen in Paris

zeigen, und nach dieser Frist muß er sich wieder scheiden
lassen. Für diese »Leistung« bekommt er 500 000 Francs.
René willigt ein. Schon wird die Trauung vorbereitet. Angèle, die sich halb aus Ehrgeiz, Fürstin zu werden, halb aus
Dankbarkeit gegen Basil mit der Ehekomödie einverstanden erklärt, ist bereits angekommen. Getrennt durch eine
als Wandschirm dienende Staffelei wird das Paar sogleich
getraut. Nur die Hände berühren sich beim Ringwechsel.
Aber natürlich wird lustig dabei geplaudert, René und Angèle spüren ahnungsvoll eine eigentümliche Sympathie füreinander. Wieder allein, fühlt sich René sogar richtig verliebt in seine unbekannte Frau.
2. Akt. Wintergarten im Palais Angèles. Die drei Monate
sind vergangen. Angèle feiert heute ihren Abschied von der
Bühne: morgen wird sie sich scheiden lassen und dann den
Fürsten heiraten. René, der während der vergangenen Wochen mit Brissard verreist war, hat heute die Künstlerin auf
der Bühne gesehen und sich dabei so in sie verliebt, daß er sie
kennenlernen will. So führt er sich als »Baron v. Reval« in die
Gesellschaft ein, tanzt mit Angèle, umwirbt sie stürmisch, erfährt aber von ihr, daß sie bereits verheiratet sei und bald eine
zweite Ehe schließen wolle. Ihre Herzen glühen schon füreinander, aber noch versagt sich Angèle seinem Werben. Auch
Brissard ist mit René hergekommen, um seine Juliette wiederzusehen, die jetzt Angèles Gesellschafterin ist. Fürst Basil
sieht Renés Anwesenheit sehr ungern: wie leicht kann alles
aufkommen! Eilig gibt er darum der Gesellschaft seine Verlobung mit Angèle bekannt. Brissards Einwand, die Dame sei
doch schon verheiratet, sucht er abzutun, und spottend erklärt Angèle, in Erinnerung an jene Trauungsfarce, daß ihr
ein Mann, der seinen Namen für Geld verkaufe wie der Graf
von Luxemburg, nur verächtlich sei. Jetzt gibt sich René zu erkennen und sagt ihr bitter, daß er ihr immerhin den Weg bereitet habe, Fürstin zu werden. Betroffen erwidert sie: »Noch
bin ich Ihre Frau! Wir gehören zusammen!« und läßt sich von
ihm aus dem Saal geleiten.
3. Akt. Vestibül des »Grand Hotel«. Schon graut der Morgen, der die Entscheidung bringen muß. René, der hier im

Hotel wohnt, macht sich Sorgen wegen seines Vertrags mit dem Fürsten. Angèle stellt seine Absicht, das gegebene Wort zu halten, durch ihren Spott auf harte Proben, aber beim Sekt lindert sich die Spannung der Stunde, und beide finden sich im ersten leidenschaftlichen Kuß. Zufällig machen sie die Bekanntschaft der Fürstin Stasa Kokozeff, die eben aus Rußland kommt, wo sie vom Zaren einen Befehl zu ihrer Vermählung mit dem Fürsten Basil, ihrem früheren Geliebten, erwirkt hat. Wie freuen sich René und Angèle über diese Neuigkeit! Da erscheint Basil selbst; er hofft noch immer, Angèle zu gewinnen. Entsetzt sieht er nun Stasa vor sich, und, in die Enge getrieben, muß er René schleunigst aus seiner ehrenwörtlichen Verpflichtung entlassen. René gibt ihm auch die 500 000 Francs zurück, denn seine in Rußland konfiszierten Güter stehen ihm jetzt wieder zur Verfügung, und die Not hat ein Ende. Zu den beiden Paaren gesellt sich schließlich noch ein drittes: Brissard und Juliette; sie waren schon in aller Frühe auf dem Standesamt.

Mit seiner reizvollen erotischen Thematik, seinen bühnenwirksamen Szenen, seinen teils amüsanten, teils interessanten Figuren und all seinen lustigen und zärtlichen Stimmungen bot dieses pariserisch getönte Libretto dem Meister der – in mancher Hinsicht wesensverwandten – *Lustigen Witwe* reichen Anlaß zur Entfaltung seiner musikalisch-dramatischen Begabung. Wenn man hört, daß Lehár das Werk in nur drei Wochen komponiert und dann, wenngleich nicht öffentlich, mit den Worten »Eine schlampige Arbeit, gar nichts dran!« halbwegs abgetan hat, so muß man sich doppelt wundern, was ihm hier trotzdem, gleichsam *am Rande* geglückt ist. Jedenfalls steht, was Gedankenreichtum, originale Prägnanz der Einfälle, dramatische Charakterisierungskunst und aparte Haltung des harmonischen und instrumentalen Kolorits anlangt, *Der Graf von Luxemburg* ebenbürtig neben der *Lustigen Witwe*. Fast alle Walzermelodien der Operette sind seinerzeit populär geworden – wir erinnern nur an *Bist du's, lachendes Glück*, *Sie geht links, er geht rechts*, *Mädel klein, Mädel fein*, an

Angèles *Lieber Freund, man greift nicht nach den Sternen* und an die Mazurka *Unbekannt, darum nicht minder interessant.*

Zigeunerliebe

Romantische Operette in 3 Akten. Text von Alfred Maria Willner und Robert Bodanzky. Uraufführung am 8. Januar 1910 im Carl-Theater, Wien.

Personen: Peter Dragotin – Jonel Boleska (Ten.) – Józsi, der Spielmann, ein Zigeuner (Ten.) – Zorika, Dragotins Tochter (Sängerin) – Jolán, dessen Nichte (Soubr.) – Dimitreanu, Bürgermeister – Kajetan, sein Sohn (Buffo) – Ilona v. Körösháza, Gutsbesitzerin – Mihály, Wirt – Moschu, Kammerdiener Dragotins – Julcsa, Zorikas Amme – Forescu, Offizier – Linbicz, Bojar – Frau v. Kerem – Pál, ein alter Zigeuner – Bojaren und Bojarinnen. Ungarische Offiziere. Damen. Rumänische und ungarische Burschen und Mädchen. Musizierende Zigeuner. Dorfjugend.

Ort und Zeit: Rumänien und Ungarn, Anfang des 19. Jahrhunderts.

1. Akt. Rumänische Gebirgsgegend an der Czerna mit dem Jagdschloß und Park des Bojaren Dragotin. Zorika, ein schwärmerisches Naturkind, begegnet dem Zigeuner Józsi. Er plaudert mit ihr über die Liebe, denn heute soll sie sich ja mit dem reichen Jonel Boleska verloben. Józsi gönnt ihm, seinem Halbbruder, das schöne Mädchen nicht. Zorika ist noch sehr unsicher in ihren Gefühlen, und ihr Vater, Peter Dragotin, hat Sorge, daß sie sich in letzter Stunde der Verlobung entziehen könnte. Schon finden sich mit dem Bräutigam die Gäste ein, unter ihnen die kokette Frau Ilona v. Körösháza und der Bürgermeister mit seinem allzu schüchternen Sohn Kajetan. Zorika begegnet Jonel trotzig und widerspenstig, aber Dragotin drängt zum Verlobungskuß. Ehe es dazu kommt, mischt sich Józsi ein und warnt vor einem solchen Kuß, ehe der Mond scheint. Während die Gesellschaft ins Haus geht, bemüht sich Jolán, die liebeslustige Nichte Dragotins, um den ängstlichen Kajetan, und Ilona

unterweist amüsiert den plötzlich überraschend Gelehrigen in der Kunst der Liebeserklärung. Zorika glaubt, an Jonels Seite niemals das erträumte Glück finden zu können, und bittet Józsi, ihr zur Flucht in die Freiheit zu helfen. Ihre Amme aber holt sie in den Saal zurück. Auch Józsi wird hineingerufen, um aufzuspielen, und Ilona beginnt mit dem kecken Zigeuner zu kokettieren. Nochmals weiß sich Zorika ihrem Bräutigam zu entziehen: sie setzt sich ans Ufer der Czerna, trinkt aus dem Wasser des Flusses, dessen Genuß nach alter Sage einer Braut die Zukunft entschleiern soll, und sinkt, von Nixengesang umtönt, in Schlaf und Traum.

2. Akt. Frühmorgens in einer festlich geschmückten Csárda (Pusztaschenke) auf dem Gute Ilonas. Zwei Jahre sind vergangen. Zorika ist mit Józsi fortgezogen. Sie hat trübe Erfahrungen gemacht: Unter den Zigeunern ist sie eine Fremde geblieben, und Józsis Liebe ist bald erkaltet. Alle Mädchen laufen ihm nach, er braucht nur zu wählen. Von einer wirklichen Ehe mit Zorika will er nichts wissen. Sie hofft aber noch immer, er werde sie zur Frau nehmen, und schlägt vor, beim heutigen Fest den Gästen eine echte Zigeunerhochzeit vorzuführen: sie und Józsi sollen dabei das Brautpaar sein. Ilona läßt Józsi deutlich ihre Zuneigung erkennen und verhöhnt ihn wegen seiner angekündigten Hochzeit. Mit den Gästen kommen auch Jolán und Kajetan, die längst ein mit Kindern gesegnetes glückliches Paar geworden sind. Traurig fühlt Zorika, daß Józsi sie höchstens aus Mitleid heiraten wird. Da beginnt schon die »Hochzeit«. Józsi aber weigert sich, als die Kirchenglocken läuten, zur Trauung zu gehen, da er nur nach Zigeunerart heiraten wollte. Erschüttert stürzt Zorika davon, während Józsi Ilona folgt.

3. Akt. Saal im Jagdschloß Dragotins. Alles, was Zorika erlebte, war zum Glück nur ein Traum. Noch sitzt Jonel bei der Verlobungsfeier und wartet auf die Rückkehr seiner Braut, die draußen am Flußufer schläft. Die kleine Jolán hat inzwischen die Einwilligung Dragotins zu ihrer Verlobung mit Kajetan erreicht. Endlich erscheint Zorika wieder. Im Traum ist ihr klargeworden, wohin sie ihre geplante Flucht mit Józsi führen würde. Nun schmiegt sie sich zärtlich an den glück-

lichen Jonel. Józsi sieht, daß er verspielt hat, und verschwindet.

Für die Dramatik und für die romantischen Stimmungen des eigenartigen Stoffes hat Lehár Klänge von bemerkenswerter Ausdruckskraft und leuchtkräftiger Farbigkeit gefunden. Erstaunlich auch seine Kunst der dramatisch beziehungsreichen Auswertung und Verarbeitung wichtiger musikalischer Gedanken. Für den Stil der Musik wurde der dem Komponisten als Heimatklang vertraute Tonfall der ungarischen Zigeunermusik bestimmend. Bezeichnend dafür sind nicht nur die Csárdásrhythmen oder die Einbeziehung des Zymbalklangs in die instrumentale Palette, sondern vor allem auch die vielfachen starken Moll-Eintrübungen der Melodik und Harmonik. Ein besonders eindrucksvolles Stück Musik ist gleich die einleitende Gewitterszene mit ihren Naturlautmalereien. Reizvoll sind wieder viele Gesangsmelodien des Werks, so neben Jonels Heckenröslein-Lied die Walzer *Gib mir dort vom Himmelszelt alle Sterne der Welt, Zorika, Zorika, kehre zurück* und *Nur die Liebe macht uns jung.* 1943 hat der 73jährige Lehár das Werk für Budapest als Oper (mit dem neuen Titel *Garaboncias*) bearbeitet.

Frasquita

Operette in 3 Akten. Text von Alfred Maria Willner und Heinz Reichert (Heinrich Blumenreich). Uraufführung am 12. Mai 1922 in Wien. Erstaufführung als Komische Oper (Neufassung) am 3. Mai 1933 in Paris.

PERSONEN: Aristide Girot, Fabrikdirektor (Kom.) – Dolly, seine Tochter (Soubr.) – Armand Mirbeau, sein Neffe (Ten.) – Hippolyt Gallipot, Privatgelehrter (Buffo) – Frasquita (Sängerin) – Sebastiano, ein junger Zigeuner – Juan, Wirt – Ines und Lola, Sängerinnen – Philippe, Kammerdiener bei Armand – Louisa, ein Mädchen – Sancho und Pedro, Matrosen – Drei Freunde Armands – Kavaliere. Matrosen. Gendarmen. Burschen. Mädchen.

ORT UND ZEIT: Barcelona und Paris, um 1930.

1. Akt. Platz in der Nähe des Hafens von Barcelona mit Juans Gasthaus und Girots Wohnhaus. Während sich im Gasthof Matrosen zechend und spielend vergnügen, erwartet Herr Girot die Ankunft seines Neffen Armand, den er seit dessen Kindertagen nicht gesehen hat und nun mit seiner Tochter Dolly verheiraten will. Zigeuner halten auf dem Durchmarsch hier als wenig willkommene Gäste kurze Rast; gegen die Beschimpfung ihrer Freunde verwahrt sich die mit ihnen angekommene stolze Frasquita. Nun trifft Armand mit seinem etwas tolpatschigen Freund Hippolyt ein, den Dolly zunächst für Armand hält. Hippolyt findet sie reizend, und auch Dolly ist ihm gleich zugetan, während sie den ihr zugedachten Bräutigam mißtrauisch als Lebemann empfindet. Nach der allgemeinen Begrüßung wendet sich das Interesse den Zigeunern zu: Frasquita wird von allen Männern umschwärmt; sie soll tanzen. Als sie sich weigert, tanzt statt ihrer ein einheimisches Mädchen, das jedoch von Frasquita verspottet wird. Es kommt zu einem Handgemenge zwischen den beiden Mädchen. Armand trennt die Raufenden und windet der Zigeunerin das Messer aus der Hand. In dem entstehenden Tumult verschwindet Armands goldenes Zigarettenetui. Er beschuldigt Frasquita des Diebstahls. Empört schwört sie Rache für diese Verdächtigung. Später versucht Armand, sich bei dem Mädchen, dessen Reize ihn anziehen, zu entschuldigen. Sie begegnet ihm zuerst stolz, benützt aber dann sein spürbares Interesse für sie, um ihn verliebt zu machen, schenkt ihm eine Rose und küßt ihn sogar. Armand erliegt der Faszination – nicht ahnend, daß sie sich nur rächen, ihn verwirren und dann verhöhnen will.

2. Akt. Im Nachtlokal »Alhambra«. Frasquita ist hier als Tänzerin engagiert worden und hält die Lebewelt in Atem. Heute kommt Girot mit seiner Tochter und seinen beiden Gästen zu einer Vorstellung. So sieht Armand Frasquita wieder. Er bekennt ihr stürmisch seine Liebe, und sie weiß sein Begehren immer mehr zu reizen. Dolly fällt es auf, daß sich ihr Bräutigam allzu wenig um sie kümmert, aber Hippolyt ist für ihre Anmut um so empfänglicher. Armand denkt nur an das Zigeunermädchen. Bei einer peinlichen Begegnung zwi-

schen ihm, Dolly und Frasquita benimmt er sich verlegen und für Dolly kränkend. Bald bestürmt er Frasquita aufs neue und wird dabei von Herrn Girot überrascht, der ihn vergeblich mahnt, ihm zu folgen. So zerstört er seine Bindung an Dolly. Jetzt, da er sich frei fühlt, erhofft er Frasquitas volle Gunst. Sie aber vertröstet ihn auf später, widmet sich, voll Freude über ihre gelungene Rache, den übrigen Herren und bietet ihnen eine verführerische Sondervorstellung. Armand beschimpft sie zornig als Dirne und stürzt verzweifelt davon. Frasquita aber fühlt jetzt, daß sie ihr Rachegefühl überspannt und ihr Haß sich in Liebe gewandelt hat.

3. Akt. Herrenzimmer in Armands Pariser Wohnung. Armand hat Frasquita nicht vergessen können. Seine Freunde ermuntern ihn vergeblich, sich am Karnevalstreiben zu beteiligen. Hippolyt kommt zu Besuch, um ihm zu sagen, daß er sich inzwischen mit Dolly vermählt hat. Überraschend erscheint auch Frasquita bei Armand: Sie gesteht ihm ihre Liebe – *er* aber scheint kalt und weist ihr die Tür. Bald darauf kommt Girot zu ihm, der sich vorgenommen hat, das schwierige Paar zusammenzuführen. Es glückt ihm auch, den Plan, den er sich dazu ausgedacht, zu verwirklichen: Er bittet Armand, ihm seine Wohnung für ein Schäferstündchen zu überlassen, und bringt es dahin, daß Armand selbst ein Billet-doux an die angebliche Freundin Girots schreibt und seinen Wohnungsschlüssel beilegt. Dann sitzt Armand wieder allein und traurig in seinem Zimmer, versunken in Erinnerungen an Frasquita. Da tritt sie plötzlich wieder herein – Girot hatte ihr das Briefchen übermittelt, und sie durfte glauben, es sei von Armand an sie gerichtet. Nun löst sich sein Trotz, schwinden seine Zweifel, und beglückt schließt er die Geliebte in seine Arme.

Der Endphase der mittleren Schaffenszeit Lehárs angehörend, trägt *Frasquita* im allgemeinen mehr den Stempel der wirkungssicheren Arbeit eines erfahrenen Könners als den einer besonders zwingenden Ursprünglichkeit der Gedanken. Was den Komponisten an der zwischen Zigeuner- und

Lebeweltmilieu pendelnden Handlung reizen konnte, war wohl die »interessante« Gestalt der Titelfigur und die – musikalisch ergiebige – spanische Atmosphäre. Das Tenorlied vom blauen Himmelbett (*Schatz, ich bitt dich, komm heut Nacht*) ist die bekannteste Melodie aus dem Werk geworden, doch sind auch Walzer wie *Du siehst auf jedem kleinen Blatt, Weißt du nicht, was ein Herz voller Sehnsucht begehrt* oder *Wo du weilst, was du immer tust* echte Lehár-Einfälle.

Paganini

Operette in 3 Akten. Text von Paul Knepler und Béla Jenbach. Uraufführung am 30. Oktober 1925 im Johann-Strauß-Theater, Wien.

PERSONEN: Maria Anna Elisa, Fürstin von Lucca und Piombino (Sängerin) – Fürst Felice Bacciocchi, ihr Gemahl – Niccolò Paganini (Ten.) – Bartucci, sein Impresario – Graf Hédouville, General in Napoleons Diensten – Marchese Giacomo Pimpinelli, Kammervorsteher der Fürstin (Buffo) – Gräfin de Laplace, Hofdame – Bella Giretti, Primadonna an der fürstlichen Oper zu Lucca (Soubr.) – Ein Wirt – Corallina, Herbergswirtin – Herren und Damen des Hofes. Tänzerinnen. Landvolk. Soldaten. Diener. Schmuggler. Dirnen.

ORT UND ZEIT: Fürstentum Lucca, Anfang des 19. Jahrhunderts.

1. Akt. Idyllische Gegend in der Nähe des Dorfes Capannori bei Lucca. Paganini hat auf seiner Konzertreise nach Lucca hier Station gemacht. Staunend hören die Dorfbewohner den Geiger üben, dessen dämonische Virtuosität manchen von ihnen unheimlich ist. Zufällig kommt die Fürstin Elisa auf einem Jagdausflug hier vorbei und vernimmt das erregende Geigenspiel. Sie ist Napoleons Schwester, eine schöne, leidenschaftliche, Glanz und Genuß liebende junge Frau. An der Seite ihres Gatten, des Fürsten Felice, fühlt sie sich wenig glücklich; ihn fesseln stets andere Frauen. Auch heute ist er wohl wieder bei der Opernsängerin Bella Giretti. Mag er immerhin tun, was ihm beliebt – aber wie sehnt sie selbst sich nach einem rechten Mann »voll Mark und Seele«! Da kommt

eben Paganini aus seinem Zimmer, stimmt die aufgeregten
Bauern durch seine Liebenswürdigkeit ganz zu seinen Gunsten und singt bei einem Becher Wein ein Loblied auf die
Glückselemente seines Lebens: die Heimat, die Kunst, die
Frauen! Er unterhält sich auch mit Elisa, die sich nicht zu erkennen gibt. Das Gespräch wird von Paganinis Impresario
Bartucci unterbrochen, der die Nachricht bringt, daß der
Künstler wegen des Verdachts, einen Mann im Zweikampf
getötet zu haben, in Lucca nicht auftreten dürfe. Zornig
lehnt es Paganini ab, sich zu rechtfertigen, und will sofort
abreisen. Elisa, entzückt von seinem Temperamentsaus-
bruch, hofft ihn zurückhalten zu können. Ihr Charme bezaubert ihn so, daß er sogleich stürmisch versucht, sie zu küssen.
Da erfährt er durch Huldigungen des Landvolks, wer die
fremde Dame ist. Auch Fürst Felice taucht nun auf und verbietet aufs neue das Auftreten des »Abenteurers«. Aber
Elisa, die ihm ja seine Affäre mit Bella Giretti nachsehen
muß, setzt ihren Willen durch: Paganini wird spielen!
2. Akt. Festsaal im Schloß zu Lucca. Elisas Liebe hält Paganini schon seit sechs Monaten in Lucca fest. Beim Glücksspiel hat er soeben seine kostbare Geige eingesetzt und verloren. Der Kammerherr Pimpinelli verschafft sie ihm wieder, erbittet jedoch dafür sein »Rezept«, schöne Frauen zu
erobern. Aber Paganini weiß nur: *Gern hab ich die Fraun geküßt, hab nie gefragt, ob es gestattet ist.* Elisa lebt in Angst,
Paganini wieder zu verlieren, er beschwichtigt sie aber mit
einem soeben komponierten Liebeslied. Auch den Fürsten
quält Eifersucht, da er Bellas Sympathien für Paganini bemerkt hat. Dem Impresario Bartucci gefällt es gar nicht, daß
der Künstler, dem die ganze Welt zu Füßen liegen könnte,
hier an dem kleinen Fürstenhof seine Zeit vergeudet. Auch
fürchtet er einen Skandal, wenn Paganini jetzt dem Fürsten
nach der Gattin womöglich noch die Geliebte wegnimmt.
Paganini muß ihm recht geben, doch vermag er sich dem
Zauber Elisas noch nicht zu entziehen. Da kommt von außen ein Anstoß zur Änderung der Verhältnisse: Graf
Hédouville übermittelt Elisa den Befehl Napoleons, Paganini sofort zu entlassen, denn man klatscht bereits in Paris

über ihre Beziehung zu dem Geiger. Elisa wehrt sich gegen
die Trennung – aber der Geliebte ist ihr ja schon entfremdet:
zärtlich nähert er sich Bella und widmet ihr sogar das zuerst
der Fürstin zugedachte Liebeslied. Eifersüchtig will Elisa die
Sängerin zur Abreise nötigen, da zeigt ihr diese triumphie-
rend Paganinis Geschenk. Jetzt will sich die Fürstin rächen
und ihn sogar verhaften lassen. Als er sie jedoch am Abend
durch sein Spiel aufs neue betört, stellt sie sich schützend zwischen ihn und die Schergen.

3. Akt. In einer Schmugglerschenke an der Grenze des Für-
stentums. Paganini ist vom Hofe geflohen und will mit Hilfe
der Schmuggler rasch über die Grenze. Bartucci hat ihn eingeholt und mahnt ihn, diesmal nicht vergeblich, von den
Frauen zu lassen und nur seiner Kunst zu leben. So bleibt er,
als die verliebte Bella, die ihm nachgereist ist, vor ihm erscheint, standhaft, und Bella tröstet sich bald mit ihrem Begleiter Pimpinelli. Als Straßensängerin verkleidet, kommt
auch Elisa noch einmal zu Paganini, aber nur, um Abschied
zu nehmen und ihn freizugeben.

Mit *Paganini*, seinem 25. Bühnenwerk, beginnt die eindrucksvolle Folge der spielopernhaften Spätwerke Lehárs.
Souveräne Beherrschung der Kunstmittel und eine neu auf-
blühende Kraft der schöpferischen Phantasie ermöglichten
ihm die Verwirklichung neuer künstlerischer Ziele. Der un-
geheure Erfolg dieser Werke der Spätzeit hat seinen Bemühungen, dem Publikum nicht nur fröhliche Unterhaltung,
sondern auch die Empfindungserlebnisse menschlich bewe-
gender Geschehnisse auf der Bühne zu bieten, recht gegeben.
Indessen war die Wiener Uraufführung des *Paganini* noch
kein Erfolg. Wie im Falle der »Fledermaus« von Johann
Strauß entschied das Berliner Publikum: Die Erstaufführung
am 30. Januar 1926, für die Lehár auf seine Tantiemen, Richard Tauber, in der Hauptrolle, auf sein Sängerhonorar verzichtet hatten, nur um sie überhaupt zu ermöglichen, wurde
zum Triumph für beide.

Die Erfindung steht in *Paganini* wieder auf voller Höhe: Jedes Stück trägt die Kennzeichen einer ganz persönlichen Dik-

tion. Wir erinnern nur an die Lieder *Liebe, du Himmel auf Erden*, *Töne, süßes Zauberlied* und *Niemand liebt dich so wie ich*, an das lustige Duett *Einmal möcht' ich was Närrisches tun* und vor allem an die – durch Lehárs Freund und hervorragenden Interpreten Richard Tauber – weltberühmt gewordene Melodie *Gern hab ich die Fraun geküßt*.

Der Zarewitsch

Operette in 3 Akten. Text von Béla Jenbach und Heinz Reichert (Heinrich Blumenreich) frei nach dem gleichnamigen Schauspiel von Gabriela Zapolska-Scharlitt (1917). Uraufführung am 21. Februar 1927 im Deutschen Künstlertheater, Berlin.

Personen: Der Zarewitsch (Ten.) – Der Großfürst, sein Onkel – Der Ministerpräsident – Der Oberhofmeister – Sonja (Sängerin) – Iwan, der Leiblakai (Buffo) – Mascha, seine Frau (Soubr.) – Bordolo – Damen der Aristokratie. Offiziere. Tänzerinnen. Wachen. Lakaien.

Ort und Zeit: Petersburg und Neapel, Ende des 19. Jahrhunderts.

1. Akt. Zimmer im Palast des Zaren. Der junge Zarewitsch huldigt strengen soldatischen Idealen und hält sich von allen verweichlichenden Lebensgenüssen fern. Kein weibliches Wesen darf sein Zimmer betreten. Sogar der Leiblakai Iwan kann seine Mascha nur heimlich empfangen, denn niemals würde der Kronprinz einen verheirateten Diener um sich dulden. Dem Ministerpräsidenten bereitet jedoch das frauenfeindliche Leben des Zarewitsch einige Sorge: er soll ja in nächster Zeit heiraten. Darum scheint es dringend notwendig, den jungen Fürsten durch eine »Geliebte« auf die Ehe vorzubereiten. Für die Rolle dieser Verführerin wird das Ballettmädchen Sonja ausersehen, das in der Uniform eines tscherkessischen Soldaten bei einer Theateraufführung durch besondere turnerische Gewandtheit die Aufmerksamkeit des Zarewitsch erregt hat. Als Sonja nun in Uniform

vor ihm erscheint, fordert er den vermeintlichen Soldaten auf, seinen Rock abzulegen, um ihm vorzuturnen. Sie gehorcht, und zornbebend sieht der Prinz, daß der Tscherkesse ein Mädchen ist. Doch Sonja weiß ihn zu besänftigen, und schließlich gestattet er ihr sogar, ihn allabendlich zu besuchen: sie wollen künftig als gute Kameraden zusammenkommen. Vor den Hofleuten aber soll sie als seine Geliebte erscheinen.

2. Akt. Ein Saal im Kronprinzenpalais. Der Großfürst, ein Onkel des Kronprinzen, freut sich über die scheinbare Wandlung seines Neffen. Ein oberflächlicher Genußmensch, wie er ihn der Welt jetzt vorspielt, ist allerdings nicht aus dem Zarewitsch geworden – aber eine tiefgreifende Veränderung hat sich doch in ihm vollzogen: aus seiner kameradschaftlichen Zuneigung zu Sonja ist echte Liebe geworden. Mit der ganzen Kraft ihrer ersten Liebe erwidert sie sein Gefühl. Nun bringt der Ministerpräsident die Nachricht, daß stündlich die Ankunft der künftigen Braut des Zarewitsch zu erwarten sei, Sonja müsse also sofort für immer verschwinden. Der Großfürst beschließt, die Trennung des Paars selbst zu übernehmen. Um dieses Ziel zu erreichen, greift er zu einem bedenklichen Mittel: er verspricht der verängstigten Sonja, sie dürfe im Palast bleiben, wenn sie den Kronprinzen über ihr »Vorleben« aufkläre; dann sagt er dem Zarewitsch, als dieser sich weigert, die ihm zur Frau bestimmte Prinzessin zu empfangen, er solle sich wegen Sonja, dieser »kleinen Dirne«, nicht lächerlich machen. Sie habe ihm selbst eingestanden, daß sie schon durch viele Hände gegangen sei. Trotzdem erreicht der Großfürst nicht, was er wollte. Denn Sonja bekennt dem Geliebten, daß man sie fortgejagt hätte, wenn sie nicht zu einer solchen Lüge über ihr Vorleben bereit gewesen wäre. Bei der heiligen Mutter von Kasan beschwört sie ihre Unschuld. Leidenschaftlich schließt sie der Zarewitsch in seine Arme, keine höfische Intrige soll sie künftig von ihm trennen.

3. Akt. Park in einer Villa in Neapel. Die Liebenden sind in den Süden geflohen. Wochen des Glücks sind vergangen. Vor dem drohenden Schatten der eines Tages doch unvermeidlichen Trennung suchen sie die Augen zu schließen. Schon hat

man aber in Petersburg ihren heimlichen Aufenthalt ausfindig gemacht, und der Zarewitsch sieht sich plötzlich seinem Onkel gegenüber, der ihn vergeblich an seine Fürstenpflicht mahnt. Nun wendet sich der Großfürst an Sonja und bittet sie, ihrer Liebe zu entsagen und selbst den Kronprinzen zur Besinnung zu bringen. Sie versteht und opfert ihr Lebensglück dem Wohl des Vaterlandes. Eine Depesche mit der Nachricht vom Tode des Zaren führt die letzte Entscheidung herbei. Offiziere grüßen den Kronprinzen als neuen Herrscher Rußlands. Er muß sofort reisen. Wortlos umarmt er Sonja zum letztenmal.

Viel schwermütiges Sentiment beherrscht, stoffbedingt, dieses Werk des 57jährigen Lehár, dem die russische Atmosphäre des Buches willkommenen Anlaß zu einer intensiven slawischen Tönung der Musik bot. Zu diesen starken Stimmungselementen tritt das italienische Kolorit des Schlußakts in wirksamen Gegensatz. Besonders bezeichnend ist das melancholische Wolgalied des Zarewitsch *Es steht ein Soldat am Wolgastrand* mit dem liedhaften Abgesang *Hast du dort droben vergessen auf mich.* Neben dem Walzer begegnet man in diesem Werk auch den Tanzformen Onestep (*Heute abend komm ich zu dir*), Tango, Foxtrott (*Willst du?*) und Valse Boston. Die großen, von lyrischem Pathos erfüllten Gesangsnummern der Operette sind die Lieder Sonjas (*Einer wird kommen*) und des Zarewitsch (*Hab nur dich allein*).

Friederike

Singspiel in 3 Akten. Text von Ludwig Herzer (Ludwig Herzl) und Fritz Beda-Löhner. Uraufführung am 4. Oktober 1928 im Metropol-Theater, Berlin.

PERSONEN: Karl August, Großherzog von Sachsen-Weimar – Johann Jakob Brion, Pfarrer von Sesenheim – Magdalena, seine Frau – Salomea (Soubr.) und Friederike (Sängerin), deren Töchter – Johann Wolfgang Goethe, stud. jur. (Ten.) – Friedrich Leopold Weyland, stud. med., Jakob Michael Reinhold Lenz, cand. theol.

(Buffo), Franz Lerse, stud. jur., Johann Heinrich Jung-Stilling, stud. med., und Georg Engelsbach, stud. jur., Goethes Freunde – Hauptmann Karl Ludwig v. Knebel, Prinzenerzieher am Hofe von Weimar – Madame Schöll – Hortense, ihre Tochter – Christel, Magd bei Pfarrer Brion – Herren und Damen der Gesellschaft. Bauern und Bäuerinnen. Freundinnen Friederikes. Ein Postillon. Buben und Mädchen.

ORT UND ZEIT: Sesenheim im Elsaß und Straßburg, 1771 und 1779.

1. Akt. Vor dem Pfarrhaus in Sesenheim – Pfingstsonntag 1771. Die Pfarrerseheleute erfreuen sich an der Gottesgabe eines herrlichen Frühlingstags. Sie kommen auf die Schwärmerei des Studiosus Goethe für ihre Tochter Friederike zu sprechen, und die Mutter glaubt schon Zukunftshoffnungen daran knüpfen zu dürfen. Gerade erhält Friederike wieder eine Nachricht von ihm, diesmal »mit einem gemalten Band«: Bald wird er sie mit seinen Freunden besuchen. Schon kommen einige der Studenten, unter ihnen Weyland, der Friederikes Schwester Salomea aufrichtig liebt; aber sie macht es ihm mit ihrer Koketterie nicht leicht. Ihrem Vorschlag folgend, gehen die eben Angekommenen dem noch fehlenden Theologiekandidaten Lenz entgegen. So findet Goethe, der auf einsamen Wegen hergewandert ist, Friederike allein. Freudig heißt sie ihn willkommen. Später klagt er der Geliebten, daß seine Arbeit ihn nun wohl lange von ihr fernhalten werde. Inzwischen sind die anderen mit Salomea zurückgekommen. Man tanzt und ist guter Dinge. Goethe und Friederike aber finden sich in herzlicher Liebe.

2. Akt. Salon bei Madame Schöll in Straßburg. Bei einem Tanzfest zu Ehren des jungen Dichters sind auch die Schwestern aus Sesenheim als Nichten der Madame Schöll zu Gast. Salomea hat sich mit Weyland verlobt. Friederike zweifelt, daß Goethe ihr treu sein kann, als sie ihn von allen jungen Mädchen umschwärmt sieht – doch er besiegelt seine Liebe zu ihr mit einem Ring. Der ernste Weyland warnt ihn, Friederike bloßzustellen, da er doch keineswegs schon in der Lage sei, ihr eine gesicherte Zukunft zu bieten. Goethe verweist ihn auf seine Berufung nach Weimar. Als er jedoch vom hinzutretenden Überbringer dieser auszeichnenden

Einladung erfährt, daß er nur unvermählt nach Weimar kommen könne, weist er das fürstliche Angebot schroff zurück. Weyland jedoch spürt, was für Goethe auf dem Spiel steht, und legt Friederike in zarter Weise nahe, ihn freizugeben. Tapfer kämpft sie sich zu dem bitteren Entschluß durch. Doch er soll ihren Verzicht nicht als Opfer empfinden. So spielt sie die Leichtblütige, tanzt und kokettiert ... Gekränkt verläßt Goethe sie ohne ein Wort des Abschieds.

3. Akt. Wieder in Sesenheim. Acht Jahre später. Ein Herbsttag. Bekümmert gedenkt die altgewordene Pfarrersfrau des Leids, das der Dichter einst über Friederike gebracht. Die Wunde ist noch nicht vernarbt. Wohl duldet Friederike den ewig verliebten Lenz um sich, jedoch nur, weil er ihr manchmal von Goethe erzählen kann. Einmal aber darf sie den Geliebten doch selbst für kurze Zeit wiedersehen: In Begleitung des Großherzogs kommt Goethe nach Sesenheim, um seinem Fürsten den Ort zu zeigen, wo er einst glücklich war. So begegnen sich die Liebenden noch einmal: Friederike tritt ihm gefaßt gegenüber, kann aber ihre innersten Empfindungen doch nicht verbergen. Jetzt erst erkennt Goethe, welches Opfer sie ihm gebracht. Wehmütig reißt er sich los.

Goethe als Singspielgestalt, als walzersingender Bühnenheld – ist das nicht recht merkwürdig, ja bedenklich? Nun, Lehár hat es gewagt. Wie er das Sesenheimer Liebeserlebnis des Dichters behandelt hat, wie er insbesondere die zahlreichen, in den Text eingebauten Goetheschen Verse in Musik gesetzt hat, das zeigt ihn zwar an der äußersten Grenze der ihm gegebenen Möglichkeiten, zugleich aber als einen Musiker von Takt und feiner Einfühlung. In den nobel erfundenen, oft volkstonhaft schlichten Gesangsmelodien wie in den frischen Tänzen, die den zeitlichen und landschaftlichen Hintergrund beleuchten (Menuett, Ländler, Rheinländer), lebt echter Singspielgeist. Aber auch als musikdramatischer Szenengestalter weiß der Komponist wieder zu fesseln (2. Finale!). Sein Bestes an Einfällen und ausdrucksvoller

Musik hat er der Gestalt der Friederike mitgegeben, in der Melodie *Warum hast du mich wachgeküßt?* erreicht die Rolle ihren musikalischen Höhepunkt. Die Figur des Goethe besitzt ihre wohl bezwingendsten Momente in dem langsamen Walzer *O wie schön, wie wunderschön.* Das Lied *O Mädchen, mein Mädchen* ist allerdings populärer geworden, auch die Vertonung der Verse *Sah ein Knab' ein Röslein stehn.* Sehr eindrucksvoll ist die Szene der ersten Begegnung zwischen Goethe und Friederike komponiert (Duett *Blicke ich auf deine Hände*).

Das Land des Lächelns

Romantische Operette in 3 Akten. Text von Ludwig Herzer (Ludwig Herzl) und Fritz Beda-Löhner nach der Erstfassung von Victor Léon (Victor Hirschfeld). Uraufführung am 10. Oktober 1929 im Metropol-Theater, Berlin. Uraufführung der Erstfassung unter dem Titel *Die gelbe Jacke* am 9. Februar 1923 im Theater an der Wien, Wien.

Personen: Graf Ferdinand Lichtenfels, Feldmarschalleutnant – Lisa, seine Tochter (Sängerin) – Lore, seine Nichte – Graf Gustav v. Pottenstein, Husarenoberleutnant (Buffo) – Exzellenz Hardegg, seine Tante – Prinz Sou-Chong (Ten.) – Mi, seine Schwester (Soubr.) – Tschang, sein Onkel – Fu-Li, Sekretär der chinesischen Gesandtschaft – Obereunuch – Offiziere. Herren und Damen der Gesellschaft. Junge Mädchen. Mandarine. Dienerinnen.

Ort und Zeit: Wien und Peking, 1912.

1. Akt. Salon bei Graf Lichtenfels in Wien. Heute feiert man die schöne Tochter des Grafen als Siegerin in einem Reitturnier. Lisas Gedanken jedoch, stets dem Spannend-Ungewöhnlichen im Leben zugewandt, schweifen in die Ferne: seit ihr Prinz Sou-Chong begegnet ist, hat sie ein leidenschaftliches Interesse für alles Chinesische. Das schmerzt ihren bisher ernstesten Bewerber, den Husarenoffizier Gustav v. Pottenstein. Auch bei ihrer heutigen Begegnung mit Sou-Chong erliegt Lisa wieder der Faszination dieses Mannes, der sie glühend verehrt, aber die vermeintliche Hoffnungslosigkeit sei-

ner Liebe beherrscht unter der Maske seines »Immer nur lächeln« zu verbergen weiß. »Bei einem Tee en deux« läßt ihn Lisa indes nicht im Zweifel über ihre Zuneigung, und als er sich unerwartet plötzlich zur Abreise gezwungen sieht, weil man ihn in seiner Heimat zum Ministerpräsidenten gewählt hat, erwidert sie sein Liebesbekenntnis in der Abschiedsstunde.

2. Akt. Halle in Palais des Prinzen in Peking. Lisa ist dem Prinzen als Gattin nach China gefolgt und glaubt, getragen von seiner Liebe, in der Fremde heimisch und glücklich werden zu können. Auch hat sie in Sou-Chongs Schwester Mi eine ihr herzlich zugetane Freundin gefunden. Sie ahnt noch nicht, daß der geliebte Mann sich nicht gegen gewisse starre Traditionen seines Landes auflehnen kann. Tschang, der Onkel des Prinzen, ein unerbittlicher Verteidiger der Landessitten, mahnt nicht nur den widerstrebenden Sou-Chong unablässig, pflichtgemäß die ihm zur Ehe bestimmten Mandschumädchen zu sich zu nehmen, sondern gibt auch Lisa sehr deutlich zu verstehen, daß eine Europäerin hier niemals den Platz einer ebenbürtigen Frau einnehmen könne. Wohl tröstet sie der Prinz und erklärt den erzwungenen Heiratsakt mit den Mandschumädchen als bloße Formalität. Doch ihre Ruhe ist dahin, sie fühlt sich verlassen in dem fremden Land. Wie gut, daß Gustl Pottenstein hier ist, der sich als Militärattaché nach Peking versetzen ließ und inzwischen mit der kleinen Mi ein wenig Freundschaft geschlossen hat. Er wird ihr helfen, wieder in die Heimat zu kommen. Aber der Prinz gibt sie nicht frei, in der Erregung sagt er ihr, daß er als Chinese Herr über Leib und Leben seiner Frau sei. Jäh spürt sie jetzt das Trennende zwischen seiner und ihrer Welt, ihre Liebe zu ihm schwindet.

3. Akt. Gemach im Frauenpalais des Prinzen. Noch wehrt sich der Prinz gegen die unabwendbare Trennung von Lisa. Seit Tagen hält er sie unter scharfer Bewachung im Palast gefangen. Doch Gustl gelingt es, zu ihr zu gelangen. Er hat alles zur Flucht vorbereitet. Auch Mi will den beiden helfen. Doch der Plan mißglückt: alle Ausgänge des Palasts sind von Wachen besetzt, und auf dem letzten möglichen Flucht-

weg, durch den Buddhatempel, tritt ihnen Sou-Chong entgegen. Doch widersetzt er sich Lisas Bitte um Freiheit nicht mehr. Traurig läßt er sie fortgehen und bleibt, maskenhaft lächelnd, einsam mit Mi zurück.

Unter den späten opernhaften Schöpfungen Lehárs wurde dieses Werk besonders erfolgreich. Es zeigt den einfallsreichen Komponisten aufs neue als überlegenen Beherrscher dramatischer Gestaltungsmittel und als feinen Psychologen. Vor allem aber erwies er sich hier als phantasievoller Maler der fernöstlichen Stimmungslandschaft. Mit den Mitteln farbiger Orchestration und exotisch getönter Harmonik, Melodik und Rhythmik findet er für das Schaurig-Hintergründige wie für das Groteske und Burlesk-Puppenhafte des chinesischen Milieus überzeugende Klänge. Einen packenden Kontrast dazu bildet der – nicht minder eindrucksvoll angeschlagene – Gemütston der Wiener Heimat Lisas. Die meisten liedhaften Melodien des Werks sind dem Musikfreund geläufig: Sou-Chongs berühmte Weisen *Immer nur lächeln*, *Von Apfelblüten einen Kranz* und *Dein ist mein ganzes Herz* ebenso wie die lyrischen Zwiegesänge *Bei einem Tee en deux*, *Es ist nicht das erste Mal* und *Wer hat die Liebe uns ins Herz gesenkt?*, das von einer zarten Melancholie beschattete lustige Duett *Meine Liebe, deine Liebe* nicht minder wie Lisas *Ich möcht' wieder einmal die Heimat sehn.*

Schön ist die Welt

Operette in 3 Akten. Text von Ludwig Herzer (Ludwig Herzl) und Fritz Beda-Löhner. Uraufführung am 3. Dezember 1930 im Metropol-Theater, Berlin. Uraufführung der Erstfassung unter dem Titel *Endlich allein* am 10. Februar 1914 im Theater an der Wien, Wien.

PERSONEN: Der König – Kronprinz Georg (Ten.) – Herzogin Maria Brankenhorst – Elisabeth Prinzessin von und zu Lichtenberg, ihre Nichte (Sängerin) – Graf Sascha Karlowitz, Flügeladjutant des Königs (Buffo) – Mercedes del Rossa, Primaballerina (Soubr.) – Direktor des »Hotel des Alpes« – Obersthofmeister der Herzogin – Ein Jazzsänger – Hotelgäste.

ORT UND ZEIT: Tirol, um 1930.

1. Akt. Halle im »Hotel des Alpes«. Der König sähe es gerne, wenn sein Sohn Georg die Prinzessin Elisabeth heiraten würde. Um diesen Plan zu fördern, ist er inkognito mit seinem Adjutanten Graf Sascha hierher nach Tirol gefahren, wo schon die Tante der Prinzessin, Herzogin Maria, seine und des Prinzen Ankunft erwartet. Aber es ist nicht einfach, solch ein Heiratsprojekt zu verwirklichen: junge Menschen widerstreben ja nur allzugern den gutgemeinten Absichten der Alten. Elisabeth jedenfalls will nur einen Mann heiraten, den sie wirklich lieben kann, und Prinz Georg läßt seinen Vater wissen, daß er gar nicht daran denke, die Prinzessin zu nehmen. Er ist schon einige Zeit vor seinem Vater nach Tirol gekommen, um seine Freude an Bergwanderungen voll auskosten zu können. Auf einer solchen Wanderung hat er vor ein paar Tagen ein reizendes Mädchen kennengelernt, und diese flüchtige, aber eindrucksvolle Begegnung ist wohl die Ursache seiner energischen Ablehnung des Heiratsplans. Voll Entzücken sieht er jetzt das charmante Mädchen wieder. Es ist – Elisabeth. Sie stellt sich ihm jedoch nicht vor, und auch er wahrt sein Inkognito und gibt sich als einfacher Jäger aus. Er erzählt ihr von einer Hochtour, die er für morgen geplant hat, und nach einigem Zögern entschließt sie sich, diese Hochgebirgswanderung heimlich mitzumachen und sich seiner Führung anzuvertrauen.

2. Akt. Wechselnde Szenerie: Felsplateau, dann Almwiese, dann Platz vor einer Blockhütte. In guter Wanderkameradschaft erleben Georg und Elisabeth die Herrlichkeit der einsamen Natur: Schön ist die Welt so hoch über allen Menschentälern! Vor der Hütte wird Rast gemacht. Sie hören auch ein wenig Radio; plötzlich wird aber die Musiksendung von einer Meldung aus dem Hotel unterbrochen: man bittet die Hörer um Unterstützung bei der Suche nach der Prinzessin, die seit dem Morgen verschwunden sei und zuletzt in

Begleitung eines unbekannten Bergführers gesehen wurde. So erfährt Georg, wer seine Begleiterin ist. Elisabeth will sogleich aufbrechen, aber ein Sturm und ein furchtbarer Lawinensturz verhindern den Abstieg. Die dankbare Freude über ihre Errettung aus höchster Lebensgefahr löst ihnen die Zungen: sie bekennen sich ihre Liebe. An eine Rückkehr ist freilich heute nicht mehr zu denken. Elisabeth nächtigt in der Hütte. Georg macht sich auf dem Vorplatz ein Lager zurecht.

3. Akt. Wieder in der Hotelhalle. Unter den Gästen herrscht große Aufregung. Ein Flieger hat jedoch das zu Tal steigende Paar bereits gesichtet. Nun gibt es natürlich allerhand zu tuscheln über das vermutlich sehr pikante Bergabenteuer der Prinzessin. Unbemerkt ist Elisabeth inzwischen mit Georg ins Hotel zurückgekehrt und teilt nun ihrer Tante mit, daß sie niemals den Kronprinzen, sondern nur den Mann ihrer Wahl, ihren Bergkameraden, heiraten werde. Der König und die Herzogin sehen ihren Plan endgültig scheitern – doch Georg klärt endlich alles auf und gibt sich Elisabeth als Kronprinz zu erkennen.

Dieses Werk stellt die völlige Umarbeitung der Operette *Endlich allein* aus dem Jahre 1914 dar. Es ist eine der wertvollsten und originellsten Arbeiten Lehárs, gehört aber leider nicht zu seinen besonders häufig aufgeführten Stücken. Ganz abgesehen von seinem Reichtum an reizvollen Liedern und Tänzen verdient es besonderes Interesse wegen der in einer Operette ungewöhnlichen, ja einmaligen dramatischen Situation des 2. Akts, in dem nur die beiden jungen Menschen auf der Bühne stehen, beglückt und bedroht von der elementaren Natur um sie, überwältigt von ihren Empfindungen füreinander. Lehár hat diese Szene großartig gemeistert. Von der Orchesterintroduktion an, die den Aufstieg auf den Berg schildert (Lehárs *Alpensinfonie* sozusagen!), entwickelt sich der 2. Akt mit seinen farbigen Naturmalereien, seinen dramatisch bewegten Gesprächen, seinen liedhaften Episoden und der beredten Sprache seiner plastischen Thematik in einem einzigen großen Crescendo des Ausdrucks und der Wirkung.

Wie eindrucksvoll kontrastiert die Stimmung dieser zentralen Szene zu der komischen Hotelsphäre der Außenakte! Georgs Lied *Liebste, glaub an mich* ist aus dieser Operette am bekanntesten geworden. Bemerkenswert ist aber auch der Walzer, der dem Werk als musikalischer Leitgedanke den Titel gegeben hat, ferner der Valse Boston *Ich bin verliebt*, das Marschduett *Frei und jung dabei*, das graziöse Walzerlied *Sag, armes Herzchen, sag* und der Tango der Mercedes *Rio de Janeiro*.

Giuditta

Musikalische Komödie in 5 Bildern. Text von Paul Knepler und Fritz Beda-Löhner. Uraufführung am 20. Januar 1934 in der Staatsoper, Wien.

PERSONEN: Manuele Biffi – Giuditta, seine Frau (Sängerin) – Octavio, Hauptmann (Ten.) – Antonio, Leutnant – Eduard Barrymore – Der Herzog von ... – Der Adjutant des Herzogs – Ibrahim, Besitzer des Etablissements »Alcazar« – Professor Martini – Pierrino, Obsthändler (Buffo) – Anita, ein Fischermädchen (Soubr.) – Lolitta, Tänzerin – Offiziere. Soldaten. Bürger. Bürgerinnen. Tänzerinnen. Gäste. Musikanten. Straßensänger. Ein Wirt. Kellner.

ORT UND ZEIT: Südeuropa und Nordafrika, um 1930.

1. bis 5. Bild. In einer südlichen Hafenstadt lebt Giuditta als Frau des alternden Manuele. Sie ist die Tochter einer marokkanischen Tänzerin und hat deren wildes, ruheloses Temperament geerbt. Ihrem sehnsüchtigen Gesang lauscht der junge Offizier Octavio, der hier den Befehl zum Aufbruch nach Nordafrika erwartet. Hingerissen von der Schönheit Giudittas erklärt er ihr stürmisch seine Liebe und bittet sie, bei seiner Abreise die Stadt mit ihm zu verlassen. Sie vermag seinem verführerischen Elan nicht zu widerstehen und verläßt ohne Abschied den verzweifelnden Manuele. In Afrika erlebt das Paar rauschhaft glückliche Tage. Als Octavio aber nach zwei Wochen an die Front muß, bringt Giuditta kein Verständnis für sein Fortgehen auf; ihr Versuch, den Geliebten zur Fahnenflucht zu verleiten, scheitert am

mahnenden Einspruch seines besorgten Freundes Antonio.
Sie glaubt sich verraten und verläßt, da sie in ihrer Lebensgier
zu Treue und Entbehrung nicht taugt, alsbald das Haus Octavios. In einer nordafrikanischen Stadt verdingt sie sich als
Tänzerin in einem Nachtlokal und verfällt einem Leben, das
ihrer ungezügelten Natur entspricht. Octavio, der, von maß-
loser Sehnsucht getrieben, seine Offizierslaufbahn aufgegeben hat, um künftig Giuditta immer nahe sein zu können, findet sie in diesem Milieu und hofft, sie wieder für sich zu gewinnen, muß aber erleben, daß sie jedem reichen Verehrer zu
Willen ist. Für ihn ist die zur Dirne abgesunkene Frau verloren. Was noch an Edlerem in ihr lebendig ist, erfahren zwei
verarmte junge Leute, Pierrino und Anita, die einst als Auswanderer mit ihr die Heimat verlassen haben: ihnen ermöglicht sie durch ein beträchtliches Geldgeschenk die Rückreise
und die Neugründung einer Existenz. Ihr ruheloses Wander-
leben als Tänzerin führt Giuditta eines Tages in eine europäische Stadt, wo sie im Hotel noch einmal Octavio begegnet. Er
schlägt sich hier, kümmerlich genug, als Barpianist durch.
Das Wiedersehen entzündet in ihr die alte Leidenschaft für
den einst Geliebten, doch in ihm ist alles tot – er ist ein innerlich gebrochener, von seiner Leidenschaft zerstörter
Mensch.

Lehár hat dieses sein letztes Bühnenwerk als seine höchste
Leistung empfunden. Mit allen ihm zu Gebote stehenden
künstlerischen Mitteln hat er hier sein Ziel einer Steigerung der Operette zur Spieloper zu verwirklichen versucht.
Die Quelle der Erfindung strömte noch einmal reich und
stark. Das ihn ansprechende Libretto gab ihm neue, erwünschte Gelegenheit zur Entfaltung seiner Kunst treff-
sicherer Zeichnung der einzelnen Figuren, dramatisch
schlagkräftiger Szenengestaltung und einprägsamer, atmosphärisch dichter Milieuschilderung. In der triolen- und
synkopenreichen Melodik, in der häufig zwischen Dur und
Moll schillernden Harmonik und in der farbigen, oft pucci-
nesk und impressionistisch getönten Orchestration tritt die
unverwechselbare Eigenart seiner Tonsprache ebenso zu-

tage wie in den sentimentbefrachteten, sinnlich leidenschaftlichen ariosen Liedern, die zum Teil als Leitgedanken das
Werk durchziehen und die Gesamtwirkung entscheidend
mitbestimmen. Solche echte Lehár-Melodien sind vor allem
die Lieder Octavios *Freunde, das Leben ist lebenswert*,
Schönste der Frauen und *Du bist meine Sonne*, ferner Giudittas *Meine Lippen, sie küssen so heiß* und die Duett-Weise
Schön wie die blaue Sommernacht. Trotz der Vorherrschaft
des Lyrischen und Dramatischen ist aber das heitere Ele-
ment in der Giuditta-Musik – dank den Nebenfiguren Pierrino und Anita und ihren Walzerliedern – nicht zu kurz gekommen.

LEON JESSEL

* 22. Januar 1871 in Stettin
† 4. Januar 1942 in Berlin

Dem Talent Leon Jessels verdankt die deutsche Operetten-
bühne *ein* Werk, dessen Wirkung nicht zuletzt durch das
hübsche Libretto und das unverbrauchte alemannische Kolorit bedingt ist: *Das Schwarzwaldmädel* (1917). Keiner seiner übrigen 18 Operetten, die er zwischen 1913 und 1936
komponierte, war ein ähnlicher Dauererfolg beschieden.
Nur die einst vielgespielte *Parade der Zinnsoldaten* trug
noch wesentlich zu seiner Popularität bei. Daß von seinen
Bühnenwerken aber nicht nur *Das Schwarzwaldmädel* Beachtung verdient, zeigte der starke Neuerfolg von Wieder-
aufführungen seiner 1920 geschriebenen Operette *Die Post-
meisterin*. Jessel studierte nach dem Besuch des Gymnasiums in seiner Heimatstadt Musik und war dann als Theaterkapellmeister u. a. in Stettin, Kiel und Chemnitz tätig. Da
Jessel der Sohn eines jüdischen Kaufmanns aus Polen war,
durften seine Werke nach 1933 in Deutschland nicht mehr
aufgeführt werden. So fand die Uraufführung seiner letzten

Operette *Die goldene Mühle* 1936 in der Schweiz statt. Gestorben ist der Komponist an den Folgen von Mißhandlungen durch die Gestapo.

Das Schwarzwaldmädel

Operette in 3 Akten. Text von August Neidhart. Uraufführung am 25. August 1917 in der Komischen Oper, Berlin.

PERSONEN: Blasius Römer, Domkapellmeister (Bar.) – Hannele, seine Tochter (Soubr.) – Bärbele, bei Römer bedienstet (Soubr.) – Jürgen, der Wirt vom »Blauen Ochsen« – Lorle, seine Tochter – Malwine v. Hainau (Sängerin) – Hans (Ten.) – Richard (Buffo) – Die alte Traudel – Schmußheim, ein Berliner (Kom.) – Theobald – Musikanten. Bauern. Bäuerinnen.

ORT UND ZEIT: St. Christoph im Schwarzwald, vor dem 1. Weltkrieg.

1. Akt. Im Musikstübchen des Domkapellmeisters. Der alternde, verwitwete Musiker Blasius Römer lebt bescheiden in dem stillen Schwarzwalddorf. Niemand ist bei ihm als seine Tochter Hannele und das arme Bärbele, das er in Dienst genommen hat. Sein Glück findet er in der Musik, eine kleine Nebenfreude im Sammeln alter Volkstrachten. Morgen ist Cäcilienfest – ein großer Tag für ihn und den Ort! Hannele bringt Gäste ins Haus, zwei fremde junge Männer, die sich ihm als »Wandermusikanten« vorstellen. Aber er merkt bald, daß es in Wirklichkeit zwei Herren aus Berlin sind; der Stadt überdrüssig, wandern sie zur Erholung durch die schönsten deutschen Landschaften. Der Grund dieses Vagabundierens liegt freilich noch tiefer: Hans wollte einmal seiner koketten Verehrerin Malwine v. Hainau entfliehen, und Richard mußte ihn begleiten. Malwine aber ist den beiden nachgereist und erscheint jetzt, vom Ochsenwirt geführt, bei Römer, um sich für morgen eine schöne Tracht zu borgen, denn sie will beim Fest mit Hans tanzen. Der erklärt ihr zwar, er wolle nichts mehr von ihr wissen, doch solche Reden machen der siegessicheren jungen Dame wenig Eindruck. Einstweilen flirtet sie mit Richard, der sich ihrem Reiz schwer entziehen

kann. Durch ihre Fürsprache hat auch das Bärbele für morgen ein festliches Kleid von Römer bekommen. Überglücklich fühlt sich das arme Mädel in dem ungewohnten Staat, vor lauter Seligkeit fällt sie dem verdutzten Römer um den Hals und gibt ihm ein Küssle.

2. Akt. Hofraum des Wirtshauses zum »Blauen Ochsen«. Fröhlich beginnt der Cäcilientag. Zwar haben die Bauern in ihrem Übermut den schlechten Einfall, die hexenhafte alte Traudel, Bärbeles Tante, zu bedrohen, und der hereingeschneite Berliner Schmußheim fällt in der Kirche wie im Wirtshaus durch sein unpassendes Benehmen auf – aber derlei tut der heiteren Stimmung vorläufig keinen Abbruch. Dem guten Römer, der schon so weit über allem zu stehen schien, hat der unschuldige Kuß des Bärbele das Herz verwirrt. Seitdem fühlt er sich wie verjüngt – könnte er sie nicht heiraten? Das Bärbele freilich entschuldigt sich jetzt bei ihm wegen der unbedachten Zärtlichkeit. Sie hat sich schon ein wenig verliebt – aber nicht in ihn, sondern in Hans, der sie vor den Schlägen ihrer Tante bewahrt hat. Zu gerne möchte Römer mit ihr tanzen, doch er wagt's nicht: wie leicht könnte er sein Ansehen im Ort gefährden! Schließlich muß er als Alter bei den Alten sitzen. Wieder braucht das Bärbele Schutz: Die Burschen schimpfen sie plötzlich eine Hex und wollen sie nicht auf den Tanzboden lassen. Wieder tritt jetzt Hans für das kleine Schwarzwaldmädel ein. Die allgemeine Stimmung ist indes unversehens ganz bedrohlich geworden, und jäh endet der frohe Festtag in einer wilden Rauferei.

3. Akt. Wirtsstube im »Blauen Ochsen«. Schmußheim und der Ochsenwirt haben bei der gestrigen Keilerei ziemlich Prügel bezogen. Heute will der Wirt als Bürgermeister die Urheber des Krachs feststellen. Zur Vernehmung erscheinen als erste Zeugen Hans und dann Richard mit Malwine, die sich jetzt, von Hans beglückwünscht, als Verlobte vorstellen. Römer hat nach einer schlaflosen Nacht ernstlich beschlossen, das Bärbele zu heiraten. Da erhält er einen Brief, daß Bärbeles Vater, der sich zu Lebzeiten nie um sie gekümmert hat, gestorben ist und ihr ein großes Vermögen hinter-

lassen hat. Noch immer meint er, sie hätte ihn gern; daß jener Kuß nur ein Zeichen ihrer Verehrung für ihn war, lernt er aber doch allmählich verstehen. Er kann sie nicht binden, ihre Liebe gehört ja Hans, und er erkennt: im Herbst des Lebens heißt es entsagen.

Schon mit der Bauernpolka des Vorspiels schlägt Jessel den heiteren volkstümlichen Ton an, der diesem Werk, das mehr Singspiel als Operette ist, seinen eigenen, reizvollen Grundklang gibt und seine Musik über die Gespreiztheiten und die Sentimentalität des Librettos heraushebt. Die hübschen Tanz- und Gesangsweisen zeigen den Komponisten als begabten Melodienerfinder, die wirksam gebauten Finali und die beredten melodramatischen Szenen verraten einen phantasiereichen Könner. Mit besonderer Liebe ist die Gestalt des Blasius Römer gesehen und gezeichnet. Zu den populär gewordenen Stücken des vor 1933 überaus erfolgreichen und nach 1945 nochmals verfilmten *Schwarzwaldmädel* zählen vor allem die Walzerduette *Muß denn die Lieb' stets Tragödie sein* und *Erklingen zum Tanze die Geigen*, Richards *Malwine, ach Malwine, du bist wie eine Biene* und das Ensemble *Mädle aus dem schwarzen Wald, die sind nicht leicht zu haben.*

Leo Fall

* 2. Februar 1873 in Olmütz (Mähren),
heute Olomouc (Tschechien)
† 16. September 1925 in Wien

Einige Werke Leo Falls gehören zum Gelungensten, was die nachklassische zweite Epoche der Wiener Operette hervorgebracht hat. Frische und Noblesse der melodischen Erfindung, Volkstümlichkeit des Ausdrucks und eine stets reizvolle Behandlung des Orchesters gaben seinen vorzüglichsten Schöpfungen oft überdurchschnittlichen Wert innerhalb der zeitgenössischen Produktion. Als Sohn eines Militärkapellmeisters geboren, erlernte der Hochbegabte bereits mit fünf Jahren das Violinspiel und kam als 14jähriger zu Robert und Johann Nepomuk Fuchs ans Wiener Konservatorium. Als Geiger saß er dann mit Franz Lehár im Militärorchester von dessen Vater, Franz Lehár sen. Sein Lebensweg führte ihn über Berlin (1893–96; 1898–1906) und Hamburg (1896 bis 1898), wo er als Kapellmeister tätig war, 1906 zurück nach Wien. Mit der Operette *Der Rebell* (1905), die er einige Jahre später unter dem Titel *Der liebe Augustin* in wirkungsvoller Umarbeitung neu herausbrachte, begann er seine Laufbahn als Operettenkomponist. Berühmt wurde er durch sein zweites Werk *Der fidele Bauer* (1907). Ebenso lebhafte Erfolge erreichte er mit der im gleichen Jahr erschienenen *Dollarprinzessin*, mit der *Geschiedenen Frau* (1908), mit der *Rose von Stambul* (1916) und mit *Madame Pompadour* (1923). Eine Sonderstellung unter seinen Bühnenwerken nimmt das Singspiel *Brüderlein fein* (1909) ein. Falls Ehrgeiz war übrigens nicht auf Operettenerfolge gerichtet: sowohl in seiner Frühzeit wie noch wenige Jahre vor seinem zu frühen Tod beschäftigte er sich mit Opern, die auch, wenngleich mit nur kurz währendem Erfolg, zur Aufführung kamen: *Frau Denise* (Berlin 1902), *Irrlicht* (Mannheim 1905) und *Der goldene Vogel* (Dresden 1920).

Der fidele Bauer

Operette in einem Vorspiel und 2 Akten. Text von Victor Léon (Victor Hirschfeld). Uraufführung am 27. Juli 1907 im Hoftheater, Mannheim.

PERSONEN: Lindoberer, der Bauer vom Lindoberhof (Bar.) – Vinzenz, sein Sohn (Ten.) – Matthäus Scheichelroither (Kom.) – Stefan (Ten.) und Annamirl (Soubr.), seine Kinder – Zopf, die Dorfobrigkeit – Die rote Lisi, Kuhdirn (Sopr.) – Heinerle, ihr Bub – Geheimer Sanitätsrat v. Grunow (Bar.) – Victoria, seine Frau (Alt) –

Horst, Husarenleutnant (Ten.), und Friederike (Sopr.), deren Kinder – Bauern, Mägde und Knechte. Gaukler. Kaufleute. Studenten. Bediente.

ORT UND ZEIT: Im Dorf Oberwang in Oberösterreich und in Wien, 1896 und 1907.

Vorspiel. *Der Student.* Dorfstraße in Oberwang. Der Zipfelhaubnbauer Scheichelroither setzt alles dran, daß sein Stefan ein Pfarrer werden kann. Aber das geht freilich nur, wenn der reiche Lindoberer, der Firmpate des Stefan, immer wieder kräftig zuschießt. Jetzt hat der Bub das Gymnasium hinter sich, und heut wird er zum Studium nach Wien abreisen. Ein bisserl traurig ist die Abschiedsstunde schon, und dem Stefan ist's schwer ums Herz, als er seiner Schwester, der Annamirl, wer weiß für wie lang, Lebewohl sagen muß. Doch sein immer kreuzfideler Vater freut sich auf die Zukunft seines Sohnes und singt sich und allen den Abschiedsschmerz aus dem Herzen.

1. Akt. *Der Doktor.* Kirchplatz in Oberwang. Kirchweih und Jahrmarkt ist heut, und ein paar Burschen müssen zum Militär einrücken, auch Vinzenz, der junge Lindoberer. Die rote Lisi, die Kuhdirn, schaut sich mit ihrem Buben die Festtagsherrlichkeit an. Es tut ihr weh, daß sie dem Kleinen nichts kaufen kann (*Heinerle, Heinerle, hab kei Geld!*); wie bitter, daß sich keiner von den wohlhabenden Bauern um ihr Kind väterlich annehmen will. Der Scheichelroither erwartet seinen Sohn. Elf lange Jahre sind vergangen, seit er fort ist und er ihn zum letzten Male gesehen hat. Inzwischen ist Stefan zwar leider kein Pfarrer, aber immerhin ein Doktor, ein Arzt geworden. Stolz ist der alte Bauer auf seinen Buben dennoch, und der Annamirl ist die Würde ihres Bruders so zu Kopf gestiegen, daß sie mit gar keinem Burschen mehr tanzen mag, auch mit dem Vinzenz nicht, dem sie früher gut war. Endlich kommt der sehnlich Erwartete. Er entschuldigt sein langes Fernbleiben mit Studium, Praxis, Bücherschreiben. Den anderen Bauern fällt schon auf, wie fremd der Stefan daheim geworden ist, doch sein Vater deutet alles zum Guten. Daß aber der Sohn gleich wieder abreisen will und nur so nebenbei erwähnt, daß er in ein paar Tagen in Berlin die Tochter

des Geheimrats Grunow heiraten wird, schmerzt den Alten. Bald merken alle, daß sich Stefan seiner bäuerlichen Verwandtschaft schämt, denn er rät dem Vater und der Annamirl verlegen ab, zur Hochzeit zu kommen. Der Scheichelroither ist traurig. Um sich zu trösten, nimmt er jetzt den kleinen Heinerle an Sohnes Statt an.

2. Akt. *Der Professor.* Vornehmes Zimmer bei Stefan in Wien. Stefan ist als Dozent an die Wiener Universität berufen worden. Heute erwartet er den Besuch seiner Schwiegereltern und seines Schwagers Horst. Bisher hat er sogar seine Frau Friederike im unklaren über seine Herkunft gelassen. Doch bald wird ihm nun Gelegenheit gegeben, seine falschen Standesbegriffe zu revidieren. Zur selben Stunde wie die erwarteten Berliner Gäste erscheinen unverhofft auch seine eigenen Verwandten, geführt von Lindoberer. Stefan benimmt sich recht verlegen und hilflos. Zum Glück empfindet seine Frau gesünder als er und nimmt die Angehörigen ihres Mannes freundlich auf. Ihre Eltern und ihr Bruder freilich rümpfen die Nasen über die bäuerliche Gesellschaft. v. Grunow ist empört, und die Geheimrätin will sogar, daß Friederike ihren Gatten verlasse. Jetzt endlich tritt Stefan für seine Leute ein. Der alte Scheichelroither aber spürt, was er durch sein Erscheinen angerichtet hat, und will – zufrieden, wenn sein Sohn glücklich ist – künftig selbst gern »im Winkerl« stehen. Nun lenken die Hochmütigen, beschämt von der Gesinnung des Bauern, ein, bald kommt es zur Versöhnung. Auch die Annamirl begreift, wohin falscher Stolz führen kann, und besinnt sich wieder auf ihren Vinzenz.

Elemente des lustigen und rührenden Volksstücks durchziehen und beleben dieses singspielhafte Werk, das schon dank der gelungenen Zeichnung des bäuerlichen Milieus und kraft der geschickten Behandlung eines im Grunde zeitlosen Stoffs immer wieder für viele Theaterbesucher anziehend bleiben wird, das aber vor allem der vorzüglichen Musik wegen nicht in Vergessenheit geraten sollte. Reichtum an frischen Einfällen von volkstümlicher Prägung, treffende Charakterisierung der Gestalten und wirkungssichere Formung der dramatischen Szenen: das sind besondere Vorzüge dieser erfolgreichsten Arbeit Leo Falls. Zu den einprägsamen Weisen des Werks zählen das einst weltberühmte *Heinerle*-Lied, der Marsch *Ist man auch ein Bauer, Bauer, Bauer, Bauer* und das Walzerlied *Jeder tragt sein Pinkerl*.

Die Dollarprinzessin

Operette in 3 Akten. Text von Alfred Maria Willner und Fritz Grünbaum nach einem Lustspiel von Emerich Gatti und Thilo von Trotha. Uraufführung am 2. November 1907 in Wien.

PERSONEN: John Couder, Präsident eines Kohlentrusts (Kom.) – Alice, seine Tochter (Sängerin) – Dick, sein Neffe – Daisy Gray, seine Nichte (Soubr.) – Tom, sein Bruder – Fredy Wehrburg (Ten.) – Hans Freiherr v. Schlick (Buffo) – Olga, Chansonette – Miß Thompson, Wirtschafterin – James, Kammerdiener – Bill, Chauffeur – Stenotypistinnen. Chansonetten. Gäste. Dienerschaft. Gepäckträger.

ORT UND ZEIT: New York und das imaginäre Aliceville in Kanada, vor 1914.

1. Akt. Elegantes Arbeitszimmer bei Couder. Der steinreiche John Couder hat eine seltsame Passion: er liebt es, Europäer von vornehmer Abkunft in seine Dienste zu nehmen, und kann es sich z. B. leisten, den Freiherrn Hans von Schlick, den wirtschaftliches Pech zur Auswanderung veranlaßt hat, als Stallmeister zu beschäftigen. Auch seine Tochter Alice vertritt die Meinung, daß für Geld alles zu haben sei, etwa auch ein Mann, falls sie Lust hätte, sich zu verehelichen. Und an Lust zum Heiraten fehlt es ihr so wenig wie ihrem Vater, der sich schon längst wieder eine Frau als »Repräsentantin seines Hauses« wünscht, am liebsten eine verkrachte europäische Aristokratin. Darum hat er auch seinen Bruder Tom und seinen Neffen Dick nach drüben geschickt: vielleicht treiben die eine passende Dame für ihn auf. Hans

v. Schlick hat sich als Reitlehrer von Couders Nichte Daisy in seine Schülerin verliebt, doch besteht diese, bei aller Sympathie für Hans, auf einem rein kameradschaftlichen Verhältnis. Dollarprinzessinnen, die von Liebe nichts hören wollen, sind eben nicht leicht zu gewinnen – das erfährt auch Fredy Wehrburg, ein alter Freund von Hans, der sich heute bei Couder um eine Stellung bewirbt und mit dem Gedanken spielt, Alice zu erobern. Es kommt zwar zu einem ganz pikanten Flirt, aber sie scheint in ihm nichts zu sehen als einen vielleicht geeigneten Angestellten für die Firma Couder und weist ihm kühl einen Sekretärposten an. Überraschend treffen nun Dick und Tom in Begleitung einer Dame ein, die sie in Europa für Couder ausgesucht haben. Erstaunt erkennen Fredy und Hans in ihr, die sich hier als russische Gräfin ausgibt, eine einstige gemeinsame Freundin, die Chansonette Olga. Aus naheliegenden Gründen aber einigen sich die drei Europäer rasch auf gegenseitige Diskretion. Olga versteht es glänzend, Couder durch ihren Charme und ihr Temperament für sich einzunehmen.

2. Akt. Wintergarten in Couders Palais. Zwischen Fredy und Alice könnte schon das herzlichste Einvernehmen bestehen, wenn Alice ihre Gefühle nicht hinter herablassender Haltung und Spott verbergen wollte. Sie möchte Fredy gerne demütig um ihre Liebe flehen sehen, er aber ist viel zu stolz, um sich vor dem Hochmut des reichen Mädchens zu beugen. Couder ist inzwischen ganz den Reizen Olgas verfallen und will sie heiraten. Es wäre ihm lieb, wenn sich jetzt auch seine Tochter verloben würde; Alice sagt ihm, daß sie willens sei, Fredy als Gatten zu »erwerben«. Sie zweifelt nicht, daß er das Ehe»angebot« der Milliardärstochter begeistert annehmen werde. Auch Daisy möchte sich gerne mit Hans verheiraten, allerdings unter der seltsamen Bedingung, mit ihm wie Bruder und Schwester zu leben. Von einer solchen Ehe aber will Couder nichts wissen. Daraufhin heiraten Hans und Daisy jedoch heimlich und fliehen aus dem Hause. Bei einer großen Abendgesellschaft gibt Couder seine Verlobung mit Olga bekannt. Alice verkündet, sie werde Fredy Wehrburg zum Manne nehmen. Zu ihrem Er-

Franz Lehár: Das Land des Lächelns
Stadttheater Baden bei Wien

Leo Fall: Madame Pompadour
Stadttheater Baden bei Wien

staunen schlägt aber Fredy ihre lieblose Werbung brüsk aus. Auch die sehr hohe Mitgift, die ihm der entrüstete Vater Couder in Aussicht stellt, macht ihn nicht wanken. Er hat nur Worte der Empörung und des Bedauerns für das Mädchen, das sich der Liebe versagen will und allzusehr an die Macht des Geldes glaubt. Fredy reist ab und überläßt die bestürzte Alice ihrem Kummer.

3. Akt. Im Landhaus Fredys in Kanada. Ein Jahr ist vergangen. Fredy hat es verstanden, aus einer vom Konkurs bedrohten Firma einen rentablen Betrieb zu machen und zukunftsreiche Ölquellen zu erschließen. Alice konnte er nicht vergessen. Darum hat er jetzt unter dem Namen der früheren Firma an Couder geschrieben und ihm das angeblich verlorene Unternehmen zu billigem Kauf angeboten. So hofft er, die Geliebte wiederzusehen. Auch will er Hans und Daisy, die nach ihrer Flucht und Hochzeitsreise bei ihm zu Besuch sind, mit dem Onkel aussöhnen. Daisy hat übrigens längst gelernt, in ihrem Mann mehr als einen brüderlichen Kameraden zu sehen. In Begleitung Alices und seiner Gattin Olga findet sich nun Couder ein und erfährt mit respektvollem Staunen die Wahrheit über die angeblich bankrotte Firma, deren erfolgreicher Repräsentant Fredy geworden ist. Alice spielt noch einmal die Stolze und Überlegene, kann aber schließlich ihre wahren Gefühle nicht länger zurückhalten. Hans findet Gelegenheit, Couder für sich zu gewinnen, indem er Olga gegen eine nette Abfindungssumme dazu bringt, sich von dem Milliardär scheiden zu lassen; denn Couder hat die Verbindung mit der ihn peinigenden »Aristokratin« längst bereut.

Die Musik Leo Falls ist reich an bezwingenden Einfällen und fesselt gleicherweise durch Grazie und Temperamentfülle. Das fein gearbeitete Werk zeigt beispielhaft, auf welch hoher Stufe unterhaltende Musik stehen kann, wenn sich ein wirklicher Meister damit befaßt. Das bis heute bekannteste Stück der Operette ist das volksliedhafte Duett *Wir tanzen Ringelreihn einmal hin und her*. Von besonderem Charme sind aber auch die als Leitmelodien verwerteten Walzermotive *Will sie dann lieben treu und heiß*, *Hm-la*,

la, la und *Das sind die Dollarprinzessen* sowie die lustige
Nummer *Wigl wagl wigl wak, my monkey* und Olgas *Kosa-
kenlied.*

Brüderlein fein

Altwiener Singspiel in 1 Akt. Text von Julius Wilhelm. Uraufführung am 1. Dezember 1909 im Kabarett »Hölle« im
Keller des Theaters an der Wien, Wien.

PERSONEN: Josef Drechsler, Domkapellmeister, ehemals Kompo-
nist und Kapellmeister am Leopoldstädter Theater in Wien (Ten.)
– Toni, seine Frau (Sopr.) – Gertrud, Haushälterin – Die Jugend
(Sängerin).

ORT UND ZEIT: Wohnzimmer im Hause Drechslers in Wien, 1840.

Domkapellmeister Drechsler begeht mit Toni das 40jährige
Hochzeitsjubiläum. Seine Frau bereitet mit der Haushälterin
Gertrud eine schlichte Feier vor. Die gerührten Ehegatten
beglückwünschen und beschenken sich. Eine Spieluhr läßt
das Lied *Brüderlein fein* erklingen. Wehmütig erinnert sich
Drechsler der Zeit, als er diese Weise für die Gestalt der *Jugend* in Raimunds Zaubermärchen *Der Bauer als Millionär*
komponierte. Schon dämmert's, da klopft es, und herein tritt
die *Jugend*, wie sie einst in jenem Stück erschien. Sie trägt
eine goldene Geige und singt: *»Einmal ihr noch hören sollt
meine Melodei – eine Stunde eures Lebens sei euch als Geschenk geweiht!«* Und nun erleben die alten Leutchen wie
im Traum ihren ersten Hochzeitstag. Man sieht sie als verliebtes Brautpaar in ihre Stube einziehen und hört vom be-
nachbarten Gasthof, wo die Hochzeitsgäste noch feiern, einen Walzer herüberklingen, zu dessen Weise sie in ihr junges
Glück hineintanzen. Dann entschwindet der Traum und mit
ihm die *Jugend*. Dankbar und glücklich freuen sich die beiden Alten über das Geschenk dieser Erinnerungsstunde.
Zufrieden wandern sie gemeinsam zur Kirche.

Schade, daß dieses stimmungsvolle, von zartestem Sentiment beseelte kleine Werk heute kaum mehr in den Spiel-

plänen erscheint. Leo Fall erweist sich darin als ein ungemein nobler Musiker, für den »schlicht schreiben« nicht »billig werden« bedeutet. Von den tänzerischen Melodien des Stücks ist vor allem die des Walzer-Duetts *Nicht zu schnell und nicht zu langsam* bekanntgeworden. Der historischen Richtigkeit wegen sei noch gesagt, daß nicht Joseph Drechsler (1782–1852), ein Bühnen- und Kirchenkomponist, der als Theorielehrer von Johann Strauß Sohn in die Musikgeschichte eingegangen ist, der Erfinder der Melodie *Brüderlein fein* ist, sondern der Dichter Raimund selbst.

Der liebe Augustin

Operette in 3 Akten. Text von Rudolf Bernauer und Ernst Welisch. Uraufführung am 3. Februar 1912 im Neuen Theater, Berlin. Uraufführung der Erstfassung unter dem Titel *Der Rebell* am 29. November 1905 im Theater an der Wien, Wien.

PERSONEN: Bogumil, Regent von Thessalien – Helene, seine Nichte (Sängerin) – Gjuro, Ministerpräsident – Nicola, Fürst von Mikolics (Kom.) – Pasperdu, Advokat – Augustin Hofer, Klavierlehrer (Ten.) – Jasomirgott, Kammerdiener der Prinzessin Helene – Anna, seine Tochter (Soubr.) – Sigiloff, Gerichtsvollzieher – Matthäus, Klosterpförtner – Hofdamen und Hofherren. Parlamentsmitglieder. Offiziere. Beamte. Soldaten. Diener. Zofen. Brautjungfern.

ORT UND ZEIT: »Thessalien«, kurz nach 1900.

1. Akt. Boudoir der Prinzessin Helene. Am Hof von Thessalien sieht es bedenklich nach Bankrott aus. Der lebenslustige Fürst Bogumil macht sich allerdings trotz Geldmangel und Pfändungen keine allzu großen Sorgen. Noch gibt es vielleicht eine Rettung, wenn nämlich Prinzessin Helene den Fürsten Nicola heiratet. Der ist zwar sein Todfeind und hat ihn einmal durch einen Staatsstreich in arge Not gebracht, aber er ist halt reich! Freilich, wenn er an die schaurige Nacht vor zwanzig Jahren denkt, in der er fliehen mußte, an jene Nacht, in der dann Helene zur Welt kam und auch dem Kam-

merdiener Jasomirgott eine Tochter geboren wurde – da
wird ihm noch heute heiß. Doch die Apanage, die ihm Nicola für die Überlassung des Throns zubilligen wird, ist nicht
zu verachten. Alles ist ja auch schon recht gut eingefädelt.
Nur Helene ist gar nicht von einer solchen Zwangsehe erbaut. Ihr Herz schlägt, sehr wenig adelsstolz, für ihren
Musiklehrer Augustin Hofer, der sie innig verehrt. Verlobt
aber ist der Musikus mit ihrer Milchschwester, Jasomirgotts
Tochter Anna, die sich allerdings viel zu fein für ihn dünkt.
Augustin ist ein bescheidener Wiener Gemütsmensch mit
der Devise: *Laß dir Zeit, alles mit Gemütlichkeit!* Seiner
»Prinzessin Übermut« vertraut er an, wie wenig er sich eigentlich mit seiner Braut verstehe. Auch findet er, daß Helene mit ihrem natürlichen Wesen im Grunde so wenig wie
er selbst für das höfische Leben geschaffen sei.

2. Akt. Galeriesaal im Schloß. Fürst Nicola ist eingetroffen,
ein kalter, leerer Formenmensch, der nur ehrgeizig auf den
mit seinem Reichtum erkauften Thron lauert. Trotzig begehrt Helene gegen ihn auf. Er behandelt sie nicht einmal
besonders höflich. Der alte Diener Jasomirgott, der Augustins Schwärmerei für die Prinzessin wohl bemerkt hat,
warnt den Musiker vor solchen Träumereien und rät ihm,
mit Anna abzureisen. Doch davon will Anna nichts wissen:
Nicola hat ihr schöne Augen gemacht und sie gleich zur Ehrendame seiner künftigen Gattin ernannt. Augustin wieder
wird von Helene festgehalten, die ihm sagt, daß sie am liebsten mit ihm unter den einfachsten Lebensbedingungen
nach Wien ginge. Zufällig erfährt nun Augustin, daß Nicola
den Fürsten Bogumil um seine Apanage prellen und sich außerdem eine Geliebte zulegen möchte. Jetzt will *er* eingreifen – einen solchen Menschen darf Helene nicht heiraten!
Er verständigt Jasomirgott, und dieser klärt Helene auf. Als
sie bei der Verlobungsfeier sieht, daß Anna die ihr zugedachte »Ehrendame« ist, pariert sie die Beleidigung mit der
Ernennung Augustins zu ihrem Ehrenkavalier.

3. Akt. Im Vorhof des einstigen Stammschlosses der Fürsten von Thessalien. Hier, wo schon seit mehr als zwanzig
Jahren likörbrauende Mönche hausen, soll die Hochzeit

stattfinden. Hier war es auch, wo in jener Fluchtnacht Helene und Anna zur Welt kamen. Der Klosterpförtner erinnert sich noch gut daran und erzählt heute dem Fürsten und Jasomirgott, daß er damals an der neugeborenen Prinzessin ein Muttermal in Form eines Champagnerpfropfens gesehen habe. So kommt's zutage, daß bei der Taufe die beiden Mädchen verwechselt wurden, denn *Anna* trägt ja dieses Muttermal, das in der fürstlichen Familie erblich ist. Dann ist also Helene Jasomirgotts Tochter! Bogumil will die überraschende Neuigkeit jedoch geheimhalten, um die Hochzeit nicht zum Scheitern zu bringen. Inzwischen hat sich aber Augustin von Anna getrennt, weil sie sich gar zu verliebt von Nicola hofieren ließ. Sie leidet, weil sie nicht Nicolas Frau werden kann, und Helene quält sich, weil sie Augustin liebhat. Jasomirgott möchte all die Not beenden und wagt es schließlich, den Mädchen die Wahrheit zu sagen. Nun führt Helene selbst die beglückte Anna dem Fürsten zu. Den lieben Augustin läßt sie noch ein wenig zappeln, indem sie sagt: »Sie müssen Jasomirgotts Tochter heiraten!« Aber dann erfährt auch er, daß das nicht Anna ist, und darf endlich Helene in die Arme schließen.

Das amüsante Libretto mit seinem durch parodistische Übersteigerungen wirksamen Kontrast zwischen warmherzigen bürgerlichen Menschen und innerlich wie äußerlich bankrottem Kleinadel hat Leo Fall zu einer sehr lebendigen, durch echten Humor, rhythmische Beschwingtheit und aufrichtige Empfindung bezwingenden Musik inspiriert. Sein Können und seine große Begabung offenbaren sich in der reich quellenden Erfindung wie in der sicheren Beherrschung und kompositorisch stets eindrucksvollen Verwendung vielfältiger Ausdrucksmittel der Melodik, Harmonik, Rhythmik und Instrumentation, nicht zuletzt aber auch im wirkungssicheren Aufbau der zahlreichen Ensemblesätze und der dramatisch wichtigen Szenen. Besonders reizvoll ist das zweite Finale gestaltet. Als hervorragend einprägsame Einzelstücke sind neben dem Lied *Laß dir Zeit* (mit dem hübschen Walzer-Mittelteil *Was es Schönes gibt, das nimm dir*) bemerkenswert die

Duette *Und der Himmel hängt voller Geigen* und *Wenn die Sonne schlafen geht* sowie die Terzette *Anna, was ist denn mit dir?* und *Wo steht denn das geschrieben, du sollst nur* eine lieben.

Die Rose von Stambul

Operette in 3 Akten. Text von Julius Brammer und Alfred Grünwald. Uraufführung am 2. Dezember 1916 im Theater an der Wien, Wien.

PERSONEN: Exzellenz Kamek Pascha – Kondja Gül, seine Tochter (Sopr.) – Midili Hanum (Soubr.), Güzela, Fatme, Durlane, Emine und Sobeide, Kondjas Freundinnen – Achmed Bey (Ten.) – Müller sen. aus Hamburg – Fridolin, sein Sohn (Ten.-Buffo) – Desirée, die europäische Gesellschafterin Kondjas – Der Direktor und der Liftboy des Hotels »Zu den drei Flitterwochen« – Bül-Bül und Djamileh, zirkassische Dienerinnen Kondjas – Herren und Damen der Gesellschaft. Hotelgäste.

ORT UND ZEIT: Istanbul und ein Schweizer Kurort, vor 1914.

1. Akt. Damensalon bei Kamek Pascha. Kondja Gül soll nach dem Wunsch ihres Vaters den Ministersohn Achmed Bey heiraten. Herkömmlicher Sitte gemäß wird die Hochzeit in wenigen Tagen stattfinden, ohne daß der Braut Gelegenheit gegeben wird, ihren künftigen Mann näher kennenzulernen. Nichts als ein Gespräch, bei dem das Brautpaar durch einen Wandschirm voneinander getrennt sein wird, soll der Eheschließung vorangehen. Kondja lehnt sich innerlich sehr gegen diese traditionelle Heiratssitte auf; mit ihrer Freundin Midili träumt sie oft von »Reformen, ganz enormen«. Ihre Herzensneigung gehört dem Schriftsteller André Lery, dessen Romane sie europäisch freiheitlich denken gelehrt haben. Begeistert von seinen Werken, hat sie dem Dichter auch geschrieben und eine Antwort erhalten, die sie erkennen ließ, daß er ihre Empfindungen erwidert. Sie ahnt nicht, daß André Lery das Pseudonym – Achmed Beys ist, und empfängt diesen bei dem Verlobungsgespräch hinterm Paravent sehr kühl. Nur einem Manne, den sie wahrhaft

liebt, solle ihr Herz und ihre Seele gehören, gibt sie ihm zu verstehen. Achmed hält es für gut, sie vorläufig nicht über seine Identität mit dem von ihr geliebten Dichter aufzuklären. Er wirbt leidenschaftlich um sie, seine »Rose von Stambul«, und wider ihren Willen macht seine temperamentvolle Art Eindruck auf sie. Unkomplizierter als das Verhältnis zwischen Kondja und Achmed entwickelt sich die Beziehung zwischen Midili und deren lustig draufgängerischem Verehrer Fridolin Müller aus Hamburg, der in der Absicht, recht bald eine passende Ehegefährtin zu finden, auf Reisen ging und nun entschlossen ist, die ihm sehr geneigte reizende Türkin heimzuführen.

2. Akt. Prunkgemach im Palast Achmed Beys. Kondjas und Achmeds Hochzeitstag ist gekommen. Um sein nebenbuhlerisches zweites Ich, André Lery, aus Kondjas Gedanken zu verdrängen, hat Achmed seine Braut wissen lassen, daß der Dichter in die Schweiz abgereist sei. Jetzt, in den ersten Stunden des Alleinseins mit ihr, hofft er, ihre Liebe zu gewinnen. Doch sie bleibt abweisend und stellt die Forderung, er müsse mindestens vier Wochen lang nach europäischer Sitte um sie werben, ehe sie sich ergebe. Er bemüht sich natürlich weiter um ihre Gunst, und bei dem Walzer, den er sie tanzen lehrt, scheint es ihm, als schwinde ihr Widerstand – als er jedoch allzu stürmisch wird, zieht sie sich, plötzlich wieder abweisend, in ihr Schlafgemach zurück und sagt ihm, daß sie zu André Lery, den sie liebe, fliehen werde. Nun eröffnet er ihr, daß er selbst ja André Lery sei, doch sie glaubt ihm nicht und verläßt ihn. – Fridolin ist inzwischen mit Midili ganz einig geworden und entführt, als Mädchen verkleidet, die Geliebte aus dem Palaste.

3. Akt. Terrasse des Hotels »Zu den drei Flitterwochen« in einem Schweizer Kurort. Kondja ist hierher gereist, um ihre Freundin Midili aufzusuchen, die Fridolin Müllers Frau geworden ist. Ihre Hoffnung, auf dem Schiff, das sie nach Europa brachte, André Lery zu begegnen, war natürlich vergebens. Erstaunt und enttäuscht vernimmt sie nun, daß Herr Lery hier im Hotel mit seiner Frau erwartet werde. Schon bedauert sie, ihren Gatten in Stambul verlassen zu haben – da

trifft Achmed selbst ein, und jetzt läßt sie sich beglückt überzeugen, daß sie in ihm auch den geliebten Dichter gewonnen
hat.

Mit dieser im zweiten Jahr des Ersten Weltkriegs entstandenen Operette konnte der nun 43jährige Komponist die
Reihe seiner früheren Erfolgswerke besonders eindrucksvoll
fortsetzen. Dazu trug die – schon bei der unmittelbar voraus-
gehenden Operette *Die Kaiserin* (1915) erprobte – Zusam-
menarbeit mit den Librettisten Julius Brammer und Alfred
Grünwald bei, zwei Wiener Theaterschriftstellern, die sich
auch mit gemeinsamen Textbüchern für Leo Ascher (*Hoheit
tanzt Walzer*), Emmerich Kálmán (*Gräfin Mariza, Die
Zirkusprinzessin*), Edmund Eysler (*Die goldne Meisterin*)
und Oscar Straus (*Bozena*) als sehr fähige und metierkun-
dige Autoren bewährten. Das Libretto nutzte die zeitbe-
dingte deutsche Sympathie für die politisch verbündete Türkei und das allgemeine Interesse an den europafreundlichen
Reformen dieses Landes. Für Leo Fall ergab das Milieu der
Handlung einen Anreiz zur Verwendung orientalischer
musiksprachlicher Elemente und damit ein reizvolles kolori-
stisches Mittel zur melodischen und klanglichen Charakterisierung der türkischen Atmosphäre des Stücks. Trotz dieser
Einfärbungen wahrt die Musik primär die Wesenszüge wienerischer Provenienz, mit dem Vorrang des Walzertakts. Der
Reiz und Wert der mit Falls unverkennbarem Können und
Geschmack komponierten und instrumentierten Partitur
liegt, abgesehen vom Reichtum an originell-einprägsamen
thematischen Einfällen, namentlich in der Gestaltung der
großen dankbaren Gesangsszenen der beiden Hauptfiguren
Kondja und Achmed. Beide Rollen fesseln gleicherweise
in solistischen Abschnitten wie in den Zwiegesängen durch
dramatisch intensivierte Entwicklungszüge und bezeichnende Momente individualisierender Charakteristik. Eine Art
Leitthema der Operette bildet der von Achmed schon bei
seinem ersten Auftritt intonierte langsame Walzer *O Rose
von Stambul, nur du allein sollst meine Scheherazade sein.*
Zwei andere Melodien im Dreivierteltakt – *Willst du rings*

die Welt vergessen und *Ein Walzer muß es sein* – beherrschen die zentrale Szene der erregten Auseinandersetzung zwischen der sich versagenden Kondja und dem sie bestürmenden Achmed. Neben solchen dominanten Weisen für das temperamentvoll sensitive, füreinander bestimmte Paar und weiteren Liedern Achmeds (*Euch, ihr Frauen, gilt meine Serenade, Zwei Augen, die wollen mir nicht aus dem Sinn*) bietet die Operette aber auch allerlei Amüsantes in den lustig-pfiffigen Duetten der unbeschwerten Liebesleutchen Midili und Fridolin, so in den Strophen *Darum halt ich fein still, wie es Mohammed will, Geh, sag Schnucki zu mir* und *Da tanzen sie ein Tanzduett*.

Madame Pompadour

Operette in 3 Akten. Text von Rudolf Schanzer und Ernst Welisch. Uraufführung am 9. September 1922 im Berliner Theater, Berlin.

PERSONEN: Die Marquise v. Pompadour (Sängerin) – Der König – René (Ten.) – Madeleine, seine Frau – Belotte, Kammermädchen der Marquise (Soubr.) – Joseph Calicot (Buffo) – Maurepas, Polizeiminister – Poulard, Spitzel – Prunier, Wirt – Collin, Haushofmeister der Marquise – Boucher – Tourelle – Der österreichische Gesandte – Hofgesellschaft. Bohémiens. Soldaten. Grisetten.

ORT UND ZEIT: Paris, Mitte des 18. Jahrhunderts.

1. Akt. Im Wirtshaus »Zum Musenstall«. Die Pariser sind nicht gut zu sprechen auf die Pompadour, des Königs allzu mächtige Geliebte; der Dichter Calicot trifft die allgemeine Stimmung gut in seinen Spottliedern. Heute gibt er bei einem Faschingsfest seiner Künstlerfreunde wieder ein solches zum besten. Aber es heißt auf der Hut sein, wenn man so aufrührerisch ist – wie leicht wird man bespitzelt! Da hält sich zum Beispiel, noch unerkannt, der Polizeiminister Maurepas im Saale auf. Er ist freilich aus ganz anderen Gründen hier: auch er ist ein Feind der Pompadour und hofft, sie endlich einmal bei einem Abenteuer zu erwischen, um ihre Stellung beim

König zu erschüttern. Er ist ihr gefolgt, als sie heimlich den Hofball verließ. Schon erscheint sie inkognito im »Musenstall« mit ihrer Kammerfrau Belotte. Bald entdeckt sie unter den Gästen einen Mann nach ihrem Geschmack: den Grafen René, Calicots Freund, der heute, des Landlebens und seiner Ehe etwas überdrüssig, nach Paris gekommen ist, um den Karneval in vollen Zügen zu genießen. Sogleich verliebt er sich in die schöne Maske, die sich gerne von ihm schmeicheln läßt. Auch Belotte findet in Calicot einen Anbeter. In einer Tanzpause bemerkt die Marquise den Polizeiminister, weiß ihn aber schlau abzulenken, indem sie ihm rät, die Aufrührer zu verhaften, zu deren Beobachtung auch sie selbst hergekommen sei. Vergebens sucht sie dann René, um ihn zu retten, zum Verlassen des Festes zu bewegen. So wird er mit Calicot festgenommen, als Maurepas mit seinen Wachen erscheint. Nun gibt sich die Pompadour zu erkennen. Der erbitterte René stimmt jetzt in Calicots Spottlied mit ein. Sie zeigt sich aber »gnädig«: Calicots Strafe wird es sein, ein höfisches Festspiel zu dichten! René wird zum Militärdienst bei ihrem Leibregiment abgeordnet.

2. Akt. Zum Park hin offener Saal bei der Marquise. René hat begriffen, warum ihn die Marquise zu ihrem Regiment beordert hat, und hofft auf Erfüllung seiner Liebeswünsche. Seine um ihn besorgte Frau Madeleine ist aber nach Paris gekommen und erlangt durch einen Brief ihres Vaters Zugang zur Pompadour, die aus diesem Schreiben ersieht, daß Madeleine ihre Halbschwester ist. Noch ahnt sie aber nicht, daß René deren Gatte ist. Maurepas, von dem ihm am Klugheit überlegenen Spitzel Poulard beraten, hat es noch nicht aufgegeben, der Marquise nachzuspüren. Er will dem König selbst Gelegenheit geben, sie bei einem Stelldichein zu überraschen, hält jedoch jetzt irrtümlich den »Hofpoeten« Calicot für ihren Günstling. Er läßt den Dichter auch nicht in Zweifel über seine Meinung. Doch der ängstliche Calicot bittet nun die Pompadour, von ihm als Liebhaber abzusehen; sie aber freut sich, daß Maurepas auf falscher Fährte ist, und führt den liebeglühenden René in ihr Schlafzimmer. Ehe sie ihm folgen kann, begegnet ihr noch einmal Made-

leine und zeigt ihr ein Medaillon mit dem Bildnis ihres Gatten
– René! Ernüchtert erkennt sie, daß an eine Liebesbegeg-
nung mit ihm nicht mehr zu denken ist. Da kommt unange-
meldet der König in ihr Zimmer, findet René und läßt ihn abführen. Den Drohungen ihres königlichen Freundes begegnet die Pompadour aber mit der Gegendrohung, er müsse
nun wohl in Zukunft an ihrer Stelle die ihm lästigen Staatsge-
schäfte allein erledigen, und läßt sofort eine Truhe mit Akten
in sein Arbeitszimmer tragen. Sie ahnt nicht, daß sich Calicot
beim Kommen des Königs aus Furcht darin versteckt hat.
Nur ein Gedanke bewegt sie jetzt noch: Renés Rettung vor
einem schmählichen Ende.

3. Akt. Arbeitszimmer des Königs. Schon hat Ludwig das
Todesurteil unterzeichnet. Es wird Calicot treffen, denn diesen bezeichnete Maurepas ja als den geheimen Liebhaber der
Marquise. Als man aber in ihrer Gegenwart den Dichter aus
der Truhe zieht, sehen die erstaunten Herren, daß sich der
Verdacht zu Unrecht gegen Calicot richtete. So kann die
Pompadour ihre Unschuld beweisen, zumal sie jetzt noch den
in ihrem Gemach entdeckten Kavalier als den Gatten ihrer
Schwester vorstellt. Versöhnt läßt sie der König von einem
jungen Leutnant, der ihr nun René wohl ersetzen wird, zu ihrem Schloß begleiten. Auch Calicot hat Glück – durch eine
irrtümliche Unterschrift des Königs gelangt er in den Genuß
einer Pension. Er wird mit Belotte so glücklich sein wie René
– wieder – mit seiner Madeleine.

Zwei Jahre vor seinem zu frühen Tod errang Leo Fall mit *Madame Pompadour* noch einmal einen starken Erfolg. Das Libretto gab ihm vielfältige Anlässe zur Entfaltung lustiger und
empfindsamer Musik, vor allem aber auch – durch das historische Milieu – Möglichkeiten zur charakteristischen Zeichnung der französischen Rokokowelt. Zudem hatte Fall in der
Darstellerin der Pompadour, Fritzi Massary, einen von den
Berlinern vergötterten Bühnenstar als Interpretin – ein
Glücksfall bei der Uraufführung. Das ehedem berühmteste,
zum Schlager gewordene Stück des Werks war das Duett
Joseph, ach Joseph, was bist du so keusch. Nicht weniger prä-

gnant formuliert sind aber z. B. die Walzer *Heut könnt' einer sein Glück bei mir machen* und *Mein Prinzeßchen du, ich weiß ein verschwiegenes Gäßchen*, das Spottlied auf die Pompadour, das Couplet *Dem König geht's in meinem Schachspiel schlecht* sowie einige reizvolle Marsch- und Gavotte-Melodien.

EDMUND EYSLER

* 12. März 1874 in Wien
† 4. Oktober 1949 in Wien

Eysler zählt zu den frischesten und fruchtbarsten Talenten der silbernen Ära der Wiener Operette. Seine Ausbildung erhielt er am Wiener Konservatorium, das er als Sechzehnjähriger bezog und mit Auszeichnung absolvierte. Ehe er sein Glück als Operettenkomponist machte, lebte er als Klavierlehrer in Wien und beschäftigte sich um 1896 mit der Komposition einer Oper *Der Hexenspiegel*, die, nach Umarbeitung des Librettos und der Musik, als Operette unter dem Titel *Bruder Straubinger* 1903 zu einem großen Erfolg wurde. In der Titelrolle sahen die Besucher der Uraufführung im Theater an der Wien Alexander Girardi. Das Erfolgsglück ist dem Komponisten, der 60 Operetten schrieb, zeitlebens treu geblieben, ausgenommen die Jahre 1938–45, in denen Österreich an Deutschland »angeschlossen« war und Eysler sich seiner jüdischen Herkunft wegen verborgen halten mußte, seine Werke nicht gespielt werden durften. Doch hat sich von seinen vielfach reizvollen und immer gediegen gestalteten Schöpfungen außer dem *Bruder Straubinger* nur noch ein spätes Werk, *Die goldne Meisterin* (1927), wirklich durchgesetzt. Die Titel mancher seiner Operetten hatten zu ihrer Zeit einen guten Klang, so *Die Schützenliesel* (1905), *Künstlerblut* (1906), *Der unsterbliche Lump* (1910), *Der Frauenfresser* (1911) und *Der lachende Ehemann* (1913).

Bruder Straubinger

Operette in 3 Akten. Text von Moritz West (Moritz Nitzelberger) und Ignaz Schnitzer. Uraufführung am 20. Februar 1903 im Theater an der Wien, Wien.

PERSONEN: Landgraf Philipp (Ten.) – Landgräfin Lola, seine Gemahlin (Sängerin) – Exzellenz Naupp, Hofintendant – Fräulein v. Himmlisch, Hofdame – Rückemich, Ratsherr – Bruder Straubinger (Ten.-Buffo) – Oculi, das wilde Mädchen (Soubr.) – Schwudler, Schaubudenbesitzer – Liduschka, seine Frau – Bonifaz, Deserteur – Wimmerer, Stadtschreiber – Bierschopf, Ratsdiener – Damen und Herren vom Hofe. Offiziere. Handwerksburschen. Bürger. Diener.

ORT UND ZEIT: Am Rhein, 18. Jahrhundert.

1. Akt. Platz vor dem Stadttor. Allerlei ist heute los vor der Stadt: Der Landgraf wird aus dem Feld zurückerwartet. Die Obrigkeit zieht auf, um neue Gesellen anzuwerben, und Schwudler, mit seiner Frau Liduschka und seiner besonderen Attraktion, dem »wilden Mädchen« Oculi, macht Reklame für seine Schaubude. Der Hofintendant Naupp wird von Schwudler auf Oculi aufmerksam gemacht: Er soll sie dem Landgrafen empfehlen, der doch so viel für Künstlerinnen übrig hat. Ach, diese ewigen Schwärmereien des Landgrafen für hübsche junge Mädchen – wie oft schon hat die Landgräfin Lola, um die Treue des Gatten besorgt, solche gefährlichen Erscheinungen aus seiner Nähe entfernt, indem sie durch eine gute Aussteuer das Interesse anderer Bewerber auf die jungen Damen lenkte. Heute freut sie sich auf die Heimkehr ihres Mannes. Um ihn zu überraschen, hat sie sich und ihre Hofdamen kostümiert: als Offiziere wollen sie ihn empfangen. Unter den Burschen, die zur Stadt hergewandert sind, befinden sich auch der Rosengärtner Bruder Straubinger und der desertierte Soldat Bonifaz. Straubinger ist todmüd vom Wandern und legt sich vor dem Tor, in Gedanken an seine alte Liebe, die Marie, ein wenig schlafen. Bonifaz, voll Angst, man könne ihn als Fahnenflüchtigen verhaften, nimmt dem Schlafenden seinen Ausweis weg und bewirbt

sich damit erfolgreich um den Rosengärtnerposten. Der Erwachende sieht sich bestohlen und weiß nun nichts Besseres, als in Schwudlers Unternehmen einzutreten. Der findige Schausteller hat auch gleich eine gute Idee: Da Straubinger noch einen Militärpaß seines Großvaters, der jetzt 114 Jahre alt wäre, bei sich führt, verkleidet er den jungen Burschen als steinalten Veteranen und führt ihn so dem inzwischen heimgekehrten Landgrafen vor. Oculi wird ihm als »Pflegerin« beigegeben, in den Betrug jedoch nicht eingeweiht. Merkwürdig stark erinnert das Mädel den Straubinger an seine einstige Braut Marie! Der Schwindel glückt: Die Landgräfin setzt dem vermeintlichen alten Soldaten eine Rente aus, und der Graf, dem Oculi sehr gut gefällt, bewilligt auch dieser ein Gehalt. Schwudler wird zum Hofballarrangeur ernannt.

2. Akt. Im Hofgarten. Bald merkt Schwudler, daß es an diesem armseligen Fürstenhof nicht viel zu gewinnen gibt. Die Landgräfin erfährt von ihm, daß ihr Gatte der kleinen Oculi nachstellt, und sogleich beschließt sie, das Mädchen mit Straubinger zu verheiraten. Doch Oculi wehrt sich energisch gegen diese Ehe mit dem alten, angeblichen Veteranen. Sie liebe einen jungen Mann dieses Namens, sagt sie – ahnungslos, wer sich hinter der Veteranenmaske verbirgt. Jetzt aber weiß Straubinger, daß Oculi wirklich seine Marie ist, und bietet sich an, Oculi zur Frau zu nehmen. Und als sie ihn das Lied singen hört, das er sie einst gelehrt hat, *Küssen ist keine Sünd'*, da erkennt sie ihn und willigt ein. Natürlich wundern sich alle über ihren Entschluß wie über die Ehelustigkeit des »Alten«.

3. Akt. Vor einer Hütte im fürstlichen Wildpark. Die Hochzeitsnacht ist vorüber. Noch immer ist die Landgräfin besorgt, ihr Mann könnte sich mit Oculi treffen, denn die Ehe mit dem greisen Veteranen wäre wohl kein Hindernis! Darum begibt sie sich mit ihren Hofdamen auf die Lauer, um den Landgrafen zu ertappen. Das junge glückliche Paar hat sich inzwischen verliebt zum Frühstück vor die Hütte gesetzt, in die es einziehen durfte. Straubinger möchte ganz gerne nach außen hin die Veteranenrolle weiterspielen, weil er sich ohne Papiere nicht existenzberechtigt fühlt. Da findet Oculi auf einmal seinen Ausweis, den der von Gewissensbissen geplagte

Bonifaz heimlich zurückgebracht hat. Jetzt wirft Straubinger fröhlich seine Verkleidung fort. Die Landgräfin entdeckt belustigt die Verwandlung und kann sorglos lachen, als ihr Gatte bei seinem Versuch, heimlich zur Hütte zu schleichen, von den Hofdamen überrascht wird.

Das schalkhafte Spiel um die Figur des – zu einem volkstümlichen Begriff gewordenen – *Bruder Straubinger* zeigt Eyslers Talent von der besten Seite. Seine besondere Stärke liegt in der Erfindung gesanglicher Walzer von echt wienerischem Charme, aber auch in der treffsicheren, humorvollen musikalischen Zeichnung der Figuren und Situationen. Im 2. Finale, das der hübsche Walzer *O süße Sommernacht* einleitet, erreicht die Erfindungs- und Gestaltungskraft des Komponisten einen besonderen Höhepunkt. Sehr gelungen sind auch die Auftrittslieder des Straubinger (*In München eine Kellnerin*) und der Oculi (*Man nennt das wilde Mädchen mich*); durch reizvolle Führung der Singstimmen fesselt das Terzett *Vierblättriger Klee*; die bis heute populär gebliebene Hauptmelodie aber ist der Walzer *Küssen ist keine Sünd'* geworden.

Die goldne Meisterin

Wiener Operette in 3 Akten. Text von Julius Brammer und Alfred Grünwald nach dem Lustspiel *Die goldene Eva* von Franz von Schönthan und Franz Koppel-Ellfeld (1896). Uraufführung am 13. September 1927 im Theater an der Wien, Wien.

Personen: Margarete, eine reiche Goldschmiedwitwe (Sängerin) – Komtesse Giulietta – Christian, Goldschmiedgeselle (Ten.) – Ritter Fridolin v. Gumpendorf – Graf Jaromir v. Greifenstein – Portschunkula, Haushälterin – Der Altgeselle – Friedl, Lehrbub – Wenzel, Geselle – Bruder Ignatius – Bruder Severinus – Bruder Peregrini – Herren und Damen. Gäste. Bürger und Bürgerinnen. Soldaten. Musikanten. Laternenbuben. Troubadoure. Küfer. Schankburschen. Gesellen und Lehrbuben. Mägde.

Ort und Zeit: Wien und Klosterneuburg bei Wien, zu Beginn des 16. Jahrhunderts, »als ein golden Handwerk noch ein'n goldnen Boden hatte«.

1. Akt. Im Goldschmiedladen der Meisterin. Die hübsche
Frau Margarete, die als Meisterin ihrer weithin berühmten
Goldschmiedwerkstätte vorsteht, hat eine große Schwäche
für alles Adlige. Gestern erst war sie heimlich maskiert auf
einem Adelsball, und da hielt sie ein liebenswürdiger Tänzer
für eine Prinzessin, und heute hat sie gar bei einem Festban-
kett der Zünfte vom Kaiser einen Kuß bekommen! Ganz
benommen von diesem Erlebnis kehrt sie eben in ihren La-
den zurück: *Gräfin sein, Fürstin sein, ach, wie wär' das fein!*
Jetzt aber gilt's, im Geschäft nach dem Rechten zu sehen:
die Komtesse Giulietta wünscht einen kunstreichen goldenen
Teller, und den kann wohl nur der tüchtige neue Geselle
Christian anfertigen. Erfreut erkennt Giulietta in ihm einen
Bekannten aus Rom. Dort hat Christian bisher als Bildhauer
gearbeitet, bis ihn die Not zwang, sich als Goldschmied zu
verdingen. Der Meisterin gefällt der selbstsicher auftretende
Mann, als sie aber durch zufällige Wendungen des Ge-
sprächs erfährt, daß *er* der maskierte Tänzer war, der sie ge-
stern als Prinzessin hofierte, möchte sie ihn am liebsten ent-
lassen. Doch der Teller für die Komtesse muß erst fertig
sein! Und dann – schön war es ja doch auf dem Ball, und
nett ist's, noch einmal mit Christian darüber zu plaudern.
Darüber wird es Abend, und schon ist die Zeit für den
Hausball gekommen, den die Meisterin heute veranstaltet.
Bei dieser Gelegenheit stellt ihr der ritterliche Müßiggänger
Fridolin v. Gumpendorf seinen liederlichen Kumpan, den
Grafen Jaromir v. Greifenstein, vor. Dieser heruntergekom-
mene Graf kann sich nur noch durch eine reiche Heirat retten, und dafür wäre Frau Margarete gerade das Richtige!
Christian, der den Liederjahn schon von seiner Nürnberger
Heimat her kennt, sucht die Meisterin vor ihm zu warnen,
sie ist jedoch so stolz auf den Besuch des adeligen Herrn in
ihrem Hause, daß sie auf seine Worte nicht hört.
2. Akt. Hofraum im Hause der Meisterin. Von dem Adels-
wahn ihrer Herrin ist auch die Haushälterin Portschunkula
erfaßt worden, seit ihr der Ritter Gumpendorf beim Hausball im Rausch die Ehe versprochen hat. Dafür hat der Ritter freilich ein schlechtes Gedächtnis. Ihm liegt jetzt nur

daran, die Verbindung des Greifensteiners mit der Meisterin zustande zu bringen. Entzückt hört Margarete, daß der Graf um sie werben will. Wie käme da der Christian überhaupt noch für sie in Frage! Christian aber will ihr beweisen, daß der dämliche Graf ein Lump ist: er hat nach Nürnberg an den Posthalter Paradeiser geschrieben, den Großvater der dort von Greifenstein verlassenen Braut; er soll herkommen nach Wien und Frau Margarete aufklären. Unterwegs ist er schon, aber bis er kommt, wird die Meisterin ein Opfer des Betrügers sein. So verkleidet sich denn Christian als Posthalter Paradeiser, erscheint gerade in dem Augenblick, da Margarete dem Grafen ihr Jawort geben will, und nötigt durch seinen Bericht über Greifensteins Nürnberger Braut den windigen Gesellen zum Abzug. Dann gibt er sich der Meisterin zu erkennen. Sie sieht nun ein, wie recht Christian hatte, und möchte ihn gerne versöhnen, doch er will jetzt von Wien fort.

3. Akt. Wirtshausgarten im Stiftskeller von Klosterneuburg. Die Gesellen und Lehrbuben feiern den jüngsten, eben freigesprochenen Goldschmiedgesellen Friedel und vergnügen sich beim »Faßlrutschn«, doch sind sie bei aller Fröhlichkeit verdrossen, seit Christian fort ist: Sie wollen doch endlich wieder einen richtigen Meister in der Werkstatt haben! Zu einer kurzen Rast vor seinem Abschied von Wien macht auch Christian hier halt. Dann kommt Margarete mit Portschunkula, und zuletzt erscheinen auch die beiden hungrig herumstreichenden traurigen Ritter. Der gute Bruder Ignatius, bei dem sich hier schon mancher Trost und Rat geholt hat, merkt bald, wo seine heutigen Besucher der Schuh drückt; mit Hilfe seines bewährten wundersamen *Bonifazius-Sessels*, der jeden, der darauf sitzt, zwingt, die reine Wahrheit zu sagen, glückt es ihm auch diesmal, Gutes zu stiften. So entlockt er zuerst Christian, dann Margarete ein Bekenntnis der großen Liebe, die sie füreinander empfinden, und dann ist es nicht mehr schwer, das Paar glücklich zu vereinen. Aber auch über Portschunkula und Gumpendorf erfährt Ignatius allerlei Wissenswertes, und bald bringt er den Ritter dahin, das Heiratsversprechen zu halten, das er der Portschunkula gegeben hat.

Jaromir v. Greifenstein aber will nun zu seiner Braut nach Nürnberg zurückkehren, denn inzwischen hat er den echten Großvater Paradeiser getroffen und von ihm erfahren, daß seine Zukünftige eine große Erbschaft gemacht hat. Jetzt liebt er sie wieder »heiß und innig«.

Eysler hat als 53jähriger sein ganzes respektables Können und seine noch unverbrauchte Einfallskraft an dieses Werk gewandt und damit, traditionstreu, noch einmal eine echte Wiener Walzeroperette geschaffen. Auf die Einfügung moderner Tanzformen und Rhythmen hat er, nicht nur des historisierenden Stoffes wegen, sondern in kluger Bescheidung auf die ihm gemäße Art zu musizieren, verzichtet. Die ganze Operette erweist sich als herzhaftes Bekenntnis zu den guten Traditionen der Gattung und bot dem Komponisten willkommenen Anlaß zu einer feurigen Liebeserklärung an seine Heimatstadt Wien. Als einprägsamster melodischer Leitgedanke zieht sich der Walzer *Du liebe, goldne Meisterin* durch das Werk. Auf gleicher Höhe stehen aber Sätze wie das Duett *In Grinzing is a Gasserl* mit dem Walzerrefrain *So ein'n Wein gibt's nur einmal auf der Welt*, der frische Gesellenmarsch *Sein wir lustig, gehn wir schlafen* oder Margaretes schwärmendes Lied *Gräfin sein, Fürstin sein!* mit dem Walzerhöhepunkt *Aber du, du mein Herz, was sagst du.*

OSKAR NEDBAL

* 26. März 1874 in Tábor (Böhmen)
† 24. Dezember 1930 in Agram, heute Zagreb

Vollblütiges böhmisches Musikantentum kennzeichnete das Wesen Oskar Nedbals. 1892 absolvierte er das Prager Konservatorium, wo er u. a. den Unterricht Anton Dvořáks genossen hatte. Viele Jahre gehörte er als Bratschist dem von ihm mitbegründeten »Böhmischen Streichquartett« an und wirkte gleichzeitig (1896–1906) als Kapellmeister an der Böhmischen Philharmonie in Prag. Nach seiner Übersiedlung nach Wien (1906) übernahm er (bis 1919) die Leitung des dortigen Tonkünstler-Orchesters und war vorübergehend auch Dirigent an der Volksoper. Als Komponist begann er mit ernsten Kammermusik- und Orchesterwerken, schrieb dann zwei Ballette (*Der faule Hans* und *Großmütterchens Märchenschätze*) und wandte sich schließlich mit Erfolg der Operette zu. Dem Erstlingswerk *Die keusche Barbara* (1910) folgte 1913 sein glücklichster Wurf, *Polenblut*. Bis zu seinem Tod veröffentlichte Nedbal noch fünf weitere Operetten, die jedoch den Dauererfolg jenes Hauptwerks nicht mehr erreichten: 1916 *Die Winzerbraut*, 1917 *Die schöne Saskia*, 1918 *Eriwan*, 1925 *Donna Gloria* und 1928 *Mamsell Napoleon*. 1922 trat er in Brünn auch mit einer Oper *Bauer Jakob* hervor.

Polenblut

Operette in 3 Bildern. Text von Leo Stein (Leo Rosenstein). Uraufführung am 25. Oktober 1913 im Carl-Theater, Wien.

Personen: Pan Jan Zaremba, Gutsherr – Helena, seine Tochter (Sängerin) – Graf Boleslaw (Bolo) Baranski (Ten.) – Bronio v. Popiel, sein Freund (Buffo) – Wanda Kwasinskaja, Tänzerin an der Warschauer Oper (Soubr.) – Jadwiga Pawlowa, ihre Mutter – Edelleute. Freunde Baranskis. Bauernvolk. Mägde. Musikanten. Lakaien. Eine Pfändungskommission.

Ort und Zeit: In Warschau und auf dem Gute Baranskis, vor 1914.

1. Bild. *Auf dem Polenball*. Graf Bolo Baranski, ein flotter Lebemann, der sein Gut so vernachlässigt hat, daß er jetzt vor dem Ruin steht, soll mit Helena, der Tochter des Gutsherrn Zaremba, bekannt gemacht werden, denn alle seine Freunde sind sich darüber einig, daß ihm nur eine reiche Heirat noch helfen kann. Aber Bolo will seine Freiheit nicht verkaufen und von einer Ehe nichts wissen, weit mehr interessiert ihn

heute die Tänzerin Wanda, die mit ihrer habsüchtig nach einem reichen Bewerber für ihre Tochter ausschauenden Mutter Jadwiga hier erschienen ist. Helena Zaremba hat sich von ihrem Vater sehr ungern zu dieser »Brautschau« herschleppen lassen: sie ist ein frisches Naturkind, das sich daheim auf dem väterlichen Gut wohler fühlt als hier unter den eleganten Stadtleuten, und heiraten will sie einen richtigen Mann, keinen Lebemenschen. Freilich, als sie nun Bolo sieht, ist sie doch fasziniert von ihm. Aber sie ist viel zu stolz, um ihm auch nur einen Schritt entgegenzukommen. Der alte Zaremba versucht es noch einmal, Bolo für den Heiratsgedanken zu gewinnen. Aber der weist ihn schroff zurück, will Helena nicht einmal kennenlernen. Eher wird er es vielleicht mit der bäurischen Wirtschafterin seines Freundes Bronio v. Popiel versuchen, sein Gut wieder hochzubringen – Popiel hat ihm das ja angeboten; daß ein listiger Racheplan der erbitterten Helena hinter diesem Vorschlag steckt, ahnt er nicht.

2. Bild. *Die Wirtschafterin.* Zimmer auf Baranskis Gut. Bolo, noch immer leichtsinnig, sitzt wieder mit seinen Freunden beim Kartenspiel. Da kommt die Pfändungskommission, angeführt von seinem Hauptgläubiger Zaremba, und räumt hier bis auf den letzten Stuhl aus. Trotzdem lacht und spielt Bolo weiter und denkt verzückt an die schöne Wanda. Als ihm aber Popiel, wie vereinbart, eine resolute Bauernmagd als die Wirtschafterin vorstellt, die seine Verhältnisse wieder in Ordnung bringen werde, geht er doch gerne auf diesen Vorschlag ein und stimmt sogar belustigt der herausfordernden Bedingung der neuen Kraft zu, er müsse sie ganz allein auf seinem Gut kommandieren lassen. Die Wirtschafterin ist natürlich niemand anders als Helena, die durch diese List Bolo einen Denkzettel geben, aber auch helfen will. Sie geht gleich sehr gründlich zu Werk: Mit drastischen Mitteln macht sie zunächst dem lockeren Leben mit den schmarotzenden, guten Freunderln ein Ende. Bolo begehrt zwar noch auf, spürt jedoch bald die Wohltat des neuen Regiments und beugt sich. Ein kaum gekanntes Gefühl regt sich in ihm beim Anblick dieses »Bauernmädchens Marynia«.

3. Bild. *Goldene Ähren.* Park auf dem Gut. Die Sommermonate sind in heißer Arbeit vergangen. Der alte Wohlstand ist auf Bolos Gut wieder eingekehrt. Die Urheberin seines Glücks bekränzt er beim Erntefest mit der Ährenkrone und erklärt ihr seine Liebe. Er hat sich gründlich gewandelt, und Helena-»Marynia« denkt längst nicht mehr an ihre Rache. Noch aber ist sie für ihn nur das schlichte Landmädchen Marynia, noch steht auch Wanda, die wie alle anderen Freunde Bolos zum Fest gekommen ist, zwischen ihr und dem Geliebten – und Wanda räumt das Feld nicht kampflos. Ihr ist die »Wirtschafterin« gleich verdächtig. Bald bringt sie heraus, wer das junge Mädchen wirklich ist, und als Bolo sich aus seiner bedrängten Lage zwischen den beiden Frauen durch die Bekanntgabe seines Entschlusses, »Marynia« zu heiraten, retten will, sagt *sie* ihm höhnend die Wahrheit über den »raffinierten Plan« Helenas, ihn einzufangen. Doch ihre Macht über Bolo ist dahin. Die Liebe, die ihn und Helena innerlich schon verbindet, überwindet alle verwirrenden Bedenklichkeiten dieses Augenblicks. Sie gehören für immer zusammen. Wanda muß sich mit Popiel bescheiden.

Mit seinem *Polenblut* hat Nedbal die Wiener Operette um ein besonders gehaltvolles Werk bereichert. Noble Qualität der Erfindung und Gestaltung zeichnen die liebenswürdige Operette vor allem aus. Dazu kommt der starke Reiz der durch den Stoff bedingten slawischen Tönung der Musik – man spürt sie am deutlichsten in den mehrfach verwendeten Mazurka-, Polka- und Krakowiak-Rhythmen. Höhepunkte sind neben der Kartenspielszene des 2. Bildes und dem Erntefest das 2. und das 3. Finale mit ihren feinen, thematisch beziehungsreichen melodramatischen Episoden. Einfälle von besonderem Charme sind namentlich die schmiegsamen, gesanglichen Walzer *Mädel, dich hat mir die Glücksfee gebracht, Ihr seid ein Kavalier* und *Hören Sie, wie es singt und klingt.* Hervorzuheben sind auch die Qualitäten des Librettos, das den Sieg gesunder Arbeitsfreude über die zerstörende Macht liederlichen Genußlebens feiert.

FRITZ KREISLER

* 2. Februar 1875 in Wien
† 29. Januar 1962 in New York

In die Geschichte der Operette wird Fritz Kreisler nur als liebenswürdiger Außenseiter eingehen. Weltruhm hat er auf einem anderen, seinem ureigensten Gebiet, erlangt: als einer der großen Konzertgeiger der ersten Hälfte des 20. Jahrhunderts. Seit seinem zwölften Lebensjahr stand Kreisler – ein Schüler von Massart, Hellmesberger und Delibes – auf dem Podium und hat seitdem sein ganzes Künstlerleben lang ungezählte Musikfreunde durch seine überragend virtuose Geigenkunst erfreut. Als Komponist ist er u. a. mit einem Streichquartett und vor allem mit einer Reihe reizvoller Geigenstücke hervorgetreten. Nach dem Ersten Weltkrieg – er lebte von 1915 bis 1925 in den USA – schrieb er seine erste Operette *Apfelblüten* (New York, 1919) und ein gutes Jahrzehnt später, als Berlin sein festes Domizil geworden war, *Sissy*. 1938 wurde Kreisler, seit 1933 in Paris lebend, französischer Staatsbürger. 1940 übersiedelte er wieder nach New York.

Sissy

Singspiel in 2 Akten (4 Bildern). Text von Ernst und Hubert Marischka nach einem Lustspiel von Ernst Decsey und Gustav Holm. Uraufführung am 23. Dezember 1932 in Wien.

PERSONEN: Franz Joseph, Kaiser von Österreich – Erzherzogin Sophie, seine Mutter – Herzog Max in Bayern – Ludovica, genannt Luise, seine Gemahlin – Deren Kinder: Helene, genannt Nené; Elisabeth, genannt Sissy; Karl Theodor, genannt Gackl; Sophie, genannt Spatz; Rupprecht, Annemarie und Maximilian – Feldmarschall Graf Radetzky – Prinz Thurn und Taxis – Baron Hrdlicka, Zeremonienmeister – Graf Creneville, Adjutant – v. Kempen, Oberst der Gendarmerie – Fürst Menschikoff, Abgesandter des Zaren – Ilona Varady, Ballett-Tänzerin – Der Ballettmeister der

Wiener Hofoper – Petzelberger, Wirt des Gasthofs »Zum goldenen Ochsen« – Zenzi, Kellnerin – Peter, Diener. – Ein Wachmann. Ballettmädchen. Offiziere. Leibgardisten. Hofdamen. Lakaien. Bauern. Sänger. Geistliche. Militär. Volk. Gesinde.

Ort und Zeit: Possenhofen und Ischl, 15. bis 17. August 1853.

1. Akt. 1. Bild. Erkerzimmer mit Terrasse im Schloß Possenhofen am Starnberger See. Abseits vom Zwang und von den Umständlichkeiten höfischen Lebens die friedliche Stille seines Landsitzes zu genießen – das liebt der leutselige Herzog Max. Ein Naturfreund ist er, ein leidenschaftlicher Jäger, ein herzensguter Vater seiner sieben Kinder – aber vielleicht ein bisserl zu wenig »herzoglich«, zu schlicht im Auftreten. Mit diesem Sich-gehen-Lassen kann sich seine nervöse und in Etikettefragen überempfindliche Gattin Luise gar nicht abfinden. Ihre Gedanken sind immer auf vermehrte Würde und Geltung gerichtet. Heute ist sie wieder besonders erregt, erwartet sie doch von ihrer vertrauten Schwester Sophie, der Mutter des jungen Kaisers Franz Joseph, für sich und ihre Tochter Nené eine Einladung zum kaiserlichen Hoflager nach Ischl. Dort soll ein kühner Plan Wirklichkeit werden: der Kaiser muß Nené kennenlernen; gewiß wird er sich dann – so wünscht es auch Sophie – mit ihr verloben, und so wird ihre Tochter Kaiserin von Österreich! Alles scheint nach Wunsch zu gehen: der erwartete Bote aus Ischl kommt und holt die Herzogin mit ihrer Tochter ab. Nené ist aber sehr unglücklich über die Absichten der Mutter, ihr Herz gehört ja dem Prinzen Thurn und Taxis. Könnte ihr doch ihre Schwester, die gescheite Sissy, helfen! Doch schon geht's eiligst mit dem Wagen fort, so hastig, daß sogar Nenés silbernes Hofkleid vergessen wird. Sissy grämt sich, daß man ihren Vater bei der Einladung nach Ischl übergangen hat und ihn einfach ausschaltet, wenn es um Nenés Zukunft geht. Herzog Max sieht ein, daß er nicht so untätig zusehen darf, und beschließt, gleichfalls nach Ischl zu reisen. Sissy soll ihn begleiten und auch Nené das vergessene Kleid bringen. – 2. Bild. Empfangssaal in der kaiserlichen Villa in Ischl. Während Sophie und Luise das Arrangement der erstrebten Verlobung ihrer

Kinder besprechen, muß der junge Kaiser den Fürsten Menschikoff in Audienz empfangen, der ihm eine unerwünschte
Einladung zur Großjährigkeitsfeier der Zarentochter Eudo-
xia überbringt. Endlich kommt er zum Frühstücken. Da
sieht er draußen im Park ein junges Mädchen, das sich Rosen abpflückt. Er verlangt, daß man ihm die dreiste Garten-
besucherin vorführe. Ehe das geschieht, glückt es dem
Herzog Max, der es in seiner »kurzen Wichs« nicht leicht
hatte, sich Eintritt zu verschaffen, zu Franz Joseph vorzu-
dringen; bald kommen die Herren in ein angeregtes Jagdge-
spräch, über dem Max natürlich vergißt, daß er mit dem Kaiser eigentlich über Nené reden wollte. Kaum ist er fort, wird
die heimliche Rosenpflückerin hereingeführt. Es ist Sissy,
doch zu einer richtigen Vorstellung kommt es nicht, denn
der Kaiser hält sie für eine Schneidermamsell, weil sie den
Karton mit Nenés Kleid bei sich hat. Die »Mamsell« macht
aber großen Eindruck auf ihn. Leider wird die Begegnung
durch das Erscheinen seiner Mutter unterbrochen, die ihn
mit Nené bekannt macht. Ahnungslos, daß man ihm das
Mädchen als Braut zudenkt, empfängt er den Besuch sehr
gleichgültig. Seine Gedanken sind ganz bei der reizenden
»Schneidermamsell«.

2. Akt. 3. Bild. Extrazimmer im »Goldenen Ochsen«. Heute ist Geburtstag des Kaisers, und da proben die Männer
vom Ischler Gesangverein noch das Ständchen, das sie der
Majestät am Abend bringen wollen. Herzog Max kommt
dazu, gibt sich als kaiserlicher Leibjäger aus und gewinnt
sich mit seinem Frohsinn und Singen rasch die Herzen der
Männer. Plötzlich wird die Gesellschaft durch das Erscheinen Sophies und Luises verscheucht. Die beiden Damen haben mit Franz Joseph und Nené eine Spazierfahrt gemacht
und sind »planmäßig« hier abgestiegen, um die beiden jungen Leute ein wenig allein zu lassen. Zu ihrem Entsetzen
finden sie nun Max hier und bald auch Sissy, die sich trotzig
auf die Seite ihres Vaters stellt. – 4. Bild. Im Park vor der
kaiserlichen Villa. Der Festabend, an dem Sophie die Verlobung Franz Josephs mit Nené zu erleben hofft, ist gekommen. Sissy begegnet, als sie eben Nené das Festkleid bringen

will, dem Kaiser. Besorgt um ihre Schwester, aber auch um
ihre schon erwachte eigene heimliche Liebe zu ihm, fragt sie
nach seiner bevorstehenden Verlobung. Da erklärt er, er
denke gar nicht daran, in diesem Punkte den Wünschen seiner Mutter zu folgen. Freudig erzählt Sissy ihrer Schwester
von diesem Gespräch. Luise aber belauscht ihre Töchter und
macht nun Sissy den Vorwurf, sei sie neidisch auf Nenés künf-
tiges Glück. Auch ihren Gatten schimpft sie aus, weil er hier
störe. Jetzt aber wird der gutmütige Bayernherzog zornig.
Ein Glück, daß Franz Joseph zu den Streitenden kommt und
endlich erfährt, was man mit ihm plant und – wer die vermeintliche Schneidermamsell ist! Die festlichen Veranstal-
tungen beginnen – der Gesangverein läßt sich hören, das Ballett tanzt . . . Dann hat der Kaiser endlich Gelegenheit, mit
Sissy allein zu sein: in einem zarten Tanz finden sie sich, sagen
sie sich ohne Worte, was sie füreinander empfinden. Staunend erfahren die beiden Mütter, wie sich alles gegen ihre
Absichten und doch eigentlich auch in ihrem Sinne gewendet
hat. Franz Joseph verkündet seine Verlobung mit Sissy. Nené
darf mit dem Prinzen Thurn und Taxis glücklich werden.

Ein überaus liebenswürdiges, schon vom Libretto her erfreu-
liches Singspiel, das keinen Atemzug lang vom Historischen
beschwert oder gar erdrückt wird – ein Stück, das, wenigstens
im altbayerischen und österreichischen Raum, immer wieder
Erfolg haben müßte. Kreisler hat die Musik mit einigen der
hübschesten Einfälle aus seinen bekannten Geigen-Solostük-
ken ausgestattet (*Wiener Marsch, Liebesleid, Liebesfreud,
Schön Rosmarin, Caprice viennoise*), darüber hinaus aber
noch mit einer ganzen Reihe weiterer volkstümlicher, echt
wienerischer Melodien, die – wie jene schon bekannten – alle
für seine mit süßem Sentiment gesättigte, rhythmisch pikante
Musiquette sehr bezeichnend sind. Reizsam-weiche Harmonisierung und farbiges instrumentales Kolorit steigern noch
die Wirkung dieser melodischen Substanz. Lustiges und Ge-
müthaftes ist glücklich verteilt. Besonders anziehende Stücke
sind – neben den genannten – die Walzer *Ein stilles Glück, ein
bisserl Musik* und *Ich wär' so gern einmal verliebt.*

WALTER KOLLO

* 28. Januar 1878 in Neidenburg (Ostpreußen),
heute Nidzica (Polen)
† 30. September 1940 in Berlin

Kollo (eigentlich Kollodziepski) war einer der profiliertesten, produktivsten und erfolgreichsten Operettenkomponisten des Berliner Kreises. Elemente des Volksstücks, des Schwanks, der intimen Komödie geben der Mehrzahl der von ihm bevorzugten Libretti die bezeichnende Note. Solche Texte boten ihm die beste Möglichkeit zur Entfaltung seiner besonderen musikalischen Begabung für die witzige und humorvoll ans Gemüt gehende Kleinform, die sich selbst im großen, durchaus auch effektvoll gestalteten Rahmen der Operette bewährte. Genannt seien *Wie einst im Mai* (1913), *Der Juxbaron* (1913), *Die tolle Komteß* (1917), *Drei alte Schachteln* (1917), *Marietta* (1923; mit den Evergreens *Was eine Frau im Frühling träumt* und *Warte, warte nur ein Weilchen*), *Die Frau ohne Kuß* (1924), *Drei arme kleine Mädels* (1927), *Lieber reich – aber glücklich* (1933), *Die wilde Auguste* (1936) und *Mädel ahoi* (1936). Seit 1901 lebte Kollo in Berlin, war Kapellmeister, Theaterleiter, Musikverleger. Seine Tanzlieder, oft Teil seiner Revuen für den Admiralspalast, wurden Schlager, viele davon vollkommen Eigentum der Berliner: *Es war in Schöneberg im Monat Mai*, *Die Männer sind alle Verbrecher*, *Das ist der Frühling von Berlin*, *Was eine Frau im Frühling träumt* usw. *Solang noch Untern Linden die alten Bäume blühn, kann nichts uns überwinden, Berlin bleibt doch Berlin* war nach dem Zweiten Weltkrieg, besonders in den Zeiten der Blockade Berlins, ein Schlager, mit dem sich die Berliner selbst zum Durchhalten animierten. Libretti und Gesangstexte verfaßte häufig sein Sohn Willi (1904–88), ebenfalls ein Komponist; Willi Kollos *Lied vom Vater Zille* ist durch Claire Waldoff berühmt geworden.

Drei alte Schachteln

Operette in einem Vorspiel und 3 Akten. Text von Hermann Haller. Gesangstexte von Rideamus (Fritz Oliven). Uraufführung am 6. Oktober 1917 in Berlin.

<small>Personen:</small> Ursula Krüger – Charlotte, ihre Schwester (Sängerin) – Klaus Kersting (Ten.) – Cornelius Hasenpfeffer, Sergeant – Auguste, Köchin bei den Geschwistern Krüger (Soubr.) – Rittmeister v. Tresckow – Freundinnen Ursula Krügers. Offiziere. Damen. Soldaten. Schulkinder.

<small>Ort und Zeit:</small> Potsdam, Anfang des 19. Jahrhunderts.

Vorspiel. Zimmer bei den Schwestern Krüger. Ursula Krüger hat die Hoffnung auf Liebe und Ehe seit langem aufgegeben. Doch wünscht sie, ihre jüngere Schwester Lotte möchte bald das ihr selbst versagte Glück finden. Lotte freut sich schon, daß der Mann ihrer Wahl, der Referendar Klaus Kersting, sich heute noch erklären werde. Doch er kommt nur, um ihr wie einer schwesterlich geliebten Freundin Lebewohl zu sagen. Sein jugendlicher Sinn ist auf ein anderes Ziel als die Ehe gerichtet: Als Soldat will er sich im Feld bewähren, und darum hat er sich jetzt anwerben lassen. Auch Auguste, die Köchin der Schwestern, muß sich nun für ungewisse Zeit von ihrem Bräutigam, dem Sergeanten Cornelius Hasenpfeffer, trennen.

1. Akt. Wieder bei Krügers. Zehn Jahre sind vergangen. Wie einst Ursula, so lernte nun auch Lotte verzichten. Sie hat sich während der Kriegsjahre als Lehrerin betätigt. Auf hübsche anmutige Kleider legt sie längst keinen Wert mehr. Die Jugend ist ja doch vorbei! Heute kehren die Soldaten aus dem Feld zurück. Da stapft schon Cornelius ins Haus und begrüßt seine Auguste, und dann tritt auch Klaus Kersting, jetzt als Hauptmann, vor die Schwestern. Wie oft hat er draußen voll Liebe an Lotte gedacht! Nun sieht er freilich, daß das Bild, das er im Herzen trug, nicht mehr der Wirklichkeit entspricht. Lotte spürt seine Enttäuschung und lehnt die Einladung zum Regimentsball ab. Kaum ist er jedoch fort, fühlt sie ihre Torheit, sich wie eine »alte Schachtel« zu gehaben, und bald

ist's mit Ursula und Auguste beschlossen: *Drei alte Schach-teln, zierlich und fein, putzen zurecht sich zum Tanzkrän-zelein.*

2. Akt. Tanzsaal im Regimentskasino. So schön hat sich Lotte gemacht, so reizend und jung sieht sie wieder aus, daß Ursula sie als eine eben angekommene Nichte namens Dörte ausgeben kann. Zum Ärger mancher junger Mädchen hat sie großen Erfolg bei den Herren, und auch Klaus läßt sich täu-schen; allerdings erinnert ihn »Dörte« sehr an Lotte, wie sie vor zehn Jahren war. Sie macht dem rasch Verliebten den Kopf ganz wirr, dann aber sagt sie ihm, es sei schade, daß er keinen jungen Vetter habe, der zu ihr passe – und tanzt mit dem jungen Rittmeister v. Tresckow. Im Zwiespalt seiner Ge-fühle denkt Klaus daran, wieder zu seiner Truppe zu gehen. Auguste hat auf dem Ball ihre liebe Not mit Cornelius, der hier immer mit anderen, Jüngeren tanzen will und im Feld, wie sie herausbekommen hat, nicht nur mit seiner Braut kor-respondiert hat.

3. Akt. Wieder bei Krügers. In dem Heimkehrer sind natür-lich längst Bedenken wachgeworden, als er nachts noch über »Dörte« nachdachte. Darum kommt er jetzt schon frühmor-gens ins Haus der Schwestern und erregt dort begreifliche Unruhe, als er Lotte und Dörte zusammen sehen möchte. Lotte, die gestern abend angeblich krank war, weiß sich kei-nen rechten Rat. Schließlich sucht Auguste zu helfen, indem sie sich als »Dörte« verkleidet – doch da ist's mit dem Schwin-del um so schneller vorbei. Klaus ist zu der Einsicht gelangt, daß doch niemand besser zu ihm passe als Lotte, und bittet sie um ihre Hand fürs Leben. Auch Auguste und Cornelius wer-den nun für immer beisammenbleiben.

Seine Wirkung verdankt dieses Singspiel wohl zu gleichen Teilen der Musik und dem Text. Die in schlicht volkstümli-cher Weise gezeichnete biedermeierliche Welt, die kräftige Tönung der Berliner Lokalfarbe (Auguste–Cornelius) und nicht zuletzt das Thema der Handlung selbst, das zum minde-sten für die reiferen Frauen aller Zeiten und Zonen einen nie veraltenden Betrachtungs- oder Gesprächsstoff bildet – das alles sicherte die Anziehungskraft des Werks, das freilich dann durch Kollos liebenswürdige Musik seinen stärksten Reiz gewonnen hat. Wie im Text, so ist auch in der Musik Humorvolles und Empfindsames geschickt verteilt. Sein Bestes gab der Komponist allerdings weniger im Lyrischen, wo manchmal ein etwas flacher Salonton Platz greift, sondern im Lustigen, im Schelmisch-Graziösen und in geschmeidigen Walzern. Vorzüglich trifft er den munteren Berliner Volkston. Besonders gut gelungen sind die Finali, namentlich das rondoartig gebaute des 1. Akts mit der Leitmelodie des Terzetts *Drei alte Schachteln, zierlich und fein* und das knapp und wirkungsvoll angelegte des 2. Akts mit der Aussprache zwischen Klaus und »Dörte«. Die dankbare, amüsante Rolle der »Aujuste« ist vor allem durch die Berliner Humoristin Claire Waldoff berühmt geworden.

Die Frau ohne Kuß

Lustspiel mit Musik in 3 Akten. Dialog von Richard Keßler. Gesangstexte von Willi Kollo. Uraufführung am 6. Juli 1924 im Schiller-Theater, Berlin.

Personen: Dr. Ernst Hartwig, Frauenarzt (Ten.) – Lotte Lenz, seine Sekretärin (Sängerin) – Georg Langenbach, Fabrikbesitzer – Fritz Sperling, Porträtmaler – Prinz Hussein, Dschahangir (Ten.) – Otto, Diener bei Hartwig – Ein Bote des Standesamts.

Ort und Zeit: Berlin, zwanziger Jahre des 20. Jahrhunderts. Schauplatz für alle 3 Akte: Ein Zimmer bei Dr. Hartwig.

1. Akt. Der angesehene Frauenarzt Dr. Hartwig hat seit einiger Zeit eine neue Sekretärin, Lotte Lenz. Seine Freunde, der Fabrikant Langenbach und der Maler Sperling, finden das hübsche, gescheite Mädchen höchst begehrenswert und machen Lotte den Hof – er selbst aber, ein eingefleischter Junggeselle, sieht nichts in ihr als eine sehr tüchtige Arbeitskraft. Er scheint auch nicht zu merken, daß ihre – übrigens sehr zielbewußten – Zukunftsinteressen als Frau ausschließlich *ihm* gelten und keineswegs jenen anderen eifrig bemühten Vereh-

rern. Voll ehrgeiziger Spannung erwartet Dr. Hartwig gerade die Berufung zu einer gynäkologischen Hilfeleistung nach Teheran. Das Telegramm mit der Anweisung, unverzüglich abzureisen, trifft auch ein – doch nun ist eine schwierige Bedingung bei der Berufung an den persischen Fürstenhof: Man erwartet dort, daß der behandelnde Arzt verheiratet sei, und fordert, daß er seine Gattin mitbringe. In dieser Klemme befolgt er Lottes Rat, eine nach der Rückkehr sogleich wieder lösbare Scheinehe einzugehen. »Selbstlos« bietet sie sich an, ohne alle Gattenpflichten diese »Frau auf Zeit« zu spielen. Erfreulicherweise findet sich auch ein Angestellter des nahen Standesamts sofort bereit, formlos die eilige Trauung zu vollziehen. Und schon geht's fort auf die Reise.

2. Akt. Das seltsame Ehepaar ist aus Teheran zurückgekehrt. Dr. Hartwig konnte sich als Arzt wieder auszeichnen; aber Lottes Bemühungen, seine Liebe zu gewinnen, blieben erfolglos. Nicht einen einzigen Kuß hat sie von dem allzu korrekten Schein-Ehepartner bekommen! Und jetzt will er anscheinend auch die verabredete Scheidung beantragen. In Wirklichkeit hat er sich jedoch schon sehr in Lotte verliebt. Doch bedarf es noch drastischer Reizmittel, um ihn zu einem Geständnis seiner Empfindungen zu bewegen. So trachtet nun Lotte danach, ihn eifersüchtig zu machen, und dazu bieten nicht nur neue Begegnungen mit Langenbach und Sperling erwünschte Gelegenheiten, sondern vor allem der unerwartete Besuch des leidenschaftlichen persischen Prinzen Hussein, der sich schon in Teheran um ihre Gunst bewarb. Jetzt findet Dr. Hartwig endlich das erlösende Liebeswort und den Weg aus seiner Scheinehe zu einem echten Liebesbund.

3. Akt. Erst am nächsten Morgen hört das glückliche Paar, daß die damalige Eheschließung keine rechtliche Gültigkeit hatte. Lottes immer noch hoffende Bewerber haben den standesamtlichen Formfehler in Erfahrung gebracht, und Prinz Hussein besteht jetzt auf der gestern mit Dr. Hartwig getroffenen Vereinbarung, daß Lotte seine Frau werden könne, sobald sie nicht mehr Dr. Hartwigs Gattin sei. Doch

muß er angesichts der nun veränderten Lage darauf verzichten, sie nach Persien zu entführen. Was das Ehegesetz noch fordert, das werden die beiden ja bald erfüllen. Auch Langenbach und Sperling müssen natürlich ihre Hoffnungen begraben.

Kollo hat zu diesem – bei guter Darstellung stets wirksamen – Lustspiel eine sehr gefällige Musik beigesteuert, die mit Glück der Personen-Charakterisierung und der Steigerung von Situationsstimmungen dient. Seine amüsanten, klanglich hübsch gefaßten Tanzliedereinfälle zeichnen sich vielfach durch besonders prägnante, wirksame Formulierung aus. Fünf Stücke aus dem kleinen Werk sind sehr populär geworden: das gavottenartige Liedchen *Ein Fräulein aus guter Familie*, Prinz Husseins Lied (Foxtrott) *Persische Rose*, der flotte Marsch *Das ist der Frühling von Berlin*, die Duett-Melodie *Schade, Schatz, daß die Zeit so schnell vorbei war* und der – innerhalb des Ganzen zu größerer thematischer Bedeutung gelangende – Shimmy *Gute Nacht, mein Liebchen, und verschließ dein Stübchen*.

JEAN GILBERT

* 11. Februar 1879 in Hamburg
† 20. Dezember 1942 in Buenos Aires

Der französische Name Jean Gilbert ist ein Pseudonym für den deutschen Max Winterfeld. Mit Paul Lincke, Victor Holländer, Rudolf Nelson und Walter Kollo ist der Komponist der *Keuschen Susanne* (1910) ein typischer Vertreter der Berliner Operette geworden. Schlagkräftige, breite Popularität waren Ziel und Ergebnis seines Schaffens, dessen stärkste Erfolge in der Zeit zwischen 1910 und 1920 lagen. In jenen Jahren schrieb er außer der *Keuschen Susanne* u. a. *Die Kinokönigin* (nach 1913 ein Welterfolg), *Polnische Wirtschaft*, *Pupp-*

chen (1912), *Autoliebchen* (1912) und *Die Frau im Hermelin* (1919). Gilbert hatte seine künstlerische Ausbildung an den Konservatorien in Sondershausen und Weimar sowie in Berlin genossen, wirkte dann als Kapellmeister in Bremerhaven, Hamburg und Berlin (Apollo-Theater) und konnte sich seit 1910 ausschließlich dem Komponieren widmen. Er produzierte außerordentlich leicht und schnell und hatte bis 1925 bereits nicht weniger als 57 Bühnenwerke geschrieben. In den zwanziger Jahren erregten *Das Weib in Purpur, Annemarie, Katja die Tänzerin* und *Hotel Stadt Lemberg* (ein Versuch auf dem Weg zum musikalischen Schauspiel) noch einmal stärker das Interesse des Publikums. Gilbert emigrierte nach 1933 und ließ sich nach Aufenthalten in Madrid und Paris 1939 in Buenos Aires nieder, wo er das Orchester der Rundfunkstation El Mundo leitete und sich 1941 den 1. Preis für die beste argentinische Filmmusik mit dem Tonfilm *Chasta Susanna* (nach seiner Operette *Die keusche Susanne*) errang. – Der Sohn Robert Gilbert (1899–1978) trat gleichfalls als Operettenkomponist hervor (*Die leichte Isabell*, 1930, u. a.), ist aber vor allem als Mitarbeiter seines Vaters, als Verfasser von Gesangstexten zu Werken anderer Komponisten (z. B. zu Benatzkys *Im weißen Rößl*) sowie als Übersetzer und Bearbeiter (u. a. der Musicals *Can-Can, My Fair Lady, Oklahoma, Hallo, Dolly!* und *Cabaret*) bekannt geworden.

Die keusche Susanne

Operette in 3 Akten. Text von Georg Okonkowski nach der Komödie *Fils à Papa* von Antony Mars und Maurice Desvallières. Gesangstexte von G. Okonkowski und Alfred Schönfeld. Textliche und musikalische Neubearbeitung von Robert Gilbert (1953). Uraufführung am 26. Februar 1910 im Wilhelm-Theater, Magdeburg.

Personen: Baron Conrad v. Felseneck, Privatgelehrter (Baßbuffo) – Clementine, seine Frau – Paul, deren Sohn (Ten.-Buffo) – Pauline, deren Tochter (Soubr.) – Fleuron, Parfümfabrikant (Bar.) –

Susanne, seine Frau (Sopr.) – Prof. Hintzmeier, Privatgelehrter –
Rosa, seine Frau – René Wildhagen (Ten.) – Krause, Oberkellner –
Emil, Piccolo – Irma, Bolle, Graf Zickenblitz, Dichter Rillenbach:
Stammgäste im Palais de Danse – Zofe bei Felseneck – Wachtmei-
ster. Polizisten. Professoren der Universität. Studenten in Wichs.
Chor. Ballett.

ORT UND ZEIT: Berlin, um 1900.

1. bis 3. Akt. Im Hause des Privatgelehrten Felseneck, der
heute seine Erhebung in den Adelsstand feiert, hält man
streng auf moralische Disziplin. Papa und Mama zuliebe spielen auch die beiden erwachsenen Sprößlinge die braven Kinder, aber Pauline hat sich bereits heimlich mit René Wildhagen
verlobt, obwohl dieser junge Lebemann den Eltern als Schwiegersohn unerwünscht ist, und Paul brennt schon darauf, etwas
mit Frauen zu erleben. Frau v. Felseneck, Vorsitzende des
Thusnelda-Bundes, erwartet Frau Susanne Fleuron aus Eisen-
ach, die als Mustergattin aus ihrer Hand den Tugendpreis
empfangen soll. In Wirklichkeit ist diese »Tugendkönigin«
eine sehr lebenslustige, Seitensprüngen nicht abgeneigte
Dame. So zeigt sich jetzt, als sie René vorgestellt wird, daß sich
die beiden schon kennen und bei einem Aufenthalt in Baden-
Baden vor zwei Jahren sogar sehr nahe gekommen sind – ja sie
mußten sich damals als Mann und Frau ausgeben, um vor dem
gleichfalls dort anwesenden Prof. Hintzmeier, einem Kollegen
Felsenecks, keinen Verdacht zu erregen. Jetzt führt das Wiedersehen für René und Susanne, die mit ihrem Mann angekommen ist, zu beängstigenden Situationen, denn auch Hintzmeier befindet sich unter den Gästen. René hatte das Abenteuer fast vergessen und denkt es auch nicht fortzusetzen; er
hat soeben um Paulines Hand angehalten – allerdings vergeblich, doch konnte er dem Baron v. Felseneck das Versprechen
ablisten, der Heirat zuzustimmen, wenn es dem künftigen
Schwiegersohn gelinge, ihn auf einem Seitensprung zu ertappen. René kennt den tugendstrengen Herrn besser, als dieser
ahnt, und weiß, was er tun muß, um zum erwünschten Ziel zu
gelangen: Er läßt dem Baron ein scheinbar von einer Dame ge-
schriebenes Briefchen mit einer Einladung ins Palais de Danse
überbringen, animiert auch Paul und Susanne zum Besuch die-

ses Nachtlokals und verlockt Pauline, ihn dahin zu begleiten. Von der ahnungslosen Mutter unbemerkt, schleichen sich nach dem Gutenachtsagen die Abenteuerlustigen aus dem Hause – natürlich auch der Baron, der im Palais de Danse unter dem Spitznamen »Puppchen« längst wohlbekannt ist. Er verspricht sich eine lustige Nacht und findet in der Tänzerin Rosa bald die angebliche Verfasserin des Einladungsbriefes: Er weiß nicht, daß sie von René für ihn als Gesellschafterin engagiert ist, und ahnt noch weniger, daß sie die Frau seines Freundes Hintzmeier ist, der – gleichzeitig mit Herrn Fleuron – heute zum Manöver einrücken mußte und nun von seiner jungen Gattin, die hier schon früher als Animiermädchen tätig war, hintergangen wird. Bald kommt es zu unvermeidlichen peinlichen Begegnungen, aber in seiner unzweideutigen Lage kann der Baron weder seinem Sohn noch seiner Tochter Vorwürfe über ihre Anwesenheit machen: Von René überlistet, muß er nun dessen Bündnis mit Pauline zustimmen. Von der »keuschen« Susanne aber, die seinen Sohn in die Geheimnisse eines Chambre separée eingeweiht hat, läßt er sich weismachen, sie halte sich als Beobachterin der Sittenzustände in dem Lokal auf. Zum Skandal kommt es, als überraschend auch die Herren Fleuron und Hintzmeier auftauchen und angesichts der heiklen Situation so außer sich geraten, daß schließlich die Polizei eingreift. Am nächsten Morgen haben die eingeschüchterten Teilnehmer der tollen Nacht alle Mühe, vor Frau v. Felseneck die rechte Haltung zu bewahren. Zu allem Überfluß droht eine Entdeckung der nächtlichen Begebenheiten durch den neuengagierten Kammerdiener, in dem sie den Oberkellner aus dem Palais de Danse erkennen; der aber hat in seiner bisherigen Stellung gelernt, diskret zu schweigen. So endet doch alles in Frieden und guter Laune: Susanne hat sich mit Rosa verständigt, und die gutgläubigen Ehemänner lassen sich überzeugen, daß ihre Frauen als Missionsschwestern des Tugendbundes das Nachtlokal besucht hätten.

Bleibt das Libretto mit seinen Zynismen und seinen vom faulen Lebewelt-Zauber behexten Figuren auch anfechtbar – ein wirkungssicher gezimmerter Schwank ist's immerhin, und in der Neufassung, die das ursprünglich in Paris spielende Stück nach Berlin verpflanzt hat, bringt die Ironisierung der bürgerlichen Welt um 1900 noch manchen zusätzlichen Spaß in die Handlung. In dieser erneuerten Form ist die alte Operette wieder erfolgreich geworden, um so mehr, als Robert Gilbert die Musik geschickt überarbeitet, harmonisch modernisiert und auch sonst vielfach verfeinert hat. Durch die Einfügung einiger beliebter, immer noch schlagerhaft effektvoller Stücke aus anderen Werken seines Vaters gelang es ihm überdies, die musikalische Substanz kräftig anzureichern (*Ja, das haben die Mädchen so gerne, Puppchen, du bist mein Augenstern* u. a.). Von den Melodien, die 1910 den großen und dauerhaften Erfolg der *Keuschen Susanne* bewirkten, seien der Walzer *Wenn die Füßchen sich heben und schweben* und der Lebemann-Marsch *Wenn der Vater mit dem Sohne auf den Bummel geht* genannt. Als typisches Werk jener Zeit und als sehr bezeichnende Schöpfung Jean Gilberts, der übrigens nicht nur mit Schmiß, sondern auch mit Grazie zu musizieren verstand, hat das Werk seine feste Position in der Geschichte der Berliner Operette.

LEO ASCHER

* 17. August 1880 in Wien
† 25. Februar 1942 in New York

Leo Ascher war Jurist und Musiker. Neben seinen Rechtsstudien an der Wiener Universität nahm er Kompositionsunterricht bei Robert Fuchs und Franz Schmidt. Er blieb seinem bürgerlichen Beruf auch treu, als er 1905 mit der Vertonung von Operetten begann. Von seinen insgesamt 32 Bühnenwerken hat sich *Hoheit tanzt Walzer* lange Zeit in den Spielplänen gehalten. Einen ähnlichen Erfolg hat er nicht wieder errungen, obwohl noch manche andere seiner Stücke, z. B. *Der Soldat der Marie* (1916), vorübergehend lebhaften Anklang fanden.

Hoheit tanzt Walzer
(Hochzeitswalzer)

Operette in 3 Akten. Text von Julius Brammer und Alfred Grünwald. Uraufführung am 24. Februar 1912 in Wien. Neufassung unter dem Titel *Hochzeitswalzer* (1937).

Personen: Dominik Gaudenzdorf, Bibliothekar – Lisi, dessen Tochter (Sängerin) – Plunderer – Peperl Gschwandtner, Musiklehrer (Buffo) – Aloisius Strampfl (Ten.) – Sali, Haushälterin bei Gaudenzdorf – Prinzessin Marie (Sängerin) – Frau v. Kalesch, Hofdame – Prinz Victor Bogumil – Prinzessin Creszentia Luise – Graf Bendl, Zeremonienmeister – Gäste. Hofleute. Diener. Musikanten.

Ort und Zeit: Wien und Umgebung, Anfang des 19. Jahrhunderts.

1. Akt. Zimmer bei Gaudenzdorf. Unruhig ist's heute im sonst so stillen Haus des Bibliothekars: er feiert sein 25jähriges Dienstjubiläum, und da finden sich viele Gäste ein. Wie froh wäre der vorzeitig gealterte Mann, wenn er seine Tochter Lisi recht bald unter die Haube bringen könnte; der reiche Wirt Plunderer wär' ihm als Eidam schon recht. Aber die Lisi liebt den jungen Habenichts Aloisius Strampfl. Gaudenzdorf hat ihm zwar das Haus verboten, aber er kommt doch heimlich und vertraut seiner Lisi an, daß er die Wirtschaft zur »Silbernen Brezn« erwerben könnte, wenn er ein paar hundert Gulden anzahlen würde. Leider langen seine Ersparnisse nicht dazu. Zum Glück haben die jungen Leut in Lisis Musiklehrer Peperl Gschwandtner einen vertrauten Berater: das ist einer, der nie den Kopf hängen läßt und ebenso fest an seine baldige Ernennung zum Hofkapellmeister glaubt wie an die sonnige Zukunft seiner Schützlinge. In der Hoffnung auf seinen eigenen Aufstieg gibt er dem Strampfl jetzt sein ganzes Geld für den Kauf des Gasthofs. Inzwischen kommt der protzige Plunderer, der wunder was zu tun meint, wenn er eine Beamtentochter überhaupt nimmt. Er hat aber Pech: Zuerst muß er sich mit dem kekken Peperl ärgern, dann sagt ihm die Lisi, daß sie ihn nicht mag, und zuletzt muß er zuschauen, wie ihm der Strampfl,

der sich jetzt auch Wirtshausbesitzer nennen darf, die Braut wegschnappt. Ergrimmt räumt er das Feld. Lisi und Strampfl sehen den Himmel voller Geigen, der Glückstifter Peperl aber kriegt Botschaft, daß es nichts ist mit seinem Kapellmeisterposten.

2. Akt. Gasthausgarten zur »Silbernen Brezn«. Das junge Wirtsehepaar hat kein Glück mit dem Gasthof. Die Konkurrenz des gegenüberliegenden »Goldenen Ochsen«, wo der Lanner mit seiner Kapelle spielt, ist zu stark, und außerdem hat sich der Besitzer, der Plunderer, aus Rache für seine Abfuhr bei Lisi, vorgenommen, den Strampfl zu ruinieren. Auch dem Peperl geht's schlecht: Er hat die Musik aufgeben müssen und ist als Kellner in der »Silbernen Brezn« eingetreten. Trotz dem eigenen Mißgeschick möchte er gern der Lisi und ihrem Mann wieder helfen. Durch schlau verfaßte Zeitungsinserate gelingt es ihm, allerlei heiratslustige Damen und Herren herzulocken, und bald füllt sich der sonst leere Garten mit fröhlichen Gästen. Zufällig findet sich auch die Prinzessin Marie mit ihrer Hofdame ein; des steifen Lebens am Hofe überdrüssig, will sie einmal unerkannt unter einfachen Menschen lustig sein. Peperl, als Kellner, hält die beiden Damen für Domestiken, verliebt sich gleich in die Prinzessin und ermuntert sie zum Singen des Liedes *'s Lercherl von Hernals*. Sie kommt sehr in Stimmung, läßt heimlich die Lannersche Kapelle vom »Goldenen Ochsen« herüberkommen und schließt sich mit Peperl den in Walzerseligkeit sich wiegenden Paaren an. Doch plötzlich ist's vorbei mit ihrem Inkognito: der Hofwagen holt sie zur Heimfahrt ab. Dem Peperl verschlägt's vor Staunen die Rede. Die Prinzessin bedankt sich beim Weggehen noch für die schöne Stunde. Künftig wird es in der »Silbernen Brezn« keine Sorgen mehr wegen Gästemangel geben: das Ereignis des hohen Besuchs und des Lannerschen Gastspiels wird das Renommee der Wirtschaft rasch heben.

3. Akt. Vorraum im Lustschloß der Prinzessin Marie bei Wien. Heute ist der Hochzeitstag der Prinzessin. Ihr ist es weh ums Herz, wenn sie an diese höfische Pflichtehe denkt – wieviel schöner wär's, mit so einem schlichten, aufrichtigen

Menschen wie dem Peperl Gschwandtner durchs Leben zu gehen. Von Liebe zwischen ihnen darf freilich nicht die Rede sein, das wissen sie beide. Aber soviel sie es vermochte, hat sie für sein Glück gesorgt: er ist Musikerzieher ihrer kleinen Geschwister geworden, und jetzt, auf dem Weg zur Trauung, überreicht sie ihm das Diplom seiner Ernennung zum Hofkapellmeister. Jetzt könnte er sich über die Erfüllung seines Lebenstraums freuen, und doch ist er so traurig.

Mit seinen volkstümlichen Gestalten und Vorstadtszenen, in seinem schlichten Humor und seinen naiven Gemütstönen gehört *Hoheit tanzt Walzer* in den Kreis der beliebten Singspiele, die etwas von der Lebensstimmung der »guten alten Zeit« im vormärzlichen Wien fühlbar zu machen versuchen, wie u. a. *Alt-Wien*, *Dreimäderlhaus*, *Wiener Blut*. Die Musik wurzelt in der Wiener Walzertradition. Leo Ascher hat den unzählbaren Schatz an wirksamen Dreivierteltaktern hier um eine ganze Reihe hübscher Stücke bereichert, von denen nur genannt seien: *Drunten am blauen Donaustrand*, *Erst zog ich nur galant den Hut*, *Man preist in tausend Liedern dich, o Wien!*, *Das ist die Prinzessin Tralala* und – natürlich – das *Lercherl von Hernals*. Das Werk ist auch in einer – den Text durch eine Rahmenhandlung erweiternden – Neufassung unter dem Titel *Hochzeitswalzer* erschienen (Zürich 1937).

ROBERT STOLZ

* 25. August 1880 in Graz
† 27. Juni 1975 in Berlin

Robert Stolz hat im Lauf eines halben Jahrhunderts sechzig Operetten und Singspiele komponiert, dazu viele Chansons und Wiener Lieder wie das beliebte *Im Prater blühn wieder die Bäume*. Selbstverständlich konnten bei einer so reichen

Produktivität nicht lauter Treffer zutage kommen. Aber es glückten ihm immer wieder Stücke, die durch ihre gefällige persönliche Note die Gunst des Publikums in hohem Maße errangen und seinen Namen in aller Welt bekanntmachten. Sohn des Dirigenten und Musikpädagogen Jakob Stolz und der Konzertpianistin Ida von Vernay, studierte er bei Robert Fuchs und Engelbert Humperdinck, begann schon als Zwanzigjähriger seine Laufbahn als Kapellmeister und wirkte seit 1905 am Theater an der Wien. 1924 eröffnete er ein eigenes Theater in Wien, hatte aber keine Fortüne als Impresario. Von 1925 bis 1936 lebte Stolz in Berlin, dann wieder in Wien, von wo er 1938 in die Emigration ging, erst nach Paris, dann in die USA. 1946 nahm er wieder in Wien seinen Wohnsitz. Sein Schaffen für die Bühne eröffnete *Schön-Lorchen* (Salzburg, 1903). Aus der Fülle seiner Werke seien hier noch genannt: *Das Glücksmädel* (1910), *Die Tanzgräfin* (1921), *Der Tanz ins Glück* (1921), *Prinzessin Ti-Ti-Pa* (1927), *Eine einzige Nacht* (1927), *Peppina* (1930), *Wenn die kleinen Veilchen blühn* (1932), *Venus in Seide* (1932), *Der verlorene Walzer* (1933), *Der süßeste Schwindel der Welt* (1938), *Frühling im Prater* (1949), *Karneval in Wien* (1950), *Trauminsel* (1962) und *Hochzeit am Bodensee* (1969).

Der Tanz ins Glück

Operette in 3 Akten. Text von Robert Bodanzky und Bruno Hardt-Warden. Uraufführung am 18. Oktober 1921 in Wien.

PERSONEN: v. Bibersbach, Konsul a. D. – Elfriede, seine Frau – Hans-Joachim v. Bibersbach, beider Sohn (Ten.) – Lutz Burgen, sein Freund – Falbstock, Ministerialrat – Adam Mutzenbecher, Hutfabrikant (Kom.) – Eva, seine Frau – Lizzi, beider Tochter (Sopr.) – Helli, Susi: ihre Freundinnen – Desirée Viverande, Schlagersängerin (Soubr.) – Fritz Wendelin, Friseurgehilfe (Ten.-Buffo) – Sebastian Platzer, Logenschließer (Kom.) – Tobias Falkmayer, Friseur – Toni, Lehrjunge – Lilly, Maniküre – Mary, Garderobiere – Ein Diener – »Alhambra«-Besucher. Gäste. Logenschließerinnen.

ZEIT: Um 1920.

1. bis 3. Akt. Der junge Graf Hans-Joachim v. Bibersbach,
der sich als Amateur-Botaniker durch die Züchtung eines
blauen Edelweißes einen Namen gemacht hat, hält sich
heute im Etablissement »Alhambra« auf: nicht, um seine
hier auftretende verflossene Freundin Desirée wiederzusehen, sondern um ein junges Mädchen kennenzulernen, das
er in der Stadt gesehen und durch ein Inserat um ein Treffen
gebeten hat. Das junge Ding, Lizzi, die Tochter des Hutfa-
brikanten Mutzenbecher, kommt auch wirklich in Begleitung zweier Freundinnen zu diesem ihrem ersten Stelldichein. Ehe aber Hans-Joachim mit ihr in der vereinbarten
Loge zusammentreffen kann, begegnet ihm die eifersüchtige
Desirée, ahnt seine Untreue, macht Krach, ramponiert seine
Eleganz und reißt ihm das als Kennzeichen für Lizzi bestimmte blaue Edelweiß aus dem Frackknopfloch. Während
sich der übel Zugerichtete wieder in Form zu bringen sucht,
taucht der Friseurgehilfe Fritz Wendelin hier auf – eigentlich
nur, um sich in dem Raum umzusehen, in dem er sich morgen am Preis-Schaufrisieren um die Europameisterschaft beteiligen will. Er findet das verlorene blaue Edelweiß, steckt
sich's an und wird nun von dem Logendiener Platzer für den
von Lizzi erwarteten Grafen gehalten. Er führt ihn in die
Loge, und Wendelin findet sich zuerst angstvoll zögernd, allmählich aber mit wachsendem Schneid in die ihm aufge-
zwungene Rolle hinein. Zu seinem Schrecken kommt es
auch noch zu einer Begegnung mit Lizzis Vater, der sich hier
aufhält, weil er für Desirée schwärmt und sich ihrer Zusage
für die Teilnahme an einem Fest in seinem Haus versichert
hat. Die Empörung, seine Tochter in Herrengesellschaft in
diesem Varieté zu finden, weicht bald bester Laune, als Lizzi
ihm Fritz Wendelin als Grafen vorstellt. Schon träumt er davon, der Herr Graf könnte sein Schwiegersohn werden. Fritz
findet Geschmack an seiner Rolle, nimmt die Einladung an
und engagiert sogar den Logendiener Platzer, der ihm die
nötige vornehme Kleidung beschafft, als Kammerdiener.
Was ihn verleitet, die Hochstapelei fortzusetzen, ist freilich
im Grunde nur die jäh erwachte Liebe zu Lizzi, die von ihr
auch erwidert wird. An dem festlichen Abend herrscht im

Hause Mutzenbecher große Erregung wegen des angekündigten gräflichen Besuchs. Vater und Mutter sehen ihre Tochter bereits als Braut. Nur Desirée ist verstimmt, da sie ja annehmen muß, »ihr« Hans-Joachim erscheine hier als Brautwerber. Beim Anblick des Friseurgehilfen, den sie aus dem Salon, in dem er arbeitet, bereits kennt, verfliegen freilich ihre Sorgen schnell. Fritz gesteht ihr seinen Betrug, aber sie rät ihm, seine Rolle weiterzuspielen. Heimlich veranlaßt sie jedoch Hans-Joachim, sich gleichfalls als Gast einzufinden. Mutzenbecher aber bittet die Eltern des Grafen zu Besuch, damit sie an der von ihm erhofften Verlobung ihres Sohnes teilnehmen. Längst ist es für Fritz zu spät zur Flucht. Schon kommt der alte Graf v. Bibersbach mit seiner Gemahlin und stellt entrüstet fest, daß sich ein Fremder für seinen Sohn ausgibt. Lizzi erfährt von Desirée, daß sie einem Betrüger aufgesessen ist. So endet der Abend mit Verwirrung und Enttäuschungen. Mutzenbechers sind gründlichst blamiert. Hans-Joachim ist jedoch bereit, die Situation für Lizzi zu retten, und verspricht, sie zu heiraten. Davon will aber Lizzi nichts wissen, denn im Grunde liebt sie den kleinen Schwindler Fritz, von dem sie sich jetzt allerdings erbittert abwendet. Verstört zieht Fritz mit seinem gleichfalls empörten und geprellten »Kammerdiener« ab. Am nächsten Tag steht er, nachdem er sich noch an dem Preis-Frisieren beteiligt hat, wieder in seinem Geschäft. Dort erscheint auch überraschend Lizzi, die von zu Hause davongelaufen ist, um ihn zu suchen. Zwar gelingt es ihm, sich vor ihr zu verbergen, doch wird er von Platzer entdeckt und ebenso von Desirée, die sich frisieren lassen will. Auch Hans-Joachim betritt als Kunde den Salon, und bald kommt es zwischen ihm und Desirée zu einer Aussprache, die mit neuem Liebeseinverständnis endet. So muß Vater Mutzenbecher, der den Grafen an sein Eheversprechen erinnern will, feststellen, daß der echte Graf für seine Lizzi verloren ist. Von Fritz, der sich inzwischen mit Lizzi versöhnt hat, will er nichts wissen, bis er erfährt, daß der geschickte Junge beim Schaufrisieren die Europameisterschaft errungen hat. Gegen einen so tüchtigen Bewerber um Lizzis Hand kann er schließlich nichts einwenden.

Die amüsante, schwankhaft entwickelte Hochstaplergeschichte mit ihrer mehr lustigen als scharfen Verspottung kleinbürgerlicher Wunschträume von adeliger Verwandtschaft hat Robert Stolz mit einer sehr gefälligen, einfallsfrischen Musik ausgestattet, die in wohlbedachter, wirkungsvoller Dosierung Heiteres und Gemütsbetontes, draufgängerisch Flottes und liebenswürdig Humorvolles verbindet. Mit spürbarem Vergnügen hat er die Figur des Friseurs Fritz Wendelin musikalisch gezeichnet, daneben aber vor allem auch die in ihrem Spaßton der Wiener Volkskomödie zugehörige Gestalt des Logendieners Platzer. Als besonders geglückte Nummern des kurzweiligen Stücks seien genannt: die Märsche *Ich hab kein Geld, Wenn es zehn wird, geht man nicht zu Bett* und *Kleine Mägdelein, blühend wie junger Wein,* der *Kakadu*-Onestep, das Foxtrott-Duett *Guter Mond, schau uns nicht zu,* der Onestep *Hallo, was das für Mädeln sind* und das typische Wiener Lied *Brüderlein, Brüderlein, schau, du mußt zufrieden sein.* Der Neufassung des Werkes, die hier der Inhaltserzählung zugrunde liegt, sind zusätzlich noch ein paar der bekanntesten Lieder von Stolz eingefügt worden, so *Im Prater blühn wieder die Bäume* und *Das ist der Frühling in Wien.* Von besonderem Reiz sind die melodramatisch behandelten Szenen der Operette sowie die mit sicherer Hand geformten, thematisch bezugreichen Finali der beiden ersten Akte.

Zwei Herzen im Dreivierteltakt
(Der verlorene Walzer)

Operette in 3 Akten (8 Bildern). Text von Paul Knepler und Ignaz Michael Welleminsky nach dem gleichnamigen Tonfilm von Walter Reisch und Franz Schulz (1930). Uraufführung am 30. September 1933 im Stadttheater, Zürich.

Personen: Anton Hofer, Komponist (Ten.) – Anny Lohmayer, Operettensängerin – Mizzi Reitmayer, Soubrette – Nicki und Vicki Mahler, Librettisten – Hedi (Sängerin) – Baron Hartenberg – Fredy Pachinger – Dr. Mitislav Isakiewicz, Notar – Der Theaterdirektor –

Blaustingl, Theatersekretär – Weigl, Theaterdiener – Franz
Gschwendtner, Heurigensänger – Brigitte, Wirtschafterin bei Mah-
lers – Der Heurigenwirt – Kammersänger Blinder – Wirtshausgäste.
Schauspieler und Schauspielerinnen.
ORT UND ZEIT: Wien, um 1930.

1. Akt. 1. Bild. Im Haus der Schriftsteller Mahler. Die ständig miteinander streitenden, aber unzertrennlichen Brüder
Nicki und Vicki Mahler erwarten voll Freude die Ankunft ihrer Schwester Hedi, die soeben ihre Institutsausbildung vollendet hat. Eine sehr willkommene Abwechslung im Leben
der beiden Operettenlibrettisten, die augenblicklich wieder
allerlei Sorgen mit ihrem neuesten Werk haben. Da kommt
z. B. die Sängerin Anny Lohmayer und erklärt auf einmal, sie
wolle in der neuen Operette nicht singen. Angeblich paßt ihr
die Rolle nicht, die man ihr zugedacht hat; in Wirklichkeit ist
die Entfremdung von ihrem bisherigen Freund Toni Hofer,
dem Komponisten des Mahlerschen Librettos, der tiefere
Grund ihrer Verstimmung. Hofer selbst bringt jetzt zwar eine
glänzende Laune mit, denn er hat gerade ein neues Lied ge-
dichtet und komponiert, aber gerade dieses Lied, das vom
Scheiden handelt, reizt Anny aufs neue. Großer Krach! Dabei wollten die Brüder Mahler doch arbeiten. Zum Glück erkundigt sich eben der Theaterdirektor telefonisch nach der
neuen Operette, und nun eilen alle, rasch versöhnt, zum
Theater. – 2. Bild. Theaterkanzlei. Das Theater braucht dringend eine zugkräftige Novität, um die ständige Kassenflaute
zu überwinden. Wird Hofers Operette den erwünschten Erfolg bringen? Nun, die Autoren wissen den Direktor dafür zu
interessieren: das Stück wird angenommen – aber eine
schöne, zündende Walzermelodie muß dem Komponisten
noch einfallen! – 3. Bild. In einer Heurigenschenke. Inmitten
der allgemeinen Lustbarkeit sitzen Hofer und Anny. Sie haben sich gar nichts mehr zu sagen. Es ist halt aus, spürt Anny,
schon resignierend. Toni erkennt in dem Heurigensänger
Gschwendtner einen alten Studienkameraden. Dem vertraut
er an, daß ihm in letzter Zeit nichts Rechtes mehr einfällt,
und da erinnert ihn Gschwendtner an das Rezept eines gemeinsamen Freundes, der sich in solchen trüben Stunden

nach einer neuen Liebe umsah. Anny hat das Gespräch heimlich mit angehört und rät Toni nun selbst, sich eine neue Muse zu suchen.

2. Akt. 4. Bild. Wieder bei Mahlers. Hedi ist angekommen und wird von ihren Brüdern verwöhnt. Sie freut sich sehr auf die Operettenpremiere und auf die Bekanntschaft mit dem Komponisten Hofer, dessen Melodien es ihr schon lange angetan haben. Aber Nicki und Vicki wollen nichts davon wissen, daß sie Toni kennenlernt. Sie sind überhaupt schlecht auf ihn zu sprechen, weil er den Walzer noch nicht fertig hat. Statt zu arbeiten, plant er heute ein großes Souper in seinem Haus! Doch ein Zufall ermöglicht es den Brüdern, Tonis Plan zu vereiteln: statt einer Schar zerstreuender Gäste soll er abends nur die Soubrette Mizzi Reitmayer bei sich sehen, die sie ihm schicken wollen – die wird ihn schon inspirieren! Hedi hat jedoch diese Intrige erlauscht und beschließt, selbst als »Muse« bei Toni zu erscheinen. Nachdem sie Mizzi unter einem Vorwand abbestellt hat, macht sie sich in ihrem schönsten Kleid auf den Weg. – 5. Bild. Zimmer bei Toni Hofer. Der Komponist wartet umsonst auf seine Gäste. Wieder müht er sich vergeblich, eine Walzermelodie zu finden. Da steht plötzlich wie hergezaubert ein junges Mädchen vor ihm, nennt sich »Fee Florabella«, entzückt ihn durch ihren Liebreiz, soupiert mit ihm – und als sie ihn bittet, ihr etwas vorzuspielen, da strömen ihm die Gedanken nur so zu. Der Walzer ist gefunden! Unbemerkt aber, wie sie gekommen, entschwindet ihm die »Fee« wieder.

3. Akt. 6. Bild. Bei Mahlers. Voll freudiger Erregung eilt Toni noch in derselben Nacht zu den Brüdern Mahler, um ihnen den endlich gefundenen Walzer vorzuspielen. Doch am Klavier merkt er, daß er die Melodie aus dem Gedächtnis verloren hat. Nur ein einziger Mensch kann da helfen – die »Fee«! Aber wo ist sie, wer ist es? – 7. Bild. Bei Mahlers. Von dem Theaterdiener Weigl, der sie bei Hofer gesehen hat und nun wiedererkennt, erfährt Hedi von Tonis Mißgeschick; sie bittet ihn, ja nichts auszuplaudern. Die Brüder feiern gerade den 18. Geburtstag ihrer Schwester. Da bringt ihnen ein Notar die überraschende Kunde, daß Hedi gar nicht ihre wirkliche Schwester ist. Das aber freut die beiden nur: denn nun hofft

jeder, sie heiraten zu können. – 8. Bild. Im Theater. Schon ist die letzte Probe zur neuen Operette, und Toni hat seinen Walzer immer noch nicht gefunden. Ganz verzweifelt setzt er sich wieder ans Klavier – da hört er singen: *Zwei Herzen im Dreivierteltakt, die hat der Mai zusammengebracht!* Sein verlorener Walzer ist es – und da steht auch die »Fee« Hedi, und alles ist gut! Glücklich schließt er sie in die Arme, während Vicki und Nicki ihr Pech beklagen.

Robert Stolz zeigt sich in diesem amüsanten Spiel aus der Welt der Theaterleute als erfindungsreicher Tanzmelodiker, der mit sicher beherrschten, gemäßigt modernen Wirkungsmitteln stimmungsvoll und heiter-graziös zu musizieren versteht. Ein Hauch von echtem Wiener Charme, Humor und süßem Sentiment liegt über dem gefälligen Werk. Der den Tonfall von Johann Strauß aufnehmende, titelgebende Hauptwalzer – der schon als musikalisches Kernstück des drei Jahre vor der Operette entstandenen gleichnamigen Tonfilms bekannt wurde – ist natürlich keineswegs der einzige tragende oder originelle Einfall; nicht minder hübsch sind z. B. der English Waltz *Heute besuch ich mein Glück*, der Foxtrott *Meine kleine Schwester heißt Hedi*, der Blues *Du bist meine schönste Träumerei*, der Marsch *Wenn man zweimal leben könnte* und die in mancherlei Variierung das ganze Stück durchziehende Slowfox-Melodie *Das ist der Schmerz beim ersten Kuß*.

EMMERICH KÁLMÁN

* 24. Oktober 1882 in Siófok (Ungarn)
† 30. Oktober 1953 in Paris

Die Wahrheit, daß vor allem anderen die Kraft, Melodien zu erfinden, den Begabungsrang eines schöpferischen Musikers bestimmt, gilt gleicherweise für die ernste wie für die leichte, unterhaltende Musik. Kálmán hat einmal gesagt: »Mit einer

Symphonie kann man vielleicht eine Bedeutung vorschwindeln, die man nicht besitzt; man redet sich einfach auf Eigenart und persönliche Note aus, die einem verbietet, etwas zu schreiben, was dem Nächsten gefällt. Aber schon das einfachste Lied, der kleinste Walzer muß erfunden sein und muß jenen ganz gewissen zündenden Funken haben, der die Leute mitreißt.« Dieser zündende Funke blitzt in den besten Bühnenwerken Kálmáns immer wieder auf, und da er zudem als ausgezeichneter Könner aus jedem seiner Einfälle auch etwas Zwingendes zu machen verstand, da er die Kunst farbenreicher Instrumentation meisterlich beherrschte und den Solisten, dem Chor und dem Orchester gleich dankbare und wirkungsvolle Aufgaben zu stellen wußte, verdienen seine Operetten mit Recht den Beifall, den sie gefunden haben. Kálmán wollte ursprünglich Pianist werden, wandte sich dann, als ihm ein manueller Defekt die Verfolgung dieser Laufbahn unmöglich machte, vorübergehend juristischen Studien zu, vollendete aber doch auch seine musikalische Ausbildung, wurde Musikkritiker in Budapest und errang mit einem Liederzyklus 1907 den Franz-Joseph-Preis der Stadt Budapest. Ein Jahr später erntete er bereits mit der Operette *Tatarenplage*, die später unter dem Titel *Herbstmanöver* weltberühmt wurde, den ersten kräftigen Bühnenerfolg. Im gleichen Jahr 1908 zog er nach Wien. Nach sechs weiteren Stücken glückte ihm mit der *Csárdásfürstin* 1915 ein Werk, mit dem er in die Reihe der meistgespielten Operettenkomponisten aufrückte. Ähnlich erfolgreich waren in den folgenden Jahren *Die Faschingsfee* (1917), *Das Hollandweibchen* (1920), *Die Zirkusprinzessin* (1926) und vor allem *Gräfin Mariza* (1924). Kálmán emigrierte 1938 nach Paris, 1940 in die Vereinigten Staaten, wo er starke Erfolge als Dirigent errang und in New York Ehrendoktor des College of Music wurde. Er kehrte 1948 nach Wien zurück, lebte aber seit 1951 wieder in Paris. Aus der Folge seiner späteren, weniger erfolgreichen Werke seien noch genannt: *Die Herzogin von Chicago* (1928), *Das Veilchen vom Montmartre* (1930), *Kaiserin Josephine* (1936), *Marinka* (1945, New York) und *Arizona Lady* (1954, Bern).

Die Csárdásfürstin

Operette in 3 Akten. Text von Leo Stein (Leo Rosenstein) und Béla Jenbach. Uraufführung am 17. November 1915 im Johann-Strauß-Theater, Wien.

PERSONEN: Leopold Maria, Fürst von und zu Lippert-Weylersheim – Anhilte, seine Frau – Edwin Ronald, beider Sohn (Ten.) – Komtesse Stasi, Nichte der Fürstin (Soubr.) – Graf Boni Kancsianu (Buffo) – Sylva Varescu (Sängerin) – Eugen v. Rohnsdorff, Oberleutnant – Feri v. Kerekes, genannt Feri Bacsi – Botschafter Mac Grave – Gräfin Tscheppe – Baronin Elsner – Kavaliere. Varietédamen. Ein Notar. Ein Oberkellner. Ein Groom. Ein Lakai. Ein Zigeunerprimas.

ORT UND ZEIT: Budapest und Wien, vor 1914.

1. Akt. Im »Orpheum« zu Budapest. Die schöne Sylva Varescu, das Entzücken aller Kabaretthabitués, feiert heute Abschied; morgen will sie nach Amerika abreisen. Viele Verehrer ihrer Kunst und ihrer Anmut hat sie hier gewonnen – den Grafen Boni, den Herrn v. Kerekes –, aber ihr Herz schlägt nur für einen, für den jungen Fürsten Edwin, der sie leidenschaftlich liebt. Aber er wird sie nicht heiraten können: niemals wird sein Vater zustimmen, daß er sich mit einer Chansonette verbindet. Einem drohenden Telegramm, »die Affäre zu beenden«, folgt heute gar noch ein persönlicher Bote mit der Aufforderung, er müsse sich morgen beim Korpskommando in Wien melden – und er erfährt auch, worum es dem Vater geht: um die Verlobung Edwins mit Komtesse Stasi. In seiner Verzweiflung gibt Edwin nun Sylva vor allen Freunden ein bindendes Eheversprechen; ein Notar muß den Kontrakt sofort ausfertigen. Dann macht er sich zu der unvermeidlichen Reise nach Wien auf. Sylva wird nicht nach Amerika fahren! Aber Graf Boni, der jetzt erst von der plötzlichen Verlobung Edwins mit Sylva erfährt, sagt erstaunt: »Er kann sich ja gar nicht verloben!«, und zeigt Sylva eine der voreilig gedruckten und ausgegebenen Karten, die die Verlobung Edwins mit Stasi ankündigen. Bitter enttäuscht, fühlt sich Sylva hintergangen und beschließt, ihre geplante Überseereise doch anzutreten.

2. Akt. Im Wiener Palais des Fürsten Lippert-Weylersheim.
Wochen sind vergangen. Das fürstliche Elternpaar sieht be-
friedigt, daß sich Edwin gut mit Stasi zu verstehen scheint,
und erwartet die Gäste zur Verlobungsfeier. Edwin ist wirklich bereit, Stasi zur Frau zu nehmen, seit Sylva nach Amerika gefahren ist und keinen seiner Briefe beantwortet hat.
Muß er sie nicht für treulos halten? Da erscheint Graf Boni
und an seinem Arm – Sylva, nun angeblich dessen Gattin.
Sie ist aus New York zurückgekommen, wo ihr das schmerzliche Budapester Erlebnis den Namen »Csárdásfürstin« eintrug, und möchte nun Edwin noch einmal sehen. Doch nur
als Gräfin durfte sie hoffen, in das fürstliche Haus Eingang
zu finden, darum überredete sie Boni, sie als seine Frau auszugeben. Edwin, überrascht und betroffen, sucht ihre Nähe,
und bald finden sich die noch immer füreinander entflammten Menschen wieder. Sogleich faßt Edwin den Plan, Boni
zur Scheidung von Sylva zu veranlassen. Eine geschiedene
Gräfin, denkt er, könne er dann ja unbedenklich heiraten.
Boni kann ihm die Trennung von Sylva leicht versprechen.
Zudem interessiert ihn heute abend ohnehin nur *ein* Wesen:
Stasi! Und die Komtesse spürt in ihm auch den ihr gemäßen
Partner – aber Boni ist doch verheiratet, meint sie. Nun will
der ahnungslose Fürst Edwins Verlobung mit Stasi bekannt-
geben. Was hilft's, daß Edwin sagt: »Ich liebe eine andere.«
Sylva aber, entschlossen, die hochmütige Gesellschaft zu
brüskieren, stellt sich jetzt als diese »andere« vor, gibt sich
zu erkennen und wirft Edwin den in Budapest geschlossenen Kontrakt vor die Füße.
3. Akt. Im Foyer eines Wiener Hotels. Vergeblich sucht
Boni die Erregung Sylvas zu beschwichtigen. Besser glückt
es vorübergehend ihrem alten, gütigen Budapester Verehrer,
Herrn v. Kerekes, der ihr rät, in ihrer Kunst Trost zu suchen.
Edwin ist ihr bestürzt nachgeeilt, um alles zum Guten zu
wenden, und auch der alte Fürst, um seinen Sohn besorgt,
findet sich ein. Boni erreicht jetzt von ihm die Einwilligung
zur Ehe mit Stasi, und schließlich wird auch der Widerstand
des Fürsten gegen die Verbindung Edwins mit Sylva gebrochen: Herr v. Kerekes erzählt ihm beziehungsvoll von einer

eigenen Jugendliebe, einer Chansonette, die er ohne Bedenken geheiratet hätte, wenn ihm nicht ein Graf zuvorgekom-
men wäre. Aus diesem Bericht erfährt der Fürst, daß jene Jugendliebe des alten Kerekes seine eigene Frau ist, die er einst
als verwitwete Gräfin heiratete! Nun wundern ihn die – wohl
ererbten – Neigungen Edwins nicht mehr! ... Der Vermählung seines Sohnes mit Sylva muß er wohl zustimmen.

Ein erstaunlicher Reichtum an zündenden Melodien, pak-
kende dramatische Akzente, mitreißender rhythmischer
Elan, kluge und wirkungssichere Verteilung von Licht und
Schatten im Wechsel von heiter beschwingten, melancholisch
umdüsterten, lustig draufgängerischen und leidenschaftlich
erregten Szenen: das sind Hauptvorzüge dieses Werks, die
seinen Welterfolg leicht erklären. Dazu kommt die geschickte
Nutzung ungarischer Volksmusikelemente in Rhythmus,
Harmonik und Melodie. Da fast jede Nummer der *Csárdásfürstin* ein Treffer ist, fällt es schwer, nur ein paar Hauptmelo-
dien zu nennen. Zu den bezwingendsten Stücken gehören jedenfalls die Walzer *Machen wir's den Schwalben nach, Tausend kleine Engel singen: Hab mich lieb!* und *Weißt du es
noch?* neben der Melodie *Habt ihr euch gern so recht aus tief-
ster Seele* und den Märschen *Ganz ohne Weiber geht die Chose
nicht*, *Die Mädis vom Chantant* und *Ja, so ein Teufelsweib
fängt dich mit Seel' und Leib*. Von kräftigem Reiz ist auch der
Csárdás der Ouvertüre und der Anfangsszene, mit dem die
Ungarin Sylva eingeführt wird (*O-la-la, so bin ich gebaut!*).

Gräfin Mariza

Operette in 3 Akten. Text von Julius Brammer und Alfred
Grünwald. Uraufführung am 28. Februar 1924 im Theater an
der Wien, Wien.

PERSONEN: Gräfin Mariza (Sängerin) – Fürst Populescu – Baron Ko-
loman Zsupán, Gutsbesitzer aus Varasdin (Buffo) – Graf Tassilo
Endrödy-Wittemburg (Ten.) – Lisa, seine Schwester (Soubr.) – Karl
Stefan Liebenberg – Fürstin Bozena Guddenstein zu Clumetz – Pe-

nizek, ihr Kammerdiener – Tschekko, ein alter Diener Marizas – Berko, Zigeuner – Manja, eine junge Zigeunerin – Dorfkinder. Gäste. Tänzerinnen. Zigeuner. Bauernburschen und -mädchen.
ORT UND ZEIT: Auf dem Schloßgut der Gräfin in Ungarn, um 1924.

1. Akt. Terrasse des Schloßguts mit angrenzendem Park. Während ihrer langen Abwesenheit in der Stadt hat Gräfin Mariza ihr Gut einem Verwalter anvertraut, dem verarmten Grafen Tassilo, der unter dem Namen Török hier in Dienst getreten ist. So hofft er, für seine Schwester Lisa, die nichts von der Verarmung der Familie erfahren soll, die ihr nötige Mitgift zu verdienen. Seit er auf dem Gut arbeitet, hat sich die Gräfin nie blicken lassen – doch nun erscheint sie auf einmal: eine schöne, lebensfrohe, aber auch launische junge Frau, die hier angeblich ihre Verlobung mit dem Baron Koloman Zsupán feiern will. Die Gäste sind schon zur Stelle, aber die Verlobung ist, wie sie einer Freundin heimlich gesteht, nur ein Schwindel. Sie wollte bloß einmal Ruhe vor ihren Verehrern haben, und darum hat sie einfach einen Bräutigam erfunden. Erschreckt sieht Tassilo, daß mit der Gräfin auch seine Schwester, als eine von Marizas Freundinnen, eingetroffen ist; nun wird er wohl die Wahrheit gestehen müssen. Doch Lisa glaubt, er spiele hier inkognito nur zum Scherz den Verwalter, und so bleibt das Geständnis zunächst unausgesprochen. Mariza aber erlebt jetzt ebenfalls eine Überraschung: der erfundene Bräutigam, Baron Zsupán, existiert wirklich – schon ist er da, stellt sich als Besitzer eines Gutes in Varasdin vor und hofft, die Verlobung, von der er gelesen hat, wahrmachen zu können. Die betroffene Mariza kann sich dem fröhlichen Werber nicht ohne weiteres entziehen. Während man im Schlosse mit der Verlobungsfeier beginnt, sucht Tassilo, für den als »Domestiken« kein Platz im Saal ist, Trost gegen trübe Gedanken im Singen: »Auch ich war einst ein feiner Csárdáskavalier!« Mariza hört ihn und fordert ihn auf, auch für ihre Gäste zu singen, er weigert sich jedoch, und da gibt sie ihm schroff den Abschied. Als aber ihre Gesellschaft in die Stadt zurückgefahren ist, versöhnt sie ihn wieder durch Liebenswürdigkeit, und nun singt er – für sie allein.
2. Akt. Luxuriöser Raum im Schloß. Vier Wochen später. Noch vermag Tassilo sein Inkognito zu wahren. Die Gräfin

fühlt sich wohl in seiner Nähe, und so läßt sie sich auch das heimliche, doch leidenschaftliche Werben des längst in sie Verliebten lächelnd gefallen. Von einer Verlobung mit Zsupán will sie ohnehin nichts wissen, und dieser unerwünschte Freier bemüht sich ja schon um eine andere Braut: um Lisa. Tassilo erträgt es kaum mehr, die immer wieder für ihn demütigende Verwalterrolle weiterzuspielen. In seiner Not spricht er sich in einem Brief an seinen Freund Liebenberg aus, doch dieser Brief gerät zufällig in Marizas Hände. Seinen Inhalt mißverstehend, glaubt sie, daß es Tassilo einzig um ihr Geld zu tun sei. Doch weiß sie nun auch, daß er nicht der einfache »Verwalter Török« ist. Empört und enttäuscht verweist sie ihn vor ihren Gästen auf diesen Brief, entlohnt ihn in fürstlicher Weise für seine Dienste und entläßt ihn.

3. Akt. Im gleichen Raum. Am Morgen nach diesen Vorfällen findet sich Tassilo zum Abschiednehmen noch einmal bei Mariza ein. Ihr Trotz verhindert jedoch jetzt ebenso eine erlösende Aussprache wie sein Stolz. Da bringt das Erscheinen seiner Tante, der Fürstin Guddenstein, die glückliche Wendung: sie hat von Tassilos wirtschaftlicher Not erfahren und heimlich seine schon verpfändeten Güter zurückgekauft. Nun darf er sich als ebenbürtiger Partner Marizas fühlen; die beiden schwierigen Liebenden können endlich ein Paar werden.

Mit *Gräfin Mariza* glückte dem Komponisten das stärkste Erfolgswerk nächst der *Csárdásfürstin*. Wieder siegte er durch die Einfallsfrische und Intensität seiner Melodien, durch die rhythmische Verve seiner Musik, durch glänzendes instrumentales Kolorit und die wirksame Mischung von Humor und Sentiment. Die effektvoll genutzten Elemente ungarischer Volksmusik, die hier stark hervortreten, geben der Operette eine besonders reizvolle Note. Glanzstücke sind u. a. die Walzerlieder *Grüß mir die süßen, die reizenden Frauen im schönen Wien!*, *Einmal möcht' ich wieder tanzen*, *Sag ja, mein Lieb, sag ja* und *Schwesterlein, Schwesterlein*, ferner die Duette *Ich möchte träumen von dir, mein Puzikam* und *Komm mit nach Varasdin* sowie das stimmungsdichte Lied Tassilos *Komm, Zigan, komm, Zigan, spiel mir was vor.*

Die Zirkusprinzessin

Operette in 3 Akten. Text von Julius Brammer und Alfred Grünwald. Uraufführung am 26. März 1926 im Theater an der Wien, Wien.

PERSONEN: Fürstin Fedora Palinska (Sängerin) – Prinz Sergius Wladimir – Graf Saskusin, Rittmeister – v. Petrowitsch, Leutnant – Baron Peter Brusowsky, Adjutant des Prinzen – Direktor Stanislawski – Mister X (Ten.) – Luigi Pinelli, Regisseur – Miss Mabel Gibson, Zirkusreiterin (Soubr.) – Baron Rasumowsky – Samuel Friedländer – ̣ Carla Schlumberger, Besitzerin des Hotels »Erzherzog Carl« – Toni, ihr Sohn (Buffo) – Pelikan, Oberkellner – Herren und Damen der Gesellschaft. Gäste. Offiziere. Artisten. Kosaken. Pagen. Tänzerinnen. Clowns. Zirkusmusikanten.

ORT UND ZEIT: Petersburg und Wien, vor 1914.

1. Akt. Im Foyer des Zirkus Stanislawski in Petersburg. Die große Attraktion des Zirkusunternehmens ist der stets mit schwarzer Gesichtsmaske auftretende Mister X, der allabendlich einen tollkühnen Reit- und Sprungakt vorführt. Unter den heutigen Besuchern erscheint auch Fedora, die junge Witwe jenes eifersüchtigen Fürsten Palinski, der vor Jahren seinen Neffen enterbte und um seine Offizierskarriere brachte, weil dieser sich in Fedora verliebte, als er sie einmal als Braut seines Onkels von ferne sah. Einer ihrer jetzigen Verehrer ist Prinz Sergius, der, zu spät zur vollbesetzten Vorstellung kommend, mit Mühe einen jungen Mann zur Teilung seiner Loge bewegen kann. Dieser junge Mann, der Hotelierssohn Toni Schlumberger aus Wien, ist hergekommen, weil er die Zirkusreiterin Mabel Gibson verehrt, die sich bei näherem Zusehen als waschechte Wienerin entpuppt. Doch so leicht bandelt sie mit dem Toni trotzdem nicht an, wenn er auch ein netter Landsmann ist. Mister X, der sich gerade zur Vorstellung einfindet, trifft mit Fedora und ihren Begleitern zusammen: er erschrickt, als er ihren Namen nennen hört, weigert sich, seine Maske vor ihr abzunehmen, bestürmt sie aber mit leidenschaftlichen Worten, als er ein paar Minuten mit ihr allein ist. Während er dann

in der Manege seinen Auftritt absolviert, kommt Prinz Sergius erregt aus dem Zuschauerraum. Fedora hat ihm einen Korb gegeben und gesagt, eher nehme sie noch einen Zirkusreiter! Er schwört Rache, und als ihm nun Mister X wieder begegnet, lädt er ihn zum Souper ein: Er solle dort als »Prinz Korrossoff« auftreten und Fedora den Hof machen. Mister X willigt ein, denn nur als ein Herr von Adel wird er sich der stolzen Frau nähern können, die dem Zirkusreiter nicht einmal die Hand zum Kusse reichte! Er möchte Fedora nahe sein – *er* ist ja jener verstoßene Neffe des Fürsten Palinski und leidet noch immer unter der Qual seiner unerfüllten Liebe. Der Plan des Fürsten glückt: Mister X erscheint ohne Maske im Frack beim Souper und erweckt alsbald das freundschaftliche Interesse Fedoras.

2. Akt. Saal im Palais des Prinzen Sergius. Sechs Wochen sind vergangen. Fedora und Mister X sind heiß ineinander verliebt. Sergius freut sich, daß Fedora auf den falschen Prinzen hereingefallen ist, und hat sich eine Krönung seines Racheplans ausgedacht: Er läßt ihr einen angeblichen kaiserlichen Befehl übermitteln, der sie verpflichtet, schon morgen einen ihr vom Zaren bestimmten Mann zu heiraten. Dann rät er der darüber Entsetzten, diesem Befehl dadurch zuvorzukommen, daß sie sich sofort mit dem »Prinzen Korrossoff« trauen läßt. Sie stimmt freudig zu; die Hochzeit wird vorbereitet. Mister X, der Fedora aufrichtig liebt, verlangt jedoch von Sergius, Fedora müsse vor der Trauung die Wahrheit über ihn erfahren. Sergius denkt natürlich nicht daran, sie aufzuklären; rasch wird die Trauung vollzogen. Gleich darauf erscheinen die herbestellten Zirkusleute als Gratulanten, und nun erfährt Fedora, daß ihr Gatte der Zirkusreiter ist. Wohl beteuert er der gekränkten Frau, die als »Zirkusprinzessin« verlacht wird, seine Liebe und gibt sich als Fedja Palinski zu erkennen – doch nach dem Vorgefallenen gibt es nur eines: Trennung.

3. Akt. Vorraum des Hotels »Erzherzog Carl« in Wien. An jenem aufregenden Abend ist noch ein zweites, glücklicheres Paar getraut worden: Toni Schlumberger und Mabel. Jetzt sind die beiden wieder daheim, aber Toni hat noch

angstvolle Augenblicke durchzustehen, bis er seiner Mutter Carla die Neuigkeit beibringt, daß er verheiratet ist. Doch die Mama ist rasch versöhnt. Schlimmer ist's für ihn, daß Prinz Sergius als Gast erscheint, der ihn in Petersburg für den Sohn eines habsburgischen Erzherzogs hielt, seit er ihm erzählt hatte, er komme vom »Erzherzog Carl«. Der Prinz hat jedoch andere Sorgen – er ist mit Fedora hier und hofft noch immer, sie zu erringen. Sie aber sucht eine Begegnung mit ihrem Gatten, der als Mister X gerade in Wien gastiert. Ihre Liebe zu ihm war schließlich stärker als ihr Stolz. Beglückt schließt er die verloren Geglaubte in die Arme. Sergius hat endgültig das Nachsehen.

Die wirkungssicher gestaltete Handlung, die mit dem führenden Motiv der Intrige des Prinzen Sergius an den *Bettelstudenten* von Millöcker erinnert, bot mit ihren wechselnden, kontrastierenden Schauplätzen (Zirkus, russischer Salon, Wiener Hotel) dem Komponisten reiche Möglichkeiten zur Entfaltung seiner besonderen Begabung für wirksame Milieuschilderung. So zeigt er sich als sicherer Beherrscher des slawischen Kolorits, des bald lässig-eleganten, bald sentimental-erregten Salontons und der echten Wiener Stimmung. Den Ausschlag für den Erfolg aber geben auch hier wieder seine kräftigen, im Ernsten wie im Heiteren so intensiv beredten melodischen Einfälle: die von der Ouvertüre an leitmotivisch verwendete Sehnsuchtsweise des Mister X *Zwei Märchenaugen*, die langsamen Walzer *Leise schwebt das Glück vorüber* und *Im Boudoir der schönsten Frau* (mit dem geradtaktigen Nachsatz-Refrain *Darling, my Darling*), das Husarenlied *Mädel, gib acht* und das hübsche Zirkusliedchen *Die kleinen Mäderln im Trikot*.

WALTER W. GOETZE

* 17. April 1883 in Berlin
† 24. März 1961 in Berlin

Von den etwa 25 größeren Bühnenwerken Goetzes haben einige als Arbeiten eines sympathischen Melodikers und versierten Könners besonders lebhaften Anklang gefunden, so *Ihre Hoheit, die Tänzerin* (1919), *Die Spitzenkönigin* (1920), *Die vier Schlaumeier* (1923), *Adrienne* (1926), *Der Page des Königs* (1933), *Akrobaten des Glücks* (1933), *Der goldene Pierrot* (1934), *Sensation im Trocadero* (1936) und *Liebe im Dreiklang* (1950). Goetze begann als Chanson-Komponist und Kabarett-Pianist. Den Auftakt seines Bühnenschaffens bildete die Berliner Revue *Nur nicht drängeln* (1912). Ihr folgte 1913 seine erste Operette *Der liebe Pepi*. Den stärksten und dauerndsten Erfolg errang er mit *Ihre Hoheit, die Tänzerin*. Allein in Berlin ist dieses Werk fast 700mal gespielt worden.

Ihre Hoheit, die Tänzerin

Operette in 3 Akten. Text von Richard Bars und Oscar Felix (textliche und musikalische Neufassung 1952). Uraufführung am 8. Mai 1919 im Bellevue-Theater, Stettin.

Personen: Die Herzogin von Tyllberg (Sängerin) – Baronesse Helma, ihre Freundin (Soubr.) – Baron v. Stein, Haushofmeister der Herzogin (Char.-Kom.) – Bolko v. Wellhofen, sein Neffe (Buffo) – Hans v. Mayburg, ein Landjunker (Ten.) – Cimboletto, Direktor eines Tanzensembles (Kom.) – Anita, Kammerzofe der Herzogin – Baumann, Kammerdiener bei Baron v. Stein – Franz, Diener bei Mayburg – Hofgesellschaft. Offiziere. Jäger. Tänzer und Tänzerinnen.

Zeit: Spätes Rokoko oder zu jeder anderen Zeit.

1. Akt. Im Park vor dem Jagdschloß der Herzogin. Hans v. Mayburg, ein romantischer Schwärmer, leidet an einer Lie-

besenttäuschung: Die schöne spanische Tänzerin Marietta hat ihn hochmütig abgewiesen, als er um sie warb. Nun will er als Offizier im Dienst der Herzogin seinen Kummer vergessen. Der Haushofmeister, Baron v. Stein, ist zwar bereit, ihn der Hoheit vorzustellen, möchte aber in die freigewordene Stelle des Leiboffiziers Ihrer Hoheit seinen Neffen Bolko einrücken sehen. Hans v. Mayburg scheint ihm kein gefährlicher Konkurrent für diesen Posten. Zu seiner Enttäuschung muß er jedoch sehen, daß die Herzogin an dem Junker Hans gleich Gefallen findet und ihn auffordert, sie auf die Jagd zu begleiten. Als alle schon unterwegs sind, trifft Bolko ein, fast gleichzeitig mit ihm auch die Freundin der Herzogin, Baronesse Helma. Bolko, ein abenteuerlustiger Charmeur, verliebt sich sofort in das hübsche junge Mädchen, das sich aus heiterer Laune als Kammerzofe der Herzogin ausgibt. Während er der kokett Entfliehenden nacheilt, kommt Hans, die ohnmächtig scheinende Herzogin tragend, zurück. Sie spielt aber nur die vom Anblick eines wilden Ebers zu Tode Erschreckte: in Wahrheit wollte sie mit Hans allein sein, der seit dem Augenblick der ersten Begegnung keinen Blick von ihr gewendet hat; mit Staunen und Entzücken hat er eine verblüffende Ähnlichkeit zwischen der Herzogin und seiner noch immer geliebten Marietta wahrgenommen. Die Herzogin, die diesen Zusammenhang nicht ahnen kann, freut sich über die Zuneigung des Junkers und gesteht später ihrer Freundin Helma das Erwachen ihres Liebesgefühls für Hans. Wie es um *sein* Inneres steht, erfährt sie, als der von Hans verlorene Absagebrief Mariettas und ein Medaillonbildchen der spanischen Tänzerin in ihre Hände gelangt. Schon regt sich ihre Eifersucht, und als nun der Impresario Cimboletto zu ihr kommt, um für sein Tänzerensemble die Auftrittsgenehmigung zu erbitten, faßt sie den Plan, innerhalb dieser Truppe als »Marietta« verkleidet vor Hans zu erscheinen, um so seine wahren Empfindungen zu ergründen. Cimboletto wird in diesen Plan eingeweiht und tut, wie sie ihm befiehlt: er kündigt Hans für den Abend eine Begegnung mit Marietta an.

2. Akt. In einem großen Zelt in der Nähe des Schlosses.

Hier hält sich die im Kostüm spanischer Zigeuner auftretende Tanztruppe Cimbolettos auf. Bolko widmet sich, zum Ärger Helmas, verliebt und entzückt den hübschen Tänzerinnen. Hans bittet den Direktor, »Marietta« fortzubringen, ehe die Herzogin erscheint. Aber schon kommt Ihre Hoheit, als Zigeunerin Marietta verkleidet, und erregt bald einen Sturm wechselnder Empfindungen in ihm. Die Täuschung glückt ihr vollkommen, rasch lebt sie sich in die Rolle der Tänzerin ein, alle halten sie für ein echtes Zigeunermädchen. Im Laufe des erregenden Abends wird sich Hans nun trotz aller lockenden Verführungskünste »Mariettas« klar, daß er nur mehr die Herzogin liebt, Marietta aber nicht mehr. Wohl umarmt er noch einmal die vermeintliche Tänzerin in einem Augenblick leidenschaftlicher Berauschtheit, dann aber sagt er »Marietta«, daß sein Herz einzig der Herzogin gehöre. So hat diese nun aus seinem Munde gehört, was sie erfahren wollte, zieht sich zurück und erscheint dann vor der Gesellschaft wieder in ihrer wahren Gestalt.

3. Akt. Im Boudoir der Herzogin. Helma spielt vor Bolko immer noch die Zofe. Entschlossen, das Mädchen zu heiraten, fürchtet Bolko aber, daß die Herzogin eine solche gar nicht standesgemäße Verbindung wohl schwerlich gutheißen werde. Um so vergnügter ist er, als er nach allerlei neuen Wirren erfährt, wer seine Erwählte in Wirklichkeit ist. Die verliebte Herzogin aber regelt nun alles nach ihrem Willen. Sie schenkt Bolko zur Hochzeit ein Landgut. Hans aber ernennt sie zum Leutnant ihrer Leibgarde und verrät dem Beglückten schließlich auch das Geheimnis ihres Marietta-Abenteuers am vergangenen Abend.

Das nicht zuletzt durch die effektvolle, für eine gute Sängerin und Darstellerin sehr dankbare Partie der Herzogin interessante und wirksame Stück zeigt Goetze als feinnervigen und geschmackssicheren Musiker. Sind seine Einfälle auch nicht besonders individuell, so fesselt er doch durch die noble, auf billige Schlagertöne verzichtende Haltung seiner Musik, durch den Stimmungsreiz schwärmerisch-romantischer Klänge, durch feinen komischen Parlandoton in den heiteren

Szenen und fesselnde Milieuzeichnung. Unter den mit Vorliebe gepflegten Gesangswalzern ragt das Duett *Dich hat Frau Venus geboren* hervor. Zu den bekanntesten Stücken zählt das Lied »vom schwachen Stündchen« (*Im Rausch des Glücks*). Zum Höhepunkt wird das 2. Finale mit seinen einprägsamen Kontrasten von Lyrischem und Dramatischem, Gesanglichem und Tänzerischem.

Der goldene Pierrot

Operette in 8 Bildern. Text von Oskar Felix und Otto Kleinert. Uraufführung am 31. März 1934 im Theater des Westens, Berlin.

Personen: Peter Sander, Weingutsbesitzer – Edith, seine Tochter (Sängerin) – Horst Brenkendorf (Ten.) – Ferdi Larsen (Buffo) – Grit Wasconi, Filmschauspielerin (Soubr.) – Mina, Zofe bei Edith Sander – Heinrich Schmitz – Ein Funkreporter – Ein Empfangschef – Ein Narr – Masken. Herren und Damen der Gesellschaft. Winzer und Winzerinnen. Musiker. Kellner.

Ort und Zeit: Eine große Stadt am Rhein, in den dreißiger Jahren des 20. Jahrhunderts.

1. bis 8. Bild. Der Faschings-Elferrat, dessen Vorsitz der Weingutsbesitzer Peter Sander führt, bespricht sich über die seltsame Erscheinung eines Mädchens, das in der Maske eines goldenen Pierrot bei allen großen Festen auftaucht. Niemand kennt die lustige Unbekannte, die sich bisher der Demaskierung stets geschickt zu entziehen wußte. Sander ahnt so wenig wie alle anderen, daß es seine Tochter Edith ist, die da Abend für Abend ihr tolles Wesen treibt. Als vorsichtiger Papa möchte er sie gerne allem Faschingstreiben fernhalten, doch das schlaue Töchterchen weiß sich zu helfen. Manchmal drohte Edith freilich schon die Entlarvung – so auch heute wieder: In ihrer Bedrängnis sucht sie diesmal bei einem fremden Herrn Schutz und gibt sich keck als dessen Frau aus. Im Gespräch mit diesem Helfer in der Not erfährt sie jedoch, daß er der ihr vom Vater zugedachte Zukünftige,

Horst Brenkendorf, ist. Da er nicht weiß, mit wem er redet, erzählt er ihr, daß ihm seine Braut als ein recht hausbackenes Geschöpf beschrieben wurde. So freut ihn begreiflicherweise die Begegnung mit dem feschen goldenen Pierrot um so mehr. Man verabredet ein Wiedersehen. – Tags darauf macht Brenkendorf bei Sanders seinen Antrittsbesuch, und Edith spielt nun das ihm beschriebene spießige Jüngferchen. Wie lustig wird es sein, wenn sie ihn abends als Pierrot wiedertrifft, seinen Bericht über diesen Besuch zu hören! So läßt sich wohl der Charakter des Bräutigams etwas ergründen. Ein gewagtes Spiel – denn natürlich wendet sich der von seiner Braut enttäuschte Horst jetzt mit besonderem Elan dem goldenen Pierrot zu. Edith vertröstet ihn beim zweiten Zusammensein auf später und vereinbart mit ihm, daß sie selbst den Zeitpunkt einer weiteren Begegnung bestimmen wird. – Der Fasching ist vorbei. Ein halbes Jahr später wird Edith Horsts Frau. Gerade am Hochzeitstag bekommt der junge Gatte zu seinem Erstaunen das damals vergeblich ersehnte Billetdoux, durch das ihn der goldene Pierrot zu einem Treffen einlädt. Schon sieht sich Horst, der zu einem solchen Abenteuer jetzt gar nicht mehr aufgelegt ist, der Maske gegenüber, erkennt aber an einem Ring, den sie trägt, daß es Edith ist. Nun folgt er der Einladung des Pierrot. Edith ist schmerzlich betroffen, da sie glauben muß, ihr Mann wolle sie am Hochzeitsabend betrügen. Als sie aber in Tränen ausbricht, beendet Horst das für sie so grausame Spiel und sagt ihr, daß er ihr Geheimnis durchschaut habe. Auch Vater Sander erfährt nun staunend, wer der goldene Pierrot war.

Der Komponist hat diesen unterhaltsamen rheinischen Faschingsbilderbogen mit einer farbenfrohen Musik von großer tänzerischer Lebendigkeit und oft turbulenter Beschwingtheit ausgestattet. Klangreiche Ensemblesätze, Ballettszenen und einprägsame Gesangsmelodien bestimmen die Wirkung des Ganzen. Zu den populär gewordenen Stücken gehören *Goldner Pierrot, eine Nacht mit dir* und *Viel schöne Frauen gibt's im bunten Liebesgarten*, die Duette *Wer am Rosenmontag an Aschermittwoch denkt* (Tango), *Sei pünktlich und laß mich nicht warten, Man spielt nicht mit Herzen* (English-Waltz), das Auftrittslied der Grit *Die Welt ist schön und muß sich drehn* und *Den ersten Walzer hat erdacht der Mann im Mond.*

RALPH BENATZKY

* 5. Juni 1884 in Mährisch-Budwitz,
heute Moravské Budějovice (Tschechien)
† 16. Oktober 1957 in Zürich

Ralph (eigentlich Rudolph) Benatzky, der sein Studium mit dem Dr. phil. abschloß, nebenher aber in München Schüler des Komponisten und Dirigenten Felix Mottl gewesen war, galt mit Recht als eine der originellsten Persönlichkeiten unter den Operettenkomponisten seiner Zeit. Kleinformen, wie das Lied und das Chanson, waren seine besondere Stärke. Melodisch prägnant formuliert und rhythmisch pikant, bilden sie die Glanzlichter seiner Bühnenwerke. Mit großer Beweglichkeit ist er dem sich wandelnden Zeitgeschmack nicht nur gefolgt, sondern hat ihn mit besonders charakteristischen Schöpfungen vielfach mitbestimmt. Von der traditionellen Operette gelangte er zur großen Ausstattungsoperette mit singspielhaften Zügen und um 1930 zur intimen Form des musikalischen Lustspiels, in der er wohl sein Bestes gab. Unter den revuehaften Stücken ragt *Im weißen Rößl* hervor. Von den Musiklustspielen hatten *Bezauberndes Fräulein* (1933), *Meine Schwester und ich* (1930) und *Axel an der Himmelstür* (1936) die stärksten Erfolge. In den ersten Berufsjahren hat Benatzky vielfach an Kabaretts gearbeitet, in Wien das »Rideamus« geleitet, später in Berlin für Revuen komponiert. Zur Emigration gezwungen, kam er über Paris 1940 nach Hollywood. 1948 nahm er seinen Wohnsitz in Zürich. Begraben ist er in St. Wolfgang, dem Spielort seines *Weißen Rößl.*

Meine Schwester und ich

Ein musikalisches Spiel in 2 Akten, mit Vor- und Nachspiel. Text von Georges Berr und Louis Verneuil nach ihrem Bühnenstück *Ma sœur et moi* (1931). Deutsch von Robert Blum. Bühnenbearbeitung und Gesangstexte vom Komponisten. Uraufführung am 29. März 1930 im Komödienhaus, Berlin.

Personen des Vor- und Nachspiels: Dolly Fleuriot – Dr. Roger Fleuriot – Der Gerichtspräsident – Die Verteidigerin – Der Gerichtsdiener – Zwei Beisitzer.
Personen des 1. und 2. Akts: Dolly, Prinzessin Saint-Labiche (Sängerin) – Dr. Roger Fleuriot, Bibliothekar (Ten.) – Graf Lacy de Nagyfaludi – Filosel, Inhaber eines Schuhgeschäfts – Irma, Verkäuferin – Ein Kunde – Charly, Kammerdiener – Henriette, Gesellschafterin der Prinzessin – Ein Minister und dessen Frau.
Zeit: Um 1930.

Vorspiel im Gerichtssaal. Dr. Roger Fleuriot will sich von seiner Frau Dolly, einer geborenen Prinzessin von Saint-Labiche, scheiden lassen. Unüberwindliche Abneigung scheint der Grund zu sein, aber der Gerichtspräsident verlangt, um den Fall klar beurteilen zu können, die Vorgeschichte dieser jungen Ehe kennenzulernen. Wir erfahren sie mit ihm aus den beiden folgenden Akten.
1. Akt. Bibliothekssaal des Schlosses Saint-Labiche. Der junge Musikgelehrte Dr. Roger Fleuriot hat einen Posten als Bibliothekar bei Prinzessin Dolly angenommen. Er wird zwar durch günstige Arbeitsbedingungen von ihr verwöhnt, will jedoch heute wieder abreisen, um eine Professur an der Musikakademie in Nancy anzunehmen. Dolly ist aber sehr ungehalten über seine Absicht, fortzugehen: Roger ist ihr überaus sympathisch, doch er übersieht ihre Neigung; oder hindert ihn nur seine Schüchternheit, sie zu erwidern? Da sie die Hoffnung, Roger werde sich vielleicht doch noch vor seiner Abreise erklären, scheitern sieht, greift sie zu einer List, um ihr Ziel zu erreichen. Sie gibt dem Scheidenden einen Brief und einen Ring für ihre Schwester mit, die angeblich in Nancy in einem Schuhgeschäft tätig ist. Kaum ist Roger fort, macht

sie sich eiligst auf, um vor ihm dort einzutreffen, denn sie
selbst will die Rolle dieser gar nicht existierenden Schwester
Geneviève spielen.
2. Akt. Schuhladen in Nancy. Dolly findet den komischen
Schuhgeschäftsinhaber Filosel gerne bereit, sie als Verkäuferin zu engagieren – will sie ihm doch täglich 100 Francs für
dieses Entgegenkommen bezahlen. Die bisherige Verkäuferin Irma wird abgefunden und entlassen. Bald taucht Roger
auf, um der vermeintlichen Schwester der Prinzessin die auf-
getragene Botschaft zu übermitteln, und auf den ersten
Blick verliebt er sich in die reizende »Verkäuferin« Geneviève, die der Prinzessin so eigentümlich gleicht. Vor dem
einfachen Mädchen ist er nicht so schüchtern, und im Nu
sieht sich Dolly am Ziel ihrer Wünsche.
Nachspiel im Gerichtssaal. Dolly und Roger erzählen dem
Richter nun noch, wie sie geheiratet haben und wie Roger
schließlich erfahren mußte, daß es gar keine Geneviève,
sondern nur eine Dolly gibt. Seitdem hat er aber wieder die
alten Hemmungen. *Er* will nicht als Fürst leben, *sie* verab-
scheut seine stille Bürgerlichkeit. Doch eines ist für jedermann und auch für das Gericht zu erkennen: Die beiden lieben sich doch! Und darum werden sie sich jetzt nicht scheiden lassen, sondern es weiterhin miteinander versuchen.

Der lustigen, unbeschwerten Textvorlage entspricht die
quicklebendige und leichtfüßige, von keinerlei Sentimentali-
täten beschwerte Musik Benatzkys ausgezeichnet. Ihre
rhythmische und melodische Pikanterie ist ebenso charmant
wie die überaus flüssige Behandlung der von kantablen Elementen durchsetzten Sprechgesangs-Szenen in einem witzig-
lockeren, vom Orchester charakteristisch unterstützten musikalischen Konversationston. Bezeichnend für diese Art
der Komposition ist gleich die erste Szene, die als ein – von
rezitativischen Einschüben durchbrochenes – Duett im
Tempo und Rhythmus einer Gavotte geformt ist. Besonders
hübsche, einprägsame Stücke sind die Tangos *Um ein bißchen Liebe dreht sich die Welt* und *Ich war früher doch sonst
nicht so*, der Walzer *Freunderl, mir ist heut so gut*, das »leise

Chanson« (Slow-Fox) *Ich bin verliebt* mit dem Refrain *Mein Mädel ist nur eine Verkäuferin* und der Shimmy *Ich lade Sie ein, Fräulein.*

Im weißen Rößl

Singspiel in 3 Akten. Text von Hans Müller und Erik Charell (Erich Löwenberg) frei nach dem gleichnamigen Lustspiel von Oskar Blumenthal und Gustav Kadelburg (1897). Gesangstexte von Robert Gilbert. Musikalische Einlagen von Bruno Granichstaedten, Robert Gilbert, Robert Stolz und Hans Frankowski. Rahmenmusik und Chöre von Eduard Künneke. Uraufführung am 8. November 1930 im Großen Schauspielhaus, Berlin.

PERSONEN: Josepha Vogelhuber, Wirtin »Zum weißen Rößl« (Sängerin) – Leopold Brandmeyer, Zahlkellner (Ten.-Buffo) – Wilhelm Giesecke, Fabrikant (Kom.) – Ottilie, seine Tochter (Soubr.) – Dr. Erich Siedler, Rechtsanwalt (Ten.) – Sigismund Sülzheimer – Prof. Dr. Hinzelmann – Klärchen, seine Tochter – Ein Hochzeitspaar – Der Bürgermeister – Der Oberförster – Der Lehrer – Der Kellner Franz – Der Piccolo Gustel – Der Reiseführer – Der Dampferkapitän – Die Briefträgerin Kathi – Die Kuhmagd Zenzi – Die Hoteliers »Zur Post«, »Zum Wilden Mann«, »Zur Alpenrose« – Zwei Hausdiener – Der Kaiser und sein Leibkammerdiener.

ORT UND ZEIT: In und bei dem Gasthof »Zum weißen Rößl« am Wolfgangsee im Salzkammergut, vor 1914.

1. Akt. Freuden und Geld, aber auch Aufregungen bringt die Fremdensaison in den berühmten Ort am Wolfgangsee. Der Kellner Leopold vom »Weißen Rößl« hat alle Hände voll zu tun, um den Ansturm der Reisenden zu bewältigen. Aber die Arbeit ist's nicht, die ihn aus der Ruhe bringt, sondern die große Liebe zu seiner Chefin, der Wirtin Josepha Vogelhuber. *»Es muß was Wunderbares sein, von dir geliebt zu werden«*, schwärmt er, doch leider will die fesche Frau nichts von seiner Verliebtheit wissen. Ihre heimliche Neigung und Hoffnung gilt einem sympathischen Stammgast, dem Rechtsanwalt Dr. Siedler. Noch heute wird er eintreffen. Zunächst je-

doch entsteigt dem eben angekommenen Dampfer der ko-
misch-cholerische Berliner Trikotagenfabrikant Giesecke
mit seiner Tochter Ottilie. Gleich findet der unermüdlich
Grantige Anlaß zum Ärger: das Balkonzimmer, das *er* haben
möchte, ist für Dr. Siedler reserviert – ausgerechnet für diesen Herrn, den Rechtsvertreter seines Konkurrenten Sülzheimer! Leopold hört nicht ungern von der Abneigung Gieseckes gegen Siedler, denn seinem Nebenbuhler gönnt er alles Gute. Darum versucht er auf eigene Faust, das begehrte
Zimmer Giesecke zu geben. Als aber Dr. Siedler nun selbst
erscheint, dringt Josepha natürlich darauf, daß der sehnlich
erwartete Gast sein vorbestelltes Zimmer auch bekommt.
So muß Giesecke doch weichen und in die Dépendance ziehen. Leopold kommt mit Ottilie ins Gespräch und rät ihr,
den Dr. Siedler etwas verliebt zu machen; dann werde er
wohl ihrem Vater beim Prozeß mit Sülzheimer weniger
scharf als bisher gegenübertreten. Doch dieser Rat war gar
nicht nötig: Siedler hat Ottilie bereits mit Wohlgefallen bemerkt und beginnt sich um sie zu bemühen.
2. Akt. Josepha glaubt noch immer, Dr. Siedler interessiere
sich ernstlich für sie. Zornig entläßt sie den eifersüchtigen
Leopold, der unglücklich (zu einer Melodie von Bruno Granichstaedten) seufzt: *»Zuschaun kann i net!«* Doch als Rößl-
wirtin darf sie sich nicht bloß mit ihren eigenen Sorgen befassen; im Augenblick ist es wichtiger, den ewig verdrossenen Giesecke einmal etwas in Schwung zu bringen, und es
gelingt ihr auch vorübergehend mit ihrem Lied *Im Salzkammergut, da kann ma gut lustig sein.* Noch belebender wirkt
aber ein Brief des alten Sülzheimer: Der Konkurrent macht
den einleuchtenden Vorschlag, durch eine Ehe seines Sohns
Sigismund mit Gieseckes Tochter dem leidigen Geschäfts-
zwist ein Ende zu machen. Dr. Siedler bietet sich an, diese
Beziehung einzufädeln. Allerdings denkt er in Wirklichkeit
gar nicht daran, Ottilie einem anderen zu überlassen. Inzwischen ist auch Sigismund eingetroffen. Für Gieseckes Tochter interessiert er sich jedoch keineswegs, sondern nur für
das etwas lispelnde, aber sonst herzige Klärchen, die Tochter
des armen Prof. Hinzelmann. Der unglücklich verliebte Leo-

Robert Stolz: Zwei Herzen im Dreivierteltakt
Stadttheater Baden bei Wien

Emmerich Kálmán: Die Csárdásfürstin
Staatstheater Cottbus

pold sieht einen neuen Hoffnungsschimmer: Bei der Gemeinderatssitzung, in der man über die bevorstehende Ankunft des Kaisers berät, erreicht er die Zustimmung, daß der hohe Gast im »Weißen Rößl« Quartier nehmen soll; jetzt bittet ihn die aufgeregte Josepha ganz demütig um seine Unterstützung während des kaiserlichen Besuchs. Aber noch freut er sich zu früh. Die Begrüßungsansprache, die er vor dem Kaiser halten will, mißglückt ihm gründlich, und zu alledem sieht er plötzlich Josepha neben Dr. Siedler stehen. Da verliert er die Nerven und fängt vor allen Leuten zu weinen an.

3. Akt. Der leutselige Kaiser rät Josepha, als sie ihm ihr Herz ausschüttet: »G'scheit sein!«, und schreibt ihr ins Stammbuch: *»Schweige und begnüge dich, lächle und füge dich!«* Endlich erkennt sie, daß Siedlers Herzensneigung ja Ottilie gilt, schickt sich drein und gibt jetzt dem Leopold, als er mit dem Koffer in der Hand um ein Dienstzeugnis bittet, zwar den Abschied als Kellner, engagiert ihn aber zugleich neu als – Ehemann. Erstaunt sehen Giesecke und Prof. Hinzelmann neben diesen endlich Vereinten noch zwei andere glückliche Paare als Verlobte vor sich erscheinen: Ottilie mit Dr. Siedler und Klärchen mit Sigismund.

Die Gründe für die Dauerwirkung des – auch mehrfach verfilmten – Stücks sind wohl kaum in der wenig belangvollen Handlung zu suchen, sondern in der reichen Situationskomik und im Plauderhumor so spaßhafter Figuren wie Giesecke und Leopold, daneben aber auch in der geschickten Auswertung des (vielfach parodistisch gesehenen) älplerischen Sommerfrischemilieus und nicht zuletzt in der launigen, einfallsreichen Musik, in der, stimmungsgerecht, jüngere Tanzrhythmen vom Dreivierteltakt der Walzer und Ländler in den Hintergrund gedrängt werden. Ein paar der bekanntesten Lieder wurden schon in der Inhaltsbeschreibung zitiert – daneben wären etwa noch zu nennen der Walzer *Im weißen Rößl am Wolfgangsee*, der Foxtrott *Was kann der Sigismund dafür, daß er so schön ist* (von Robert Gilbert stammt auch die Melodie dieses Tanzes), der Tango *Und als der Herrgott Mai gemacht* und das Heurigenlied *Erst wann's aus sein wird mit aner Musi.* Robert Stolz hat die Melodien von *Die ganze Welt ist himmelblau* und *Mein Liebeslied muß ein Walzer sein* beigetragen.

Bezauberndes Fräulein

Musikalisches Lustspiel in 4 Bildern. Text vom Komponisten nach Paul Gavaults Schwank *La petite chocolatière.* Uraufführung am 24. Mai 1933 im Deutschen Volkstheater, Wien.

PERSONEN: Das bezaubernde Fräulein (Soubr.) – Der Papa – Paul (Ten.) – Felix – Rosette – Der Direktor – Luise, seine Tochter – Hektor – Julie – Der Chauffeur – Ein Kollege Pauls – Ein Kellner. ZEIT: Um 1930.

1. Bild. Diele in Pauls Landhaus. Plaudernd und Bridge spielend verbringt Paul mit seinem Freund Felix und dessen Liebster, Rosette, einen schönen Weekendabend im Mai. Er ist ein biederer, aber etwas lederner Gesell, der als Beamter treu seinen Dienst tut. Das Höchste, was er sich vorstellen kann und wünscht, ist die schon angebahnte Ehe mit Luise, der Tochter seines Chefs, die ihm an Schwunglosigkeit ebenbürtig ist. Dem phantasievollen Felix gefällt dieser langweilige Heiratsplan wenig. Aber was kann er tun, um seinen Freund davon abzubringen? Morgen wird ja der Herr Direktor mit seiner Luise persönlich hier erscheinen. In froher Erwartung dieser Gäste gehen sie schlafen. Doch in die nächtliche Stille dringt plötzlich Autolärm: ein paar Minuten später erscheint eine junge Dame namens Annette und weckt alle auf. Sie hat eine Panne und bittet um Hilfe. Felix findet das hübsche, quicke Fräulein gleich bezaubernd und ist zu jeder Hilfeleistung bereit. Als er hört, daß Annette die Tochter eines millionenschweren Schokoladenkönigs ist, sticht er sogar die Autoreifen an, um die Abfahrt für heute unmöglich zu machen. Um so weniger ist Paul von dem Eindringen dieses kecken und vorlauten Geschöpfs entzückt. Er benimmt sich auch gar nicht liebenswürdig, muß aber

schließlich dem unerwünschten Besuch doch Aufnahme gewähren. Der Chauffeur macht sich auf, um Annettes Vater zu benachrichtigen.

2. Bild. Am nächsten Morgen. Vergeblich versucht Paul, durch ausgesuchte Unhöflichkeit die ihm lästige Besucherin zu vertreiben, ehe sein Direktor mit Luise eintrifft. Natürlich empört sich der spießige Schwiegervater in spe über die Anwesenheit dieser mondänen jungen Dame, die auch ihm gegenüber kein Blatt vor den Mund nimmt, und bald zieht er zornig mit seiner Tochter wieder ab. Felix freut sich. Nun erscheint auch Annettes Vater im Hause und gleich darauf ihr Verlobter Hektor, der sich schon eifersüchtige Sorgen macht. Felix rät ihm, ihr ja keine Vorwürfe zu machen, obgleich er weiß, daß für Annette Hektors Zorn ein Liebesbeweis wäre. Erbittert über seine Gelassenheit, löst sie sofort die Verlobung. Weit besser scheint ihr Paul zu gefallen, als er sie wegen des Pechs, das er durch ihr Erscheinen hatte, fürchterlich ausschimpft.

3. Bild. Büro Pauls im Ministerium. Paul hofft noch, den Direktor mit einem Entschuldigungsbrief versöhnen zu können. Felix aber, der sich's in den Kopf gesetzt hat, ihn mit Annette zusammenzubringen, tut alles, um diese Versöhnung zu hintertreiben. Er erzählt Paul von seinem Besuch bei Annette und sagt ihm: »Sie weiß es noch nicht, aber sie ist verliebt in dich!« Ein Bild Annettes schmuggelt er in Pauls Schreibmappe. Bald taucht auch das unselige bezaubernde Fräulein selbst in seinem Büro auf. Von Felix ermuntert, guckt sie in die Schreibmappe, findet das Foto und glaubt nun, Paul liebe sie. Es gelingt ihr, während der Mittagspause mit ihm allein zu sein. Da benimmt sie sich nun sehr charmant und gibt ihm beim Gehen sogar einen Kuß. Gerade in diesem Augenblick tritt der Direktor ins Zimmer. Erbost kündigt er Paul wegen einer angeblichen groben Beleidigung des Personalchefs. Schließlich kommt der Bedrängte dahinter, daß Felix der Verursacher all dieser scheinbar betrüblichen Geschehnisse ist. Ganz gebrochen, lehnt er jetzt auch den Vorschlag des Schokoladenkönigs, Annette zu heiraten, schroff ab.

4. Bild. Am Fluß. Paul trägt sich mit Selbstmordgedanken, spürt aber auch, daß ihn Annette viel mehr fasziniert hat als je zuvor Luise. Doch nie wieder, denkt er traurig, wird er sich ihr nähern können. Da steht das bezaubernde Fräulein auf einmal im bescheidenen Gewand einer Heilsarmeemaid vor ihm. Auch hinter dieser Kostüm-Komödie steckt natürlich Felix! Sie habe allem Reichtum entsagt, erklärt sie nun, und er solle doch auch wie sie künftig ein Leben der inneren Einkehr führen. Gerührt bittet Paul, sie freundschaftlich umarmen zu dürfen. Felix und Annettes Vater, die das Paar eng umschlungen beisammenstehend finden, wissen nun, daß die beiden so glücklich sein werden, wie *sie* sich's gewünscht haben.

Die Vorzüge, die Benatzkys kleine Komödie *Meine Schwester und ich* auszeichnen, sind auch diesem amüsanten, im gleichen aufgelockerten Musizierstil geschriebenen Stück zu attestieren. Ein weiterer reizvoller Beitrag also zu der wünschenswerten Form der intimen Lustspiel-Operette. Leicht und locker, oft mit einer gleichsam improvisatorischen Nonchalance ist alles gefügt, hübsch die Art, mit wenigen Noten – immer mehr andeutend und skizzierend als mit breitem Pinsel auftragend – Stimmungen zu charakterisieren. Klug ist dem Humorvollen und Witzigen der Vorrang gegeben vor dem Lyrisch-Empfindsamen, das zudem, wo es in Erscheinung tritt, stets von einigen Pünktchen Ironie oder Parodie durchblitzt wird. Als besonders charakteristische melodisch-rhythmische Einfälle nennen wir die Introduktion *Abend am Land*, die Walzersuite *Das ist fabelhaft!*, Pauls Chanson *Ach Luise! Kein Mädchen ist wie diese*, das Rumba-Sextett *Was ist los?* und das reizende *Hokuspokus-Fidibus*-Couplet des Felix.

EDUARD KÜNNEKE

* 27. Januar 1885 in Emmerich a. Rhein
† 27. Oktober 1953 in Berlin

Dank seiner starken Begabung, seinem großen Können und seinen immer spürbaren Bemühungen um künstlerische Qualität errang Eduard Künneke eine führende Stellung unter den Operettenkomponisten seiner Generation. Er entstammte einer niedersächsischen Kaufmannsfamilie, kam schon als Student nach Berlin, wo er an der Hochschule für Musik und später als Meisterschüler Max Bruchs das Rüstzeug für sein späteres Schaffen gewann; zugleich hörte er an der Universität Vorlesungen über Musikwissenschaft und Literaturgeschichte. Als Gesangsbegleiter, Musiklehrer und Leiter eines Potsdamer Männergesangvereins begann Künneke die Tätigkeit des ausübenden Musikers. Sein erstes großes Kompositionswerk war eine Oper, *Die Marmorfrau*, deren am Deutschen Landestheater in Prag vorgesehene Uraufführung indessen weder dort noch andernorts zustande kam. Künneke wurde dann, 1907, Chordirektor am Neuen Operettentheater in Berlin und schließlich, bis 1911, Kapellmeister am dortigen Deutschen Theater. Die Reihe seiner Bühnenwerke eröffnete eine 1909 in Mannheim uraufgeführte, dann von vielen Theatern angenommene Oper *Robins Ende*. Mit einer weiteren Oper *Cœur As* (Dresden 1913) hatte er weniger Glück. Nach dem Ersten Weltkrieg errang er jedoch mit dem Singspiel *Das Dorf ohne Glocke* (1919) einen intensiven neuen Erfolg, der aber schon zwei Jahre später von der durchschlagenden Wirkung seines *Vetter aus Dingsda* weit übertroffen wurde. Bis 1949 schrieb Künneke insgesamt 25 Werke, von denen sich neben dem *Vetter aus Dingsda* die 1932 erschienene Operette *Glückliche Reise* am stärksten behauptete. Weitere Erfolgswerke wurden *Wenn Liebe erwacht* (1920), *Lady Hamilton* (1926), *Liselott* (1932), *Lockende Flamme* (1933, in Neubearbeitung 1959), *Herz über Bord* (1935), *Die große Sünderin* (1935), *Zauberin Lola* (1935) und

Der große Name (1938). Seine letzte Operette, *Hochzeit mit Erika*, erschien 1949. Außer Bühnenwerken hat Künneke auch die Musik zu mehreren Tonfilmen sowie rein instrumentale Kompositionen, u. a. eine Ouvertüre, eine Orchestersuite und ein Klavierkonzert, geschrieben.

Das Dorf ohne Glocke

Singspiel in 3 Akten. Text von Arpad Pásztor nach einer ungarischen Legende. Uraufführung am 5. April 1919 in Berlin.

PERSONEN: Vater Benedikt, der Pfarrer (Baß) – Sofie, seine Wirtschafterin (Soubr.) – Baron Erwin von Lertingen (Bar.) – Steffi, seine Frau (Sopr.) – Der Ortsvorsteher – Peter, ein Schmiedegeselle (Ten.) – Eva, seine Geliebte (Sopr.) – Der Schmied – Der Lehrer – Dessen Frau – Der Müller – Dessen Frau – Andreas, Müllerknecht – Klein-Lieschen, ein Bauernmädel – Der Wirt – Die Wirtin – Der Krämer – Die Kellnerin Resi (Soubr.) – Ein Jude – Ein Kutscher – Der Nachtwächter.

ORT UND ZEIT: Ein deutsches Dorf in den Transsylvanischen Alpen, Ende des 18. Jahrhunderts, mit dem Dorfplatz samt Kirche, Pfarrhof und Wirtshaus als Schauplatz.

1. Akt. Frohe Unruhe herrscht heute im Dorf: Der Pfarrherr, den alle als Vater Benedikt verehren, begeht sein 50jähriges Priesterjubiläum, und da wollen ihn die Leute gebührend feiern. Doch zunächst haben die Handwerksmeister, die das Fest vorbereiteten, noch allerlei mit der Pfarrhaushälterin Sofie zu besprechen; dann geht's auf einen Trunk ins Wirtshaus, wo sie freilich mehr die hübsche Kellnerin Resi als der gepantschte Wein anlockt. Der Pfarrer empfängt inzwischen einen lieben, unerwarteten Besuch: Nach zwanzigjähriger Abwesenheit ist Baron v. Lertingen wieder in die Heimat zurückgekehrt. Die Güter, die sein Vater einst hier besaß und dann verlor, hat er zurückgekauft. Nun trägt er sich mit großen Plänen zur wirtschaftlichen Belebung dieser armen Gegend. Der alte Pfarrer erzählt ihm bekümmert vom großen Leid seines Priesterlebens: Seine

Kirche hat kein Geläut, seit die Türken bei einem Einfall ins Dorf die Glocke raubten. Die arme Gemeinde konnte die nötigen 500 Gulden nie aufbringen. Doch heute soll Vater Benedikts größter Wunsch in Erfüllung gehen, denn endlich haben seine Pfarrkinder das nötige Geld zusammengebracht und übergeben ihm die Summe zu seinem Ehrentag. Gleich will er sich aufmachen, um in der Stadt die Glocke zu kaufen. Während er sich zur Abreise vorbereitet, kommt ein unglückliches Paar über den Kirchplatz: der Schmiedegeselle Peter und seine Braut Eva. Sie müssen voneinander Abschied nehmen. Peter kann hier sein Brot nicht verdienen und will auswandern. Vor dem Bild der Gottesmutter betet Eva, daß der Geliebte ihr die Treue halten möge. Gerührt hat der Pfarrer die beiden beobachtet. Nun tritt er zu ihnen und schenkt dem Peter die für die neue Glocke bestimmten 500 Gulden, damit er einen Hausstand gründen kann. Daß sein Tun Gott wohlgefällig ist, fühlt er, wie er es aber vor der Gemeinde verantworten soll, weiß er nicht.

2. Akt. Ein paar Tage sind vergangen. Im Dorf wundern sie sich, daß der Pfarrer noch nicht von der Stadt zurückgekommen ist. Schon regen sich mißtrauische Stimmen. Vater Benedikt hält sich im Pfarrhaus verborgen. Der erste, der es erfährt, ist der Schmied des Ortes. Sofie vertraut ihm an, daß das Geld fort sei, flunkert aber, Auswanderer hätten es dem alten Herrn unterwegs abgenommen. Der gutgesinnte Schmied mißbraucht sein Wissen nicht, sondern geht hin, um seine Schmiede zu verkaufen und dem Pfarrer mit dem Erlös daraus zu helfen. Bald meldet sich Peter als Käufer der Schmiede. Als er jedoch vor allen Leuten die 500 Gulden aufzählt, wird klar, daß er mit dem Glockengeld bezahlen will. Nur das Hinzutreten des Pfarrers verhindert, daß die erregten Dörfler den vermeintlichen Räuber erschlagen. Jetzt gesteht Vater Benedikt, was er getan – aber sie glauben ihm nicht, beschimpfen und verleumden ihn und wollen ihm schließlich sogar den Schlüssel zur Kirche wegnehmen. Da greift beherzt die Frau des Barons Lertingen ein und nimmt den Schlüssel an sich: denn ihrem Gatten, erklärt sie, stehe als dem Patronatsherrn der Kirche allein das Schlüsselrecht zu.

Erschüttert beschließt der greise Pfarrherr, sein so lange treu verwaltetes Amt aufzugeben und fortzuziehen.
3. Akt. Mitternacht ist vorüber. Erschöpft von Schmerz und Trauer schlummert Vater Benedikt unter dem Baum vor seinem Hause ein. Da hört er himmlische Stimmen singen und sieht im Traum vier Engel eine goldene Glocke zur Kirche und in den Glockenturm tragen. In der Morgendämmerung geht er ins Haus, um sich zum Weggang für immer zu bereiten. Jetzt öffnet sich die Kirchentür, und der Baron tritt mit Knechten daraus hervor: er hat die Glocke gekauft und nachts heimlich im Turm aufhängen lassen. Im Dorfe hat sich die Stimmung wieder zugunsten des alten Pfarrers gewendet. Nun kommen die Leute, um ihn zu versöhnen und zu ehren. Da ertönt, während er ihnen dankt, die Glocke! Jubelnd ruft er: »Die Liebe hat ein Wunder getan!«, und, ein Gloria anstimmend, ziehen sie alle zur Kirche.

Höher als die meisten der in diesem Führer behandelten Stücke erhebt sich dieses stimmungsstarke Singspiel, das den Namen »Volksoper« verdient, über das Niveau der bloß gefälligen, unterhaltenden Operette. Die – im Stil spätromantische – Musik wahrt im Lyrischen, im Heiteren und im Dramatischen beachtliches Niveau. Die Sprache der ausdrucksvollen Orchestersätze (Melodramen!) ist überzeugend und oft ergreifend; die Führung der Singstimmen, der Aufbau der großangelegten Finali, die lebensvollen Entwicklungen der Chor- und Ensemblepartien lassen einen Meister in der Handhabung der instrumentalen, vokalen und satztechnischen Mittel erkennen. Wollte man einige besonders geglückte Stücke hervorheben, so etwa – von den volkstümlich-lustigen – Resis Walzerlied *Herrgott, ich pfeif auf Lieb' und Geld* oder ihr Lied mit Chor *Ohne Zweifel hat der Teufel die Mädel gemacht*; von den lyrischen Teilen die Episode *Wenn die Knospen sprießen* (aus dem großen Duett zwischen Eva und Peter), von den Ensembles das *Gloria* des letzten Akts und, aus dem 2. Finale – neben der im Orchester in reizvoller Polyphonie durchgeführten Schlußentwicklung –, der liedhafte Satz *Dort wo deine Heimat ist.*

Der Vetter aus Dingsda

Operette in 3 Akten. Text von Herman Haller und Rideamus
(Fritz Oliven) nach einem Lustspiel von Max Kempner-
Hochstädt. Uraufführung am 15. April 1921 im Theater am
Nollendorfplatz, Berlin.

Personen: Julia de Weert (Sängerin) – Hannchen, ihre Freundin
(Soubr.) – Josef Kuhbrot, Julias Onkel – Wilhelmine, genannt Wimpel, seine Frau – Egon v. Wildenhagen – Ein Fremder (Ten.) – Ein
zweiter Fremder (Buffo) – Karl und Hans, Diener.

Ort und Zeit: Auf Schloß de Weert, um 1920.

1. Akt. Im Garten vor dem Schloß. Julia de Weert hat lästigen
Verwandtenbesuch: Onkel Josse Kuhbrot, ihr Vormund, ist
mit Tante Wimpel angekommen, frönt ausgiebig seiner Lust
an gutem Essen und Trinken und plagt sein Mündel mit dem
Vorschlag, sie solle seinen Neffen August heiraten. Hannchen,
Julias Freundin, findet die beiden Gäste ebenso lächerlich wie
unausstehlich. Julia selbst will weder von einer Ehe mit dem
ihr ganz unbekannten Vetter August etwas wissen noch von
dem Heiratsprojekt ihres zweiten Vormunds v. Wildenhagen,
der sie gerne mit seinem Sohn Egon verheiraten möchte. Sie
denkt ausschließlich an ihren Vetter Roderich. Ihm hat sie vor
sieben Jahren ewige Treue geschworen, als er nach »Dingsda«,
in irgendeine indische Stadt, auswanderte. Seitdem hat sie
zwar nichts mehr von ihm gehört, doch hofft sie, daß er ebenso
alle Tage an sie denkt wie sie selbst an ihn. Jedenfalls will sie
seine Rückkehr abwarten und sich in der Wahl ihres Gatten
nichts vorschreiben lassen. Doch mit dem Bevormunden ist's
jetzt ohnehin vorbei, denn gerade heute hat das Vormund-
schaftsgericht sie für volljährig erklärt. In ihrer Freude darüber fühlt sie sich zu irgendeinem tollen Streich aufgelegt, und
da macht es ihr Spaß, einen verspäteten Wanderer zu dessen
Überraschung wie einen hohen Gast zu bewirten und ihm das
Schlafzimmer ihres Bruders zum Übernachten zur Verfügung
zu stellen. Wer der Fremde ist, kann sie zwar nicht erfahren, da
sich seine Vorstellung auf die Worte beschränkt: *»Ich bin nur
ein armer Wandergesell.«* Doch ist er ihr sehr sympathisch.

2. Akt. Offene Terrasse im ersten Stock des Schlosses. Am nächsten Morgen versucht Hannchen, den Fremden auszuhorchen. Dabei erfährt dieser jedoch viel mehr über Julia und ihre Neigung für den Vetter Roderich als sie über ihn. Er hütet sich zu verraten, daß er der von Onkel Josse herbestellte und längst erwartete Vetter August ist, und kommt nun, ausgerüstet mit seinem Wissen über Julias Herzensgeschichte, auf den Einfall, sich selbst als Roderich de Weert auszugeben. Die Täuschung gelingt eine Zeitlang vollkommen, denn der Onkel hat ihn seit seinen Kindertagen nicht mehr gesehen. Julia ist glücklich, den »Jugendgeliebten« in dem Fremden zu finden. Nur Josse ist über die Anwesenheit »Roderichs« sehr verdrossen. Die Komödie findet jedoch ein jähes Ende, als Egon v. Wildenhagen mit den Ergebnissen der Nachforschungen ankommt, die sein Vater über den echten Roderich eingeholt hat: Danach ist Roderich zwar von Sumatra abgereist, kann aber noch nicht hier sein, da das Schiff in Hamburg bisher nicht eingetroffen ist. Jetzt muß August bekennen, daß er nicht der von Julia Erwartete ist, und sie läßt ihn fortgehen, obwohl sie ihn liebt; denn sie will nur dem wirklichen Roderich angehören.

3. Akt. Wieder im Garten. Durch den Stationsvorsteher erfährt Josse am folgenden Tag, daß sein Neffe August vorgestern angekommen ist. Wo mag er hingeraten sein? Hat ihn vielleicht der lügnerische fremde Wandergesell überfallen und ermordet? Während man den seltsamen Fall erörtert, erscheint wieder ein Fremder vor dem Schloß, ein flotter junger Mann, den Hannchen als erste empfängt. Auf den ersten Blick sind die beiden ineinander verliebt – doch zu ihrer Bestürzung hört Hannchen, daß dies nun der echte Roderich ist. Was wird Julia sagen, wenn sie erfährt, daß Roderich *sie* heiraten will und all die Jahre nicht mehr an Julia gedacht hat? Eine List scheint ihr das einzige Mittel, um alles zum Guten zu wenden: Roderich muß sich Julia als August Kuhbrot vorstellen. Das genügt, um sofort ihre Abneigung gegen ihn zu erwecken! Er aber heilt sie von ihrer Roderich-Schwärmerei, indem er ihr klarmacht, daß der vermeintliche treue Geliebte sich mit einer anderen verlobt und den einstigen Treueschwur

niemals ernst genommen habe. Dann erst gibt er sich ihr zu erkennen. Jetzt erwacht Julia endlich aus ihrer törichten Liebesträumerei und beklagt es, den geliebten Fremden fortgeschickt zu haben. Zum Glück ist aber August schon in der Nähe, und rasch wandelt sich ihre Trauer in Freude.

Künneke erweist sich in diesem stets publikumswirksamen, harmlos-lustigen Stück als origineller Rhythmiker und als ein Melodiker, der seinen Gedanken stets eine sehr präzise, schlagkräftige Fassung zu geben weiß. Sein Können zeigt sich auch in der Orchesterbehandlung, im Ensemblesatz und nicht zuletzt in der Art, wie er, namentlich in den Finales, szenische und dramatische Vorgänge musikalisch schildert oder untermalt. Vor den z. T. etwas salonnahen weichen lyrischen Episoden des Werks ist wohl den heiteren Liedern und Ensembles der Vorzug zu geben, populär geworden aber sind fast alle Stücke der Operette, die humorvollen Tanzweisen ebenso wie die empfindsamen Melodien, voran natürlich das Lied vom *armen Wandergesell*, der Foxtrott *Sieben Jahre lebt' ich in Batavia* und das wie eine kleine Opernparodie anmutende Ensemble *Der Roderich, der Roderich*, aber auch die Walzer *Nicht wahr, hier ist's wie im Zauberreich* und *Ganz unverhofft kommt oft das Glück*, der Tango *Kindchen, du mußt nicht so schrecklich viel denken*, das Duett *Mann, o Mann, an dir ist wirklich nichts dran*, der Onestep *Überleg dir's, überleg dir's vorher!* und der Valse Boston *Strahlender Mond*.

Liselott

Singspiel in 6 Bildern. Text von Richard Keßler nach dem gleichnamigen Lustspiel von Heinrich Stobitzer (1901). Uraufführung am 17. Februar 1932 im Admiralspalast, Berlin. Uraufführung der Erstfassung unter dem Titel *Die blonde Liselott* am 25. Dezember 1927 im Landestheater, Altenburg.

Personen: König Ludwig XIV. – Philipp, Herzog von Orléans, sein Bruder (Ten.) – Kurfürst Karl Ludwig von der Pfalz (Char.-Kom.) – Liselott, seine Tochter (Sopr.) – Freifrau Leonore v. Ratsamshau-

sen, deren Erzieherin – Graf Walter Harling (Ten.) – Marquis de
Béthune – Gräfin Françoise de Grançai, Oberhofmeisterin des
herzoglichen Hofhalts (Soubr.) – Chevalier de la Garde, Hofmar-
schall des Herzogs (Ten.-Buffo) – Blanche, Liselotts französische
Jungfer (Soubr.) – Lacroix, Küchenchef – Madame Pinard, Be-
schließerin – Mlle. Jême, Kleiderverwalterin – Madame Dubois,
Wirtin einer Taverne – Temple, ein Apache (Buffo) – Jeannette,
seine Freundin – Marchese Michielli, venezianischer Gesandter –
Der Kardinal – Der Minister des Inneren – Der Justizminister –
Der Polizeipräfekt von Paris – Ein Lakai – Hofgesellschaft. Pagen.
Bediente. Hafenarbeiter. Apachen. Dirnen. Volk. Das königliche
Hofballett.

ORT UND ZEIT: Heidelberg, Saint-Germain, Paris, Versailles, im
letzten Viertel des 17. Jahrhunderts.

1. bis 6. Bild. Die fröhliche pfälzische Prinzessin Liselott,
die schon manchen fürstlichen Bewerber ausgeschlagen
hat, muß sich heute trotz inneren Widerstrebens entschließen, aus politischen Gründen, im Interesse der Sicherheit
ihrer Heimat, den Bruder König Ludwigs XIV., Herzog
Philipp von Orléans, zu heiraten. Schweren Herzens nimmt
sie Abschied von Heidelberg, von ihrem Vater, dem Kurfürsten, und von ihrem Jugendfreund, dem Grafen Walter
Harling. Am französischen Hof wird sie zwar mit Achtung
aufgenommen, aber ihr unkonventionelles Wesen, das der
König selbst als besonderen Vorzug empfindet, mißfällt ihrem Gatten ebenso wie ihre aller Feinheit der Pariser
Mode entgegengesetzte Art, sich zu kleiden. Der Herzog,
der bisher mit der Gräfin Françoise de Grançai eng be-
freundet war, ist ein eitler, verwöhnter Mensch, der seine
Tage mit leeren Vergnügungen hinbringt. Jetzt schickt er
sich zwar in das Unvermeidliche der Ehe mit der deutschen
»Sauerkraut-Prinzessin«, aber zu einem herzlichen Einverständnis zwischen den Gatten kommt es nicht. Liselott
bleibt, wie sie ist, macht in ihrem neuen Umkreis Schluß
mit mancherlei korrupten Zuständen der Hausverwaltung
und bemüht sich, wenngleich vorläufig vergeblich, in Philipp die verborgenen guten männlichen Eigenschaften zu
wecken. Ihrem Ärger über die höfischen Verhältnisse

macht sie in drastischen Briefen Luft. Bei ihrem »Großreine-machen« wird die Oberhofmeisterin Françoise de Grançai entlassen. Philipp kündigt sie an, sie werde ihn verlassen, wenn er sich als Ehemann nicht zu besseren Sitten bekehre. Da sie aber überall nur Widerstände spürt, faßt Liselott den Entschluß, in ihre Heimat zurückzukehren. Den Ausschlag gibt ein unverhofftes Wiedersehen mit Graf Harling, der ihr von dort Grüße bringt, zugleich jedoch die aufregende Nachricht, daß man ihren alten Onkel Simmern der Unterstützung revolutionärer Umtriebe verdächtigt und in die Bastille gebracht habe. Nun will sie Paris sofort verlassen. Als der Herzog sieht, daß sie mit ihrer Drohung ernst macht, fühlt er sich doch in seinem Ehrgefühl getroffen, sagt ihr, er werde ihre Flucht verhindern, verspricht aber auch, beim König für den unschuldig eingekerkerten Onkel Simmern einzusetzen. Liselott trifft unbeirrt ihre Vorbereitungen zur heimlichen Abreise. In einer anrüchigen Schenke am Seineufer erwartet sie zur Nachtzeit ihre Helfer. Doch Philipp ist ihr auf der Spur geblieben, findet sie und kann ihr mitteilen, daß seine Fürsprache die Freilassung des Onkels bewirkt habe. Die gute Kunde stimmt Liselott freundlicher, und im Verlauf dieses seltsamen Abends erscheint ihr Philipp nun doch als ein liebenswerter Mann. Die Not der Stunde zwingt beide zusammenzuhalten, denn die Hafenschenke erweist sich als Sammelstätte aufrührerischer Elemente. Es glückt ihnen jedoch, die wilde Gesellschaft und ihren Anführer, den Apachen Temple, zu täuschen, ja, schließlich entwickelt sich bei Wein und Tanz sogar ein recht lustiges Beisammensein, das Philipp einen Riesenspaß macht. Durch Liselotts Schlauheit und Humor kommt es zu keinem Konflikt, bis Temple sie zu küssen versucht. In diesem bedrohlichen Augenblick nützt es dem Herzog nichts, daß er sich zu erkennen gibt, denn man glaubt ihm natürlich nicht. Mehr Eindruck macht die schallende Ohrfeige, die Liselott dem zudringlichen Temple versetzt. Jetzt läßt man das Paar unbelästigt fortgehen. Liselott hat ihren Fluchtplan aufgegeben. Sie hat keinen Grund mehr, an der Liebe ihres Gatten zu zweifeln. Graf Harling muß die Hoffnung auf ihre Rückkehr in die Heimat und auf eine Er-

füllung seiner heimlichen Liebeswünsche begraben. Die
Gräfin Grançai wird endgültig vom Hofe verbannt. Liselott
aber lernt, sich anzupassen: sie kleidet sich auch verführe-
risch nach Pariser Art, und nun sieht der Herzog erst, wie
schön sie ist.

Wenn man sich nicht zu viel kritische Gedanken über die
historische Wahrheit und Glaubwürdigkeit macht, muß
man anerkennen, daß dem Librettisten hier ein dramatisch
wirksames, lebendiges und atmosphärisch reizvolles Buch
geglückt ist. Dem Komponisten bot es reizvolle Möglichkeiten zu neuer Erprobung seiner Einfallskraft und seines
vielseitigen, gestaltungssicheren musikdramatischen Talents. Der Umstand, daß das Stück im 17. Jahrhundert
spielt, hat ihn nicht gehindert, eine durchaus moderne
Operette zu schreiben, unbedenklich verwendete er die
Ausdrucksmittel und Tanzformen seiner Gegenwart und
verzichtete fast ganz auf Klänge »im alten Stil«. Vorzüglich
gelungen ist ihm vor allem die Charakterisierung der
Hauptfiguren: für das affektiert-preziöse Wesen des Herzogs und der Gräfin Grançai fand er ebenso bezeichnende
Musik wie für das naturhaft Frische der Liselott und für die
empfindsame schwärmerische Art des Grafen Harling. Als
besonders ansprechende und einprägsame Stücke nennen
wir Liselotts *Glücklich am Morgen, glücklich am Abend*,
das amüsante Duett Philipps und Françoises *Gräfin, wie
sind wir beide vornehm*, den Foxtrott *Muß denn alles Sünde
sein, was uns glücklich macht*, den gefühlvollen Walzer
Sehnsucht nach unseren Küssen brennt, ach, so sehr und das
Couplet des Herzogs *Es ist doch kaum zu fassen*, das übrigens wie einige andere Lieder des Werks von Gustaf
Gründgens, dem ersten Darsteller des Herzogs Philipp,
textiert wurde. In der Berliner Uraufführung sah man neben Gründgens Käthe Dorsch als Liselott und Hilde Hilde-
brand als Gräfin.

Glückliche Reise

Operette in 3 Akten (7 Bildern). Text von Max Bertuch und Kurt Schwabach. Uraufführung am 23. November 1932 im Theater am Kurfürstendamm, Berlin.

Personen: Robert v. Hartenau (Ten.) – Stefan Schwarzenberg (Buffo) – Peter Brangersen – Lona Vonderhoff (Sängerin) – Monika Brink (Soubr.) – Homann – Regierungsrat Walter Hübner – Manager Bielefeld – Frau Maschke – Sarah – Angestellte bei Homann. Barmixer. Mestizen. Gesellschaft. Girls.

Ort und Zeit: Argentinien und Berlin, um 1930.

1. Akt. 1. Bild. Auf einer einsamen Urwaldfarm in Argentinien. Robert v. Hartenau und Stefan Schwarzenberg sind nach dem Krieg ausgewandert. Jahrelang arbeiten sie nun schon, aber es ist verdammt schwer hochzukommen. Das Leben in der Fremde ist ihnen leid geworden. Ihre einzige Freude: der Briefwechsel mit zwei Mädchen in der Heimat, den sie durch ein Zeitungsinserat angebahnt haben. Lona Vonderhoff heißt die Fernliebste Roberts. Monika Brink ist die Briefpartnerin Stefans: Sehr reich muß sie sein, denkt Stefan auf Grund der Korrespondenz – eine verwöhnte, viele Reisen unternehmende junge Dame der ersten Gesellschaft. Wie schön wäre es, die jungen Frauen herüberzuholen! Mit diesem Vorschlag hat Kapitän Brangersen, der zu Besuch auf die Farm gekommen ist, wohl recht, aber es fehlt ja an Geld. Der alte Bekannte hat jedoch eine gute Idee: Verdient euch die Überfahrt als Stewards! Dieser Plan wird sogleich in die Tat umgesetzt. – 2. Bild. In Berlin. Reisebüro der South American Line Co. Hierher führt Stefan der erste Weg nach der Heimfahrt, denn Monika hat sich immer an diese Adresse schreiben lassen. Sie ist auch hier zu treffen – jedoch nicht als reiche Kundin des Reisebüros, sondern als kleine Stenotypistin. Nur in ihren Briefen nach drüben hat sie die große Dame gespielt. Kein Wunder, daß sie über den Besuch aus Übersee erschrickt. Doch sie faßt sich rasch, spielt die vorgetäuschte Rolle keck weiter und verabredet sich mit Stefan für den Abend. Empört beobachtet ihr Chef,

Herr Homann, ihr Benehmen. Auch Lona Vonderhoff arbeitet hier im Reisebüro. Sie ist mit Regierungsrat Hübner verlobt, ihre große Liebe ist er allerdings nicht, und heute schlägt
sie ihm sogar eine abendliche Zusammenkunft ab. Weit besser
gefällt ihr offenbar der Herr, der auf der Suche nach Stefan
hierherkommt: Robert v. Hartenau. Ahnungslos, mit wem er
redet, unterhält er sich mit Lona und gewinnt sie für einen
Ausflug an den Wannsee. Die Begegnung mit dem reizenden
Mädchen läßt ihn seine Brief-Freundin ganz vergessen.
2. Akt. 3. Bild. Eine Bar im Kasino am Wannsee. Hier treffen sich die beiden Freundinnen mit Stefan und Robert. Doch
auch Homann ist in Begleitung Hübners als Gast da. So gerät
Monika, die immer noch als Millionärin auftritt, in arge Bedrängnis, und Hübner sieht enttäuscht und resignierend Lona
an Roberts Seite. Nun erzählt Robert seiner Begleiterin von
jener Briefbekanntschaft und muß zu seiner Verwunderung
hören, daß die Dame, die hier vor ihm sitzt, zwar Lona Vonderhoff heißt, aber gar nichts von der ganzen Korrespondenz
weiß. In die Enge getrieben, gesteht Monika, daß sie einen
doppelten Briefwechsel führte: Sie hat nicht nur als Monika an
Stefan, sondern unter Lonas Namen auch an Robert geschrieben! Gleich darauf kommt durch Homann auch ihre Hochstapelei und damit ihre wirkliche Stellung im Reisebüro auf. Bestürzt ziehen sich Stefan und Robert zurück.
3. Akt. 4. Bild. Auf der Straße vor dem Wohnhaus Monikas
und Lonas. Ruhelos sind die beiden Freunde die ganze Nacht
umhergeirrt. Sie sind sich klargeworden, daß sie trotz der er-
lebten Überraschungen die Mädchen lieben, und wollen alles
zum Guten wenden. – 5. Bild. In Lonas Zimmer. Die nicht
minder bedrückten Mädchen sehen die Freunde unten auf
der Gasse stehen und warten. Sie bangen und hoffen. –
6. Bild. Wieder auf der Straße. Auf ihrem morgendlichen
Weg ins Büro wollen die Mädchen an den Wartenden vorbei-
huschen. Lona gelingt es auch, aber Monika wird von Stefan
aufgehalten. Er denkt nicht daran, ihr Vorwürfe zu machen, und so sind sie rasch versöhnt und glücklich. –
7. Bild. Im Reisebüro. Hier kann sich Robert endlich mit
Lona aussprechen, und bald hat er die nur schwach Wider-

strebende wieder ganz gewonnen. Jetzt muß es der erstaunte Homann erleben, daß ihn seine beiden Stenotypistinnen im Stich lassen, weil sie mit ihren Herzensjungen nach Argentinien gehen werden. Karten für die Überfahrt lösen sie allerdings nicht bei ihm, denn sie müssen sich »rüberarbeiten«, aber er wünscht ihnen doch *»Glückliche Reise«.*

Nach einer Reihe von Werken, deren Erfolg weniger stark und dauerhaft war als der des *Vetters aus Dingsda,* war Künneke hier wieder eine Operette von besonderer Lebendigkeit und Bühnenwirksamkeit geglückt, ein Stück, das sich durch einen neuen großen Reichtum an gefälligen, einprägsamen Melodien auszeichnet. Er hat das dankbare Buch mit Witz und guter Einfühlung in die wechselnden Stimmungen der Handlung und der Figuren des Spiels vertont und sich dabei ganz auf Tanzrhythmen der Zeit und entsprechendes Klangkolorit eingestellt. Ein vorzügliches, gut in die Atmosphäre des 1., in Argentinien spielenden Bildes einführendes Stück ist gleich die Ouvertüre im Tempo di Rumba. Von den vielen bekannt und beliebt gewordenen Nummern der Operette nennen wir den Blues *Das Leben ist ein Karussell,* die Foxtrotts *Warum? Weshalb? Wieso?* und *Am Amazonas,* den Rumba *Jede Frau geht so gerne mal zum Tanztee,* die Tangos *Drüben in der Heimat* und *Nacht muß es sein,* die Duette *Liebe kennt keine Grenzen* und *Deine ist schuld,* den Marsch *Glückliche Reise* und den Paso doble *Schatz, der erste Satz zum großen Glück, der heißt: Ich liebe dich.*

AUGUST PEPÖCK

* 10. Mai 1887 in Gmunden (Oberösterreich)
† 5. September 1967 in Gmunden

Mit mehreren Operetten von nobler musikalischer Haltung hat August Pepöck seinen Ruf als Komponist begründet. Seine erste Ausbildung erhielt er als Sängerknabe des Stifts

St. Florian bei Linz. Als Schüler von Richard Heuberger und Robert Fuchs vollendete er seine Studien in Wien. Nach dem Ersten Weltkrieg wirkte er eine Reihe von Jahren als Theaterkapellmeister in Deutschland und Österreich, bis er sich, von wachsenden Komponistenerfolgen begünstigt, als Freischaffender niederlassen konnte. Seit 1926 lebte er in seinem Heimatort Gmunden. Den Auftakt seiner wirkungsvollen Bühnenwerke bildete *Mädel ade* (Leipzig 1930). Ein Höhepunkt seines Schaffens wurde *Hofball in Schönbrunn*, ein weiterer *Der Reiter der Kaiserin* (Wien 1941). Nach diesem Werk brachte ihm 1942 *Drei Wochen Sonne* einen weiteren kräftigen Erfolg. 1944 befaßte er sich mit der musikalischen Neubearbeitung der Operette *Frühlingsluft* von Josef Strauß. Nach dem Krieg entstand als erstes neues Werk die ländliche Revueoperette *G'schichten aus dem Salzkammergut*. Außer diesen Bühnenschöpfungen schrieb der Komponist auch zahlreiche Lieder und Männerchöre, Tonfilmmusiken, Ouvertüren und Orchester-Suiten sowie eine große Fest-Messe.

Hofball in Schönbrunn

Operette in 3 Akten. Text von Josef Wentner. Gesangstexte von Bruno Hardt-Warden. Uraufführung am 3. September 1937 in Wien.

PERSONEN: Kaiser Franz I. – Kaiserin Marie Louise, seine Tochter, Witwe Napoleons I. – Fürst Clemens Metternich, österreichischer Staatskanzler – Friedrich v. Gentz, Hofrat der Staatskanzlei – Napoleon Franz, Herzog von Reichstadt, Sohn Napoleons I. (Ten.) – Fanny Elßler, Primaballerina des kaiserlichen Balletts (Sängerin) – Graf Coulaincourt (Ten.) – Gräfin Orlowska – Dorette, Zofe bei Fanny Elßler (Soubr.) – Jan, Kammerdiener des Herzogs (Buffo) – Fürst Lobkowitz, Baron v. Eglofstein, Graf Landskron und Freiherr v. Török, Verehrer der Fanny Elßler – Der Inspizient. Der Tanzordner. Ein Theaterdiener. Ein Feuerwehrmann. Ein Lakai. Damen und Herren der Gesellschaft. Großes Ballett. Provenzalische Sänger. Hoflakaien. Bühnenarbeiter. Wachposten.

ORT UND ZEIT: Wien, 1830.

1. Akt. Ballettvorspiel: Man sieht die Bühne der Kaiserlichen Hofoper von hinten, mit Blick in den Zuschauerraum. In der linken Proszeniumsloge ist das Kaiserpaar, in der rechten der Herzog von Reichstadt sichtbar. Auf der Bühne wird das Ballett *Der weiße Schmetterling* – mit einem bravourösen Spitzentanz Fanny Elßlers als Höhepunkt – aufgeführt. Nach dem Tanz wirft der Herzog Fanny ein Rosenbukett zu. – Verwandlung. Fanny Elßlers Garderobe. In der Pause unterhält sich Fanny mit ihrer Zofe Dorette. Zu gerne möchte sie wissen, wer der hübsche junge Offizier ist, der ihr die Rosen verehrt hat. Bald erfährt sie von ihrem Freund, dem alternden Baron v. Gentz, daß es der Herzog von Reichstadt war, der wie ein Staatsgefangener in Schönbrunn lebende einzige Sohn Napoleons. Während Fanny zu einem neuen Auftritt auf die Bühne eilt, läßt sich der Herzog bei ihr anmelden. Fanny empfängt ihn; sein herzliches Liebeswerben erwidert sie mit gleichem Feuer. Doch wird diese erste Begegnung von Baron v. Gentz unterbrochen, der in Begleitung der Gräfin Orlowska eintritt. Mit spitzen Bemerkungen bespöttelt die boshafte Gräfin Fannys Beziehung zu Gentz und des Herzogs Neigung für die schöne Tänzerin. Der Herzog aber tröstet Fanny und lädt sie zu einem Souper bei »Sacher« ein. Gentz erkennt betrübt, daß er sie nun an diesen Jüngling verlieren wird. Überdies fordert Fürst Metternich von ihm eine sofortige Beendigung seiner »Liaison« mit Fanny, da das Mädchen von ihm dazu ausersehen sei, den Herzog von abenteuerlichen politischen Zukunftsgedanken abzulenken.

2. Akt. Salon des Herzogs von Reichstadt in Schönbrunn. Der Erinnerung an seinen großen Vater hingegeben, träumt der Herzog von einer macht- und glanzvollen Zukunft. Wird es seinen Freunden in Frankreich gelingen, ihn zu befreien? Er hofft es und vertraut seine Pläne jetzt auch Fanny an, die seine Geliebte geworden ist und ihn – wie allabendlich – auch heute besucht. Wüßte er, daß Gräfin Orlowska, die Spionin Metternichs, sich hier in einem Wandschrank verborgen aufhält und Zeugin dieser Stunde wird! Fanny verspricht dem Herzog, ihm nach Kräften bei der Verwirklichung seiner Absichten zu helfen. Dann setzen sie sich verliebt zu Tisch. Eine

Musikantenschar bringt dem Herzog ein Ständchen. Nach
dieser stimmungsvollen Serenade erscheint der Vorsänger,
um den Dank des Herzogs entgegenzunehmen – doch
überrascht erkennt dieser in ihm einen Getreuen aus Paris,
den Grafen Coulaincourt, der heimlich nach Wien gekommen ist und alles zur Flucht vorbereitet hat. Morgen, beim
Maskenball im Schlosse, soll der Herzog unbemerkt den
Weg in die Freiheit antreten! Doch muß eine vertraute Person dann im Kostüm des Herzogs auftreten, um die Ballge-
sellschaft und alle gefährlichen Beobachter zu täuschen.
Sogleich plant der Herzog, diese heikle Rolle Fanny anzuvertrauen. Nach Coulaincourts Weggang wird ihm jetzt ein
Besuch des Kaisers, seines Großvaters, gemeldet. Während
er ihm entgegengeht, glückt es der Orlowska, zu entwi-
schen. Kaiser Franz hört sich die hochtönenden Worte seines Enkels lächelnd an und freut sich, daß er Fanny bei ihm
sieht. Später findet sich auch Metternich ein und sagt dem
Herzog beziehungsvoll, er möge sich vor herumziehenden
fremden »Sängern« hüten, die bisweilen nichts als politische Abenteurer seien. Dann sind die beiden Liebenden
endlich wieder ungestört allein.
3. Akt. Ballsaal im Schloß Schönbrunn. Die Stunde der Entscheidung ist gekommen: Während sich die Teilnehmer des
Hofballs fröhlich tanzend unterhalten, haben der Herzog,
Fanny und auch Graf Coulaincourt Mühe, ihre Erregung zu
verbergen. Aber ist nicht alles gut vorbereitet – muß die
Flucht nicht glücken? Schon verläßt der Herzog im weißen
Domino den Saal, und einen Augenblick später kehrt Fanny
im gleichen Domino in die Gesellschaft zurück. Niemand
scheint etwas bemerkt zu haben. Nun sitzt er wohl schon im
abfahrtbereiten Wagen, denkt sie – bald wird er die rettende
Grenze erreichen! Aber Metternich, der seine Gegenmaß-
nahmen vorbereitet hat, handelt jetzt: Den Grafen Coulaincourt läßt er verhaften, und den Baron v. Gentz beauftragt er,
dafür zu sorgen, daß Fanny, die inzwischen von der Orlowska
erkannt wurde, schon morgen nach London abreist, er selbst
aber bringt den von seinen Häschern aufgegriffenen Herzog
in den Saal zurück und verkündet der Gesellschaft, daß Seine

Hoheit den letzten Walzer dieses Festes mit Fanny Elßler zu tanzen wünsche. Und so geschieht's auch – tanzend müssen die Liebenden voneinander Abschied nehmen, anders als sie's gedacht, für immer.

Die Liebesromanze um Fanny Elßler und den Herzog von Reichstadt bot dem Komponisten vielfältige Gelegenheit zur Präsentation seiner Begabung und seines Könnens. Pepöck versteht es, frisch, warmblütig und farbenreich zu musizieren, und hat für die ernsten wie für die heiteren Partien des Buchs überzeugende Klänge gefunden. Er beherrscht die Kunst einprägsamer dramatischer Charakteristik ebenso wie die einer wirkungsstarken Anlage großer Ensembleszenen. Die melodramatischen Orchestersätze fesseln durch beredte Ausdruckskraft. Am persönlichsten aber wirkt seine Sprache in den lyrischen Gesangsszenen. Im Stil spürt man da und dort Einflüsse von Lehár, gelegentlich auch von Puccini, und durch den sehr hübschen Hauptwalzer *Schönste Frau von Wien* geistert sogar *Rosenkavalier*-Klang. Als Dramatiker konnte Pepöck sein Bestes im Finale des spannend gestalteten letzten Aktes geben. Neben dem schon genannten Walzer seien hier als weitere, besonders reizvolle Stücke noch genannt: die Duette *Ich kenn einen Offizier* und *Laß dich noch einmal umarmen, mein Lieb*, die Tango-Serenade *O sieh, Geliebte, wie ruhet das Meer* und das Tanzduett des Bedientenpaares Dorette und Jan, *Mädel, die Lieb' kommt im Polkaschritt*.

Das so sehr von Legenden umrankte Leben der Wiener Tänzerin Fanny Elßler (1810–84), Tochter von Joseph Haydns musikalischem Adlatus und Kammerdiener Johannes Elßler, war in den Augen der Öffentlichkeit ein einziger künstlerischer und gesellschaftlicher Triumph. Sie war in der Tat eine der größten Ballerinen des Jahrhunderts. Zur Formung des Operettenstoffs vergleiche man die wesentlich anders verlaufende Handlung bei Johann Strauß.

Edmund Nick

* 22. September 1891 in Reichenberg (Böhmen),
heute Liberec (Tschechien)
† 11. April 1974 in Geretsried (Oberbayern)

Nick ist auf den verschiedensten Gebieten als schöpferischer Musiker hervorgetreten, schrieb viele Lieder und Chansons, hat Klavierwerke und Kammermusik komponiert, wurde als Tonfilmautor sowie als Verfasser von Begleitmusiken zu Theaterstücken und Hörspielen bekannt und hat auch die Formen des musikalischen Lustspiels und der Operette in geist- und stimmungsreichen Werken gepflegt. Dabei war er ein Feind des billigen Schlagers. Er verficht die künstlerischen Ideale der klassischen Operette und hat seinen Stil an Meistern wie Hugo Wolf und Richard Strauss gebildet. Ursprünglich Jurist, wandte sich Nick erst nach dem Ersten Weltkrieg ganz zur Musik. Seit 1919 lebte er in Breslau, zuerst als Konzertbegleiter, Klavierlehrer und Kritiker, dann als Kapellmeister der dortigen Schauspielbühnen und schließlich – bis 1933 – als musikalischer Leiter des Breslauer Senders. In den darauffolgenden Berliner Jahren wirkte er vor allem als Dirigent am Theater des Volkes und beim Kabarett »Katakombe«. 1945 ging er nach München, begann hier wieder als Musikkritiker (der »Neuen Zeitung«, später der »Welt« und der »Süddeutschen Zeitung«), übernahm dann die musikalische Direktion des Kabaretts »Die Schaubude« und für zwei Jahre die Leitung der Bayerischen Staatsoperette. 1949 berief man ihn als Professor an die Hochschule für Musik. 1952–56 war er Leiter der Musikabteilung des Nordwestdeutschen Rundfunks in Köln, dann lebte er wieder als Musikschriftsteller in München. Abendfüllende Werke hat Nick in den beiden Operetten *Über alles siegt die Liebe* (1940) und *Das Halsband der Königin* (1948) geboten, musikalische Lustspiele mit den Stücken *Das kleine Hofkonzert*, *Dreimal die Eine*, *Karussell! Karussell!*, *Xanthippe* u. a.

Das kleine Hofkonzert

Ein musikalisches Lustspiel in 3 Akten (10 Bildern) aus der Welt Carl Spitzwegs. Text von Paul Verhoeven und Toni Impekoven. Uraufführung am 19. November 1935 in den Kammerspielen, München.

PERSONEN: Christine Holm (Sängerin) – Serenissimus – Hofmarschall v. Arnegg – Leutnant Walter v. Arnegg, sein Sohn (Ten.) – Oberst v. Flumms – Frau v. Flumms – Hofmedicus – Bibliothekar – Hofkapellmeister – Polizeiminister – Kammerherr – Der arme Poet – Seine Wirtin – Apotheker – Mona, seine Frau – Hanne, deren Tochter (Soubr.) – Jakob, Provisor (Buffo) – Herr Zunder – Bürgermeister – Schildwache – Der Wirt »Zum silbernen Mond« – Hofbeamte. Lakai. Zofe. Der Witwer. Soldaten. Bürger und Bürgerinnen. Musikanten. Damen und Herren des Hofes.

ORT UND ZEIT: Eine kleine deutsche Residenz, um 1840.

1. Akt. 1. Bild. *Am Stadttor.* Zwei Fremde fahren in der Postkutsche in die Stadt ein: Die Sängerin Christine Holm aus München und der Geschäftsreisende Zunder aus Sachsen. Zur Paßkontrolle muß man am Tor halten. Herr Zunder ärgert sich schrecklich über das bummelige Verfahren. Christine lächelt nur. Nach langem Warten erscheint endlich der diensthabende Offizier, Leutnant Walter v. Arnegg. Rasch ist Christines Paß visitiert: Walters Blicke gelten mehr der reizenden Erscheinung der fremden Dame als dem Amtspapier. Er empfiehlt ihr als Quartier den »Silbernen Mond« und nennt ihr auch auf ihre Frage die Adresse des Poeten Emil Knipp. Herr Zunder aber wird streng behandelt, denn er führt Schmuggelware bei sich. – 2. Bild. *Zwischen den Dächern.* Im lauschigen Gärtchen zwischen den Häusern des Apothekers und des Hofmedicus, die an den »Silbernen Mond« angrenzen, sitzen der Hofmarschall v. Arnegg, Oberst Flumms und der Hofmedicus bei einem Spielchen, unterhalten sich über das bevorstehende kleine Hofkonzert bei Serenissimus und geben sich bewundernd dem Anblick einer hübschen Frau hin, die auf dem Hotelbalkon sichtbar wird. Von Walter erfahren sie, daß es Christine ist. Sie genießt den

abendlichen Zauber der kleinen Stadt, während sich im Apothekerhaus zwei heimliche Liebesleutchen vergeblich zu verständigen suchen; denn der gestrenge Apotheker fängt das Brieferl ab, das der Provisor Jakob seiner Tochter Hanne als »Luftpost« durchs Fenster zuzustellen versucht. Nachdem die Herrengesellschaft ins Haus abgezogen ist, nähert sich Walter Christine, die von seiner chevaleresk-draufgängerischen Art sehr angetan ist. – 3. Bild. *Der silberne Mond*. Zunder hat die »Schikane« bei der Paßvisitation nicht vergessen und beschwert sich über die Bevorzugung jener »koketten« Dame. Es gelingt ihm, die Honoratioren so gegen Christine aufzuhetzen, daß diese den Plan fassen, die Fremde auszuweisen, falls sie unangenehm auffalle – man hat ja bereits herausgebracht, daß sie außerehelich geboren ist und hier nach ihrem Vater forschen will. Walter wird Zeuge des böswilligen Geredes, verteidigt die Ehre Christines und nennt sie seine Braut. Christine hat die Szene beobachtet und macht nun, da sie mit Walter Arm in Arm über den Platz geht, seine Behauptung glaubhaft.

2. Akt. 4. Bild. *Vorzimmer bei Serenissimus*. Der kleinstädtische Klatsch ist schon bis in die Residenz vorgedrungen. Wie kann sich der Sohn des Hofmarschalls mit »dieser Person« verloben! Walter freilich möchte das beim Streit vor dem Gasthof nur behauptete Bündnis mit Christine wahr machen. Doch sein Vater will nichts davon hören und bestimmt Serenissimus zu dem Befehl, die fremde Dame sogleich zur Abreise zu veranlassen. Walter soll sie selbst fortbringen. – 5. Bild. *Der arme Poet*. Emil Knipp muß sein Leben kärglich fristen. Winzige Einnahmen verschaffen ihm die Liebesgedichte, die er bald für den Provisor Jakob, bald für Hanne schreibt: Voreinander pflegen die beiden *seine* Verse als ihre eigenen auszugeben. Auch Christine besitzt eines seiner Lieder: »*Wenn des Abends dunkler Schleier . . .* « Sie hat es im Nachlaß ihrer Mutter entdeckt und hofft durch Knipp zu erfahren, welchem Mann ihre Mutter, die einst als berühmte Sängerin in die Stadt kam, hier nahegestanden ist. Knipp erinnert sich zwar jener Zeit, rät ihr jedoch, das For-

schen nach ihrem Vater aufzugeben. Wer weiß, was daraus noch entsteht! Das Gespräch wird durch Walter unterbrochen, der Christine mit Wachsoldaten abholt. Er will sie aber nicht nur zur Grenze begleiten, sondern seinen Dienst quittieren und ihr folgen. – 6. Bild. *Der Bibliothekar.* Serenissimus unterhält sich mit seinem Bibliothekar. Die sittliche Entrüstung der Kleinbürger findet er lächerlich, aber – bitte keinen Skandal! Seine Vorfreude auf das morgige Hofkonzert wird getrübt durch die Nachricht, daß die dafür engagierte Sängerin abgesagt habe. Gerne geht er daher auf den Vorschlag des Bibliothekars ein, die ausgewiesene Sängerin Christine Holm zurückzuholen. Das Gespräch über die fremde Künstlerin weckt Erinnerungen in ihm: Gedanken an die Zeit seiner großen Liebe zu einer Sängerin vor 25 Jahren – und an jenen Abschiedsabend, an dem sie ihm das Lied sang: *»Wenn des Abends dunkler Schleier ... «* – 7. Bild. *Wer zuletzt lacht.* Der Auszug Christines aus der Stadt wird für sie zu einem Spießrutenlaufen durch die Reihen der hämischen Bürger. Als aber der Hofmarschall hinzukommt und ihr unter Entschuldigungen die Einladung aufs Schloß übermittelt, wandelt sich die Stimmung schnell und wendet sich jetzt gegen Zunder, den Urheber der Verleumdungen.

3. Akt. 8. Bild. *Begegnung.* Christine tritt dem zunächst sehr zurückhaltenden Fürsten mit so viel Würde entgegen, daß er rasch zu ihren Gunsten umgestimmt ist. Als sie ihm vom Grund ihres Aufenthaltes in der Stadt und den Forschungen nach ihrem Vater erzählt, verspricht er ihr sofortige Hilfe. Bezwungen von seiner Liebenswürdigkeit erklärt sie sich bereit, im Hofkonzert zu singen. – 9. Bild. *Variationen.* Der Befehl der Hoheit, Christines Vater ausfindig zu machen, wirkt »Wunder«. In den Akten haben die Beamten freilich nichts gefunden, aber einen Vater schaffen sie doch herbei: für 500 Gulden muß Knipp die Rolle übernehmen. Der verdutzte Poet schickt sich drein; Christine spielt mit. Verzaubert von der höfischen Atmosphäre, in die er unversehens geraten ist, berauscht sich Knipp im Geist an der Vorstellung, selbst Serenissimus zu sein, empfängt als

»Fürst« das erstaunte Paar Jakob und Hanne und vereint die Liebenden. – 10. Bild. *Finale.* Von Christine erfährt Serenissimus die Wahrheit über die erdichtete »Vaterschaft« Emil Knipps. Dabei macht sie die Hoheit aber zugleich auf den zu Unrecht verkannten Dichter aufmerksam – er sei doch der Verfasser der schönen Weise: *»Wenn des Abends dunkler Schleier ...«* Heute abend im Konzert wolle sie dies Lied singen, das der arme Poet einst für ihre Mutter geschrieben. Nachdenklich schweigend vernimmt Serenissimus diese Kunde. Dann sagt er ihr, daß er sich selbst von nun an wie ein Vater um sie annehmen wolle. Er erhebt sie in den Adelsstand und ermöglicht ihr so die Ehe mit Walter. Auch Emil Knipp bekommt ein »von« vor seinen bescheidenen Namen.

Abseits der breiten Operettenstraße, fern von allen lärmenden und aufdringlichen Effekten, finden sich in diesem – auch textlich reizenden – Kammer-Singspiel die feineren und reineren Wirkungen einer stimmungsvollen Musik voll Grazie, Humor und süßer Schwärmerei. Nicks Partitur setzt sich aus einer Folge von anmutigen, melodisch und rhythmisch, harmonisch und klanglich preziös pointierten Miniaturen zusammen, die sich nicht nur der Handlung reizvoll einschmiegen, sondern wirklich viel von der anheimelnden Stimmung und leisen Drolerie spitzwegischer Kleinstadtbilder spürbar machen. Oft gewinnt die melodische Sprache den Tonfall des echten Volkslieds, so besonders in der Komposition des Goetheschen *Heidenröslein.* Unter den lyrischen Melodien ragen auch die Weise *Wenn des Abends dunkler Schleier* und das Liebesduett *Dich, nur dich hat das Schicksal mir auserwählt* hervor, unter den heiteren Stücken die Walzerlieder *Leben ohne Liebe kann man nicht* und *Nochmal jung sein, nochmal dumm sein.*

Arthur Honegger

* 10. März 1892 in Le Havre
† 27. November 1955 in Paris

In einem Buch über Operetten einen Komponisten von der Art Honeggers zu nennen, erscheint auf den ersten Blick vielleicht abwegig. Sein weltweiter Ruhm gründet sich ja auf ernste Musik, auf Opern, gewichtige Sinfonien, Kammermusiken und szenische Oratorien wie *König David* und *Johanna auf dem Scheiterhaufen*. Dennoch hat der französisch-schweizerische Künstler, dessen Lebenswerk eine ungewöhnliche Aufgeschlossenheit für sehr verschiedenartige Aufgaben dokumentiert, in den dreißiger Jahren Beiträge zur Gattung Operette geboten und sich auch hier als origineller, phantasie- und temperamentvoller Musiker gezeigt. Arthur Honegger studierte in Zürich, dann in Paris, wo er sich dem damals avantgardistischen Kreis anschloß, der als »Groupe des Six« in die moderne Musikgeschichte eingegangen ist. Paris blieb der dauernde Wohnsitz des Komponisten. Von seinen Operetten ist nur die nachstehend beschriebene in Deutschland bekanntgeworden, nicht aber *La belle de Moudon* (1931) und *Les petites Cardinal* (1938).

Die Abenteuer des Königs Pausole
Les aventures du Roi Pausole

Operette in 3 Akten. Text von Albert Willemetz nach dem gleichnamigen Roman von Pierre Louÿs (1901). Deutsche Textfassung von Hans Zimmermann. Uraufführung am 12. Dezember 1930 im Théâtre des Bouffes-Parisiens, Paris.

Personen: König Pausole – Aline, seine Tochter – Taxis, Minister – Dame Perchuque – Giglio, Page – Diane, Königin »vom Dienst« – Mirabelle, Tänzerin – Meier, Besitzer einer Meierei – Thierette, ein Landmädchen – Ein Brigadier der Wache – Ein Matrose und seine Tochter – Ein braves und ein leichtes Mädchen – Ein Soldat – Eine

Schülerin – Ein Fräulein Mutter – Königinnen. Tänzerinnen. Bäuerinnen. Wachen.

ORT UND ZEIT: In und bei dem imaginären Tryphème, der Sommerresidenz des Königs, zu unbestimmt gegenwärtiger Zeit.

1. bis 3. Akt. Pausole, jeder Zoll kein König, aber ein freundlicher, nicht humorloser Mann, besitzt einen Harem von 365 Frauen. Für amouröse Abwechslung wäre da also vorgesorgt, doch die Damen erfreuen sich keineswegs eines besonderen Interesses ihres Gebieters. Vergebens erstrebt Diane, die heutige »Königin vom Dienst«, ein Zusammensein mit ihm. Um Ordnungs- und Etikettefragen am Hofe kümmern sich – mit bescheidenem Erfolg – Minister Taxis und die mit ihm konspirierende Dame Perchuque. Zur Erheiterung der gelangweilten Königinnen ist heute ein Ballett engagiert worden. Die kecke Primaballerina Mirabelle wird in der geplanten Aufführung die Hosenrolle des Prinzen Charmant spielen; schon im Kostüm, begegnet sie zuerst Taxis und Perchuque, die ihr gar nicht gewogen sind, dann aber der anmutigen Tochter des Königs, Aline, mit der sie sich gleich anfreundet. Die unschuldige, von ihrem Papa streng allen Versuchungen ferngehaltene Aline hält aber die verkleidete Mirabelle für einen jungen Mann und verliebt sich in sie. Nun erscheint Pausole selbst, zunächst, um die Ballettvorstellung zu sehen, dann, um sich als Gerichtsvorsitzender die Beschwerden einiger Kläger anzuhören. Plötzlich meldet man ihm, daß Aline verschwunden ist; ein hinterlassenes Briefchen klärt ihn auf, daß sie sich von einem, bei dem sie sich geborgen fühle, entführen ließ. Da ist guter Rat teuer! Aber der eben noch wegen eines frechen Streichs angeklagte Page Giglio empfiehlt dem König, die Ausreißerin selbst zu suchen und eine Reise zu unternehmen, die zugleich auch etwas Abwechslung in die Monotonie seines Lebens bringen könne. Willig geht Pausole auf diesen Vorschlag ein. – Auf der nahe bei Tryphème gelegenen Meierei des Herrn Meier herrscht schon große Aufregung, weil man den König, der eigentlich inkognito unterwegs ist, erwartet. Thierette macht darauf aufmerksam, daß für den hohen

Gast kein Zimmer zur Verfügung stehe, da das einzige passende von einem jungen Paar besetzt sei. Bald nach der Ankunft Pausoles entdeckt Giglio in diesem Paar die gesuchten Flüchtlinge, verrät sie jedoch nicht, sondern hält sie nur, als »Thierette« verkleidet, mit der Drohung, sein Wissen auszuplaudern, in Schach. Das Zusammensein der drei endet mit einem Küssespiel, bei dem Aline spürt, daß »Thierette«-Giglio ganz anders zu küssen versteht als Mirabelle. Schließlich muß sich Giglio doch als Mann zu erkennen geben. Jetzt möchte ihn Mirabelle gerne verführen, ihm aber gefällt Aline besser. Pausole hat inzwischen ein Schläfchen gemacht. Seine Reise geht schneller als gedacht zu Ende: Taxis und Perchuque kreuzen unerwartet auf und berichten von einer Revolution der verlassenen Königinnen, also schnell nach Hause! Vorher muß er sich jedoch noch mit verschiedenen Bittstellern befassen und neben allerlei interessanten Wünschen von Frauen und Mädchen auch das Anliegen eines Sprechers der Soldaten, künftig jeden Krieg zu vermeiden, zur Kenntnis nehmen. Dann kehrt man nach Tryphème zurück, wo man sich aber nicht im Schloß, sondern im Hotel »Bouffe Royal« einquartiert. Auch Aline und Mirabelle sind hier gelandet. Aus dem Zimmer des noch ruhenden Königs kommt am Morgen Diane, die endlich bei ihm zu ihrem Liebesrecht gekommen zu sein scheint, doch in Wirklichkeit hatte sich Giglio eingeschlichen und den müden Pausole vertreten. Seine wahre Neigung aber gehört Aline, und die Prinzessin läßt ihn auch nicht in Zweifel darüber, daß ihr seine Liebe viel mehr bedeute als die Freundschaft Mirabelles. Der schlaue junge Mann versteht es, dem König raffiniert das Einverständnis zu seiner Verbindung mit Aline abzulisten. Zum Schein tobt Pausole zwar ein wenig über das ihm zugemutete Fait accompli, gibt aber das Paar zusammen und entschließt sich, als König abzudanken und Schmetterlingssammler zu werden.

Schon das Fast-Nichts an plausibler Handlung, noch mehr der mit keckem bis frivolem Witz anzügliche, auch mit pikanten politischen Akzenten durchsetzte Text rückt das Werk in die Nähe Offenbachscher Burlesken. Sein feinerer Wert liegt

in der Musik Honeggers, die diese Wesensverwandtschaft
mit dem Geist und der Kunst des klassischen Opéra-bouffe-
Meisters erst voll spürbar macht. Um der reizend leichtfüßi-
gen, elegant heiteren und oft geistvoll pointierten Musik
willen muß man es bedauern, daß dem *König Pausole* ein
breiterer Dauererfolg versagt geblieben ist. Enthält sie auch
kaum Melodien, die zu »Schlagern« werden könnten, so entzückt sie doch durch viele charmante Einfälle, durch den
echten Lustspielgeist, der in ihr lebt, und durch manche
Reize echt französischen Sentiments. Zu den Vorzügen der
Operette gehört auch die harmonisch, rhythmisch und
klanglich delikate, weithin sehr persönliche Gestaltung der
(30 knapp geformte Nummern umfassenden) Partitur. Es
fällt schwer, einzelnes hervorzuheben, besonders nennens-
wert erscheinen aber doch Stücke wie die differenziert geprägten Lieder der Aline, die komische Chorkantate *Vive le
Roi Pausole*, das Traumduett Dianes und Giglios, das Terzett *Dem Pfirsich gleichen ihre Wangen* (Aline / Mirabelle /
Giglio) und das im Bolerorhythmus gehaltene Lied von der
Spanischen Schokolade (Thierette).

PAUL ABRAHAM

* 2. November 1892 in Apatin (Ungarn)
† 6. Mai 1960 in Hamburg

Wie viele andere Operettenkomponisten hat auch Paul
Abraham mit Werken ernster Richtung begonnen. In dem
Jahrzehnt, das seiner Studienzeit an der Budapester Musik-
hochschule (1910–16) folgte, schrieb er u. a. Streichquartette
und ein Konzert für Violoncello. Erst als 36jähriger fand er
zu der seinem Talent gemäßen volkstümlichen Kunstform.
Seine erste Operette, *Der Gatte des Fräuleins*, entstand 1928.
Mit seiner zweiten, *Victoria und ihr Husar* (1930), errang er
bereits einen durchschlagenden Erfolg. Durch dieses Werk

und die in den Jahren 1931 und 1932 folgenden Operetten *Die Blume von Hawaii* und *Ball im Savoy* wurde sein Name in aller Welt bekannt. Auch mit verschiedenen Filmmusiken trat er damals hervor. Die Ereignisse des Jahres 1933 zwangen den Künstler, seinen Berliner Wohnsitz, den er seit 1930 innehatte, aufzugeben und Deutschland zu verlassen. Über Wien, Budapest und Kuba führte ihn sein Weg als Emigrant 1938 nach New York. 1956 kehrte er schwerkrank nach Deutschland zurück.

Victoria und ihr Husar

Operette in 3 Akten und einem Vorspiel. Text von Emmerich Földes, Alfred Grünwald und Fritz Beda-Löhner. Uraufführung am 7. Juli 1930 an den Städtischen Bühnen, Leipzig.

PERSONEN: John Cunlight, amerikanischer Gesandter – Gräfin Victoria, seine Frau (Sängerin) – Graf Ferry Hegedüs auf Doroszma, deren Bruder (Buffo) – O Lia San, Ferrys Braut (Soubr.) – Riquette, Kammerzofe Victorias – Aladar Koltay, Husarenrittmeister (Ten.) – Jancsi, sein Bursche – Pörkelty Istvan, Bürgermeister von Doroszma – Ein russischer Offizier – Ein japanischer Bonze – Japanische Kavaliere und Mädchen. Gäste. Diener. Zofen. Kulis. Kosaken. Husaren. Bäuerinnen. Volk.

ORT UND ZEIT: Sibirien, Petersburg, Japan und Ungarn, nach 1918.

Vorspiel. Sibirische Steppenlandschaft. Der ungarische Husarenrittmeister Koltay ist mit seinem Burschen Jancsi in russische Kriegsgefangenschaft geraten. Traurig gedenkt Jancsi der schönen Heimat und spielt auf seiner Geige das Liebeslied, das Koltay voll sehnsüchtiger Gedanken an vergangene Zeiten anstimmte. Ein Wachsoldat, der zuhört, möchte die Geige gerne haben und verspricht den Gefangenen dafür die Freiheit. Jancsi trennt sich von seinem geliebten Instrument. Sie entfliehen.

1. Akt. Im Haus des amerikanischen Gesandten Cunlight in Tokio. Mr. Cunlight ist zum Gesandten in Petersburg ernannt worden und feiert heute mit seiner Gattin Victoria, einer gebürtigen Ungarin, Abschied von Japan und den dort gewon-

nenen Freunden. Die Verlobungsfeier von Victorias Bruder,
Graf Ferry, mit der reizenden Halbjapanerin O Lia San wird
die Abschiedsstunde aufheitern. Victoria, die ihrem Gatten,
einem noblen Charakter, aufrichtig zugetan ist, scheint selt-
sam erregt. Gestern, auf einer Fahrt durch die Stadt, hat sie
einen Mann gesehen, den sie seit langem tot glaubte: Koltay,
ihren einstigen Bräutigam. Auch Koltay, der auf seiner
Flucht mit Jancsi hierhergelangte, hat sie wiedererkannt.
Nun kommt er in die Gesandtschaft. Man hat ihm gesagt,
daß hier Ungarn leben. Er führt sich bei Cunlight unter dem
Namen Czaky ein, wird Victoria vorgestellt und erfährt so,
daß sie die Frau eines anderen geworden ist. Cunlight bleibt
ahnungslos. Er will Koltay, um ihm in die Heimat weiterzu-
helfen, mit nach Petersburg nehmen.

2. Akt. In der amerikanischen Gesandtschaft in Petersburg.
Victoria sieht sich durch Koltays Erscheinen in auswegloser
Bedrängnis. Einer Aussprache mit dem einst und noch immer Geliebten weicht sie aus, bis ihre Zofe Riquette (die
schon Jancsis Neigung gewonnen hat) doch eine Begegnung
der beiden unter vier Augen herbeiführt. Jetzt erzählt sie
ihm, daß man ihr mitgeteilt habe, er sei gefallen; nach langer
Trauer sei sie schließlich Cunlights Frau geworden, vor allem aus Dankbarkeit für seine freundschaftliche Güte. Koltay sucht sie vergeblich zu bestimmen, mit ihm in die Heimat zu fliehen, sie will ihrem Gatten die Treue halten. Doch
alles drängt zu rascher Entscheidung: die Russen haben den
Flüchtling Koltay erkannt; nur Cunlight kann seine Verhaftung verhindern. Er will ihm auch beistehen, obwohl er von
Ferry erfahren hat, wer unter dem Namen Czaky in sein
Haus gekommen ist. Koltay aber verschmäht seine Hilfe
und liefert sich in seiner Verzweiflung selbst dem Feind
aus.

3. Akt. Im Dorfe Doroszma in Ungarn. Ein Jahr ist vergangen. Victorias und Cunlights Wege haben sich getrennt. Koltay ist auf Cunlights Intervention hin begnadigt worden und
wird bald, vielleicht schon heute, als Austauschgefangener
nach Ungarn zurückkehren. Nach einer Weltreise hat Victoria, einsam und hoffnungslos, ihr heimatliches Schloß wieder

Emmerich Kálmán: Die Zirkusprinzessin
Volksoper Wien

Ralph Benatzky: Im weißen Rößl
Opernhaus Halle

aufgesucht. Auch Ferry ist mit O Lia San nach Doroszma gekommen, ebenso Jancsi mit seiner Riquette. Die beiden
glücklichen Paare wollen sich heute beim Weinlesefest die
Hände fürs Leben reichen. Nach altem Brauch werden aber
alljährlich bei der Winzerprobe drei Paare zusammengege-
ben, und da hoffen nun Ferry und Jancsi, daß Victoria die
dritte Braut sein möchte. Jancsi sähe sie gerne mit Koltay vereint und träumt von der rechtzeitigen Rückkunft seines Ritt-
meisters. Ferry aber will Victoria mit ihrem Gatten aussöhnen, der gegenwärtig in Budapest als Gesandter lebt. Als
Cunlight in Doroszma erscheint, zeigt sich Victoria wirklich
bereit, ihm aufs neue zu folgen, doch in dem Augenblick, da
sie ihm zum zweitenmal ihr Jawort geben will, trifft Koltay
ein. Nun finden sich endlich die beiden Menschen, die von je
zusammengehörten. Cunlight selbst hatte für Koltays Kommen gesorgt. Hoch über kleinmenschlichem eifersüchtigem
Egoismus stehend, will er nichts als Victorias Glück.

Victoria und ihr Husar gehörte zu den großen Operettener-
folgen der dreißiger Jahre. Dazu trug gewiß auch das Text-
buch bei mit seinem anregenden, kontrastreichen Wechsel
der Schauplätze und mit seinem eindrucksvollen Zeitakzent
der Erinnerung an Kriegsgefangenenschicksale der Jahre
nach dem Ersten Weltkrieg. Vor allem aber begrüßte man in
Paul Abraham mit Recht ein starkes Talent, das mit einem
nicht alltäglichen Können die Gabe der Erfindung neuer
schlagkräftiger Melodien verband. Stilistisch folgt der ungarische Komponist vielfach den Spuren Kálmáns und des späten
Lehár, bekennt sich jedoch viel entschiedener als jene älteren
Meister zu modernen Tanzrhythmen. Mit den Farbmitteln
gegenwartsnaher Harmonik und reizvoller Instrumentation
weiß er namentlich als Kolorist stark zu fesseln. Die Charakterisierung der russischen, japanischen und ungarischen Stim-
mungslandschaften ist ihm ausgezeichnet gelungen. Aus dem
Melodienreigen des Werks greifen wir als Hauptstücke heraus: die Foxtrotts *Ja so ein Mädel, ungarisches Mädel* und
Meine Mama war aus Yokohama, das Lied Koltays *Nur ein
Mädel gibt es auf der Welt*, den Slowfox *Mausi, süß warst du*

heute Nacht und die für den sentimentalen Lyrismus Abrahams bezeichnenden English-Waltz-Lieder *Reich mir zum Abschied noch einmal die Hände* und *Pardon, Madame, ich bin verliebt.*

Die Blume von Hawaii

Operette in 3 Akten. Text von Emmerich Földes, Alfred Grünwald und Fritz Beda-Löhner. Uraufführung am 24. Juli 1931 an den Städtischen Bühnen, Leipzig.

PERSONEN: Laya, Prinzessin von Hawaii (Sängerin) – Prinz Lilo-Taro (Ten.) – Kanako Hilo, ein vornehmer Hawaiier – Kapitän Reginald Harald Stone (Ten.) – Lloyd Harrison, amerikanischer Gouverneur von Hawaii – John Buffy, sein Sekretär – Bessie Worthington, seine Nichte – Raka, eine junge Hawaiierin (Soubr.) – Jim Boy, amerikanischer Jazzsänger (Buffo) – Suzanne Provence, seine Partnerin (gespielt von der Darstellerin der Prinzessin Laya) – Perroquet, Oberkellner – Chun-Chun, chinesischer Diener – Lilian – Marineoffiziere. Kadetten. Hawaiische Tänzerinnen. Volk von Hawaii. Herren und Damen der Gesellschaft.

ORT UND ZEIT: In Honolulu und in Monte Carlo, 1895.

1. Akt. Garten der Gouverneursvilla in Honolulu. Seit die amerikanischen Gouverneure hier residieren, sind die Mitglieder der hawaiischen Königsfamilie ins Exil gegangen. Wohl hofft auch jetzt noch eine königstreue Partei unter Führung Kanako Hilos auf eine Wiederherstellung des Königtums, aber Gouverneur Harrison mißt diesen Bestrebungen keine große Bedeutung bei: die Thronerbin von Hawaii, Prinzessin Laya, lebt ja in Paris, Prinz Lilo-Taro aber hat sich den veränderten Verhältnissen so angepaßt, daß von seiner Seite keine restaurativen Aktionen zu fürchten sind – mag er sich auch, wie jetzt nach langer Reise, wieder in Hawaii aufhalten. Gerne freilich sähe es Harrison, vor allem aus politischen Gründen, wenn seine Nichte Bessie sich mit dem Prinzen vermählen würde. Sein Sekretär Buffy ist von diesem Gedanken wenig entzückt, da er Bessie liebt. Nun gibt es eine große Überraschung für die Amerikaner: Ein

von Kapitän Stone befehligtes Schiff bringt zwei bekannte Kabarettkünstler nach Honolulu, Suzanne Provence und ihren Partner, den Jazzsänger Jim Boy. Doch es ist nicht die *echte* Suzanne, die da angekommen ist, sondern eine Frau, die den Namen der Künstlerin benutzt hat, um ungehindert hierherzugelangen – Prinzessin Laya. Ihr ging es nur um ein Wiedersehen der verlorenen Heimat, die Partei Kanako Hilos jedoch erhofft von ihr die Erneuerung des Königtums. Das Volk huldigt ihr voll Begeisterung. Lilo-Taro klärt den Gouverneur und den in Laya verliebten Kapitän Stone auf, wer die vermeintliche Suzanne Provence in Wahrheit ist. Er ist tief bewegt von Layas Ankunft: einst, als sie Kinder waren, wurde sie mit ihm verlobt, und so ist sie jetzt in den Augen der Hawaiier seine Braut. Aber er wird sein Recht auf sie niemals erzwingen, nur eine Frau, die ihn wiederliebt, soll seine Gattin werden.

2. Akt. Saal im königlichen Palast in Honolulu. Laya soll als Blumenkönigin gekrönt werden. Nicht mit Unrecht vermuten die Amerikaner, daß dieses friedliche Fest die Absicht tarnen soll, die Prinzessin als Königin einzusetzen. Laya selbst ist in einen inneren Zwiespalt geraten: sie ist zu vernünftig, um sich in ein politisches Abenteuer einzulassen, doch lockt es sie, Königin dieses herrlichen Inselreiches zu werden. Ehe es aber zur Krönung Layas kommt, überbringt ihr der Gouverneur eine Abdankungsurkunde zur Unterzeichnung. Als sie sich weigert, soll Kapitän Stone sie verhaften – er widersetzt sich jedoch und gefährdet damit seine Karriere. Um ihm zu helfen, entschließt sich Laya, die Urkunde zu unterzeichnen. Lilo-Taro glaubt darin einen Beweis zu sehen, daß sie Stone liebt. Nun erscheint ihm sein Leben sinnlos. Laya aber wird sich jetzt der Stärke ihrer Empfindungen für Lilo-Taro ganz bewußt.

3. Akt. In einer chinesischen Bar in Monte Carlo. Hier, wo die echte Suzanne Provence gerade gastiert, treffen die durch ihre Erlebnisse auf Hawaii Verbundenen wieder zusammen. Stone und Lilo-Taro sind Freunde geworden, seit der Kapitän den Prinzen, der den Tod im Meer suchen wollte, gerettet hat. Endlich schlägt die Entscheidungsstunde für die beiden un-

glücklich in Laya Verliebten: Buffy ist's, der mit Witz und Findigkeit alles ins Lot bringt und dabei auch seine geliebte Bessie gewinnt. So finden sich endlich Laya und Lilo-Taro für immer, Stone aber sucht bei Layas Doppelgängerin Suzanne Provence Trost.

In seinem zweiten Erfolgswerk, nur ein Jahr nach *Victoria und ihr Husar,* zeigte sich Paul Abraham wieder als ein einfallsreicher Musiker, der den sentimentschweren Salon-Tonfall der Zeit ebenso sicher beherrscht wie ihre modischen Tanzformen und sich gleich gut auf dramatische Charakteristik, wirkungsvollen Ensemblesatz, quicke humoristische Intermezzi und reizvolle Stimmungsmalerei versteht. Exotische Effekte in Melodie, Rhythmus und Klang kommen am intensivsten in der hawaiischen Festszene des ersten Finales zur Geltung. Von den vielen einprägsamen Melodien, die das Stück tragen, seien mit Vorrang ein paar lustige genannt: die Foxtrotts *Ich hab ein Diwanpüppchen ... genau wie du* und *My little boy* sowie der Marsch *Wo es Mädels gibt, Kameraden.* Nicht minder klar geprägt, aber bisweilen durch weichliche Züge getrübt sind die lyrischen Lieder *Du traumschöne Perle der Südsee* (Hawaiian Waltz), *Blume von Hawaii, ich liebe dich fürs Leben* (Slowfox) und *Ein Paradies am Meeresstrand.*

RUDOLF KATTNIGG

* 9. April 1895 in Oberdorf bei Treffen (Kärnten)
† 2. September 1955 in Klagenfurt

Kattnigg lehrte an Musikakademien in Wien und Innsbruck, war Dirigent der Sinfoniker und an der Oper in Wien. Außer Filmmusiken schrieb er eine Oper und die Operetten *Kaiserin Katharina, Prinz von Thule* (1936), *Balkanliebe* (1937), *Mädels vom Rhein* (1938) und *Bel ami* (1948).

Balkanliebe
(Die Gräfin von Durazzo)

Operette in 4 Bildern. Text von Erik Kahr und Bruno Hardt-Warden. Uraufführung am 22. Dezember 1937 im Zentraltheater, Leipzig.

Personen: Marko Franjopan, verbannter Fürst von Illyrien (Ten.) – Graf Jorgowan Schenoa und Baron Niko Bakschitsch (Buffo), Gutsherren – Branko Juranitsch, Bandenführer – Zlata, seine Tochter (Sängerin) – Gorin, Korsarenführer – Daniela von Durazzo, Duchesse von Dardanien – Alfonso Boccini-Montrealt, Präfekt von Venedig – Altgraf Bobby aus Wien (Kom.) – Floßhilde, seine Gattin, geb. Fürstin von Clochowetz aus Przihan – Lotte, eine Wiener Vorstadt-Chansonette (Soubr.) – Ein Kellner. Ein Kammerdiener. Ein Hoteldirektor – Korsaren und Korsarinnen. Hotelpersonal. Ball- und Hotelgäste. Gondolieri. Lakaien. Sportgirls.

Ort und Zeit: Im illyrischen Karst, in Venedig und in Tirol. Dreißiger Jahre des 20. Jahrhunderts.

1. bis 4. Bild. Unruhe herrscht in Illyrien, seit sich die Gräfin von Durazzo der Herrschaft bemächtigt hat und der rechtmäßige Fürst, Marko Franjopan, in der Verbannung leben muß. Eine revolutionäre Gruppe will Markos Rechte mit Gewalt erkämpfen. Auch Gorin, der Korsar, hat sich mit seinen Leuten der Bewegung angeschlossen. Über all diese Männer hat Zlata, die Tochter des Bandenführers Branko, große Gewalt. Bald wird Marko, mit dem sie verlobt ist, das Zeichen zum Losschlagen geben. Auch unter den Gutsherren des Landes hat der Verbannte ergebene Freunde: so den Grafen Schenoa und den lustigen »Sternguckerbaron« Niko. Die Hoffnung der Aufständischen auf die Rückkehr ihres Fürsten erfüllt sich eher, als man gedacht: überraschend erscheint er schon heute hier in ihrem Lager. Beglückt schließt er Zlata wieder in seine Arme und erneuert seinen Schwur treuer Liebe. Ist er aber nicht zu früh heimgekehrt – droht nicht Verrat? Graf Schenoa jedenfalls berichtet, daß eine Liste mit den Namen der Verschworenen in die Hände der Gräfin von Durazzo gefallen sei, die sich gerade auf einer Fahrt nach Venedig befinde. Nun beschließt Marko, um das verräterische Doku-

ment wiederzugewinnen, gleichfalls nach Venedig zu reisen
– auf neutralem Boden will er seiner Feindin persönlich gegenübertreten. Dem Grafen Schenoa gefällt dieser Plan
Markos besonders, denn er erhofft sich das künftige Glück
des Vaterlandes nicht von einer kriegerischen Auseinandersetzung, sondern von einer ehelichen Verbindung des Fürsten mit der Gräfin. Nach Markos Abreise beredet er daher
Zlata, den Geliebten freizugeben. Zlata scheint wirklich zu
diesem Opfer bereit, plant aber bald etwas ganz anderes:
Mit Hilfe der Korsaren will sie Schenoas Plan durchkreuzen.
– In Venedig erwartet Marko in Begleitung Schenoas und
Nikos die Ankunft der Gräfin. Von seinen politischen Zielen
ahnt man am Lido nichts: er tritt als eleganter Sportsmann
auf. Niko aber umschwärmt die hübsche Wiener Chansonette Lotte, die sich in Gesellschaft des komischen Altgra-
fen Bobby hier aufhält. Eine beunruhigende Zeitungsnach-
richt stört die friedlichen Plauderstunden: Die Jacht der
Gräfin von Durazzo, so liest man, sei unterwegs überfallen
worden, doch habe sich die Gräfin in Sicherheit bringen
können. Marko ahnt nicht, daß Zlata mit den Korsaren das
Attentat verübt hat, die Gräfin gefangennahm und nun
selbst auf dem Weg nach Venedig ist, um verkleidet als
»Gräfin von Durazzo« vor ihm zu erscheinen. Der Plan
glückt: schon betritt sie in Begleitung des gleichfalls un-
kenntlich maskierten Korsarenführers das Hotel. Nur den
Fürsten Montrealt, der die echte Gräfin seit langem kennt,
kann sie nicht täuschen, doch/läßt er sich durch Drohungen
einschüchtern. Marko aber hat sich auf den ersten Blick in
die Gräfin verliebt. Voll schmerzlicher Erbitterung muß sich
Zlata schon beim ersten Gespräch mit ihm die – seiner Feindin geltenden – Liebesbeteuerungen des Treulosen anhören.
– Nun sinnt sie auf Rache; durch sein Benehmen fühlt sie ja
nicht nur sich selbst, sondern auch die Sache des Vaterlandes verraten. Bald nähert sich ihr Marko mit neuen zärtlichen Bekenntnissen seiner Neigung. Als er sie aber entzückt
an sich ziehen und küssen will, tritt ihm plötzlich der Korsar
entgegen und mahnt ihn zur Rückkehr nach Illyrien, wo
nun der Kampf begonnen habe. Als Marko zögert, gibt sich

Zlata mit höhnischen Worten zu erkennen, sagt sich trotzig von ihm los und mahnt ihn an seine Pflicht. Wortlos folgt er schließlich dem Korsaren, während sie ihre schmerzliche Erregung im Taumel des Fests zu ersticken sucht. – Der Kampf in Illyrien hat mit Markos Sieg geendet. Mit Genugtuung vernimmt Zlata, die in Begleitung Lottes nach Tirol gefahren ist, die Nachricht von seinem Triumph, doch kann sie sich nicht entschließen, seine Briefe zu beantworten. Lotte macht sich Sorgen wegen der Hotelrechnung – denn den beiden Damen fehlt es entschieden an Geld. Zum Glück aber treffen hilfreiche Bekannte ein: Niko und Bobby, beide von Sehnsucht nach Lotte hierhergeführt. Aussichten, von ihr erhört zu werden, hat freilich nur Niko. Doch Niko ist jetzt nicht nur in eigener Sache nach Tirol gekommen, sondern als Begleiter Markos, der Zlata heimholen und versöhnen will. Sie weigert sich jedoch, ihn zu sehen, bis Lotte ihr weismacht, er sei im Begriffe, wieder abzureisen. Jetzt siegt die Liebe über ihren Stolz und Trotz.

Das recht wirksame Libretto mit seinen musikalisch ergiebigen Kontrasten von südslawischen und italienischen Stimmungselementen fand in Kattnigg einen Komponisten, der alle sich bietenden Anlässe zu packender Situationsschilderung, farbiger Milieuzeichnung und einprägsamer Charakteristik der Gestalten des Spiels geschickt wahrzunehmen verstand. Die Operette verdient als Arbeit eines geschmackvollen Musikers von gediegenem Können ebenso Beachtung wie als Werk eines einfallsreichen Melodikers, der im Lyrischen allerdings den Einfluß Lehárs manchmal nicht zu verleugnen vermag. Musikalisch-dramatischer Höhepunkt ist das zu mächtiger Ensemblewirkung gesteigerte Finale des 3. Bilds. Als besonders wirkungsvolle Stücke seien noch genannt: Markos empfindsames Lied *Heimat, mit der Seele grüß ich dich!*, Zlatas Brieflied *Hast du mich schon ganz vergessen?*, die hübsche Barkarole *Leise erklingen die Glocken vom Campanile*, das Duett *Einmal leuchtet die Sonne*, der Walzer *Das macht nur jener gewisse und zärtliche Zauber einer Frau* und das Foxtrott-Duett *Liebe Lotte, kleine Lotte.*

Nico Dostal

* 27. November 1895 in Korneuburg (Niederösterreich)
† 27. Oktober 1981 in Salzburg

Nachfahren österreichischer Militärkapellmeister – man denke an Lehár und Fall – bringen anscheinend bisweilen eine besondere Begabung für die Operette mit auf die Welt. Auch Nicolaus Dostal, dreizehn Donaukilometer oberhalb Wiens geboren, war ein Neffe und Enkel von k. u. k. Militärkapellmeistern. Aber erst mit 38 Jahren schrieb er seine erste Operette. Auf Wunsch seines Vaters hatte er nach dem Besuch des Gymnasiums in Linz juristische Studien an der Wiener Universität gemacht, dann folgten gründliche Ausbildungsjahre an der Akademie für Kirchenmusik in Klosterneuburg und erste Erfolge als Kirchenmusiker. Doch blieb er der Musica sacra nicht treu. Seine Wanderjahre führten ihn vielmehr als Theaterkapellmeister u. a. nach Innsbruck, Salzburg und 1924 nach Berlin: Hier kam er in intensive Berührung mit der Unterhaltungsmusik, zunächst als Arrangeur und Kapellmeister, bald aber auch als Komponist. Über Tanzschlager und Tonfilmmusiken fand er den Weg zur Operette, und sein Erstling *Clivia* (1933) brachte ihm gleich die volle Anerkennung des Publikums. Nun folgten Jahr für Jahr neue Stücke: 1934 *Die Vielgeliebte*, 1935 *Prinzessin Nofretete*, 1936 *Extrablätter*, 1937 *Monika*, 1939 *Die ungarische Hochzeit*, 1940 *Die Flucht ins Glück*, 1941 *Eva im Abendkleid* und *Die große Tänzerin*, 1942 *Manina*. Zu seinen späteren Werken zählen die Operetten *Der Kurier der Königin* (1950), *Zirkusblut* (1951), *Doktor Eisenbart* (1952), *Rhapsodie der Liebe* (1963) sowie das Kammermusical *So macht man Karriere* (1961).

Clivia

Operette in 3 Akten. Text von Charles Amberg. Uraufführung am 23. Dezember 1933 im Theater am Nollendorfplatz, Berlin.

Personen: E. W. Potterton, ein Finanzmann aus Chicago – Clivia Gray, eine Filmschauspielerin (Sängerin) – Juan (Ten.) – Yola, seine Base (Soubr.) – Lelio Down, Reporter der Chicago Times (Buffo) – Caudillo, Besitzer einer Estancia – Diaz, Hauptmann – Valdivio, Kriminalinspektor – Drei Herren im Domino – Gustav Kasulke – Herren und Damen. Girls. Gauchos. Offiziere. Ordonnanzen. Soldaten. Bediente.

Ort und Zeit: In und um Boliguay, einer imaginären südamerikanischen Republik. Dreißiger Jahre des 20. Jahrhunderts.

1. bis 3. Akt. Der gerissene amerikanische Geschäftsmann Potterton hat eine Filmgesellschaft gegründet und befindet sich mit der Schauspielertruppe auf dem Weg nach Boliguay, wo ein Film mit der Hauptdarstellerin Clivia Gray gedreht werden soll. In Wirklichkeit geht es dem Geldmann aber gar nicht um den Film, er hofft nur, auf diese unverdächtige Weise in Boliguay festen Fuß fassen zu können. Er hat dem Land große Kredite gewährt und einer seinen Absichten freundlich gesinnten Regierung in den Sattel verholfen, dieses Regime aber ist jetzt von einer nationalen Gruppe unter der Führung des Generals Olivero gestürzt worden, und Potterton sieht daher seine Absichten mit Recht schwer gefährdet. Seine Tarnung hinter einer Filmgesellschaft fruchtet nichts, die Einreise wird an der Grenze verweigert. Da weiß Caudillo, der Besitzer einer Estancia, Rat: Wenn Clivia Gray einen Boliguayer heiraten würde, bekäme sie die Staatsangehörigkeit des fremden Landes, und mit ihr könnte dann auch die Filmtruppe einreisen. Die Verwirklichung dieses Plans gelingt auch. In dem boliguayischen Gaucho Juan findet sich überraschend schnell der geeignete Ehepartner, denn dieser gut aussehende junge Mann findet an Clivia ebenso großes Gefallen wie sie an ihm. Er wundert sich zwar, daß sie ihn, einen Wildfremden, sogleich heiraten will, und hat kein Verständnis für ihre Art, die Liebe als ein bloßes Spiel aufzufas-

sen, findet sich aber zu der alsbald vollzogenen Trauung bereit. Niemand ahnt, daß dieser »Gaucho« kein anderer als der neue Regierungschef Olivero ist. Nach der Einreise in Boliguay veranstaltet Potterton einen Festabend, den er zu Verhandlungen mit Gegnern der neuen Machthaber benutzt. Die Regierung Olivero soll gestürzt werden. Doch diese Absicht mißlingt, weil Juan-Olivero und seine aufmerksamen Helfer das abgekartete Spiel rechtzeitig durchschauen und die beabsichtigte Revolte zu verhindern wissen. Nun erfahren die staunenden Fremden, wer der vermeintliche Gaucho war. Potterton und Clivia werden inhaftiert. Juan muß Clivia für eine Mitwisserin der hochverräterischen Pläne halten und wendet sich jetzt von ihr ab, obwohl er sie liebt. Er glaubt nicht an die Echtheit ihrer Gefühle für ihn, doch Clivia ist nicht nur schuldlos in Pottertons politische Machenschaften verstrickt worden, sie hat auch in den wenigen Stunden ihres Zusammenseins mit Juan den Wert echter Liebe erkannt und will ihr bisher so leeres, verspieltes Leben ändern. Potterton gibt seine Sache noch nicht verloren, Clivia ist ja schließlich Oliveros Frau! Aber Juan zerreißt den Ehevertrag. Dennoch ist er tieftraurig gestimmt: gegen die Verschwörung hat er sich zwar siegreich behauptet, aber was bedeutet ihm das Leben ohne Clivia! Ehe es zur Gerichtsverhandlung kommt, entschließt er sich, die Amerikaner fliehen zu lassen. Potterton nutzt diese Gelegenheit auch eiligst, aber Clivia verzichtet auf die ihr gebotene Chance – ihre Liebe ist stärker als ihre Furcht. Glücklich schließt sie Juan aufs neue als Gattin in seine Arme.

Der starke Erfolg, den Dostal mit dieser seiner ersten Operette erntete, hatte gute Gründe: war es ihm doch gelungen, ein farbiges, abwechslungsreiches Bühnenwerk zu schaffen, das die besondere Eigenart seiner Begabung und den Rang seines Könnens sogleich deutlich erkennen ließ. Seine sicher beherrschte Kunst wirkungsvoller dramatischer Gestaltung, aparter Harmonisierung, dankbarer Führung der Singstimmen und reizvoller Klangprägung erscheint so beachtlich wie seine glückliche Gabe, einprägsame Melodien zu finden und die rhythmischen Reize klassischer und zeitgenössischer Tanzformen für effektvolle Einfälle zu nutzen. Besonders bezeichnend für seine Musik ist auch hier schon der sentimentreiche Tonfall lyrischer Liedweisen. Dem südamerikanischen Milieu der Handlung entsprechend sorgte er auch für Stimmungsechtheit des musikalischen Kolorits und verwendete zum Beispiel bevorzugt Tanzrhythmen wie Bolero, Paso doble und Tango. Neben den eindrucksvoll entwickelten Schlußszenen des 1. und 2. Aufzugs fesseln, als charakteristische Einzelnummern, vor allem die Duette *Mit dir möcht' ich durchs Leben wandern*, *Daß ich mein armes Herz an dich verlor*, *Wunderbar, wie nie ein Wunder war* und *Sie sind mir so sympathisch*, der Paso doble *Man spricht heut nur von Clivia* und Clivias Lied *Ich bin verliebt*.

Monika

Operette in 3 Akten. Text von Hermann Hermecke. Uraufführung am 3. Oktober 1937 in Stuttgart.

PERSONEN: Alexander Gundelach, Landrat a. D. – Clementine, geb. v. Wuhlow, seine Frau – Horst-Dietrich, beider Sohn (Ten.) – Kommerzienrat Marquardt – Ottilie, seine Frau – Vera, beider Tochter (Sängerin) – Ralf Kröger, Maler und Bildhauer – Peter Geislinger (zehnjährig), der Erbe des Geislingerhofes – Rosel, Mariele und Monika (Sängerin), seine älteren Schwestern – Michael Geislinger, deren Onkel – Anton Gruber, Dorfschullehrer (Buffo) – Der Sonnenwirt – Jakob Gäbele, Bauer – Johann Lemke, Lohndiener bei Gundelach – Bauern und Bäuerinnen. Burschen und Mädchen. Kinder und Musikanten. Damen und Herren einer städtischen Gesellschaft. Bedienstete.

ORT UND ZEIT: Im Schwarzwald und in einer norddeutschen Stadt. Dreißiger Jahre des 20. Jahrhunderts.

1. bis 3. Akt. Mariele, eines der drei Mädle vom Geislingerhof im Glottertal, hält Hochzeit. Welche von ihnen wird nun nach ihr Braut werden? Rosel liebt den Lehrer Gruber, Monika den norddeutschen Medizinstudenten Horst-Dietrich Gundelach, der manchmal von Freiburg aus das Dorf besucht

– aber da sind Hindernisse: der Lehrer liebt Monika mehr
als die ihm zugetane Rosel, und außerdem muß eine von
den Schwestern wohl den Sonnenwirt zum Mann nehmen,
denn ihm ist man wegen eines Kredits für Marieles Aussteuer sehr verpflichtet; natürlich mögen sie beide den ältlichen, protzigen Wirt nicht. Unerwartet kommt Horst-Dietrich zu Besuch und berichtet Monika, daß er soeben sein
Examen bestanden habe und sich jetzt in seiner Heimatstadt
als Arzt niederlassen wolle. Da heißt es wohl für immer Abschied nehmen – aber in dieser Stunde merken die jungen
Leute erst, wie gut sie einander sind, und schon ist der Entschluß gefaßt, daß Monika sogleich mit Horst-Dietrich in
dessen Heimat reisen solle. Gesagt, getan. Nicht ohne
Grund fürchtet der verliebte »Entführer« freilich, daß seine
Eltern von der mitgebrachten bäuerlichen Braut nicht eben
entzückt sein werden. So kommt es denn auch. Die Mama
macht zwar gute Miene zu dieser Überraschung, hofft aber
doch, ihr Sohn werde sich noch für die ihm von ihr zugedachte Frau, die Kommerzienratstochter Vera Marquardt,
entscheiden. Vera freilich denkt nicht daran, sich solchen
Absichten zu fügen, liebt sie doch den Bildhauer Ralf Kröger. Rasch verständigt sie sich mit Horst-Dietrich, daß sie
beide einander nicht nehmen wollen. Bei einer Abendgesellschaft im Hause Gundelach, die mit der geplanten Verlobung enden soll, erscheinen plötzlich, als höchst ungebetene
Gäste, einige Abgesandte aus dem Glottertal – der Lehrer,
der Sonnenwirt und der alte Onkel der Monika –, um die
Ausreißerin zur Rückkehr zu bewegen. Horst-Dietrich be-
wältigt diese heikle Situation recht gewandt, beschwichtigt
die ergrimmten Schwarzwälder und bekennt sich tapfer zu
seiner Braut Monika, als man seine Verlobung mit Vera be-
kanntgeben will – doch da erhebt der Sonnenwirt Einspruch,
und Monika schweigt verschüchtert. In der Verwirrung der
Stunde versteht man einander plötzlich nicht mehr, schließlich fährt Monika mit ihren Leuten wirklich wieder zurück
in die Heimat. – Zeit vergeht. Monika kann das bittere Erlebnis nicht verwinden und glaubt, Horst-Dietrich habe sie
aufgegeben, weil sie keinerlei Nachricht von ihm erhält. Sie

weiß ja nicht, daß der alte Onkel alle seine Briefe hat zurück-
gehen lassen, um ihr das Vergessen zu erleichtern. Nun wird
sie also doch den immer dringlicher werbenden Sonnenwirt
heiraten müssen. Doch der hilfsbereite Lehrer hielt durch
heimliche Korrespondenz die Verbindung mit Horst-Dietrich
aufrecht und unterrichtete ihn nicht vergeblich über Monikas
schwierige Lage. So erscheint der verloren geglaubte Bräutigam gerade noch zur rechten Zeit: er hat die Praxis des alten
Dorfarztes übernommen und kann Monika heimführen.
Dem trotz seinem Zipperlein so heiratslustigen Sonnenwirt
aber verordnet er Bettruhe.

Dem ansprechenden, Lustiges und Sentimentales wirksam
kontrastierenden Stoff, der wie Jessels *Schwarzwaldmädel* in
die anheimelnde Sphäre eines alemannischen Dorfes führt,
entspricht die volkstümliche, ja weithin volkstonnahe und
singspielhaft gemütvolle Musik Dostals in bester Weise. In
wirksamen Gegensatz zur ländlichen Welt stellte er musikalisch die städtische Gesellschaftssphäre des Mittelakts, die im
ersten Ensemble der Gäste in hübscher parodistischer Weise
gekennzeichnet ist. Die empfindsame Lyrik des Werks erreicht ihren Höhepunkt in dem damals berühmt gewordenen
Lied *Heimatland, Heimatland, dein gedenk ich immerdar.* Charakteristische Einfälle sind auch die Duette *Einmal rechtsrum,
einmal linksrum, Ein Walzer zu zweien* und *Wenn eine Frau wie
ich*, das (an Lehár anknüpfende) Liebeslied Horsts *Dein bin
ich immerdar* und das Terzett *Mädle, guck nit so dumm.*

Die ungarische Hochzeit

Operette in einem Vorspiel und 3 Akten. Text von Hermann
Hermecke nach der Novelle *Szelistye, das Dorf ohne Männer*
von Kálmán Mikszáth. Uraufführung am 4. Februar 1939 im
Württembergischen Staatstheater, Stuttgart.

PERSONEN: Kaiserin Maria Theresia – Baron v. Linggen, Kammerherr – Graf Stefan Bárdossy, Obergespan von Hermannstadt (Ten.)
– Desider, Edler von Pötök, sein Onkel (Kom.) – Anton v. Halmay,

Freund des Grafen Stefan – Josef v. Kismárty, Stuhlrichter von Po-
pláka (Kom.) – Frusina, seine Gemahlin (Alt) – Janka, beider
Tochter (Sängerin) – Der Schloßhauptmann von Preßburg – Ritt-
meister Baron von Kießling, Kurier der Kaiserin – Leutnant v.
Werth, sein Begleiter – Arpád Erdödy, Kammerdiener des Grafen
Stefan (Buffo) – Der Protokollschreiber – Der Küster von Popláka
– Die Schenkwirtin – Michael, Großknecht; Anna, Magd; Tibor,
Knecht: im Dienst des Stuhlrichters – Etelka, ein Bauernmädchen
(Soubr.) – János, Zigeunergeiger – Ungarische Magnaten mit ihren
Frauen. Offiziere. Damen und Herren einer Hofgesellschaft. La-
kaien. Bauernmädchen. Dorfbevölkerung. Kolonisten. Soldaten.

Ort und Zeit: Ungarn (Hermannstadt, Popláka und Preßburg),
um 1750.

Vorspiel. Vorzimmer im Schloß des Grafen Stefan in Hermannstadt. Der Kammerdiener Arpád ist eifrig besorgt, seinen Herrn bei einem der »galanten Soupers«, die dieser
Frauenfreund liebt, vor Störungen zu schützen. Eben
kommt aber ein unabweisbarer Kurier der Kaiserin mit einem dringenden Auftrag an den Grafen: er soll sogleich in
dem Dorf Popláka nach dem Rechten sehen. Denn die dort
neu angekommenen Kolonisten, denen außer Ackerland
auch schöne junge Mädchen als Ehefrauen in Aussicht gestellt worden waren, haben sich beschwert, daß ihnen der
Stuhlrichter Kismárty bisher nur alte häßliche Wesen zum
Heiraten angeboten habe. Schon gibt Stefan Befehl zum
Aufbruch nach Popláka, da fällt ihm ein, daß ja im Zimmer
nebenan eine verliebte Dame auf ihn wartet. Darum beauftragt er jetzt seinen Diener Arpád, an seiner Stelle zu reisen
und ihn zu vertreten. Onkel Desider und Baron v. Halmay
sollen ihn begleiten. Arpád freut sich, auf diese Weise einmal als Herr auftreten zu können.

1. Akt. Park vor dem Haus des Stuhlrichters in Popláka.
Die drohende Inspektion beunruhigt Herrn v. Kismárty sehr,
denn nun wird es wohl herauskommen, daß er den Kolonisten die Witwen, die es hier seit dem letzten Kriege gibt, als
Frauen aufdrängen wollte. Aber Frusina, seine Frau, weiß
Rat: sie hat für heute die schönsten Mädchen der Gegend
herbestellt; sie sollen zum Schein als Eheanwärterinnen auf-

treten. Den Grafen selbst aber hofft sie für ihre schöne Tochter Janka zu interessieren, diese will aber von dem weit und breit als Don Juan verrufenen Herrn nichts wissen. Mit Eljén-Rufen begrüßt, trifft nun »Seine gräfliche Gnaden, der Herr Obergespan« ein – Arpád spielt seine Herrenrolle mit Geschick –, und alsbald beginnt die schwierige Verhandlung mit dem Stuhlrichter und den Kolonisten, zu deren Sprecher sich, zu Arpáds und Desiders Überraschung und Entsetzen – der echte Graf Stefan macht. Er ist heimlich vor den anderen hier angekommen und gibt sich nun in Bauernkleidern als Kolonist aus, um die Wahrheit über die Vorgänge in Popláka zu ergründen. Verwundert sehen die aufbegehrenden Männer jetzt auf einmal lauter *hübsche* Mädchen zur Brautwahl antreten. Auch Janka hat sich ihnen angeschlossen. So finden sich bald die rechten Paare. Janka wählt sich Stefan, den vermeintlichen Kolonisten, als Partner. Arpád aber verspricht sich ein nettes Abenteuer mit dem Bauernmädchen Etelka, das sich sehr geschmeichelt fühlt, die Neigung des »Grafen« zu erwecken.

2. Akt. Platz vor der Dorfkirche in Popláka. Frau Frusina v. Kismárty macht sich Sorgen wegen der bevorstehenden Hochzeiten und versucht den Mädchen einzureden, daß alle Ehen heute nur zum Schein geschlossen würden. Wie schrecklich wäre es, wenn ihre Janka dem armen Kolonisten angetraut würde! Aber Stefan ist in echter Leidenschaft für das Mädchen entbrannt und möchte Janka wirklich zu seiner Frau machen. Sie erwidert seine Zuneigung und gesteht ihm daher, wer sie in Wahrheit ist: als adeliges Mädchen dürfe sie nicht die Seine werden. Onkel Desider gerät in große Aufregung, als er hört, daß Stefan das Bauernmädel heiraten will. Ratsuchend wendet er sich an Frusina, klärt sie auf und bekommt nun natürlich von der über diese Nachricht hocherfreuten Frau die Zusicherung, daß Graf Stefan ganz gewiß keine Bauerntochter ehelichen werde. Jetzt erfährt auch Janka von ihrer Mutter die Wahrheit: empört über Stefans Unaufrichtigkeit beschließt sie, ihm nicht zum Altar zu folgen. Etelka aber hofft, Gräfin zu werden; Arpád hat sich ja entschlossen, sie zu heiraten. Schon ziehen die Paare zur Kir-

che. Nach der Hochzeitszeremonie gibt es jedoch große Enttäuschungen: als Stefan seine Braut bittet, den Schleier zu lüften, sieht er nicht Janka, sondern deren Magd Anna vor sich. Dem zornig Aufbrausenden aber gibt Janka zu verstehen, daß sie ihm den Betrug nicht verzeihen könne und sich für eine Liebelei zu schade sei. Die kleine Etelka aber muß nun erfahren, daß sie nicht Gräfin, sondern die Frau eines Kammerdieners geworden ist.

3. Akt. Prunksaal im Schloß zu Preßburg. Alle schuldig und schuldlos von den merkwürdigen Ereignissen in Popláka Betroffenen sind heute hier versammelt. Die Kaiserin selbst will bei einem Hofball alles so klug und gut wie nur möglich wieder ins reine bringen. Stefan hofft, Maria Theresia werde seine unfreiwillig eingegangene Ehe mit der Magd Anna lösen. Sie sagt ihm aber, daß das nur geschehen könne, wenn eine andere Frau bereit sei, ihn zu nehmen. Und jetzt folgt Janka dem Drang ihres Herzens, erbittet Verzeihung für ihn und schenkt dem Beglückten aufs neue ihre Liebe. Die bedenklichen Machenschaften in Popláka aber finden keine Gnade vor den Augen der Kaiserin: Sie erklärt alle damals geschlossenen Ehen für ungültig, nur Etelka muß ihren Arpád behalten. Dem leichtfertigen Stuhlrichter erteilt sie eine ernstliche Verwarnung.

Die originelle Handlung mit ihren Reizen ungarischer Menschen- und Umweltzeichnung hat Dostal zu ebenso stimmungskräftiger wie temperamentvoller Musik inspiriert. Der große, andauernde Erfolg des farbenprächtigen, durch dramatische Lebendigkeit, rassige Rhythmen und charakteristische Melodien fesselnden Werks ist wohl zu verstehen. In der empfindsamen Lyrik spürt man Dostals Verehrung für die Art des Altmeisters Lehár. Zu den bekanntgewordenen Melodien der Operette zählen die Sololieder *Spiel mir das Lied von Glück und Treu, Heimat, deine Lieder* und *Märchentraum der Liebe*, die Duette *Frag nur dein Herz, was Liebe ist* und *Du bist meines Lebens Seligkeit* (Langsamer Walzer), das lustige Tanzduo *Kleine Etelka, sag doch bitte ja* und der Csárdás *Ungarmädel lieben, daß Atem dir vergeht.*

Manina

Operette in 4 Bildern. Text von Hans Adler und Alexander Lix. Uraufführung am 28. November 1942 im Admiralspalast, Berlin. Erstaufführung der Zweitfassung am 27. November 1960 im Opernhaus der Städtischen Bühnen, Nürnberg.

PERSONEN: Gräfin Amelie Wenderott-Peutingen – Deren Nichten: Hella v. Liechtenau (Sängerin), Carla, Gusti, Franzi, Nelli und Valli – Mario Zantis (Ten.) – Ronni – Obersthofmarschall – Fiametta – Ferdinand, Diener bei der Gräfin – Bebscho, Gärtner bei Mario – Der Wirt – Drei Minister – Ein Offizier – Fischer. Bauern. Leibgardisten. Polizisten und andere männliche und weibliche Einwohner der Stadt Catatea. Dienerschaft der Gräfin.

ORT UND ZEIT: Wien und Catatea, zwischen 1900 und 1910.

1. Bild. Salon im Palais der Gräfin Amelie. Hella v. Liechtenau hat auf einem Ball den Herrscher eines kleinen südlichen Reiches, König Jalomir, kennengelernt, und ihre energische, zielbewußte Tante, Gräfin Amelie, wußte diese Begegnung gleich zur Verlobung zu steigern. Heute sind die Brautwerber eingetroffen, um Hella zur Hochzeit nach Catatea abzuholen. Ihre Cousinen, mit Ausnahme Carlas, beneiden sie sehr, Hella selbst aber ist nachdenklich-traurig gestimmt – sie träumt in ihrer Lebens- und Liebessehnsucht von einem anderen, unbekannten Glück. Das einzige, was sie mit dem Land, in das sie nun gehen wird, verbindet, sind die Dichtungen des dort lebenden Dichters Mario Zantis.
2. Bild. Wohnraum im Hause Mario Zantis' in Catatea. Vom Volk verehrt und geliebt, vom König und den Hofkreisen nur geduldet, lebt der Dichter in völliger Zurückgezogenheit. Sein Freund Ronni, der als Offizier die Brautwerberfahrt mitgemacht und sich dabei in Carla v. Liechtenau verliebt hat, erzählt ihm, daß König Jalomir merkwürdigerweise zum offiziellen Empfang seiner Braut nicht erschienen sei. Niemand weiß, wo er sich aufhält. Durch die Chansonette Fiametta, die auf einen Sprung bei Mario vorbeikommt, erfährt man aber bald den Grund: sie ist seit einiger Zeit Jalomirs Geliebte und hat ihn aus Eifersucht in dem Lustschlößchen, wo

er sich mit ihr zu treffen pflegt, einfach eingesperrt. Mario findet das so amüsant, daß er sofort ein Spottlied auf den königlichen Casanova dichtet. Fiametta will es noch heute abend im Kabarett singen. Jetzt erscheint eine andere Besucherin bei dem Dichter: Hella! Sie gibt sich ihm nicht als die künftige Königin zu erkennen, sondern nennt sich »Manina«. Er ist entzückt von ihrer Kenntnis seiner Werke, noch mehr aber von ihrer Schönheit. Bald ist es beiden, als seien sie seit langem füreinander bestimmt, und als Mario ihr vom Leben und vom heutigen Abenteuer des Königs erzählt, gibt sie sich ganz diesem großen Liebesgefühl hin und verbringt die Nacht bei ihm. Am Morgen entflieht sie. Ihre Flucht bleibt jedoch nicht das einzige Unheil, das den Dichter heute trifft. Wegen des Spottlieds auf den König wird er verbannt.

3. Bild. Stadtplatz in Catatea. Zwei Jahre sind vergangen. König Jalomir hat abgedankt. Hella wird nach diesen glücklosen Ehejahren allein als Königin herrschen. Für Mario ist die Stunde der Rückkehr gekommen, doch muß er sich noch verborgen halten. Ronni, der sich inzwischen mit Carla verheiratet hat, rät ihm zu einem Gnadengesuch. Trotz vieler Erlebnisse in der weiten Welt hat er die Liebesnacht mit Hella-Manina nicht vergessen; bald hofft er, die Geliebte wieder in seine Arme zu schließen. Während des romantischen Mamamutschi-Volksfestes erscheint er, Amnestie erbittend, vor der Königin. Betroffen erkennt er in ihr seine »Manina«. Da sie jedoch tut, als kenne sie ihn nicht, weist er die Gnade, in der Heimat bleiben zu dürfen, zurück.

4. Bild. Gartenterrasse vor Marios Haus. Der enttäuschte Mario will wieder abreisen. Als ihm Ronni mitteilt, die Königin wolle ihn sprechen, weigert er sich trotzig, zu ihr zu gehen. Doch schon kommt Hella selbst zu ihm, bekennt, wie unrecht sie getan habe, ihn damals zu verlassen, und versichert ihn aufs neue ihrer Liebe. Dennoch bleibt er unversöhnlich und zweifelnd. Erst als sie ihm sagt, sie wolle als Königin abdanken, um ganz dem geliebten Manne anzugehören, erkennt er beglückt, wie wahr und tief sie ihn liebt.

Dostal hat hier eine reizvolle Gesangs- und Tanzoperette geschaffen, die durch schwingende Melodik, rhythmische Frische, Farbigkeit der Klangbilder, aparte Tönungen der Harmonik und viel anmutig-heitere Beweglichkeit besonders anziehend wirkt. In den Liedern und Chören, in den Tänzen und Orchesterzwischenspielen, in den eindrucksvollen dramatischen Steigerungen, in stimmungsstarken Melodramen und in der kräftigen Betonung des südlichen Kolorits des Stoffes (Barkarole, Tarantella) spürt man die sicher formende Hand des bühnenkundigen, phantasiebegabten Musikers. Als einprägsame Einfälle seien genannt: die Lieder Marios *So schön wie du* und *Ich such in jeder Frau Manina*, die bei der ersten Begegnung zwischen Hella und Mario aufklingenden Melodien *Ich kenn dich nicht, ich hab dich nie gesehn* und *Niemand weiß, warum auf einmal süß und heiß*, das Walzerlied Hellas *Ich habe nur an dich gedacht* und die lustigen Duette (Carla / Ronni) *Offenbar kommt es doch nur auf eins bei der Sache an* und *O Carla, Carlina, Carlutscha*.

Fred Raymond

* 20. April 1900 in Wien
† 10. Januar 1954 in Überlingen am Bodensee

Fred Raymond (Pseudonym für Friedrich Vesely) steht mit einer Reihe seiner durch schlagkräftige Melodien, farbigen Klang und wirksame Textbücher fesselnden Operetten noch immer in der Gunst des Publikums. Ehe er sich der Bühne zuwandte, konnte er sich mit verschiedenen, rasch populär werdenden Tanzliedern einen Namen machen. Unter diesen waren wohl die bekanntesten *Ich hab mein Herz in Heidelberg verloren*, *In einer kleinen Konditorei* und *In Mainz am schönen Rhein*, schließlich auch *Es geht alles vorüber, es geht alles vorbei*. Von seinen Operetten seien hier besonders *Lauf ins Glück* (1934), *Ball der Nationen* (1935), *Auf großer Fahrt*

(1936), *Marielu* (1936), *Maske in Blau* (1937), *Saison in Salzburg* (1938), *Die Perle von Tokaj* (1941), *Flieder aus Wien* (1949) und *Geliebte Manuela* (1951) hervorgehoben.

Maske in Blau

Große Operette in 6 Bildern. Text von Heinz Hentschke. Liedertexte von Günther Schwenn. Uraufführung am 27. September 1937 im Metropol-Theater, Berlin.

PERSONEN: Marchese Cavalotti – Armando Cellini (Ten.), Franz Kilian, Josef Fraunhofer, genannt Seppl (Buffo) und Juliska Varady (Soubr.), Kunstmaler – Evelyne Valera, Plantagenbesitzerin (Sängerin) – Gonzala, ihr Majordomus (Char.-Kom.) – Pedro del Vegas – José, ein Gaucho – Der Wirt einer Taberna in Viedma – Empfangschef des »Grand Hotel« in San Remo – Zeitungsverkäufer. Postreiter. Maler. Diener. Gauchos. Hotelgäste. Damen und Herren der Gesellschaft. Frauen und Mädchen auf der Hazienda.

ORT UND ZEIT: San Remo und Argentinien. Dreißiger Jahre des 20. Jahrhunderts.

1. Bild. Platz vor dem »Grand Hotel« in San Remo. Der Maler Armando Cellini ist durch sein Bild »Maske in Blau« über Nacht berühmt geworden. Mit ihm freuen sich seine Freunde über den Erfolg: Kilian, Seppl Fraunhofer und die temperamentvolle Ungarin Juliska, Seppls Freundin. Noch mehr als sein junger Ruhm aber erregt den Künstler die Hoffnung auf ein Wiedersehen mit dem Modell seines Bildes: Vor einem Jahr hat Armando die Frau, die er nicht vergessen kann, auf einem Ball als »Maske in Blau« kennengelernt. Sie hat ihm ihr Gesicht in jener Nacht, da er sie malte, nicht gezeigt, ihm aber versprochen, übers Jahr wieder nach San Remo zu kommen. Ein Erkennungszeichen wird sie bei sich führen: den Ring, den er ihr damals verehrte. Unter den Fremden, die heute eingetroffen sind, ist auch eine argentinische Plantagenbesitzerin, Evelyne Valera. Ihr Majordomus und Reisebegleiter Gonzala kommt mit Kilian ins Gespräch, der ihm von Armandos Erfolg und auch von der

Liebe des Künstlers zum Urbild seines Gemäldes erzählt. Voll Freude hört Evelyne diese Nachricht – sie selbst war ja die »Maske in Blau«. Wird sie in Armando den Mann finden, den sie als Lebensgefährten ersehnt? Bald fügt es sich, daß sie ihm vorgestellt wird. Man vereinbart einen Besuch in seinem Atelier.

2. Bild. Im Atelier Armandos. Erregt hofft Armando auf Evelynes angekündigten Besuch. Statt der Erwarteten findet sich jedoch zunächst ein Fremder ein: Pedro del Vegas. Er möchte dem Maler das preisgekrönte Bild abkaufen. Als ihm Armando diese Bitte abschlägt, ersucht ihn Pedro, das Bild einer ihm nahestehenden Dame zu malen, die er ihm morgen beim Fest des Marchese Cavalotti vorstellen werde. Wenige Augenblicke nach diesem Besuch steht Evelyne vor Armando. Als er ihr sagt, wie sehr sie ihn an das Modell seiner »Maske in Blau« erinnere, gibt sie sich ihm zu erkennen. Beglückt gestehen sie einander ihre Liebe.

3. Bild. Im Palazzo Cavalotti. Bei dem Fest, das der Marchese Cavalotti zu Ehren seines Schützlings Armando veranstaltet, erzählt Gonzala dem Maler Kilian von den Bemühungen Pedros del Vegas um die Gunst Evelynes: Dieser dunkle Ehrenmann, dem es zweifellos vor allem um ihr Geld zu tun sei, mache sich ernste Hoffnungen, zumal sich Evelyne in der Einsamkeit ihrer Hazienda in Argentinien seine Gesellschaft gefallen ließ und seine Werbungen nicht deutlich genug zurückwies; ein solcher Mensch sei wohl zu allem fähig, wenn man seine Absichten störe! Wirklich wird nun eine gemeine Intrige Pedros den Liebenden zum Verhängnis. Er sagt Armando, daß *er* Evelyne heiraten werde, und gibt ihm den Ring, den ihr Armando vor einem Jahr schenkte, zurück, zum Zeichen, daß das »kleine Abenteuer« von San Remo nun beendet sei. Armando glaubt sich verraten. Daß Pedro den Ring aus Evelynes Handtasche entwendet hat, kann er ja nicht wissen. Auf der Suche nach der verlorenen Tasche begegnet Evelyne dem Intriganten, und als sie seine heftige Werbung ablehnt, versucht er ihr den Geliebten zu entfremden, indem er ihn als unzuverlässigen Künstler hinstellt. Inzwischen haben Gonzala und Kilian, die nichts von diesen

Vorgängen ahnen, beschlossen, vor dem zu befürchtenden Dazwischentreten Pedros eine Entscheidung für Armando und Evelyne herbeizuführen. Auf dem Höhepunkt des Fests geben sie den Gästen die Verlobung der beiden bekannt. Aber Armando lehnt jetzt die Verbindung mit Evelyne schroff ab.

4. Bild. Auf der Hazienda Evelynes am Rio Grande. Evelyne ist enttäuscht in die Heimat zurückgekehrt. Wie gerne möchte sie Gonzala glauben, daß Armando nur durch ein Mißverständnis zu seinem kränkenden Benehmen an jenem Abend veranlaßt wurde. Pedro, der sich in der Hoffnung, das Erlebnis in Europa würde Evelyne zu seinen Gunsten stimmen, aufs neue einfindet, wird sehr kühl und abweisend empfangen. Auf dem Heimweg gelingt es ihm, ein an Gonzala gerichtetes Telegramm abzufangen, dem er entnimmt, daß Armando, Kilian, Seppl und Juliska soeben in der nahe gelegenen Gouvernementshauptstadt Viedma angekommen sind. Durch einen Gaucho, der Pedro beobachtete, erfährt Gonzala von dem ihm unterschlagenen Telegramm. Er hatte es längst erwartet, ahnt seinen Inhalt und macht sich sogleich nach Viedma auf.

5. Bild. Vor einer Taberna in Viedma. In Erwartung einer Antwort auf sein Telegramm sitzt Armando mit seinen Freunden beim Wein. Vom Wirt der Taberna hören sie, daß Pedro wohl bald mit Evelyne Hochzeit halten werde; auch erfahren sie die Meinung der Leute über diesen verschuldeten, wenig angesehenen Mann. Doch Pedro hat auch Freunde: Ein Gaucho ergreift seine Partei, und plötzlich kommt es zu bedrohlichem Streit. Juliska bewahrt zwar ihren Seppl vor dem Schlimmsten, aber erst nach Armandos Eingreifen dürfen sich die Freunde wieder sicher fühlen. Armando macht sich jetzt beunruhigt allein auf, um die Hazienda möglichst rasch zu erreichen.

6. Bild. Wieder auf der Hazienda. Am nächsten Morgen. Armando und Evelyne haben sich ausgesprochen und wiedergefunden. Jetzt kommt auch Gonzala mit den Freunden an, sehr besorgt, daß Armando etwas zugestoßen sein könnte. Noch wissen sie nicht, daß er längst hier ist und un-

terwegs mit Pedro gründlich abgerechnet hat. Evelyne befreit die Getreuen von ihrer Sorge und ruft Armando aus dem Haus. Bald wird es nun Doppelhochzeit geben – denn auch Seppl Fraunhofer will seine Juliska heiraten.

Der starke, auch in Verfilmungen sich erneuernde Dauererfolg der *Maske in Blau*, die als revuehaft bunte Bilderfolge aus den populären »Traumländern« Italien und Argentinien von kräftiger Bühnenwirkung ist, gründet sich musikalisch auf Melodien, die sich als Schlager einprägen, auf das flotte, zügige Tempo des Ganzen, auf den Reichtum an wirksamen lustigen Tanzstücken und auf die farbige, rhythmisch und harmonisch reizvolle Charakterisierung der exotischen Atmosphäre. Im einzelnen gibt Raymond sein Bestes in kecken Tanzliedern wie *Ja, das Temprament, Die Juliska, die Juliska aus Buda-, Budapest, Im Gegenteil, ich bin ja für die Ehe* und *Was nicht ist, kann noch werden*, im rein instrumentalen *Walzer in Blau* (Ballett) oder im *Maxixe* des 3. Aktes. Unter den lyrischen Gesangsstücken steht die an Tschaikowsky erinnernde, als Leitmotiv verwendete Moll-Weise *Wenn hell in unserm Land die Sterne glühn* an Ausdrucksqualität über den gleichfalls bekanntgewordenen Liedern *Frühling in San Remo* (Evelyne) und *Schau einer schönen Frau nie zu tief in die Augen* (Armando).

Saison in Salzburg

(Salzburger Nockerln)

Operette in 5 Bildern. Text von Max Wallner und Kurt Feltz. Uraufführung am 31. Dezember 1938 in den Städtischen Theatern, Kiel.

Personen: Alois Oberfellner, der Wirt »Zum Salzburger Nockerl« – Stephanie, genannt Steffi, seine Nichte (Sängerin) – Vroni Staudinger, Mehlspeisköchin im Hotel »Mirabell« (Soubr.) – Toni Haberl, Besitzer des Gasthofs »Zum blauen Enzian« (Buffo) – Christian Dahlmann, Chef einer Pneu-Fabrik – Erika, seine Tochter – Olga Rex, Besitzerin der Rex-Autowerke – Frank, ihr Neffe (Ten.) –

Friedrich Wilhelm Knopp, sein Chefmonteur – Max Liebling, Parfümeriefabrikant aus Mödling – Stasi, Kellnerin im »Salzburger Nockerl« – Ein Bergführer – Ein Fremdenführer – Ein Auktionator – Der Direktor des Hotels »Mirabell« – Kellner. Hotelgäste. Einheimische. Burschen und Mädel. Ein Zitherspieler. Ein Barmixer. Chor und Ballett.

Ort und Zeit: Salzburg und Umgebung. Dreißiger Jahre des 20. Jahrhunderts.

1. Bild. Auf der Terrasse des Hotels »Mirabell«. Der sommerliche Fremdenbetrieb hat begonnen. Toni Haberl, der Wirt »Zum blauen Enzian«, sitzt als Gast im »Mirabell«, denn er muß dringend mit der Mehlspeisköchin Vroni reden. Morgen will er die Bergwirtschaft »Zum Salzburger Nockerl« ersteigern, die durch den bisherigen Wirt Alois Oberfellner ganz heruntergekommen ist. Darum sagt er jetzt der Vroni, daß er sie heiraten will, denn er braucht eine tüchtige Hausfrau und Köchin. Auf seinen Rat führt sie einen Krach mit dem Hoteldirektor herbei, so daß sie sofort entlassen und für ihn frei wird. Unter den Gästen des Hotels befindet sich auch Max Liebling, der seit langem vergeblich um Erika, die Tochter des Reifenfabrikanten Dahlmann, wirbt. Doch Erika hat es sich in den Kopf gesetzt, den Rennfahrer Frank Rex zu heiraten. Der aber will von ihr nichts wissen und findet Mittel und Wege, ihr zu entgehen. Viel besser gefällt ihm die reizende Steffi Oberfellner, deren Bekanntschaft er zufällig macht: Sie kommt gerade aus Wien, wo sie in Stellung war, will jetzt hier in der Wirtschaft ihres Onkels zu arbeiten anfangen und hat nun erfahren müssen, daß das »Salzburger Nockerl« morgen unter den Hammer kommt. Teilnehmend hört Frank, der sich als »Franz Rieger« vorstellt, ihre Erzählung und verläßt gleich darauf mit seinem Monteur, dem ulkigen Berliner Wilhelm Knopp, das Hotel.

2. Bild. In der Wirtsstube des Gasthofs »Zum Salzburger Nockerl«. Toni kommt in der Absicht her, die Wirtschaft zu erwerben. Als aber der Auktionator mit der Versteigerung beginnt, taucht einer auf, der ihn überbietet: Wilhelm Knopp, der – natürlich in Franks Auftrag – als Käufer auftritt. Traurig

muß Toni mit seiner Vroni abziehen. Steffi wird von Knopp sogleich als Wirtschafterin engagiert und »Franz Rieger« – auf ihre Bitte – als Hausbursche. Denn sie ist dem vermeintlichen Franz Rieger schon sehr zugetan und ahnt nichts von der Komödie, die da gespielt wird.

3. Bild. Platz vor den sich gegenüberliegenden Gasthöfen »Zum Salzburger Nockerl« und »Zum blauen Enzian«. Toni hat zum Schaden jetzt auch noch den Spott der Burschen über sein Pech zu ertragen. Als er aber Steffi im »Salzburger Nockerl« wirtschaften sieht, will er sie dem neuen Wirt abspenstig machen, denn er weiß, wie tüchtig sie ist; ja, trotz Vroni hält er sogar gleich um ihre Hand an. Sie sagt ihm jedoch, daß sie den »Franz« gern habe. Die Vroni wiederum hofft auf ihre Art der Konkurrenz da drüben Herr zu werden, indem sie die Gäste mit Koketterie anlockt. Ihr erstes Opfer wird Max Liebling. Toni aber kommt mit Vroni wegen ihres Benehmens so in Streit, daß sie ihm aufkündigt und sich im »Nockerl« engagieren läßt. Inzwischen hat Erika Franks Aufenthalt ausfindig gemacht. Entsetzt sieht er sie im »Enzian« erscheinen. Er fühlt sich so glücklich in seiner Liebe zu Steffi, doch leider wird diese jetzt von Herrn Dahlmann aufgeklärt, wer sich hinter dem »Franz« verbirgt. Auch sagt er ihr, daß er in Frank den Verlobten seiner Tochter Erika sehe. Enttäuscht verläßt sie nun ihren Posten und folgt dem Toni als Köchin in den »Enzian«. Kein Wunder, daß durch die Erregung aller Beteiligten bald ein heilloser Wirrwarr entsteht: Frank sieht sich plötzlich wider Willen wirklich mit Erika verlobt, Toni wird wegen Vroni eifersüchtig auf Max Liebling und verlangt von diesem, er müsse Vroni heiraten, während er selbst sich mit Steffi verlobt.

4. Bild. Kleiner Marmorsaal im Hotel »Mirabell«. Ernüchtert muß Erika erkennen, daß sie durch die Verlobung mit Frank zwar ihre Absicht durchgesetzt hat, daß sie aber nie das Herz dieses Mannes gewinnen wird. Auch Steffi und Toni sind natürlich kein glückliches Paar. Toni kann sich zwar mit seiner alten Liebe Vroni aussprechen – wie sich aber alles zum Besseren wenden soll, wissen sie nicht. Frank dagegen bemüht sich vergeblich, Steffi zu versöhnen. Inzwischen

ist Franks Tante, Olga Rex, eingetroffen und erfährt von
Knopp alles, was sich zugetragen.

5. Bild. In Maria Plain. Ein Festtag führt alle zur Höhe des
Wallfahrtsortes Maria Plain, wo Toni einen Bier- und Wein-
ausschank eröffnet hat und Vroni Lebkuchenherzen feil-
bietet. Heute soll endlich alles ins reine kommen: zunächst
verständigen sich Steffi und Vroni, und bald umarmt der
glückliche Toni wieder seine alte Braut, die jetzt auch das
berühmte Nockerlrezept Steffis mit in die Ehe bringen wird!
Tante Olga hat sich vorgenommen, ihren Neffen wieder von
Erika zu lösen. Bald gelingt es der lebensklugen Frau auch,
Steffi mit Frank auszusöhnen und – mit Hilfe ihres einstigen
Verehrers Dahlmann – Erika mit Max Liebling zu vereinen.
Beim Polsterltanz sehen die beiden alten Herrschaften voll
Freude endlich die rechten Paare beisammen und entschlie-
ßen sich nun auch selbst noch zum Heiraten.

Die Stimmung einer Fremdensaison im Salzburgischen war
schon einmal – im *Weißen Rößl* – mit Erfolg »operettisiert«
worden. Hier nun hat Fred Raymond, unterstützt von geschickten Librettisten, mit Glück versucht, dieser Atmosphäre neue Wirkungen abzugewinnen, und das Ergebnis
ist, wie dort, ein lustiges, von Sentimentalität erfreulich
freies Stück in Singspielform. Dem Komponisten, der ja ein
gebürtiger Wiener war, bot der Stoff die Möglichkeit einer
starken Hinwendung zur rhythmischen und melodischen
Tradition der österreichischen Operette. So beherrschen
weithin Walzer und Ländler das tänzereiche, von temperamentvoller Lebensfreude erfüllte Werk. Die melodischen
Einfälle wiegen zwar nicht schwer, sind aber immer gefällig
und einprägsam. Als charakteristische Stücke seien hervorgehoben: Steffis stimmungsvolles Lied *Mein Herz war auf
Reisen*, der Ländler *Wenn der Toni mit der Vroni*, der Foxtrott *Der Großpapa von Großmama*, der Slowfox *Und die
Musik spielt dazu*, das Duett *Reich mir die Hand* (English-
Walz), der lustige *Enzian-Marsch* und die Melodie des Duetts *Warum denn nur, warum denn nur?*, die im *Enzian-Bal-
lett* als Slowfox, Polka und Walzer variiert aufklingt.

Geliebte Manuela

Operette in 5 Bildern. Text von Just Scheu und Ernst Nebhut. Uraufführung am 12. Juli 1951 im Nationaltheater, Mannheim.

PERSONEN: Rugiero Nomi, Präsident – Manuela, seine Tochter (Sängerin) – Sepio, Polizeiminister (Kom.) – Chiquita (Soubr.) – Parlo Duarte, Polizeioberst (Ten.) – Juan – Bobby Bibifax, Bildreporter (Buffo) – Alvaro, Pini, Bolo, Räuber – Majo, Barwirt – Zwei Wahlredner. Gäste. Räuber. Volk. Polizisten. Tänzerinnen und Tänzer. Diener.

ORT UND ZEIT: Ein Staat in Ibero-Amerika, um 1950.

1. Bild. *Fest beim Präsidenten.* Zur Geburtstagsfeier seiner Tochter Manuela hat Präsident Nomi eine glänzende Gesellschaft geladen. Peinliche Störung bringt ein Brief, der, um einen Stein gewickelt, durch ein Fenster hereingeflogen kommt und den Besuch der Räuberbande »Die schwarze Orchidee« ankündigt. Nomi macht seinem ängstlichen Polizeiminister Sepio Vorwürfe, daß er bisher nichts gegen die Bande und ihren Anführer Juan ausgerichtet habe, seit einem Jahr schon treiben die Kerle ihr Wesen. Eigentümlich ist es, daß sie stets nur Reiche ausplündern und dann ihre Beute an die Armen im Land verteilen. Sepio verspricht, mit Hilfe des Obersten Parlo Duarte etwas Entscheidendes zu unternehmen. Schon erscheint Duarte selbst, um Manuela seine Glückwünsche zu sagen, und sie nimmt nicht nur die Gratulation, sondern auch seine innige Liebeserklärung mit der Herzlichkeit wahrer Zuneigung auf. Unter den Gästen befindet sich der Bildreporter Bobby, der hier die Bekanntschaft der rassigen Tänzerin Chiquita macht. Ihr Interesse gilt aber zunächst mehr dem Polizeiminister, von dem sie eine Aufhebung des Verbots ihres *Tanzes der sieben Röcke* erhofft und auch erreicht. Nun beginnt sie auch sogleich, diesen Tanz vorzuführen. Da erlischt plötzlich das Licht im Saal. Mit Maschinenpistolen bewaffnete Räuber dringen ein – in ihrer Mitte Juan mit einer Gesichtsmaske, in silbergrauem Mantel. Während der Bandenchef stumm bleibt, fordert der Räuber Alvaro die Gäste zur

Ablieferung ihres Schmucks und ihrer Brieftaschen auf. Nur
Bobby bleibt in diesen aufregenden Minuten geistesgegen-
wärtig und fotografiert Juan. Jäh, wie sie gekommen, verschwinden die Banditen wieder mit ihrem Raubgut. Bestürzt
verlassen die Gäste das Haus; Oberst Parlo schwört, innerhalb von drei Tagen die Räuber zu fassen. Manuela aber,
die während des Überfalls nicht im Saal war, bespöttelt
sein Pech, daß es ihm nicht gelungen sei, Juans habhaft zu
werden.

2. Bild. *Das Haus an der Grenze.* Hier im Urwald hausen
die Räuber auf einer kleinen Farm. Sie wissen, daß ihr Chef
eine Frau ist, und Alvaro, der sich in sie verliebt hat, möchte
gerne das Geheimnis ihrer privaten Existenz von ihr erfahren. Als sie sich weigert, reißt er ihr für einen Augenblick
die Maske ab und erkennt – Manuela! Die Auseinandersetzung zwischen den beiden wird unterbrochen, da das Horch-
gerät der Räuber das Nahen eines Fremden anzeigt. So findet Bobby, der sich hierher verirrt hat, nur den Räuber Pini
vor, der ihm einen harmlosen Farmarbeiter vorspielt. Im
Gespräch mit ihm erfährt aber der Reporter, daß sich hinter
»Juan« eine Frau verbirgt. Später kommt auch der Polizeiminister mit Chiquita hierher, denn alle nehmen tätig oder
neugierig an der großen Polizeiaktion gegen die Bande
Juans teil. Aber weder Bobby noch Sepio noch Chiquita
schöpfen, so nahe dem Ziel, Verdacht, und auch Parlo rich-
tet wieder nichts aus, da ihn Manuela geschickt von seiner
polizeilichen Aufgabe abzulenken versteht. Hat er heute
aber auch »Juan« nicht gefunden, so darf er nun Manuela,
die dem Zauber der Stunde erliegt, liebeglühend in seinen
Armen halten.

3. Bild. *Die Palmas-Bar.* Hier sind alle an den Ereignissen
Beteiligten wieder beisammen, um Chiquitas Tanzkunst zu
bewundern. Nur den Präsidenten Nomi drücken wieder
schwere Sorgen; denn die Präsidenten-Neuwahl steht bevor,
und als sein Gegenkandidat ist – Juan aufgestellt worden,
der die Sympathien der ärmeren Klassen besitzt. Parlo verspricht, er werde Juan noch in dieser Nacht fassen. Als er
durch Alvaros Verrat erfährt, daß ein Überfall auf die Gäste

der Palmas-Bar geplant sei, trifft er unverzüglich alle Maß-
nahmen, um eine Flucht der Räuber zu verhindern. Wieder
kommt es zu einem Handstreich der Räuber. Diesmal aber
glückt es Parlo, den geheimnisvollen Bandenchef zu greifen.
Bestürzt erkennt er Manuela und läßt sie, da er sich zu ihrer
Verhaftung nicht entschließen kann, entfliehen.

4. Bild. *Ein Wahltag.* Das Volk, das sich erregt vor dem Präsi-
denten-Palais sammelt, hört sich zwei Wahlredner an, die für
ihre Kandidaten werben. Der findige Bobby begegnet hier
Manuela und erkennt nun in ihr – dank dem Foto, das er während des Überfalls beim Präsidenten von Juan gemacht – an
einem Schönheitsfleckchen den gesuchten Räuberhauptmann. Manuela ist jetzt willens, ihrem Vater ihr Geheimnis
anzuvertrauen. Doch Parlo will das verhindern und läßt sie
daher festnehmen.

5. Bild. *Juan in Ketten.* Vor dem Präsidenten sucht Parlo die
Gefangennahme Manuelas zu rechtfertigen: er habe sie vor
einer gewaltsamen Entführung bewahren wollen. Zugleich
kündigt er ihm an, Juan werde sich binnen kurzem selber stellen. Dann bittet er Bobby, sich vor dem Präsidenten als der
gesuchte Banditenführer auszugeben und sich selbst anzuzei-
gen. Doch Bobbys Selbstanklage findet keinen Glauben, da
auch Chiquita, um Bobbys Schicksal besorgt, behauptet, Juan
zu sein, und schließlich sogar noch der von Bobby einge-
weihte Polizeiminister als angeblicher Anführer der »Schwarzen Orchidee« auftritt, um dem Präsidenten die Wahrheit
über Manuela zu ersparen. Inzwischen ist die Wahl zu Ende
gegangen, aus der »Juan« als Sieger hervorging. Aus dem Gefängnis befreit, kommt nun Manuela selbst zu ihrem Vater,
bekennt ihr Tun und sagt ihm, sie habe ja als Räuberin nur
das Gute getan, das er stets geplant habe, aber wegen seiner
schlechten Berater bisher nicht habe ausführen können. Die
Stimmen, die Juan-Manuela bei der Wahl erhalten hat, überläßt sie natürlich ihrem Papa, so daß dieser von neuem Präsident wird. Sie selbst aber will nun Parlos Gattin werden.

Die theatralisch wirksame, mit einer Prise politischer Satire
gewürzte Handlung gab dem um flotte, einfach-schlagkräf-

tige Einfälle nie verlegenen Komponisten dankbare Anlässe
zur Entfaltung seines wendigen Talents im treffsicheren
Charakterisieren von Figuren und Situationen, in exotisie-
render Stimmungsmalerei, im effektvollen Auswerten dramatischer Spannungen und Steigerungen und – nicht zuletzt
– im Erfinden lustiger Tanzstücke. Besonders geglückt sind
die Szenen, in deren Mittelpunkt Chiquita steht, so außer
dem *Tanz der sieben Röcke* die Duette *Im schönsten Augenblick kommt immer was dazwischen* und *Ich lieb dich mor-
gens* sowie das Terzett *In Texas und in Mexiko.* Hübsch auch
das Marschlied *Mit Pulver und Pistolen* und Manuelas Walzerlied *Laß die Frau, die du liebst, nie allein.* Die traditionelle Liebeslyrik des Salons ist mit Stücken wie *Heut ist eine
Nacht, die uns allein gehört* (Tango) und *Weißen Flieder
schenkt man sich* vertreten.

LUDWIG SCHMIDSEDER

* 24. August 1904 in Passau
† 21. Juni 1971 in München

Der Komponist des *Abschiedswalzers* ist seit 1937 mit Operetten hervorgetreten. Als Sohn eines österreichischen
Großkaufmanns sollte Schmidseder nach Absolvierung der
Realschule Bankbeamter werden, studierte aber am Münch-
ner Konservatorium Musik und ging 1926 nach Brasilien,
nutzte dort seine von früher Jugend an entwickelten piani-
stischen Fertigkeiten und lernte als Leiter eines Trios auf
ausgedehnten Reisen die ganze Welt kennen. 1930 kehrte er
nach Deutschland zurück, betätigte sich einige Zeit als Bar-
Pianist in Berlin, hatte aber bald als Liederkomponist so
starke Erfolge, daß er sich seit 1935 ausschließlich dem eigenen Schaffen widmen konnte. So entstanden im Laufe der
Jahre über 450 Einzellieder (*Habanera, Gitarren spielt auf,
Sag mir, Darling, Ich hab mich so an dich gewöhnt, Ich hab*

die schönen Maderln net erfunden u. a.); auch schrieb er zu
45 Tonfilmen die Musik. Als Operettenkomponist begann er
in Leipzig mit *Heimkehr nach Mittenwald*. 1939 folgte *Melodie der Nacht* (Berlin, Metropol-Theater) und im gleichen
Jahr als zweites großes Erfolgswerk *Die oder keine* – eine
Operette, die in Berlin, Hamburg und Dresden in zwei
Spieljahren mehr als 1000 Aufführungen erlebte. 1940
brachte Schmidseder in Berlin *Frauen im Metropol*, 1942 in
Linz seine *Linzer Torte*. Später eroberte er sich das Wiener
Publikum mit *Walzerkönigin* (1946), *Arm wie eine Kirchen-
maus* (1948) und *Abschiedswalzer* (1949). In Salzburg erschien 1947 *Glück in Monte Carlo*, in Linz 1951 *Mädel aus
der Wachau.*

Abschiedswalzer

Operette in 2 Akten (4 Bildern). Text von Hubert Marischka
und Rudolf Österreicher. Uraufführung am 8. September
1949 in Wien.

Personen: Georg Ferdinand Waldmüller – Anita Waldmüller, Sän-
gerin am Kärntnertortheater (Sängerin) – Ilonka v. Szómary –
Thussy v. Szómary (Soubr.) – Tibor v. Szómary (Kom.) – Ferry
Kornegg, Legationssekretär (Ten.-Buffo) – Ladislaus (Laczi) Korn-
egg, Gutsverwalter, sein Vetter (Buffo) – Onkel Arpad – Tante Sari
– Deren Töchter: Ilka, Vilma, Emmi, Erczi, Juliska und Magda –
Der Pfarrer – Horváth, Gutsverwalter – Kathi, Haushälterin bei
Waldmüller – Marinka, Magd – Wotruba, Polizist – Zigeuner. Guts-
gesinde. Ortsbewohner. Musiker.

Ort und Zeit: Ungarn und Wien, Mitte des 19. Jahrhunderts.

1. Akt. 1. Bild. Hof des schloßartigen Gehöftes Szómary am
Plattensee. Die energische Frau Ilonka hat es dahin gebracht,
daß sich Ferry Kornegg mit ihrer Thussy verlobt hat. Heute
bereitet sie alles für das Hochzeitsfest vor. Schon tauchen die
geladenen Verwandten auf, unter ihnen Onkel Tibor, und
bald erscheint auch der Bräutigam. Nach dem Begrüßungs-
trubel stellt allerdings Tibor unter vier Augen eine recht peinliche Frage an Ferry: wie er sich das vorstelle, Thussy zu hei-

raten, da er doch anscheinend an eine andere gebunden sei?
Bei einem Besuch im Atelier des Professors Waldmüller in
Wien hat Tibor nämlich ein Bild Ferrys gesehen mit der
Widmung »Meiner geliebten Anita in ewiger Treue«! Ferry
muß eingestehen, daß er seit drei Jahren mit der Sängerin
Anita, der Tochter des berühmten Malers Waldmüller, verlobt sei, doch habe er sich mit ihr zerstritten – und nun sei
es eben unversehens zu seiner Verlobung mit Thussy gekommen. An Anita habe er übrigens schon einen aufklären-
den Brief geschrieben. Während er das alles dem Onkel
klarzumachen sucht, bringt man ihm ein Schreiben aus
Wien: Anitas Antwort. Bestürzt liest er, daß sie seinen Brief
verrückt fand und sogleich selbst hierher nach Ungarn kommen wolle, um »seinen Geisteszustand zu untersuchen«. Um
diesen Besuch zu verhindern, will Ferry schleunigst nach
Wien fahren. Eine dienstliche Angelegenheit muß vor
Ilonka und Thussy als Vorwand für seine jähe Abreise dienen. Nur mit Mühe läßt sich Thussy abhalten mitzureisen.
Nun – Ferrys Vetter Laczi wird sie schon trösten; er ist ja ohnehin, weit mehr als Ferry selbst, in sie verliebt. – 2. Bild.
Wohnhalle, zugleich Atelier des Malers Ferdinand Waldmüller in Wien. Am Abend des gleichen Tags bereitet Anita
ihre Abreise zu Ferry vor. Sie hat heute Geburtstag, und da
ist es schon merkwürdig, daß die Menschen, die sie liebhat,
nicht bei ihr sind – auch von ihrem Vater, der seit ein paar
Monaten in Italien weilt, ist keine Nachricht gekommen.
Aber da kommt der Papa auf einmal wider Erwarten schon
von der Reise zurück, bepackt mit vielen Geschenken für
die geliebte Tochter. Daß er sie wohl bald verlieren muß,
wenn sie den Ferry heiratet, ist ihm ein bitterer Gedanke –
dennoch hat er schon ein Bild zu ihrer Hochzeit gemalt, die
später berühmt gewordene »Hochzeit in Petersdorf«. Zu seiner und Anitas Überraschung kommt nun plötzlich, so spät
am Abend, Ferry zu Besuch. An der Art, wie ihn Anita aufnimmt, merkt der Schwerenöter, daß sie seinen aufklären-
den Abschiedsbrief gar nicht erhalten hat. In blindem Eifer
hatte er den Brief an eine andere Adresse geschickt und in
den für Anita bestimmten Umschlag ein für sie unverständ-

liches Schreiben gesteckt. Wer aber doch etwas von seinem Heiratsplan weiß, ist Vater Waldmüller, der in Rom zufällig eine Einladung zu Thussys Hochzeit in die Hände bekam. Um die Ehre seiner Tochter besorgt, macht er Ferry schwere Vorwürfe. Bald entdeckt auch Anita die auf dem Tisch liegende Hochzeitseinladung – aber rasch bemeistert sie ihre schmerzliche Erregung und schlägt Ferry vor, ein Glas Champagner zum Abschied zu trinken. Arglos glaubt Ferry, sie gebe ihn wirklich frei. Als er jedoch das Haus verlassen will, findet er alle Türen versperrt; Waldmüller und Anita denken nicht daran, ihm zu öffnen. So leicht lassen sie ihn nicht ziehen. So muß Ferry die Nacht hier eingeschlossen verbringen und kann nicht nach Szómary zurückfahren.

2. Akt. 3. Bild. Wieder in Szómary. Ohne Bräutigam haben die Gäste den Polterabend fröhlich verbracht. Nun, am Morgen, wundert sich Frau Ilonka doch sehr über Ferrys Ausbleiben. Thussy, gleichfalls etwas verstört, sucht Trost bei Laczi. Endlich kommt ein Wagen aus Wien, aber zu aller Staunen entsteigt ihm Professor Waldmüller. Mit seiner Erklärung, daß aus der Hochzeit Thussys mit Ferry nichts werden könne, macht er Frau Ilonka freilich sehr böse. Schließlich versteigt sie sich zu dem Vorschlag, Anita mit Geld abzufinden, und verlangt von Waldmüller, er solle im Namen seiner Tochter schriftlich auf Ferry verzichten. Natürlich diktiert der empörte Waldmüller nun dem Vetter Laczi eine völlig gegenteilige Erklärung – da sieht er, wie sich Laczi darüber freut, und erfährt, daß sich Laczi und Thussy gernhaben. Sie würden am liebsten miteinander durchbrennen, aber sie haben ja kein Geld. Jetzt diktiert Waldmüller zum Schein doch eine Verzichterklärung im Sinne Ilonkas, läßt sich 1000 Gulden »Abfindung« aushändigen und gibt sie den zwei Verliebten, die auch gleich auf und davon fahren. – 4. Bild. Wieder in Waldmüllers Wohnung. Bei seiner Rückkehr aus Szómary findet Waldmüller den verdrossenen Ferry immer noch eingesperrt. Spöttisch gibt er ihm lächerliche Ratschläge, wie er sich selbst aus seiner Haft befreien könnte. Schließlich öffnet ihm aber Anita die Tür – doch nun will Ferry gar nicht mehr fortgehen! In der einsam ver-

brachten Nacht ist's ihm klargeworden, daß er doch zu Anita gehört. Als er ihr eben reuig seine Sinneswandlung erklärt, begehrt ein Polizist Einlaß. Er forscht nach der Herkunft der 1000-Gulden-Note, die man bei Laczi und Thussy gefunden hat: denn Frau Ilonka hat die beiden Flüchtigen suchen lassen, und bei der Verhaftung haben sie erklärt, die verdächtige Banknote stamme von Waldmüller. So erfahren nun Ferry und Anita, was sich inzwischen auf Szómary zugetragen hat. Anita ist glücklich, als sie hört, daß Ferry wieder frei ist, ein bisserl will sie ihn aber noch zappeln lassen. Doch jetzt sperrt Vater Waldmüller das Paar ein: »Ihr kommt nicht eher fort von hier, bis euer Bund besiegelt!« ruft er, und seine Taktik hat Erfolg.

Verwandlung. Als lebendes Bild sieht man Waldmüllers Gemälde »Hochzeit in Petersdorf« mit Anita und Ferry als Brautleuten. Schließlich kommen auch die Leutchen aus Szómary hinzu, und alles endet in Fröhlichkeit. Durch den Polizisten läßt Waldmüller Frau Ilonka den »erschlichenen« 1000-Gulden-Schein zurückgeben.

Der lebhafte Erfolg dieses amüsanten Wiener Biedermeierstücks beruht gleicherweise auf der Wirksamkeit des Textbuchs wie auf der Qualität der charmanten Musik. Schmidseder hat sein Werk mit vielen hübschen melodischen Gedanken ausgestattet, die er, ohne auf moderne Rhythmen und Farben zu verzichten, in einer immer geschmackvollen und einfach-klaren Weise reizvoll zur Geltung zu bringen wußte. Sein Musizieren hat durch naturhafte Frische, liebenswürdigen Humor und Grazie etwas Bezwingendes. Ein paar besonders anziehende Nummern: der leicht chopineske einleitende Walzer zum 2. Bild, Waldmüllers Lied *Der Herrgott, der hat das sehr weise gemacht*, der Abschiedswalzer *Tanz mit mir einen Walzer* und die Foxtrotts *Ich bin halt stolz auf meine Tochter* und *Manchmal kommt es über einen.* Von eigenem Reiz ist die effektvolle Kontrastierung des Ungarischen und des Wienerischen im Wechsel der vier Bilder.

* 18. August 1905 in Aachen
† 28. Juni 1981 in Salzburg

Der durch viele einprägsame Lieder, die als »Schlager« die Runde machten, sehr bekannt gewordene Komponist studierte zuerst an der Münchener Akademie der Tonkunst, dann in Hamburg, wurde 1928 musikalischer Leiter der Reinhardtbühnen in Berlin, wirkte dann in München – u. a. 1930 bis 1933 am Schauspielhaus – und ging nach dem Zweiten Weltkrieg in die USA und nach Argentinien. 1951 ließ er sich wieder in München nieder. Kreuder hat über 150 Filmmusiken komponiert und drei Operetten geschrieben, trat aber auch mit einer Oper nach Nestroy, *Der Zerrissene* (Stockholm 1940), hervor. Größte Schlagererfolge waren *Sag beim Abschied leise Servus*, *Im Leben geht alles vorüber* und *Schön war die Zeit*, das zum Titel seiner ersten Autobiographie (1955) wurde. Einen zweiten biographischen Bericht veröffentlichte Kreuder unter dem Titel *Nur Puppen haben keine Tränen* 1971.

Madame Scandaleuse

Musikalische Komödie in 3 Akten. Text von Ernst Nebhut nach einem Bühnenwerk (*Aber – Hélène!*, 1941) von Josef Maria Frank. Uraufführung am 3. September 1958 im Raimund-Theater, Wien.

PERSONEN: Hélène – Gaby, ihre Tochter – Pierre Lalou, ein Bohémien – Marcel de la Grange, Staatssekretär – André, sein Sohn, Gabys Verlobter – Sir Horace Sargent, Attaché der englischen Botschaft – Generalissimo Rodriguez, Kriegsminister einer mittelamerikanischen Republik – Lopez, Polizeiminister dieses Landes – Don Federico, ein Agent – Chinita – Jean, ein Diener.

ORT UND ZEIT: 1. und 3. Akt im Empfangssalon der Villa Hélènes an der Riviera, 2. Akt im »Salon Paraiso« in einer mittelamerikanischen Haupt- und Hafenstadt. Einige Jahre vor 1914.

1. bis 3. Akt. Als reiche und reizvoll attraktive, obgleich
nicht mehr junge Dame lebt Hélène in ihrer Villa an der
Riviera. Liebesanträgen des französischen Staatssekretärs
Marcel de la Grange und des englischen Botschaftsattachés
Sir Horace Sargent weiß sie sich mit Charme zu entziehen.
Wichtiger ist ihr die Verbindung ihrer Tochter Gaby mit
Marcels Sohn, dem etwas konventionell-prüden André. Ihre
eigene Neigung, jedoch kein Wunsch nach ehelicher Bindung gilt dem Kunstmaler Pierre Lalou: mit ihm war sie vor
langer Zeit in Paris liiert und sehr glücklich. In ihrem bewegten Leben gab es aber auch eine Ehe – mit einem Mann,
dem sie nach Mittelamerika folgte. Dieser Zeit entstammt
nicht ihre Gaby, wohl aber der ihr als Erbe zugefallene
Reichtum, der sich auf die sagenhafte Ergiebigkeit von Silberminen zu gründen scheint. Übrigens behagt Hélène das
Leben in Europa gar nicht mehr, sie will möglichst bald nach
Amerika zurückkehren. – Drüben, in der mittelamerikanischen Hafenstadt, in der sie zu leben gewohnt ist, stellt sich
bald heraus, daß nicht »Silberminen« die Quelle ihres Ein-
kommens sind, sondern das ertragreiche zweifelhafte Etablissement »El Paraiso«. Hier erscheinen (2. Akt) auch die
Herren de la Grange und Sargent wieder, diesmal in han-
delsdiplomatischer Mission für ihre Länder. Dabei lernen sie
staunend die bedenklichen Verhandlungspraktiken des
Agenten Federico und des Generalissimo Rodriguez kennen. Die aufregendste Überraschung aber wird jetzt für sie
wie für Gaby, André und Lalou, die gleichfalls hierherge-
reist sind, die Entdeckung, daß Hélène als »Madame Roja«
die Chefin dieses anrüchigen Lokals ist. So kommt es zu her-
ben Auseinandersetzungen. Marcel und Sir Horace können
sich mit der harten Tatsache von Hélènes Tätigkeit nicht abfinden. Schließlich halten nur Gaby und Lalou noch zu ihr,
der Madame Scandaleuse. – Wochen später trifft man sich
wieder an der Riviera. Hélène, zornig über die heuchleri-
sche Moral der Männer, will jetzt nur noch ihrer Tochter helfen, die zerbrochene Verlobung mit André zu kitten: heimlich schreibt sie ihm einen verliebten Brief, unterzeichnet
mit »Gaby«, und André läßt sich nicht lange bitten zu kom-

men. In einem Anflug von Mut hat er sich, um Gaby doch zu gewinnen, von seiner Familie getrennt und fragt nichts nach seiner Karriere. Inzwischen hat aber auch Gaby mit einem ähnlichen listigen Brief, gezeichnet »Hélène«, den geliebten Freund ihrer Mutter herbeigelockt. So findet sich das junge Paar wieder, und auch Hélène entschließt sich beim Wiedersehen mit Lalou, ihm als Frau zu folgen. Damit zum Happy-End nichts fehle, stimmt auch Marcel der Verheiratung seines André mit Gaby zu; er ist ja so glücklich und schwelgt schon in Hoffnungen auf einen Ministersitz, seit er – wenn auch nicht mit lauteren Mitteln – im Wettlauf um den Handelsvertrag mit den Mittelamerikanern Sieger über Sir Horace geworden ist.

Das geschickt gemachte Libretto um das operettenbewährte Thema von der liebenswerten Außenseiterin, deren Existenz sich nicht in die Sphäre vorurteilsbeschwerter höherer Gesellschaftskreise einfügt, hat den Komponisten zu anregend-reizvollem, stimmungsecht zwischen Humor und leichtem Sentiment schwebendem, temperamentvollem und farbigem Musizieren inspiriert. Elemente der überkommenen neueren Operette bestimmen, gewissermaßen in Summierung vorgegebener Ausdrucks- und Gestaltungsmittel, den stilistischen Charakter des Werks. Kreuder verstand sich gut auf das Erfinden von rasch einprägsamen Melodien mit dem »Schein des Bekannten«. Eine musikalische Dramatisierung durch die Verwendung größerer Formen ist nicht erstrebt, dafür bietet die auch durch reizvolle Harmonik und Instrumentation fesselnde Partitur eine abwechslungsreiche Folge von oft mit dramatischer Funktion eingesetzten Liedern und Tänzen. So kehren im Verlauf des Stücks einige Liedmelodien mehrfach wieder, vor allem die in anziehender Weise mehrfach abgewandelte Leitmelodie *Daran zerbricht man doch nicht* neben anderen Songs wie *Man muß für alles bezahlen* und *Die alte Liebe kehrt immer wieder.* Hübsch ist die als Terzett geformte Szene (3. Akt), in der Hélène ihrer Tochter und André »Ehe-Unterricht« erteilt. Die Hauptpartie (Mezzosopran) hat in Zarah Leander anläßlich ihres Comebacks am Ende der 1950er Jahre eine besonders wirkungssichere Darstellerin gefunden.

GERHARD WINKLER

* 12. September 1906 in Berlin
† 25. September 1977 in Wiggensbach bei Kempten

Schon als Zwölfjähriger erlebte Gerhard Winkler, damals Schüler des Berliner Domchors, die Aufführung einer eigenen Komposition, einer Suite für Orchester. Er widmete sich in seiner Heimatstadt einer umfassenden musikalischen Ausbildung und studierte Kompositionslehre, Klavier, Geige und Gesang. Viele Jahre gehörte er zu den bekanntesten deutschen Unterhaltungskomponisten und hat mit Tänzen, Filmmusiken und Operetten große Erfolge errungen. Viele seiner Schlager wurden Welterfolge, so die *Caprifischer* und *O mia bella Napoli*, das *Chianti-Lied* und *Schütt die Sorgen in ein Gläschen Wein*. Seine Bühnenwerke, die musikalische Komödie *Herzkönig* (1946) und die Operette *Premiere in Mailand* (1950), sind als besonders wirksame Schöpfungen eines sicher und einfallsreich über alle zeitgemäßen Ausdrucksmittel gebietenden Komponisten überall mit Freude aufgenommen worden. 1957 folgte *Die ideale Geliebte*, 1960 *Der Fürst von Monterosso*.

Premiere in Mailand

Operette in 3 Akten. Text von Waldemar Frank und Eduard Rogati nach der Novelle *Land ohne Musik* von Carl Peter Gillmann. Gesangstexte von Günther Schwenn. Uraufführung am 12. Februar 1950 im Theater der Stadt Dortmund.

PERSONEN: Akkordeon XI., König von Triolien – Sonata, seine Tochter (Sängerin) – Arietta, deren Hofdame (Tanzsoubr.) – Ernesto Flauto, Innenminister – Enrico Clarino, Justizminister – Giuseppe Fagotti, Finanzminister – Sardinia, Herzogin von Risotto – Chianti, ihr Sohn (Tanzbuffo) – Tino Belcanto, Operettenkomponist (Ten.) – Signora Doullieux, Leiterin der »Casa Musica« – Piano, Leibdiener des Königs – Ein Lazzaroni. Ein Polizeiwachtmeister. Hofmusiker. Hofkapellmeister. Lakaien. Volk von Triolien. Operetten-Ensemble des »Teatro del Corso«. Schülerinnen der »Casa Musica«. Kellner. Gefängniswärter u. a.

ORT UND ZEIT: Im imaginären Asduria, der Hauptstadt Trioliens, und in Mailand, um 1950.

1. bis 3. Akt. Akkordeon XI., der in Asduria residierende König von Triolien, ein großer Musikfreund, erwartet zur Feier seines 50. Geburtstages den Besuch des von ihm verehrten Komponisten Tino Belcanto. Er hat, selbst den Kontrabaß spielend, mit seinen Ministern ein Kammermusikstück des Künstlers einstudiert, seine Tochter Sonata ein Lied. Aus dem angekündigten Besuch wird jedoch nichts, weil der Komponist der triolischen Polizei bei seiner Ankunft in Asduria verdächtig erscheint und für einen Tag in Haft gesetzt wird. Nun, wenigstens erscheinen einige andere geladene Gäste bei Hofe, so des Königs Jugendfreundin, die Herzogin Sardinia, und ihr Sohn, Prinz Chianti, der heute mit Sonata, seiner Braut in spe, bekannt gemacht werden soll. Chianti läßt sich jedoch nicht sehen: ihn fesselt die anmutige Erscheinung eines Mädchens, das er fälschlich für die Prinzessin hält, in Wirklichkeit aber nur deren Hofdame und Freundin Arietta ist. Beim Festkonzert trägt Sonata das Lied Belcantos so bezaubernd vor, daß die Herzogin ihr zur künstlerischen Ausbildung ihrer Stimme rät. Dieser Plan wird sogleich verwirklicht; in Gesellschaft Ariettas besucht Sonata alsbald die von Signora Doullieux geleitete »Casa Musica« in Mailand. Heute machen die Schülerinnen einen Stadtspaziergang, kommen dabei auch in das Künstler-Café »La grotta d'amore« und sehen dort Tino Belcanto und seinen Freund – Chianti. So kann der Prinz seine Bekanntschaft mit Arietta, die er weiterhin für die Prinzessin hält, erneuern, Tino aber verliebt sich auf den ersten Blick in Sonata. Der Komponist

lädt sie und die anderen Mädchen zur Premiere seiner Operette *Mexikanische Nächte* ein. Nach deren erfolgreichem Verlauf trifft man sich wieder in dem Café, um zu feiern. Für Sonata und Arietta wird jedoch dieser Abend etwas aufregend, denn unter den Gästen befindet sich auch – inkognito als Dr. Knopf – König Akkordeon. Zunächst glückt es ihnen zwar, sich verborgen zu halten: Tino nützt die Zeit, um Sonatas Neigung zu gewinnen, Chianti vertieft seine Beziehungen zu Arietta, die jetzt endlich den Mut findet, ihm zu sagen, daß sie nicht die Prinzessin ist. Plötzlich aber naht das Unheil in Gestalt der Signora Doullieux. Sie stöbert ihre entlaufenen Küken auf, schlägt Skandal und klärt den hinzukommenden König über das Verhalten seiner Tochter und Tino Belcantos auf. Wutentbrannt zieht Akkordeon ab: nie wieder soll eine Note des Komponisten in Asduria erklingen. Er läßt alle Musikinstrumente konfiszieren und bedroht jeden mit Strafe, der eine Belcanto-Melodie singt oder pfeift. Sonata aber soll jetzt baldigst mit dem Prinzen Hochzeit feiern. Doch Chianti erklärt seiner Mutter, daß er Arietta heiraten wolle, und damit ist die Herzogin erstaunlicherweise auch gleich einverstanden. Tino Belcanto, der von den musikfeindlichen Verordnungen nichts weiß, kommt in der Hoffnung, hier seine Operette aufführen zu können, wieder nach Asduria, wird aber mit seiner Künstlerschar sofort eingesperrt. Um zu ihm zu gelangen, macht sich auch Sonata strafbar, indem sie auf der Straße ein Lied des Komponisten singt. Das Volk jubelt ihr zu, und so erfährt nun Tino, wer sie ist. Der König sieht schließlich ein, daß er mit seinen Anordnungen nichts gegen den Willen seiner Tochter ausrichten kann. Er dankt ab und beschließt, sich künftig als Privatmann nur mehr seiner geliebten Baßgeige zu widmen.

Der Reiz dieses Werks, dessen Handlung sich originell vom Herkömmlich-Durchschnittlichen abhebt, liegt in dem sehr frischen Tempo, im Humor und tänzerischen Schwung der einfallsreichen Musik. Winkler beherrschte alle Sparten seines Metiers ausgezeichnet und bewies sein Können vor allem auch in den zahlreichen Ensemblestücken und in seiner

Vorliebe für polyphone, fugierte Sätzchen. Ein Höhepunkt ist – nächst dem 2., effektvoll gesteigerten Finale – die Operettenparodie im 2. Akt. Von den Einzelnummern sind u. a. besonders hübsch die Melodien *Es blühen fremde Blumen*, *Im Rausch der Nacht* und *Komm, schenk dich dem Augenblick!*, das Walzerlied *Wir leben nur einmal* und die Duette *Warum soll ich denn nur so schüchtern sein?*, *Ich hab Musik im Blut* und *Es ist nur ein Schritt von hier*.

Die ideale Geliebte

Operette in einem Vorspiel und 3 Akten. Text von Hermann Hermecke. Uraufführung am 2. März 1957 im Opernhaus der Städtischen Bühnen, Nürnberg.

PERSONEN: Perez Dalles, Staatspräsident der Republik Pelagua – Rodrigo Domenico, Verteidigungsminister – Rosita Costudi, seine Nichte (Soubr.) – Juan Esteban, Justizminister – Gonzales Ribeira, Finanzminister – Margarita Colon, Kultusministerin (Sopr.) – Morphirio Dubiosa, ein reicher Pelaguaner (Ten.) – Zsi Zsi Glamour, seine Freundin (Sängerin) – Pedro Cantaro, sein Privatsekretär (Buffo) – Grita Garworth, Filmstar – Epaminondas Olasses, ein reicher Reeder – Uli Kham, ein vornehmer Orientale – Gräfin Clarissa von Hohenheim, Gesellschaftsdame – Ein Ministerialkanzlist – Ein Oberkellner – Pepe Texochatl, Plantagenarbeiter – Damen und Herren. Indios und Indiofrauen. Filmstars, Sportgrößen, Manager usw. Tänzerinnen und Tänzer. Masken. Musiker. Diener. Volk von Pelagua.

ORT: Im imaginären Staat Pelagua (Vorspiel und 3. Akt), in einem Schloß bei Nizza (1. Akt) und in einem Hotel in Viareggio (2. Akt). ZEIT: Fünfziger Jahre des 20. Jahrhunderts.

Vorspiel bis 3. Akt. Die Regierenden des (vom Librettisten erfundenen) mittelamerikanischen Staates Pelagua sind in peinlicher Bedrängnis: Das Volk droht mit Revolution. Zur Verbesserung der sozialen Verhältnisse aber fehlt es vor allem an Geld. Nun will gar noch der bisher beste Steuerzahler, der reiche Unternehmer Morphirio Dubiosa, das Land für immer verlassen. Der Ministerrat hat ihn heute zu einer Un-

terredung gebeten, um ihn von diesem Plan abzubringen,
aber er läßt sich nicht mehr umstimmen, und man erfährt
jetzt auch den tieferen Grund für seine Emigration: Er hofft
in Europa die ideale Geliebte zu finden, von der er träumt,
denn trotz vieler amouröser Abenteuer und drei Eheversu-
chen hat er das Glück echter Liebe noch nicht erfahren.
Den Gedanken, daß er die Richtige, eine schöne, aber nicht all-
zuleicht verführbare Frau, wohl auch hier in Pelagua finden
könnte, weist er spöttisch zurück. Das ärgert vor allem die
Kultusministerin Margarita Colon, für deren Charme Morphirio kein Gespür hat – verzeihlicherweise, denn die ehe-
malige Schauspielerin trägt nicht nur eine entstellende
Hornbrille und eine reizlos strenge Frisur, sondern ist auch
ihrer Amtswürde entsprechend sachlich-nüchtern gekleidet.
Jetzt aber scheint es ihr verlockend, den sympathischen
Mann von seinen geringschätzigen Meinungen über pelaguanische Frauen zu heilen und den »Auswanderer«
möglichst bald wieder in die Heimat zurückzubringen. Im
Einverständnis mit ihren Ministerkollegen macht sie sich in
Begleitung des Verteidigungsministers Rodrigo Domenico
und seiner Nichte Rosita alsbald zu einem Europatrip auf,
um den Spuren Morphirios zu folgen, der mit seinem Sekretär Pedro, dem Geliebten Rositas, bereits abgereist ist. Im
Schloß Montfleury bei Nizza kommt es zur ersten Begegnung: Morphirio, der sich dort unter den blasierten Gästen
einer High-Society-Party einfindet, ahnt freilich nicht, daß
die Schloßherrin, Prinzessin von Leuchtenburg, in Wahrheit
die pelaguanische Kultusministerin ist. Er fängt sogleich
Feuer für die höchst anziehende »hochadelige« Dame. An
rasche und leichte Siege gewöhnt, muß der Frauenheld hier
aber erleben, daß ihn die »Prinzessin« abweist. Es hilft auch
nichts, daß er seine derzeitige Freundin, die pikante Ungarin
Zsi Zsi Glamour, durch seinen Sekretär in eine scheinbar
verfängliche Situation bringen läßt, die es ihm erlaubt, sich
von ihr zu trennen und um die Schloßherrin als »freier
Mann« zu werben: Margarita bleibt kühl und betont spöttisch den Standesunterschied, der sie von ihm trennt. Die
Enttäuschung stimmt Morphirio nachdenklich; die Erinne-

rung an die »Prinzessin« schwindet auch im Taumel neuer
flüchtiger Erlebnisse nicht. Als er aber, Wochen später, bei einem Karnevalsfest in Viareggio die attraktive Diseuse Madeleine Fleuron sieht und singen hört, erscheint ihm plötzlich
nur diese Frau begehrenswert. Daß Margarita hier die Rolle
der Mademoiselle Madeleine spielt, bleibt ihm natürlich verborgen. Er wirbt leidenschaftlich um sie, bekommt jedoch
wieder einen Korb. Sie aber, längst selbst für Morphirio entflammt, hat nun erreicht, was sie wollte: ihn so verliebt zu machen, daß keine andere Frau mehr interessant für ihn ist. Als
sie ihn schließlich noch sicht- und hörbar darüber aufklärt,
daß Madeleine und die Prinzessin nur »Varianten« *einer* Frau
sind, hat er nach der ersten Verblüffung keinen größeren
Wunsch, als dieses erstaunlich wandlungsfähige Geschöpf zu
gewinnen: nur eine solche Zauberin kann seinen Traum von
der idealen Geliebten zur Wirklichkeit machen. Doch sie entzieht sich ihm und reist plötzlich ab. Der Weg, sie wiederzu-
finden, führt natürlich zurück nach Pelagua. Auf der Hazienda der Kultusministerin hofft er der Ersehnten zu begegnen. Margarita empfängt ihn in ihrer alle fraulichen Reize
verbergenden Amtstracht und läßt ihn noch eine Weile zappeln, ehe sie sich dem Staunenden als die Gesuchte zu erkennen gibt. Jetzt hat Morphirio nichts mehr dagegen, eine Pela-
guanerin zu heiraten, und damit hat ihn auch die Heimat wie-
dergewonnen. Inzwischen ist auch der bedrängten Regierung
die Lösung der finanziellen und sozialen Probleme des Landes gleichsam in den Schoß gefallen: Eine Oil-Company hat
die Erschließung neu entdeckter Ölquellen in Angriff genommen, das bedeutet baldigen Wohlstand für die Bevölke-
rung. Nun stellt sich zuletzt überdies heraus, daß Morphirio,
der während seiner Abwesenheit selbstverständlich auch an
seine Geschäfte gedacht hat, der Besitzer dieser Bohrgründe
ist.

Das Libretto mit seinen allzu offenen Anspielungen auf Personen aus dem Jet-Set der fünfziger Jahre, wie Porfirio Rubi-
rosa und Zsa Zsa Gabor, erschließt zwar keine neuartigen
Stoff- oder Stimmungsbereiche, bietet aber in unterhaltender

Abwandlung erprobter Wirkungen eine dichte Folge von lustigen Szenen und Bildern. Überdies ermöglicht eine Reihe ergiebiger Rollen – vor allem die der Margarita – begabten Darstellern die effektvolle Entfaltung schauspielerischer und gesanglicher Talente. Gerhard Winkler fühlte sich von diesem Buch jedenfalls zu einem temperamentbeschwingten, farbigen Musizieren angeregt, das seine erfinderische Begabung und seine formale Gewandtheit erneut bestätigte. Zu den Vorzügen der Operette gehört ihr Reichtum an einprägsamen tänzerischen Melodien. Bemerkenswert erscheint es, daß der Komponist neben Tanzrhythmen wie Tango, Foxtrott, Habanera, Boogie und Carioca namentlich dem Walzer in mancherlei Spielarten einen bevorzugten Platz eingeräumt hat. Neben der Ouvertüre, den großen Ballettszenen (im 1. und 2. Akt) und den kantablen Duos der Hauptgestalten Margarita und Morphirio fesseln u. a. als besonders hübsche Einfälle Margarita-Madeleines Musette-Walzer mit dem Refrain (im Vierviertaltakt) *O Monsieur, Sie haben heute Chancen bei mir*, Rositas und Pedros Duett *Ich hab gewußt, ich werde heut was Liebes sehn* und das Lied mit Chor *Ay ay ay – die Sonne brennt sehr.*

Hans Lang

* 5. Juli 1908 in Wien

Hans Lang, viele Jahre am Kabarett und als Kapellmeister an den Wiener Kammerspielen tätig, hat am Konservatorium seiner Heimatstadt studiert und sich auch von Wien aus mit Liedern aus seinen Filmkompositionen (*Mariandl, Liebe kleine Schaffnerin, Der alte Herr Kanzleirat, Du bist die Rose vom Wörthersee* u. a.) und mit einer Reihe von heiteren Bühnenwerken einen Namen gemacht. Von den Lustspielmusiken seien hier genannt: *Lisa, benimm dich!* (1939), *Der alte Sünder, Die Fiakermilli* (1943), *X für ein U, Höchste Eisenbahn* und *Nur keck*.

Lisa, benimm dich!

Musikalisches Lustspiel in einem Vorspiel und 3 Akten. Text von Peter Fabricius, Ernst Friese und Rudolf Weys. Urauf-führung am 21. März 1939 in Wien.

PERSONEN: Baron Egon Heydner, Afrikaforscher – Didi, seine Toch-ter – Bella, seine Schwester (Sängerin) – Peter, sein Freund und Se-kretär (Buffo) – Lisa Wernik (Soubr.) – Felix, Kammerdiener bei Heydner – Mawambi, Köchin ebenda – Beamte im Annoncenbüro und andere Nebenfiguren.

ORT UND ZEIT: Ein Villenviertel in Wien. Dreißiger Jahre des 20. Jahrhunderts.

Vorspiel. In einem Annoncenbüro. Am Schalter begegnet Pe-ter der anmutigen Lisa Wernik, die durch eine Annonce eine Stellung finden will. Er kommt rasch mit ihr ins Plaudern, er-zählt ihr von seinem Freund, dem Afrikaforscher Egon v. Heydner, und zeigt ihr auch das merkwürdige Inserat, das ihm Egon zur Besorgung mitgegeben hat. In der Eile verwech-selt er es aber mit Lisas Annoncenvorlage und stürmt davon, ehe sie ihn über den Irrtum aufklären kann. So bleibt, zumal jetzt Schalterschluß ist, Egons Inserat in ihren Händen.

1. Akt. Im Garten der Villa Baron Heydners. Seit seiner Scheidung lebt Egon Heydner einsam, freudlos, ein Feind aller Frauen. Vor Gericht hat man ihm seine Tochter Didi streitig gemacht, da seine Fähigkeit, ein Kind zu erziehen, be-zweifelt wurde. Um das Gegenteil zu beweisen, hat er sich vorgenommen, ein gänzlich verwahrlostes Kind in sein Haus aufzunehmen und dessen Erziehung zu übernehmen. Ein sol-ches Wesen zu finden, war der Zweck des Inserats, das er Pe-ter übergeben hatte. Jetzt sitzt er eben beim Frühstück, da klingt von der Straße her eine Ziehharmonika und dazu eine plärrige Kinderstimme. Aufmerksam geworden, läßt er die kleine Sängerin eintreten. Es ist – Lisa, die sich den Wünschen des Inserats gemäß zurechtgemacht hat und benimmt: äußerst ordinär also! Entzückt stellt Egon fest, daß dieses Mädchen in jedem Sinne das ist, was er sucht: Tochter einer trunksüchti-gen Mutter und eines Zuchthäuslers, Schwester eines Diebs – oh, Lisa kann herrlich flunkern! Vor Peter, der hinzukommt,

muß sie sich allerdings in acht nehmen – leicht könnte er sie wiedererkennen. Darum zertritt sie dem Kurzsichtigen vorsichtshalber die Brille. Egon will sie nun wie eine Tochter im Hause behalten.

2. Akt. Im Arbeitszimmer Egons. Lisas »Erziehung« macht nur langsam Fortschritte. Doch hofft Egon, daß sie sich heute, wenn seine Tochter zu Besuch kommt, anständig benehmen wird. Heimlich berichtet Lisa telefonisch ihrer Mutter über das bisher Erlebte und schwärmt ihr von Egon vor. Dabei wird sie aber von dessen Schwester Bella belauscht und muß nun notgedrungen Farbe bekennen. Bella verrät sie jedoch nicht, sondern verbündet sich mit Lisa: Sie wollen zusammenhelfen, aus dem verbitterten Egon wieder einen glücklichen Menschen zu machen. Nun bringt Egon sein frühreifes, damenhaft auftretendes Töchterchen Didi ins Haus. Lisa versteht es zu seiner Freude bald, die Kindlichkeit in dem altklugen Geschöpf wiederzuerwecken und ihr das Vaterhaus lieb zu machen. Am Abend zeigt sich Egon im Gespräch mit Lisa ganz verwandelt – gesprächig, gelöst, gar nicht mehr frauenfeindlich –, und da ist sie nahe daran, ihr Geheimnis preiszugeben. Doch nun fehlt ihr der Mut.

3. Akt. Wieder im Garten der Villa. Lisa hat Egons Haus plötzlich verlassen. Seit sie fort ist, spürt er, daß das, was er für sie empfindet, Liebe ist. Als geborene Verwandlungskünstlerin erscheint sie jetzt in neuer Verkleidung als ihre eigene Großmutter vor ihm, sagt dem langsam Begreifenden und schließlich doch ihre List Durchschauenden auf diese Weise, wer Lisa Wernik ist, und predigt: »Schimpft nicht immer auf die Frauen, was wärt ihr ohne sie?« Bella hilft ihm endlich verstehen, daß Lisa ihn liebt, und nun behindert nichts mehr das Happy-End.

Zur Wirkung dieses amüsanten kleinen Kammerspiels trägt der Humor der Dialoge und Situationen ebenso bei wie die von Tanzrhythmen und Jazzklängen beherrschte Musik. Melodisch gefällige Lieder und rhythmisch-pikante Tanzduette stehen neben beredten melodramatischen Szenen und den originellen musikalischen Randbemerkungen der vier Herren, die zuerst als Schalterbeamte des Annoncenbüros auftreten. Von den 14 Nummern der Partitur wirken die Duette *Fräulein, wie kann man nur!*, *Tschulla, bulla, hörst du es nicht?* und *Kind, du sollst nichts versäumen* besonders hübsch.

Friedrich Schröder

* 6. August 1910 in Näfels (Kanton Glarus, Schweiz)
† 25. September 1972 in Berlin

Seit dem glänzenden Erfolg seiner ersten Operette *Hochzeitsnacht im Paradies*, die nach 1942 allein im Berliner Metropol-Theater, an dem der Komponist als Kapellmeister wirkte, über 500mal gespielt wurde, war der Name Friedrich Schröders bekanntgeworden. Nach diesem Werk waren es vor allem die *Nächte in Schanghai* (1947), die sein Ansehen und seine Popularität festigten. Die einprägsamsten seiner Operettenlieder haben ebenso wie manche seiner Einzel-Chansons namentlich durch den Rundfunk weite Verbreitung gefunden. Die Evergreens *Ich tanze mit dir in den Himmel hinein*, *Man müßte Klavier spielen können*, *Ich werde jede Nacht von Ihnen träumen*, *So stell ich mir die Liebe vor* und *Ein Glück, daß man sich so verlieben kann* haben ihm (und ihrem Interpreten Johannes Heesters) als glänzende Melodieeinfälle Nachruhm bis heute gebracht.

Hochzeitsnacht im Paradies

Operette in 8 Bildern. Text von Heinz Hentschke. Liedertexte von Günther Schwenn. Uraufführung am 24. September 1942 im Metropol-Theater, Berlin.

Personen: Dr. Ulrich Hansen (Ten.) – Regine, seine Frau (Sängerin) – Felix Wachtel, Bonbonfabrikant – Poldi – Oberländer, Sportberichter (Buffo) – Veronika, Regines Freundin (Soubr.) – Doña Dolores, genannt Dodo (Soubr.) – Dajos Lajos Földesy, ihr Impre-

sario – Prof. Fisch – Bastian, Portier – Der Präsident des Venezia-
nischen Tennisclubs – Romano Picco, Gondoliere – Egon, Diener
– Kätchen, Zofe – Ein Schlosser – Zwei Boxer – Schiedsrichter –
Publikum beim Boxkampf. Hochzeitsgäste. Diener. Spanische Tänzerinnen. Hotelgäste. Kellner. Tennisspieler. Gondolieri. Venezia-
ner und Venezianerinnen.

ZEIT: Um 1940.

1. bis 8. Bild. Regine, zur Hochzeit bereit, erwartet ihren
Bräutigam Dr. Hansen. Die Gäste sind schon gekommen,
unter ihnen Regines Freundin Veronika mit ihrem Verlobten Poldi, Onkel Felix Wachtel und Dajos Földesy, der Impresario der Tänzerin Dodo. Von dieser temperamentvollen
Künstlerin ist allerdings eine Störung des Hochzeitstages zu
befürchten, denn sie war bisher Hansens Freundin und will
den Geliebten nicht aufgeben. Schon erscheint sie, in Begleitung ihres Balletts, um die Trauung in letzter Stunde zu
verhindern. Onkel Felix gelingt es jedoch, die Damen in den
Keller zu locken und dort einzusperren. Inzwischen ist auch
der Bräutigam erschienen, und nun kann das Paar ungestört
zum Standesamt fahren. – Am Abend dieses Tages begegnen sich Felix und Dajos in Regines Boudoir wieder. Felix
hat sich in Dodo verliebt und bittet den Freund, seine Werbung um sie zu unterstützen. Versehentlich läßt jetzt Dajos
das Zigarettenetui Dodos hier liegen. Regine findet es, arg-
wöhnt, ihr Gatte habe sich mit der Tänzerin getroffen, und
verwehrt ihm den Eintritt ins Schlafzimmer. Verärgert verläßt Hansen das Haus, um sich im Hotel »Paradies«, wo die
meisten Hochzeitsgäste wohnen, ein Zimmer zu mieten. Inzwischen hat Regine von ihrer Zofe die Wahrheit über die
Herkunft von Dodos Etui in ihrem Boudoir erfahren und
begibt sich nun eilig zum »Paradies«, um den Gatten zu versöhnen. Dort feiern die Gäste noch ein wenig. Felix hat bereits guten Kontakt mit Dodo gefunden, Hansen unterhält
sich mit dem Portier. Auch Veronika wohnt hier: sie
plauscht in ihrem Zimmer noch mit Poldi und muß ihm
dann versprechen, ihre Tür nicht zu verschließen, damit er ihr
notfalls schnell zu Hilfe kommen könne. Kaum ist sie allein, tritt überraschend Hansen ein! Er hat etwas zuviel ge-

trunken und sich in der Zimmernummer geirrt. Veronika wundert sich sehr, ihm in seiner Hochzeitsnacht hier zu begegnen. Plötzlich klopft es: vor der Tür steht Regine. Voll Schrecken verbirgt sich Veronika unterm Bett. Regine glaubt im Zimmer ihres Gatten zu sein – da sieht sie ein Bein der versteckten Veronika, vermutet, Dodo sei die da unten Verborgene, und eilt empört fort. Vom Lärm dieses Auftritts erschreckt, kommt Poldi, findet Hansen in Veronikas Zimmer und verdächtigt seine Braut der Untreue. – In der Hotelhalle findet Hansen Regine wieder und versucht, ihr das merkwürdige Zusammentreffen zu erklären, da erscheint zur Unzeit Dodo und will ihre alten Rechte auf ihn geltend machen. Nun spürt er, daß seine Hochzeitsnacht vertan ist, und beschließt, die geplante Hochzeitsreise nach Venedig allein anzutreten. Doch nimmt er Veronika mit, die ihn, von Poldis Mißtrauen gekränkt, um seinen Schutz bittet. – In Venedig beteiligt sich Hansen siegreich an einem Tennisturnier. Alle halten hier natürlich Veronika für seine Frau. Mit ihr soll er dem Gondoliere-Fest beiwohnen, bei dem nach altem Brauch allen Paaren, die zusammengehören, ein glückbringender Pokal kredenzt wird. Inzwischen sind auch Felix, Dodo, Poldi und – Regine nach Venedig gekommen. Bald lösen sich die Wirren der Hochzeitsnacht. Nach einer Aussprache mit Dodo ist Regine nicht mehr eifersüchtig auf die Tänzerin. Poldi und Veronika versöhnen sich wieder, und beim Gondoliere-Fest, wo Hansen selbst, als Schiffer verkleidet, den Umtrunk dirigiert, findet sich auch das in seiner Hochzeitsnacht entzweite Paar in Liebe wieder.

Mit seinen gefälligen Melodien und Tanzrhythmen vertritt das zum Teil revuehaft angelegte Stück charakteristisch einen immer wirksamen Typ der späten Operette. Schröder zeigt großes Geschick in der Auswertung seiner griffigen Einfälle; bezeichnende Beispiele dafür sind namentlich die Finalszenen. Manche Nummern wurden sehr populär, vor allem *Ein Glück, daß man sich so verlieben kann* und *So stell ich mir die Liebe vor*, ferner der Walzer *Ich glaube an dich und deine Liebe*, der Paso doble *Dodo ist eine Frau, die jeder kennt,* der langsame Walzer *Alle Wege führen mich zu dir* und die Foxtrotts *Was ich dir noch sagen wollte* und *Ich spiel mit dir.*

PAUL BURKHARD

* 21. Dezember 1911 in Zürich
† 11. September 1977 in Zell bei Zürich

Burkhard wurde nach dem Besuch des Züricher Konservatoriums Kapellmeister am Stadttheater in Bern (1932–1934), lebte dann einige Jahre als Freischaffender, war 1939–1944 Dirigent und Bühnenkomponist am Schauspielhaus in Zürich und 1945–1957 Kapellmeister des Studio-Orchesters am Landessender Beromünster. Sein Schaffen als Operettenkomponist eröffnete 1935 die Revue-Operette *Hopsa,* der die Werke *3 × Georges* (1936), *Paradies der Frauen* (1938), *Tic-Tac* (1944), *Feuerwerk* (1950), *Tingeltangel-Oper* (1951) folgten. Außer einer großen Anzahl von Bühnenmusiken zu klassischen und zeitgenössischen Dramen schrieb Burkhard u. a. auch die komische Oper *Casanova in der Schweiz* (1942) sowie die musikalische Komödie *Spiegel, das Kätzchen* (nach Gottfried Keller, 1956), eine Ouvertüre nach der Novelle *Der Schuß von der Kanzel* von Conrad Ferdinand Meyer und viele Chansons. Franz Lehár bestimmte ihn zum Verwalter seines künstlerischen Nachlasses.

Hopsa

Eine europäische Operette über Amerika in 2 Abteilungen (17 Bildern). Text von Paul Baudisch und Armin L. Robinson. Gesangstexte von Robert Gilbert und Armin L. Robinson. Uraufführung der Erstfassung am 30. November 1935 im Stadttheater, Zürich. Erstaufführung der Neufassung am 12. Oktober 1957 in Wiesbaden.

PERSONEN: Perkins, Bürgermeister von Wiggletown (Baß, Kom.) –
Gloria, seine Tochter (Tanzsoubr.) – Bill Carter, ein junger Lehrer
(Ten.-Buffo) – Mary Miller, genannt Hopsa, ein Collegegirl (Soubr.)
– Ellery King, Detektiv (Buffo) – Brown, Regisseur (Ten.) – Der
Theaterdirektor – Der Komponist – Zwei Textdichter – Ballettmeister – Ein Reporter – Ein Arzt – Theaterpersonal. Collegegirls. Eisenbahnpassagiere. Die Inhaberin einer Artistenpension. Theaterpublikum. Neger und Negerinnen. Feuerwehrleute.

ORT UND ZEIT: Im imaginären Wiggletown, einer kleinen Stadt in
Amerika, und in New York, in den fünfziger Jahren des 20. Jahrhunderts.

I. Abteilung. 1. bis 7. Bild. Im Prolog stellen sich die Hauptfiguren des Spiels vor. Sie kündigen ein Musical an, das als
»Märchen« genommen werden soll und die Welt der USA so
zeigen will, »wie sich klein Erika vorstellt Amerika«. – Mary
Miller mit dem Spitznamen Hopsa ist eine schlechte Schülerin – ein Naturkind, das von der Zukunft nichts begehrt als
ein glückliches Familienleben. Ganz andere Pläne hat ihre
Freundin, die Bürgermeisterstochter Gloria Perkins: Sie
träumt von einer Karriere als Revuestar. Zunächst aber will
sie den Lehrer Bill Carter heiraten. Hopsa macht sich Sorgen
um Bill: Wie wird es ihm ergehen, wenn er so unversehens in
die Ehe mit der ehrgeizigen Gloria hineinstolpert? Aber auch
Bill sorgt sich um Hopsa: Wer wird sich um sie kümmern,
wenn er fort ist? Aus dem College wird sie ja sicher bald rausfliegen! Er hat aber noch einen Kummer: Da ist ein Detektiv,
Ellery King, der ihn sucht; zwar ist er sich keiner Schuld bewußt, aber es ist wohl gut, sich vor ihm zu verbergen. Nun,
heute gilt's vor allem, bei Mr. Perkins um Glorias Hand anzuhalten. Das schlägt freilich gründlich fehl. Doch Gloria weiß
Rat: gemeinsame Flucht nach New York! Heimlich reist das
Brautpaar ab, unbemerkt aber besteigt Hopsa den gleichen
Zug. Inzwischen hat Perkins erfahren, was der Detektiv in
Wiggletown will: Eine reiche Tante hat Bill zum Universalerben eingesetzt, allerdings unter der Bedingung, daß er keinen
Tropfen Alkohol trinkt; der Detektiv aber hat die Aufgabe,
festzustellen, ob er wirklich Antialkoholiker ist. Jetzt denkt
Perkins gleich ganz anders über den jungen Bewerber um

seine Tochter, und als er hört, daß Gloria mit ihm durchgebrannt ist, reist er, in Kings Begleitung, sogleich dem Paar nach. – In New York hat sich Gloria bereits im Roxytheater vorgestellt, wurde aber nur als 16. Girl engagiert. Um ähnliche Stellungen bemühen sich, allerdings vergeblich, Bill und der ihm nachspürende Detektiv. Als der Regisseur Brown zufällig beobachtet, wie Hopsa das populäre Lied vom Nigger Jim singt und tanzt, veranlaßt ihn diese unbeabsichtigte Talentprobe, sie sofort als Hauptdarstellerin einer neuen Revue zu verpflichten.

II. Abteilung. 8. bis 17. Bild. Gloria will, seit sie in New York ist, von Bill nicht mehr viel wissen und denkt nur noch an ihre erhoffte Karriere. Die plötzliche Bevorzugung Hopsas macht ihr natürlich schwer zu schaffen, Mary Miller bewährt sich bei den Proben ausgezeichnet; Brown ist so sehr von ihr angetan, daß er, allerdings vergeblich, versucht, auch als Mann auf sie Eindruck zu machen. – Eines Tages trifft Bill mit dem Detektiv, dem er nicht mehr ausweichen konnte, in einer Bar zusammen. King will ihn zum Trinken veranlassen, doch Bill weigert sich, etwas Alkoholisches zu nehmen. Er ahnt nicht, daß er damit die an die Erbschaft geknüpfte Bedingung erfüllt. – Am Abend der Revue-Premiere kommt er mit Brown ins Gespräch: »Lassen Sie von Mary Miller«, rät ihm der Regisseur, »stören Sie ihre Laufbahn nicht!« Bill sieht das ein, beschließt, nach Wiggletown zurückzukehren, und schreibt Hopsa einen Abschiedsbrief. Kurz vor ihrem ersten Auftritt bekommt sie dieses Schreiben. Sofort verläßt sie das Theater, um Bill zu suchen. Der aber ist, als er plötzlich den Detektiv mit Mr. Perkins auf sich zukommen sah, über die Feuerleiter geflohen, hat sich dabei einen Knöchel verrenkt und liegt, als Hopsa in sein Zimmer kommt, von einem schmerzstillenden Mittel eingeschläfert, auf der Couch. Vor Hopsa aber ist Perkins schon eingetroffen, um den jetzt reichgewordenen, willkommenen Schwiegersohn zu begrüßen. Er weist Hopsa fort und macht ihr vor, Bill habe in seinem Dämmerzustand immer nach Gloria gerufen. So eilt Hopsa bekümmert ins Theater zurück. Dort hat man mit der Aufführung längst begonnen, und das konnte man, weil Gloria für Hopsa einsprang: sie hatte die Rolle heimlich mitstudiert. Und wirklich erntet sie großen Beifall. Übers Jahr wird sie wohl sein, was sie sich wünschte: eine berühmte Diva. Hopsa aber fährt mit Bill nach Hause. Auch ihr Wunschtraum geht in Erfüllung: Glücklichsein mit einem geliebten Mann, einem Baby, einem Farmerhäuschen – mehr begehrte sie ja nicht.

In der Absicht, das ermüdete Genre Operette durch neue Einfälle und Formen zu beleben, hat Burkhard hier, schon am Anfang seines Schaffens, ausgetretene Wege gemieden. Ohne den Walzer ganz zu verschmähen, bekennt sich der Komponist mit Entschiedenheit zu neueren Tanzrhythmen und Klängen, die ja schon durch das amerikanische Milieu besonders gerechtfertigt sind. Im Wechsel von prägnant formulierten Chansons, beschwingten Ensemblesätzen und flotten Tanzstücken entwickelt sich ein durch Humor, Witz und Elan anziehendes, charmantes Spiel. Das Persönliche von Burkhards Stil wird im melodischen und rhythmischen Tonfall wie in der aufgelockerten Art der musikalischen Gestaltung spürbar. Reich an Einfallssubstanz ist namentlich die I. Abteilung des Werks. Dort findet man u. a. so treffsichere Nummern wie das Duett *Jeder hat so seine Träume*, die Ensembles *Wer war Columbus?* und *Mary Miller ist ein Mädchen*, den Blues *Du, ich hab dich lieb* und das Lied *Ich bin ein kleiner Niggerboy*. In der II. Abteilung ist das schmissige tänzerische Motiv *Hopsa, das ist ein Mädel mit Musik* neben dem langsamen Walzer *Ich frag nicht, ob du Geld hast* und dem *Donna-Rosita*-Liedchen besonders einprägsam.

Feuerwerk

Musikalische Komödie in 3 Akten. Text von Erik Charell (Erich Löwenberg) und Jürg Amstein nach dem Lustspiel *Der schwarze Hecht* von Emil Sautter (1939). Gesangstexte von Robert Gilbert und Jürg Amstein. Uraufführung am 16. Mai 1950 im Theater am Gärtnerplatz, München.

Personen: Albert Oberholzer, Fabrikant – Karline, seine Frau –
Anna, deren Tochter – Kati, Köchin bei Oberholzer – Josef, Hausdiener – Fritz Oberholzer, Landwirt – Berta, seine Frau – Gustav
Oberholzer, Regierungsrat – Paula, seine Frau – Heinrich Oberholzer, Professor – Klara, seine Frau – Herbert Klusmann, Schiffs-
reeder – Lisa, seine Frau – Alexander Oberholzer, genannt
Obolski, Direktor eines Zirkus – Iduna, seine Frau – Robert Fischer, ein junger Gärtner.

Ort und Zeit: Eine Residenzstadt, um 1900 bzw. in den zwanziger
Jahren des 20. Jahrhunderts.

1. Akt. Wohndiele der Familie Albert Oberholzer. Der Fabrikant Albert Oberholzer feiert seinen 50. Geburtstag.
Dazu sind alle lieben Verwandten geladen, und seine Frau,
seine Tochter Anna und die Köchin Kati haben alle Hände
voll zu tun, den Empfang der Gäste vorzubereiten. Anna
würde sich besonders freuen, wenn auch Onkel Alexander
käme, der als Bub daheim durchgebrannt und zum Zirkus
gegangen ist. Schon kommen die Onkel und Tanten zur Gratulation: der biedere Fritz mit seiner Berta, der ewig zer-
streute Professor Heinrich Oberholzer mit Klara, der äußerst distinguierte Onkel Gustav mit seiner energischen
Ehehälfte Paula und Herbert Klusmann, der gemütliche
Reeder, mit Tante Lisa. Bald blüht der Verwandtenklatsch.
Da läutet wider Erwarten noch ein Besuch: Onkel Alexander mit seiner Frau Iduna! Die Verwandten fühlen sich nicht
wenig schockiert durch die Ankunft dieses schwarzen Schafs
der Familie, aus dem inzwischen der Zirkusdirektor Obolski
geworden ist: ein sehr selbstsicher auftretender Herr, der sofort renommistisch von seinem Unternehmen zu reden an-
fängt. Und dazu diese kokette Frau, die gleich ein Liedchen
von ihrem Lieblings-Pony singt! Nur Anna freut sich aufrichtig über den Besuch. Sie ist sogar so begeistert von den
Schilderungen der beiden, daß sie zum Entsetzen ihrer Eltern verkündet, sie wolle auch zum Zirkus gehen. Zum
Glück blitzt plötzlich draußen im Garten das von Onkel
Heinrich vorbereitete Feuerwerk auf – eine hübsche Ablen-
kung für die etwas verstörten und gereizten Gemüter.
2. Akt. Im Garten bei Oberholzers. Anna hat einen sehr

verliebten Verehrer und Begehrer: den Gärtner Robert. Ihre
Eltern wollen zwar nichts von ihm wissen, aber sie trifft sich
eben heimlich mit ihm, und jetzt erzählt sie ihm begeistert
von ihrem Plan, Zirkusartistin zu werden. Bestürzt sucht Robert sie davon abzubringen, indem er ihr das traute Glück
schildert, das er sich an ihrer Seite erhofft. Das Erscheinen
der Verwandten stört diese idyllischen Betrachtungen. Die
Onkel und Tanten bedrängen Anna so mit Vorwürfen, daß sie
schließlich weinend zu Obolski flüchtet, der ihr nun die Herr-
lichkeiten des freien Zirkuslebens vorgaukelt: Statt des Gar-
tens sieht sie schon die Manege mit all den Artisten, Tieren
und Clowns vor sich und mittendrin sich selbst als Trapez-
künstlerin. Als Robert wieder zurückkommt und Obolski wegen seiner Verführungskünste heftig angreift, weiß sich Anna
keinen Rat: wie soll sie sich entscheiden?
3. Akt. Wieder in der Wohndiele der Villa. Die fröhliche
Stimmung, die durch Idunas Charme und Laune aufgekom-
men ist, belebt die Zusammenkunft der schwunglosen bürgerlichen Leutchen ein wenig: Onkel Heinrich spielt einen
Walzer auf, und Gustav und Fritz tanzen sogar mit Iduna. Im
Grunde ist es Iduna jedoch gar nicht so leicht ums Herz.
Heimlich träumt sie oft vom Frieden stiller Häuslichkeit, abseits vom Trubel des Zirkus-Wanderlebens, fern von den
Aufregungen mit ihrem immer wieder für andere Frauen ent-
flammten Gatten. Das alles erzählt sie Anna, die so, betroffen, die Kehrseiten des ihr vorschwebenden glücklichen Arti-
stendaseins kennenlernt. Als sich die Gesellschaft zu Tisch
begeben will, machen auf einmal die Frauen geschlossen
Front gegen den Eindringling Obolski und seine Frau, die
»Verführerin« ihrer Männer. Nun geht der unbeliebte Bruder
Zirkusdirektor mit Iduna wieder fort, hält aber vorher den
Philistern noch eine gehörige Standpauke. Zärtlich verabschiedet sich Anna von Iduna, der sie verdankt, daß sie wieder weiß, wo eigentlich ihr Platz im Leben ist.

Frisch und schlank, unbeschwert und unpathetisch, frei von
Gefühlsaffektationen, gelegentlich auch einmal lieblich-emp-
findsam, wenn es die Situation verlangt – so ist Burkhards

Musik in dieser unterhaltsamen musikalischen Komödie. Als besonders charmante Nummern prägen sich ein: der – in Dur und in Moll aufklingende – Walzer *Heute hab ich Flügel*, das reizende *Pony-Lied* der Iduna und namentlich auch das in einem großen Ensemble effektvoll genutzte, sehr populär gewordene Liedchen *O mein Papa war eine wunderbare Clown*.

Verzeichnis der Komponisten

Verzeichnis der Operetten

Abbildungsnachweis

Inhalt